Studien und Beiträge
zum Öffentlichen Recht

Band 38

Laurence O'Hara

Konsistenz und Konsens

Die Anforderungen des Grundgesetzes an
die Folgerichtigkeit der Gesetze

Mohr Siebeck

Laurence Brendan O'Hara, geboren 1986; Studium der Rechtswissenschaft an der Bucerius Law School, Hamburg, und der Yeshiva University (Benjamin N. Cardozo School of Law), New York City; 2010 Erste Juristische Prüfung; Wissenschaftlicher Mitarbeiter am Lehrstuhl für Öffentliches Recht, Verwaltungswissenschaften und Rechtsvergleichung der Bucerius Law School; sozialwissenschaftliches Aufbaustudium an der Harvard University (John F. Kennedy School of Government, Harvard Law School), Cambridge (Massachusetts); 2015 Master in Public Policy ebenda; seit 2016 Referendar am Hanseatischen Oberlandesgericht, Hamburg; 2017 Promotion.

Gedruckt mit Unterstützung des Förderungsfonds Wissenschaft der VG WORT.

ISBN 978-3-16-155735-4 / eISBN 978-3-16-155736-1
DOI 10.1628/978-3-16-155736-1

ISSN 1867-8912 (Studien und Beiträge zum Öffentlichen Recht)

Die Deutsche Nationalbibliothek verzeichnet diese Publikation in der Deutschen Nationalbibliographie; detaillierte bibliographische Daten sind im Internet über *http://dnb.dnb.de* abrufbar.

© 2018 Mohr Siebeck Tübingen. www.mohrsiebeck.com

Das Werk einschließlich aller seiner Teile ist urheberrechtlich geschützt. Jede Verwertung außerhalb der engen Grenzen des Urheberrechtsgesetzes ist ohne Zustimmung des Verlags unzulässig und strafbar. Das gilt insbesondere für Vervielfältigungen, Übersetzungen, Mikroverfilmungen und die Einspeicherung und Verarbeitung in elektronischen Systemen.

Das Buch wurde von Gulde Druck in Tübingen gesetzt und auf alterungsbeständiges Werkdruckpapier gedruckt und von der Buchbinderei Spinner in Ottersweier gebunden.

Meinen Eltern

Vorwort

Bei der vorliegenden Studie handelt es sich um eine geringfügig erweiterte Fassung meiner Doktorarbeit. Die Dissertation wurde im Januar 2017 an der Bucerius Law School angenommen. Mit der mündlichen Prüfung am 1. Juni 2017 endete das Promotionsverfahren. Viele glückliche Umstände haben zum Gelingen des Projekts beigetragen; vor allem habe ich vielfältige Unterstützung erfahren. Dafür möchte ich mich bedanken.

Mein Dank gilt zuallererst meinem Doktorvater, Professor *Hermann Pünder*, an dessen Lehrstuhl die Arbeit zum größten Teil entstand. Herr *Pünder* hat mich als Lehrer und Mentor nachhaltig geprägt und weit über das von einem Promotionsbetreuer zu erwartende Maß gefördert. Das Projekt begleitete er kritisch-fordernd, unterstützte dabei eigenständiges Denken und gewährte den hierfür nötigen Freiraum.

Glücklich schätzen kann ich mich auch wegen der jahrelangen Förderung durch Professor *Christian Bumke*, der entscheidend zu meiner wissenschaftlichen Ausbildung beitrug und mir immer wieder prägende Denkanstöße gab. Auch für das Promotionsprojekt stand er als hilfsbereiter Ratgeber zur Verfügung. Zum Abschluss erstattete er das Zweitgutachten.

Die Professorinnen und Professoren *Jane Mansbridge*, *Jennifer Lerner*, *Mathias Risse* und *Quinton Mayne* machten sich viel Mühe, mir den Zugang zu den geistes- und sozialwissenschaftlichen Dimensionen der Fragestellung jenseits der klassischen deutschen Staatsrechtswissenschaft zu erleichtern. Für ihre Anregungen danke ich herzlich. Aus dem Kreis der Kolleginnen und Kollegen bin ich besonders den Mitgliedern der Hamburger Diskussionsrunde zum öffentlichen Recht sowie meinen Freunden *Philip Liebenow* und *Justus Quecke* für Anregungen und Kritik verbunden.

Der Studienstiftung des deutschen Volkes gebührt Dank für die Förderung mit einem Promotionsstipendium, der Verwertungsgesellschaft Wort für die Gewährung eines Druckkostenzuschusses.

Ich hatte während meiner Doktorandenzeit (wie schon zuvor) das Glück, mich in einem Umfeld aus umtriebigen und inspirierenden, zugleich hilfsbereiten und nachsichtigen Zeitgenossen zu bewegen. Überaus dankbar bin ich meinen Freundinnen und Freunden aus Hameln, Hamburg, Berlin und Cambridge, die mir Zerstreuung und zugleich Orientierung boten. Und ich danke von ganzem Herzen *Anne-Marie Hovingh*, die mich viele Jahre hindurch als „Partner in Crime" begleitete, mir mit Rat und Tat zu Seite stand, mich herausforderte und stützte.

Dass ich meinen Ausbildungsweg überhaupt gehen konnte, verdanke ich der vorbehaltlosen Unterstützung meiner Eltern *James* und *Angelika O'Hara*. Sie förderten mich vielfältig und halfen mir bei allen Vorhaben. Gemeinsam mit meiner Schwester *Marie-Claire O'Hara* gaben sie mir das verlässlichste und anregendste Zuhause, das man sich wünschen kann. Ihnen widme ich das Buch in Dankbarkeit.

Hamburg, im August 2017   Laurence O'Hara

Inhaltsübersicht

Einleitung 1

Erster Teil: Grundlagen der Untersuchung 21

Erster Abschnitt: Figur der Konsistenzanforderung 23

Zweiter Abschnitt: Konsistenzanforderungen im demokratischen Verfassungsstaat 53

Zweiter Teil: Die einzelnen Konsistenzgebote
des Grundgesetzes 115

*Erster Abschnitt: Nachvollziehbare Ausgestaltung
von Regelungsstrukturen* 117

Zweiter Abschnitt: Konsequente Zielverfolgung 175

*Dritter Abschnitt: Methodengerechte Erfassung und
Beurteilung der Wirklichkeit* 213

Fazit 237

Literaturverzeichnis 241

Stichwortverzeichnis 263

Inhaltsverzeichnis

Einleitung 1

A. Fragestellung 1
   I. Gesellschaftliche Rationalisierung durch zunehmende
      Regelgebundenheit 1
   II. Rationalitätsansprüche und demokratisches Recht 4
   III. Folgerichtigkeit: Lösung für das Rationalitätsdilemma? 6
B. Wandel der Rechtsprechung des Bundesverfassungsgerichts 7
   I. Rationalisierung des Staatshandelns durch Verfassungsrecht 7
   II. Traditionelle Bedeutungslosigkeit der Folgerichtigkeit 8
   III. Hinwendung zur Folgerichtigkeit als Korrektiv
      für Spielraumentscheidungen 9
   IV. Zeitgeschichtlicher Kontext 10
C. Zugriff und Forschungsschwerpunkte 13
   I. Stand der Diskussion 13
   II. Forschungsbedarf 16
   III. Integratives Verständnis des demokratischen Verfassungsstaats 18

Erster Teil: Grundlagen der Untersuchung 21

Erster Abschnitt: Figur der Konsistenzanforderung 23

A. Begriff der Konsistenzanforderung 23
B. Wirkungsweise von Konsistenzanforderungen 28
   I. Nachrangigkeit gegenüber harmonisierender Auslegung 28
   II. Tatbestandliche Begrenztheit 33
   III. Selbstbindung und Wechselwirkung 35
   IV. Schonung und Begrenzung gesetzgeberischer Spielräume 39
   V. Rationalisierung durch Begründbarkeitserfordernisse 41
C. Abgrenzung von anderen Arten gesetzgeberischer Gebundenheit 45
   I. Bindung an höherrangiges Recht 45
      1. Verhältnis von Gleichheits- und Konsistenzprüfungen 46
      2. Verhältnis von Verhältnismäßigkeits- und Konsistenzprüfungen .. 49

II. Angemessenheit mit Blick auf außerrechtliche Umstände 50
   III. Kontinuität und Vertrauensschutz 51

Zweiter Abschnitt: Konsistenzanforderungen im demokratischen Verfassungsstaat 53

A. Rechtsstaatliche Dimension 53
   I. Rationalität als Leitidee 55
   II. Allgemeines Willkürverbot 58
   III. Ordnungsfunktion des Rechts 60
B. Demokratische Dimension 65
   I. Kompatibilität mit dem Verfassungsgrundsatz der Volkssouveränität . 69
      1. Volkssouveränität als Grenze rechtsstaatlicher Konsistenzinteressen 69
      2. Demokratische Repräsentation als Rationalisierungsaufgabe 71
      3. Rationale Staatslenkung in der Tradition demokratischen Denkens . 76
         a) Irrationalität der Demokratie als Preis der Freiheit 77
         b) Überlegene Rationalität demokratischen Entscheidens 79
         c) Ambivalentes Verhältnis von Demokratie und Ergebniskorrektur 86
   II. Kompatibilität mit den Eigengesetzlichkeiten des politischen Systems . 87
      1. Funktionsmechanismen politischen Entscheidens unter
         dem Grundgesetz 88
         a) Konkurrenz und Konkordanz 88
         b) Formalität und Informalität 90
         c) Volksnähe und Distanz 91
      2. Konsistenzbeschränkende Einflüsse 93
         a) Strukturelle Defizite menschlicher Urteils- und
            Entscheidungsfähigkeit 93
         b) Produktion und Verarbeitung von Widersprüchen im
            politischen Prozess 96
         c) Mögliche Divergenz von konsistenter und politisch
            opportuner Lösung 98
      3. Konsistenzfördernde Einflüsse 99
         a) Konzeptgeleitetes Entscheiden in Situationen
            der Verantwortlichkeit 99
         b) Theorisierender Charakter geforderter Überzeugungsarbeit ... 101
      4. Normativer Gehalt der Funktionsprinzipien 103
   III. Zwiespältiges Gesamtbild 104
C. Leitgedanken harmonisierender Konkretisierung 109
   I. Einheit der Verfassung 109
   II. Praktische Konkordanz und Optimierungsgedanke 109
   III. Kompensationsgedanke 111
   IV. Kompetenzen und Funktionen der Staatsgewalten 113

Zweiter Teil: Die einzelnen Konsistenzgebote des Grundgesetzes 115

Erster Abschnitt: Nachvollziehbare Ausgestaltung von Regelungsstrukturen 117

A. Rechtsprechung des Bundesverfassungsgerichts 117
   I. Traditionell zurückhaltende Prüfung der Systemgerechtigkeit 117
      1. Weiter Tatbestand der Systemwidrigkeit 118
      2. Geringe Rechtfertigungsanforderungen 120
      3. Geringe praktische Bedeutung 122
   II. Wahlrechtliches Folgerichtigkeitsgebot 123
   III. Steuerrechtliches Folgerichtigkeitsgebot 125
      1. Weite Gestaltungsspielräume und einschränkende Grundsätze ... 127
      2. Abgeleitetes Gebot der Folgerichtigkeit 128
         a) Bezugspunkte der Folgerichtigkeit in der Rechtsprechungspraxis . 128
           aa) Anfangs reine Kontrolle von Belastungsungleichheiten ... 129
           bb) Heute auch echte Konsistenzprüfung 131
         b) Rechtfertigungsmaßstab 135
         c) Gesamtschau: Folgerichtigkeitsgebot in der Gleichheitsdogmatik des Gerichts 136
   IV. Schwächere Ausprägung im Sozialrecht 138
B. Rechtsstaatliche Fundierung 140
   I. Allgemeiner Gleichheitssatz 140
      1. Kein Rechtfertigungserfordernis aufgrund von Abweichungen ... 141
         a) Kein Zusammenhang zwischen Ausnahme und realer Gleichbehandlung 141
         b) Personale Schutzrichtung des allgemeinen Gleichheitssatzes ... 142
         c) Identifikation von Ungleichbehandlungen durch systematische Analyse 144
      2. Keine Maßgeblichkeit von Abweichungen auf der Rechtfertigungsebene 145
   II. Freiheitsgrundrechte und Verhältnismäßigkeitsprinzip 147
   III. Allgemeines Rechtsstaatsprinzip 148
      1. Rechtsstaatliches Interesse an der Strukturiertheit des Rechts 148
      2. Verfassungsrechtliche Unerheblichkeit von „Systemen" 149
         a) Möglichkeit gedanklicher Hierarchisierung gleichrangiger Wertungen 151
         b) Denkbarkeit konkurrierender Systeme 154
         c) Mangelnde Erfassbarkeit durch Überkomplexität 155
      3. Fokus auf die tatsächlichen Ordnungswirkungen mithilfe von Grundregeln 158
         a) Figur der Grundregel 158

	b) Fundierung im Strukturiertheitsinteresse	159
	c) Identifizierbarkeit von Grundregeln und Abweichungen	159
	d) Konkurrierende Grundregeln	161
	e) Begrenzter Eigenständiger Anwendungsbereich	162

C. Einfügen in den Wertungszusammenhang des
demokratischen Verfassungsstaats 164
   I. Abgestimmtheit und demokratische Ordnung 164
      1. Souveränitäts- und Politikbeeinträchtigung durch ein etwaiges Gebot 164
      2. Grundsatz hinreichender Abstimmung im politischen Prozess ... 165
      3. Möglichkeit von Störungen 166
   II. Verbindendes Verständnis der Anforderungen von Rechtsstaat
      und Demokratie 168
   III. Maßstabsbildung 171

Zweiter Abschnitt: Konsequente Zielverfolgung 175

A. Rechtsprechung des Bundesverfassungsgerichts 175
   I. Unverhältnismäßigkeit von Belastungen wegen inkonsequenter
      Zielverfolgung 175
      1. Mindestanforderungen des Gebotes der Geeignetheit 176
      2. Fehlende Erforderlichkeit wegen inkonsequenter Zielverfolgung .. 177
      3. Unangemessenheit wegen inkonsequenter Zielverfolgung 178
         a) Erfordernis hinreichender Ausrichtung am Regelungsziel 178
         b) Relativierung gesetzgeberischer Ziele durch Inkonsequenz ... 179
   II. Konsequenzerfordernisse bei der Rechtfertigung
      von Ungleichbehandlungen 182
      1. Pflicht zur zielgerichteten Ausgestaltung von Typisierungen 182
      2. Pflicht zur zielgerichteten Ausgestaltung von Lenkungssteuern ... 183
   III. Rechtsstaatliches Gebot der „Widerspruchsfreiheit der Rechtsordnung" 185
      1. Entwicklung am Verhältnis von Sach- und Abgabengesetzgeber .. 186
      2. Übertragung auf andere Rechtsgebiete 187
      3. Übertragung auf Gesetze desselben Gesetzgebers 187
B. Rechtsstaatliche Fundierung 188
   I. Freiheitsgrundrechte und Verhältnismäßigkeitsprinzip 188
      1. Inkonsequenz als Minderung bewirkter Gemeinwohlvorteile 190
         a) Gewicht des Gemeinwohlbelangs nach Maßgabe der
            bewirkten Vorteile 190
         b) Beeinflussung der Vorteile auch durch Regelungen jenseits
            der Eingriffsnorm 192
      2. Höhere Belastungsintensität allenfalls in Konkurrenzsituationen .. 193
      3. Widersinnige Ergebnisse? 194
      4. Unzulässige Vermischung von Freiheitsrecht und Gleichheitsrecht? 195
      5. Fazit: Angemessenheitsgebot als Konsequenzerfordernis 197
      6. Eingegrenzte Übertragbarkeit auf den Grundsatz der Erforderlichkeit 197

II. Allgemeiner Gleichheitssatz 198
III. Allgemeines Rechtstaatsprinzip 199
    1. Gebot der Rechtssicherheit 199
    2. Ordnungsfunktion des Rechts 202
       a) Allgemeines Geeignetheitsinteresse 202
       b) Beachtlichkeit von Zielkonflikten nur bei bezweckter
          Widersprüchlichkeit 203
C. Einfügen in den Wertungszusammenhang des demokratischen
    Verfassungsstaats.................................. 206
    I. Konsequenz und demokratische Ordnung 206
    II. Verbindendes Verständnis der Anforderungen von Rechtsstaat
       und Demokratie................................ 208
    III. Maßstabsbildung 210
       1. Grundrechtliches und allgemeines Gebot der Geeignetheit 210
       2. Konsequenzanforderung des Gebotes der Verhältnismäßigkeit im
          engeren Sinn............................... 211
       3. Rechtsstaatliches Verbot bezweckter Zielkonflikte 212

*Dritter Abschnitt: Methodengerechte Erfassung und
Beurteilung der Wirklichkeit* 213

A. Rechtsprechung des Bundesverfassungsgerichts 213
    I. Grundanforderungen der Schlüssigkeit von Einschätzungen
       und Prognosen 213
    II. Maßstabsgerechter Ausgleich der Länderfinanzen 215
    III. Leitbildgerechte Typisierung 217
    IV. Konzeptgeleitete Ermittlung des
       menschenwürdigen Existenzminimums 218
       1. Konkretisierungsbedürftigkeit des Grundrechts 218
       2. Konsistenzprüfung als Folge 218
       3. Maßgeblichkeit des sozialrechtlichen Existenzminimums für
          andere Gebiete 220
    V. Abfassung deklaratorischen Normtextes gemäß
       der Regelungswirklichkeit 221
B. Rechtsstaatliche Fundierung 223
    I. Rechtsstaatliches Interesse an einer methodengeleiteten
       Wirklichkeitserfassung 224
       1. Interesse an der Entwicklung einer Methode 224
       2. Interesse an der Einhaltung einer gewählten Methode 227
    II. Rechtsstaatliches Interesse an der Richtigkeit
       deskriptiven Normtextes 227
C. Einfügen in den Wertungszusammenhang des demokratischen
    Verfassungsstaats.................................. 229

I. Realitätsverarbeitung und demokratische Ordnung 229
II. Verbindendes Verständnis der Anforderungen von Rechtsstaat
und Demokratie 230
   1. Methodengerechtes Erarbeiten von Sachverhaltsannahmen
   und -bewertungen 230
      a) Wirklichkeitsbezogene Spielräume des Gesetzgebers 231
      b) Anforderung methodenkonsistenten Regelns 234
   2. Wahrheitsgemäße Beschreibung der Regelungswirklichkeit 235
III. Maßstabsbildung 236
   1. Methodengerechtes Erarbeiten von Sachverhaltsannahmen
   und Bewertungen 236
   2. Wahrheitsgemäße Beschreibung der Regelungswirklichkeit 236

Fazit 237

Literaturverzeichnis 241

Stichwortverzeichnis 263

Einleitung

A. Fragestellung

I. Gesellschaftliche Rationalisierung durch zunehmende Regelgebundenheit

Die menschliche Entwicklung ist seit jeher von Rationalisierungsprozessen geprägt. Wissenschaftlich fundierte Vorstellungen ersetzen Mystizismen und tradierte Mutmaßungen als Erklärungsmuster für die Welt; Zufall und Bauchgefühl weichen der Durchdachtheit von Arbeitsprozessen und -ergebnissen.[1] Über Jahrtausende führte der wissenschaftliche und gesellschaftliche Fortschritt allmählich zu der Gewissheit, dass „es keine geheimnisvollen unberechenbaren Mächte gebe", sondern man „alle Dinge – im Prinzip – durch berechnen beherrschen könne". Seit dieser neuzeitlichen „Entzauberung der Welt"[2] ist der Rationalismus das mächtigste Paradigma der westlichen Gesellschaften.[3]

In welche Richtung eine Gesellschaft sich entwickelt, wenn sie rationalisiert wird, lässt sich kaum allgemeingültig beschreiben. Rationalität ist eine diffuse

---

[1] Kontinuierliche Verbesserungen unseres Denkens werden schon seit vorsokratischer Zeit beschrieben. „Nicht vom Beginn an enthüllten die Götter uns Sterblichen alles; Aber im Laufe der Zeit finden wir, suchend, das Bess're." In diesen Worten *Xenophanes'* sah *Karl Popper*, Vermutungen und Widerlegungen, S. 210 (235 ff.), etwa den ersten überlieferten Ansatz seiner Erkenntnistheorie des kritischen Rationalismus, nach der die wissenschaftliche Erschließung der Welt als niemals endende, die jeweils geltenden Prämissen hinterfragende Diskussion erfolgt. Siehe auch die Übersetzung bei *Xenophanes*, Die Fragmente, S. 48 f.
[2] *Max Weber*, Wissenschaftslehre, S. 582 (593 ff.).
[3] Nachzeichnung der Rationalisierung der abendländischen Gesellschaften und von *Max Webers* Konzeption des abendländischen Rationalismus bei *Wolfgang Schluchter*, Die Entwicklung des okzidentalen Rationalismus, S. 15 ff. und passim; *Jürgen Habermas*, Theorie des kommunikativen Handelns Bd. 1, S. 225 ff. und passim; *Hans-Peter Müller*, in Die Rationalitäten des Sozialen, S. 43 (46 ff.). Besonders zur Rationalisierung des Rechts durch Säkularisierung auch *Max Weber*, Wirtschaft und Gesellschaft, S. 395 ff., 469 ff. Ein knapper Überblick auch zu weiteren klassischen Theorien der gesellschaftlichen Rationalisierung findet sich bei *Reinhold Zippelius*, Gesellschaft und Recht, S. 132 ff. Zusammenfassend zur Rationalität als Anforderung an den modernen Staat *Bernd Grzeszick*, VVDStRL Bd. 71 (2012), S. 49 (51 ff.).

Kategorie. Je nach Lebensbereich gelten unterschiedliche Rationalitätsmaßstäbe.[4] Vielfach ist auch unklar oder umstritten, was die Rationalität gebietet.[5] Als kennzeichnende Eigenschaft, die alle Formen rationalen Denkens und Handelns verbindet,[6] lässt sich vor allem eine reflektierte, analysierende Herangehensweise ausmachen. Infolge dieser überlegenden Geisteshaltung sind rationale Gedanken und Handlungen verständlich. Auch wenn andere Menschen anders denken oder entscheiden würden, können sie doch feststellen, dass rationales Denken oder Handeln sich in Bezug auf bestimmte Vorgaben als richtig erweist. Insofern geht es bei der Kategorie der Rationalität vor allem um Begründbarkeit – um die Sachlichkeit und intersubjektive Nachvollziehbarkeit von Denk- und Verhaltensweisen.[7]

---

[4] Sein wirtschaftliches Handeln am Ziel der Nutzenmaximierung auszurichten, eine konkrete Wertentscheidung aus abstrakteren Werten abzuleiten, Forschung nach anerkannten Methoden zu betreiben, einen Rechtsstreit nach den dogmatisch konkretisierten Vorgaben von Gesetz und Recht zu entscheiden – alle diese Praktiken können in der einen oder anderen Weise als rational gelten. Für einen Überblick über verschiedene Konzeptionen der Rationalität, vorwiegend mit Bezug zur Sozial- und Rechtssphäre, siehe *Max Weber*, Wirtschaft und Gesellschaft, S. 395 ff.; *Herbert Schnädelbach* (Hrsg.), Rationalität; *Jürgen Habermas*, Theorie des kommunikativen Handelns Bd. 1, S. 15 ff.; *Helmuth Schulze-Fielitz*, Theorie und Praxis parlamentarischer Gesetzgebung, S. 454 ff.; dens., in FS Vogel, S. 311 (320 ff.); *Klaus Meßerschmidt*, Gesetzgebungsermessen, S. 796 ff.; *Eberhard Schmidt-Aßmann*, Verwaltungsrecht als Ordnungsidee, Erstes Kapitel Rn. 75 ff.; *Philip Tetlock*, Psychological Rev. Bd. 109 (2002), S. 451 ff.; *Jens Greve*, in Die Rationalitäten des Sozialen, S. 79 (80 ff.); *Georg Lienbacher*, VVDStRL Bd. 71 (2012), S. 7 (8 ff.); *Uwe Kischel*, in FS Kirchhof Bd. I, S. 371 (372 f.); *Armin Steinbach*, Rationale Gesetzgebung, S. 19 ff., 55 ff. und passim.

[5] Man denke beispielsweise an die Diskussion, inwieweit politische Entscheidungen auf der Basis ökonomischer Kosten-Nutzen-Analysen getroffen werden sollten. Vgl. dazu einerseits *Cass Sunstein*, Valuing Life, S. 47 ff. und passim; und andererseits *John Bronsteen/Christopher Buccafusco/Jonathan Masur*, Happiness and the Law, S. 59 ff. und passim, mit einem Gegenvorschlag. Hat man sich grundsätzlich für eine solche Kalkulation von Vor- und Nachteilen entschieden, so sieht man sich noch immer mit einer Vielzahl von Unklarheiten und Streitpunkten im Hinblick auf die konkreten Berechnungsmethoden und deren Anwendung konfrontiert. Mit einem Überblick zu den klassischen Fragestellungen *Amartya Sen*, J. of Legal Studies Bd. 29 (2000), S. 931 ff.

[6] Infolge ihrer Kontextgebundenheit und ihrer unterschiedlichen Zielrichtungen lassen sich die verschiedenen Facetten rationalen Denkens und Handelns kaum zufriedenstellend in einer vollständigen, allgemeingültigen Konzeption verarbeiten. Um ein Gesamtbild der Rationalität zu gewinnen, ist man stattdessen darauf verwiesen, Gemeinsamkeiten zwischen ihren einzelnen Ausformungen nachzuvollziehen. So gelangt man zwar nicht zu einer allgemeinen Rationalitätsdefinition, die man zur Beurteilung der Rationalität einer beliebigen Denk- oder Verhaltensweise heranziehen könnte. Immerhin jedoch lassen sich strukturelle Wesensmerkmale rationaler Praktiken aufdecken, die eine Annäherung an die Kategorie der Rationalität in ihrer Gesamtheit ermöglichen.

[7] Vgl. die Nachweise in Fn. 4. Siehe insbesondere *Jürgen Habermas*, Theorie des kommu-

Einleitung 3

Aus dieser inhaltlichen Grundorientierung folgt ein formales Merkmal, das den Charakter rationaler Praktiken zwar wiederum nur in einem Teilaspekt abbildet, sich bei der Analyse der gesellschaftlichen Rationalisierung aber als nützlich erweist: Alle Formen der Rationalität werden durch die Anwendung von Regeln vermittelt.[8] Wenn man Rationalität fordert, will man das Denken oder Entscheiden in einer bestimmten Weise disziplinieren. Jedes Verständnis von Rationalität muss also auf der Grundbedingung der Regelgebundenheit aufbauen, weil es einen Maßstab beinhaltet, nach dem rationaler Weise gedacht oder entschieden werden soll.[9] Unterschiedliche Rationalitätsentwürfe variieren zwar in ihren Anforderungen an den Gehalt solcher Maßstäbe, können insbesondere inhalts-[10] oder verfahrensbezogen[11] sein. Niemals jedoch kommen sie

---

nikativen Handelns Bd. 1, S. 25 ff. Zusammenfassend *Uwe Kischel*, in FS Kirchhof Bd. I, S. 371 (372 f.).

[8] Das bedeutet nicht, dass Rationalität mit Regelgebundenheit gleichzusetzen wäre. Nach Regeln zu denken oder zu handeln, ist eine notwendige, keine hinreichende Bedingung für Rationalität. Im Gegenteil lassen sich viele Beispiele dafür finden, dass Akteure Regeln – etwa religiösen oder sonst traditionellen Ursprungs – anwenden und gleichwohl nach verbreiteten Standards irrational denken oder handeln. Doch werden wir Urteile und Entscheidungen immer nur dann als rational bezeichnen, wenn sie auf der bewussten Anwendung von Maßstäben basieren, die unserer Auffassung nach Rationalität vermitteln. Das ist nicht nur ein definitorisches Erfordernis jedes normativen Rationalitätsentwurfs. Auch nach den zahlreichen kognitionspsychologischen Konzeptionen, die menschliche Denkprozesse in zwei Kategorien einteilen wollen – nämlich automatisch-intuitives Denken auf der einen und kontrolliert-systematisches Denken auf der anderen Seite –, ist es oftmals besonders die Regelgebundenheit, die die zweite (rationale) Art des Denkens charakterisiert. Für einen Überblick mit zahlreichen Nachweisen vgl. *Keith Stanovich/Richard West*, Behavioral and Brain Sciences Bd. 23 (2000), S. 645 (658 ff.); *Daniel Kahneman*, American Economic Rev. Bd. 93 (2003), S. 1449 (1450 ff.). Zu unterschiedlichen Rationalitätsgraden des menschlichen Denkens auch unten, S. 93 f.

[9] Siehe *Andreas Diekmann/Thomas Voss*, in Rational-Choice-Theorie in den Sozialwissenschaften, S. 13: „Rationalität kann man definieren als ‚Handeln in Übereinstimmung mit den Annahmen (Axiomen) einer Entscheidungstheorie'."

[10] Man denke etwa an das ökonomische Prinzip der Nutzenmaximierung, das dem Gedanken der Kosten-Nutzen-Analyse zugrunde liegt. Dazu die Nachweise auf S. 2, Fn. 5.

[11] Man denke etwa an das Diskursprinzip, vgl. *Jürgen Habermas*, Theorie des kommunikativen Handelns Bd. 1, S. 25 ff., 369 ff. und passim.

Die Diskursrationalität lässt bei näherem Hinsehen ein doppeltes Erfordernis der Regelgebundenheit erkennen. Erstens stellt sie – im engeren Sinne verfahrensmäßig – formelle Voraussetzungen an die Qualität und die Rahmenbedingungen des Diskurses. Zweitens besteht der Kern des Diskurses im Austausch von Gründen. Als überzeugender Grund für eine Denk- oder Verhaltensweise kommt aber nur eine Erwägung in Betracht, aus der hervorgeht, dass der Gedanke gedacht oder die Verhaltensweise vorgenommen werden soll. Die Erwägung muss also jedenfalls in einem Teilaspekt auf eine Regel verweisen. (Insbesondere ein bloßer Verweis auf den eigenen Willen oder die eigenen Präferenzen der argumentierenden Person erbringt diese Leistung gerade nicht. Er kennzeichnet willkürliches Denken und Handeln,

ohne ein Erfordernis der Maßstabsgerechtigkeit aus. Im Hinblick auf Vorgänge der gesellschaftlichen Rationalisierung lässt sich also sagen, dass sie ablaufen, indem Regeln eingeführt oder angepasst[12] werden.[13] Egal welchen Bereich des gesellschaftlichen Lebens sie betrifft – ob Wirtschaft und Arbeit, Wissenschaft, Politik, Verwaltung oder Justiz –: Rationalisierung heißt, dass geregelt wird, wie gedacht oder entschieden werden soll.

II. Rationalitätsansprüche und demokratisches Recht

Je weiter die gesellschaftliche Rationalisierung voranschreitet, desto stärker werden auch die Rationalitätserwartungen an das Recht. Das Rationalitätsversprechen, das der moderne Staat seiner Legitimität halber abgeben muss,[14] reicht immer weiter und wird immer verbindlicher. Inwieweit er sein Versprechen halten kann, hängt entscheidend von der rationalisierenden Kraft seiner Gesetze ab. Denn Rationalität wird durch Regeln vermittelt. Und für das Zusammenleben und kollektive Handeln der Menschen[15] stellen die Gesetze die

---

siehe *Paul Kirchhof*, in HStR VIII, 3. Aufl., § 181 Rn. 234; sowie unten S. 55 ff.) Die Überlegung, dass überzeugende Gründe Regelbezug benötigen, findet ihre Entsprechung in dem spiegelbildlichen Gedanken, dass Normen den Charakter von Gründen haben. Zu diesem ausführlich *Christoph Möllers*, Die Möglichkeit der Normen, S. 23 ff.

[12] Anpassung kann auch bedeuten, dass Regeln aufgehoben werden. Rationalisierung heißt nach dem hier vorgeschlagenen Verständnis also nicht unbedingt, dass die Gesamtzahl der für einen Lebensbereich geltenden Regeln steigt, sondern zunächst einmal nur, dass überhaupt geregelt wird. Gleichwohl wird man annehmen können, dass mit steigender Komplexität des gesellschaftlichen Lebens auch die diversen Regelwerke einer Gesellschaft sich ausdifferenzieren und damit insgesamt tendenziell wachsen. Diese Dynamik für den Bereich der Rechtsordnung – mit besonderem Blick auf den auch systemtheoretisch zentralen Gedanken evolutionärer Entwicklung – nachvollziehend *Niklas Luhmann*, Ausdifferenzierung des Rechts, S. 11 ff., 35 ff. und passim.

[13] Im Bereich der politischen Entwicklung fällt gesellschaftliche Rationalisierung zusammen mit Vorgängen der Institutionalisierung. Institutionen lassen sich begreifen als verfestigte Verhaltensmuster, die Anerkennung erfahren und Erwartungen bestimmter Verhaltensweisen begründen, siehe *Talcott Parsons*, Essays in Sociological Theory, S. 143, 239 („patterns which define the essentials of the legitimately expected behavior of persons insofar as they perform structurally important roles in the social system"); siehe auch *Samuel Huntington*, Political Order in Changing Societies, S. 8 ff., dort auch ausführlich zum Phänomen der Institutionalisierung und seiner Bedeutung für die politische Entwicklung. Nach diesem Verständnis sind Institutionen im Ergebnis nichts Anderes als Regeln, siehe *Francis Fukuyama*, The Origins of Political Order, S. 450 ff.; *ders.*, Political Order and Political Decay, S. 6. Institutionalisierung als prägendes Merkmal politischer Entwicklung ist ein Regelungsprozess.

[14] Zusammenfassend *Andreas Voßkuhle*, in Allgemeines Verwaltungsrecht – zur Tragfähigkeit eines Konzepts, S. 637 (640 ff.).

[15] Einführend zum Verhältnis von individueller und sozialer, also im kollektiven Zusammenwirken erzeugter, Rationalität *Andrea Maurer*, in Die Rationalitäten des Sozialen, S. 17 ff.

wichtigsten Regeln bereit. Sie legen fest, was wir von unseren Mitmenschen erwarten dürfen und determinieren das staatliche Verhalten. Zweifellos besteht eine Hauptaufgabe der Rechtsordnung darin, in Form von Ordnung und Berechenbarkeit Rationalität zu stiften.[16]

Obwohl der Staat also eindeutig immer weiterreichenden Rationalitätsansprüchen genügen muss und obwohl das Recht ebenso eindeutig dazu dient, diese Ansprüche zu erfüllen, ist allerdings in hohem Maße unklar, inwieweit das Leitbild der Rationalität auch für die Gesetze selbst Verbindlichkeit beanspruchen kann.[17] Zwar ist offensichtlich, dass die Rechtsordnung ihre Rationalisierungsfunktion nicht erfüllen kann, wenn man sie einfach irgendwie ausgestaltet. Die Regelgebundenheit einer Entscheidung ist nur notwendige, nicht auch hinreichende Bedingung für ihre Rationalität. Jedoch ist die Vorstellung, dass der Inhalt des Rechts stets durch bestimmte Entscheidungsregeln vorgegeben sein soll, fundamental unvereinbar mit dem Gedanken der freiheitlichen Demokratie.[18] Zur Demokratie gehören vielmehr zwingend inhaltliche Verfahrens- und Ergebnisoffenheit dazu. Unterschiedliche Ideen müssen in einem freien Wettstreit konkurrieren und in die Rechtsordnung einfließen können.[19]

---

[16] Zur rationalisierenden Funktion von Recht und Rechtsstaat siehe zunächst *Max Weber*, Wirtschaft und Gesellschaft, S. 124 ff., 395 ff. und passim; *Konrad Hesse*, in Rechtsstaatlichkeit und Sozialstaatlichkeit, S. 557 (572 f. und passim); *dens.*, Grundzüge des Verfassungsrechts, Rn. 190; *Eberhard Schmidt-Aßmann*, Verwaltungsrecht als Ordnungsidee, Zweites Kapitel Rn. 75 ff. Ausführlich unten, S. 55 ff., 60 ff.

[17] Für einen ersten Überblick zum Forschungsgespräch über Rationalitätsanforderungen an den parlamentarischen Gesetzgeber siehe *Christian Bumke*, Der Staat Bd. 49 (2010), S. 77 ff.; sowie die Beiträge von *Georg Lienbacher* und *Bernd Grzeszick* auf der Staatsrechtslehrertagung 2011, VVDStRL Bd. 71 (2012), S. 7 ff.; 49 ff.

[18] Insbesondere ist die Demokratie unverträglich mit einem verbindlichen, wissenschaftlich bestimmbaren „Endziel" als inhaltlicher Richtschnur der Gesetze, vgl. BVerfGE 5, 85 (197 ff.). Was das Bundesverfassungsgericht 1956 zum marxistischen Politik- und Gesellschaftsbild der KPD feststellte, wird man ebenso Ansätzen entgegenhalten müssen, die „richtige" Politikergebnisse für marktwirtschaftlich-ökonomisch eindeutig berechenbar halten, wie es bei den Befürwortern von Kosten-Nutzen-Analysen (dazu oben auf S. 2, Fn. 5) jedenfalls dann anklingt, wenn diese Analysen zum strikten Maßstab der Normsetzung werden sollen. Strikte Geltung können Kosten-Nutzen-Analysen etwa bei der US-Verordnungsgesetzgebung entfalten (dazu unten auf S. 57 f., Fn. 161).

Die Regelungen über das „äußere" Gesetzgebungsverfahren in den Art. 70 ff. GG (zur Abgrenzung vom „inneren" Verfahren *Gerhard Hoffmann*, ZG Bd. 5 [1990], S. 97 ff.; *Michael Brenner*, ZG Bd. 26 [2011], S. 394 [396 ff.]) enthalten keine Vorgaben zum Inhalt der Rechtsnormen. Die materiellen Verfassungsmäßigkeitsvoraussetzungen wiederum verbieten grundsätzlich nur negativ bestimmte Inhalte, lassen im Umkehrschluss als Regelfall aber Gestaltungsspielräume stehen. Dazu sogleich, S. 7 ff.

[19] Als Einführung zum Verhältnis von Rationalität und Demokratie siehe zunächst *Helmuth Schulze-Fielitz*, Theorie und Praxis parlamentarischer Gesetzgebung, S. 454 ff.;

Einen demokratischen Verfassungsstaat, zu dessen Grundkomponenten die inhaltliche Disziplinierung des einfachen Rechts durch höherrangige Entscheidungsregeln gehört, stellt dieser Zusammenhang vor eine handfeste praktische Herausforderung: Wie muss er seine Institutionen anordnen, damit er bei hinreichender demokratischer Freiheit gleichwohl durch rationales Recht Legitimität gewinnen kann? Anders gewendet: Wie kann er die Rationalität der Gesetze hinreichend verbindlich sicherstellen, ohne seine demokratische Komponente zu gefährden?

III. Folgerichtigkeit: Lösung für das Rationalitätsdilemma?

Seit einigen Jahren taucht in der staatsrechtlichen Debatte wieder häufiger ein Gedanke auf, der einen Beitrag dazu leisten könnte, das Bedürfnis nach rationalem Recht mit den Erfordernissen einer zeitgenössischen Demokratie zu vereinbaren. Es handelt sich um den Gedanken der Folgerichtigkeit. Im Kontext des Rechts sollte man Folgerichtigkeit begreifen als Freiheit von Wertungswidersprüchen.[20] Auf das Verständnis rationalen Entscheidens als regelgeleitetes Entscheiden bezogen bedeutet sie, dass man die Regeln, nach denen man eine Entscheidung treffen will, auch tatsächlich anwendet. Welche Rolle der gesetzgeberischen Folgerichtigkeit in der deutschen Verfassungsordnung zukommt, ist das Thema der vorliegenden Untersuchung. Die Fragestellung lautet, inwieweit das Grundgesetz verlangt, dass das einfache Recht folgerichtig ist.

Der Vorteil, den der Gedanke der Folgerichtigkeit für die Lösung des gerade skizzierten Problems verspricht, liegt auf der Hand. Wenn man bestimmt, dass Gesetze folgerichtig sein müssen, stellt man sicher, dass sie auf Entscheidungsregeln beruhen, ohne dass damit der Inhalt dieser Entscheidungsregeln vorgegeben wäre.[21] Man kann also möglicherweise gleichzeitig demokratische Offenheit und die Rationalität von Politikergebnissen gewährleisten. Doch lassen sich Forderungen nach Widerspruchsfreiheit auch praktisch in eine Verfassungsordnung einbinden? Können sie über eine mahnende Rolle als rechtspolitischer Appell hinaus verfassungsrechtliche Autorität entfalten?[22] Bereits eine mittel-

---

Klaus Meßerschmidt, Gesetzgebungsermessen, S. 808 ff. Zur notwendigen Offenheit der Demokratie und ihrer Unvereinbarkeit mit strikten inhaltlichen Rationalitätsmaßstäben zunächst *Hans Kelsen*, Wesen und Wert der Demokratie, S. 98 ff.; und aus der neueren Literatur *Uwe Kischel*, in FS Kirchhof Bd. I, S. 371 (381 f.). Näher unten, S. 76 ff.

[20] Siehe etwa *Mehrdad Payandeh*, AöR Bd. 136 (2011), S. 578 (583 f.). Näher unten, S. 23 ff.

[21] Siehe *Christian Bumke*, Der Staat Bd. 49 (2010), S. 77 (95); *Niels Petersen*, AöR Bd. 138 (2013), S. 108 (110 ff., 132 f.); *Uwe Kischel*, in FS Kirchhof Bd. I, S. 371 (378 f.).

[22] Siehe zu dieser Frage auch *Peter Dieterich*, Systemgerechtigkeit und Kohärenz, S. 25.

bare Rationalitätsgewährleistung durch rechtsstaatliche Mechanismen kann sich gravierend auf demokratische Entscheidungsstrukturen auswirken. Gesetzgeberisches Entscheiden muss auf politischem Wege unvereinbare Weltanschauungen versöhnen und gegenläufige Interessen ausgleichen. Die damit verbundenen Erfordernisse der Kompromissbildung scheinen mit dem Ziel der Wertungseinheitlichkeit nicht zusammenzupassen.[23] Auf der anderen Seite basiert gerade demokratische Politik auf argumentativer Überzeugungsarbeit.[24] Und Grundbedingung für die Überzeugungskraft jedes – auch jedes politischen – Arguments ist seine Widerspruchsfreiheit.[25]

Die Antwort auf die Forschungsfrage hängt entscheidend davon ab, wie diese demokratischen Rationalitätserwartungen mit den rechtsstaatlichen Anforderungen an die rationale Begründbarkeit des Rechts in Beziehung zu setzen sind. Sie muss entwickelt werden als Synthese der Verfassungsaussagen zu diesen beiden zentralen Dimensionen des Gemeinwesens, zum Verfassungs- und Gewaltengefüge. So kann zugleich ein Beitrag zum Stellenwert der Vernunft im Verfassungsrecht und zur Erzeugung öffentlicher Rationalität im Zusammenspiel von demokratischer und rechtsstaatlicher Ordnung entstehen.

B. Wandel der Rechtsprechung des Bundesverfassungsgerichts

I. Rationalisierung des Staatshandelns durch Verfassungsrecht

Wenn man davon ausgeht, dass die Vorgaben des Grundgesetzes – besonders seiner rechtsstaatlichen Gehalte – auf die Gewährleistung von Rationalität zielen, dann hat das Bundesverfassungsgericht im Verlauf seiner Geschichte einen eigenen wirkmächtigen Rationalisierungsprozess hervorgebracht.[26] Vor allem

---

[23] So eines der zentralen Argumente gegen verfassungsrechtliche Folgerichtigkeitsanforderungen. Siehe etwa *Oliver Lepsius*, JZ 2009, S. 260 (261 f.); *Christoph Möllers*, in Das entgrenzte Gericht, S. 281 (397 ff.); *Uwe Kischel*, in FS Kirchhof Bd. I, S. 371 (376 f, 381 f.). Näher unten, S. 65 ff., 96 ff.

[24] Siehe zunächst *Jürgen Habermas*, Theorie des kommunikativen Handelns Bd. 1, S. 369 ff., 385 ff.; *John Rawls*, in Chicago Law Rev. Bd. 64 (1997), S. 765 ff. Näher unten, S. 76 ff.

[25] Siehe zunächst *Jürgen Habermas*, Theorie des kommunikativen Handelns Bd. 1, S. 25 ff.; *Helge Sodan*, JZ 1999, S. 864 (866 ff.). Siehe auch unten, S. 41 ff.

[26] Dieser Prozess überschneidet sich, ist aber nicht ganz identisch mit der „Konstitutionalisierung der Rechtsordnung", wie sie von *Gunnar Folke Schuppert/Christian Bumke*, Konstitutionalisierung der Rechtsordnung, S. 9 ff.; 58 ff. und passim, beschrieben wird. Soweit es bei der Konstitutionalisierung um Ausstrahlungswirkungen des Verfassungsrechts geht (siehe dort besonders S. 18 ff.), schlagen verfassungsrechtliche Wertungen prinzipiell unmittelbar auf den Inhalt des einfachen Rechts durch und werden konkret angewendet. Insofern ist weniger ein Fall gegeben, in dem das einfache Recht höherrangigen Entscheidungsregeln

durch die Ausdehnung des grundrechtlichen Vorbehalts des Gesetzes,[27] aber auch durch darüber hinausgehende Wesentlichkeits-[28] und Bestimmtheitserfordernisse[29], ist eine fast flächendeckende Rationalisierung der staatlichen Entscheidungspraxis durch den Gesetzgeber notwendig geworden. Neben den auf ihnen beruhenden Rechtsakten und Realhandlungen müssen auch die Gesetze selbst weitreichenden Vorgaben genügen, oftmals denen des Verhältnismäßigkeitsgrundsatzes.[30] Soweit Rechtsnormen im Einklang mit den Festlegungen des Grundgesetzes ergehen, sind sie mindestens zum Teil regelgeleitete Entscheidungen und als solche Ausdruck einer eigenständigen, politisch-historisch begründeten verfassungsstaatlichen Rationalität.

II. Traditionelle Bedeutungslosigkeit der Folgerichtigkeit

Dem Gedanken der Folgerichtigkeit kam bei der verfassungsrechtlichen Rationalisierung der Rechtsordnung traditionell allerdings kaum eine nennenswerte Bedeutung zu. Bei den rechtsstaatlichen Rationalitätsmaßstäben, die man dem Gesetzgeber vorgab, handelte es sich vielmehr um punktuelle und spezifische inhaltliche Entscheidungsregeln:[31] Dass Freiheitsverkürzungen nur zulässig

---

genügen muss. Eher wird es unmittelbar durch diese Regeln ergänzt oder ersetzt. Dabei wird das Recht aber nicht regelgeleiteter. Es ändert sich nur der Ursprung einer angewendeten Regel. Bei dem Rationalisierungsprozess, der hier gemeint ist, geht es darum, dass einem Gesetzgeber, der ursprünglich in hohem Maße willkürlich Souveränität ausüben konnte, nach und nach immer mehr Regeln vorgegeben worden sind, denen seine Arbeitsergebnisse genügen müssen. Einordnung der jüngsten Rationalisierungstendenzen, besonders mithilfe von Folgerichtigkeitserwägungen, als Teil des Konstitutionalisierungsprozesses bei *Christian Bumke*, Der Staat Bd. 49 (2010), S. 77 (95).

[27] Eine Schlüsselrolle kam insofern der Entwicklung der allgemeinen Handlungsfreiheit zu, infolge derer für jede Freiheitsbeeinträchtigung der Gesetzesvorbehalt der verfassungsmäßigen Ordnung (Art. 2 Abs. 1 GG) gilt, vgl. BVerfGE 6, 32 (36 ff.). Man denke aber etwa auch an die Abkehr von der Lehre von den besonderen Gewaltverhältnissen (BVerfGE 33, 1 [9 ff.]; 47, 46 [78 ff.]; 58, 358 [367]; 116, 69 [80 f.]), die – etwa im Bereich des Strafvollzugs – weitere umfangreiche Kodifikationen erforderlich machte.
Siehe zur Ausdehnung des Grundrechtsschutzes insgesamt *Oliver Lepsius*, in Das entgrenzte Gericht, S. 159 (182 ff.): „In der vom Bundesverfassungsgericht gewählten Interpretation (…) gewährt Art. 2 Abs. 1 GG letztlich einen Anspruch auf eine rationale Begründung staatlichen Handelns."
[28] Vgl. BVerfGE 34, 165 (192 f.); 49, 89 (126 f.); 116, 24 (58); 134, 141 (184).
[29] Vgl. BVerfGE 65, 1 (61 ff.); 100, 313 (359 ff.); 134, 33 (80 ff.).
[30] Zur Grundlegung der Dogmatik in den Anfangsjahren siehe *Peter Lerche*, Übermass und Verfassungsrecht, S. 223 ff. und passim; *Hans Schneider*, in FG BVerfGE II, S. 390 (397 ff.). Kritisch zur weiteren Entwicklung *Bernhard Schlink*, in FS 50 Jahre BVerfG Bd. 2, S. 445 (455 ff., 460 ff.).
[31] Siehe *Christian Bumke*, Der Staat Bd. 49 (2010), S. 77 (95).

sind, wenn sie hinreichend gewichtigen Zielen dienen; dass Sachverhalte, die bestimmte Gemeinsamkeiten aufweisen, gleichbehandelt werden müssen; und so weiter. Im Umkehrschluss zu diesen in eingeschränktem Umfang vorgegebenen Wertungen ergibt sich als Regelfall politischer Handlungsspielraum,[32] innerhalb dessen das Gericht den Gesetzesinhalt grundsätzlich nicht weiter kontrolliert. Detailliertere Diskussionen der Folgerichtigkeit führte man traditionell nur sporadisch, dann meist im Kontext des allgemeinen Gleichheitssatzes unter dem Gesichtspunkt der „Systemgerechtigkeit".[33] Hier fragte man sich zuweilen, ob Abweichungen von den prägenden Grundentscheidungen eines Normenkomplexes rechtfertigungsbedürftig sind. Trotz anfänglich gegenläufiger Tendenz[34] baute man den Gedanken der Systembindung aber nicht zu einer ernstzunehmenden Hürde für den Gesetzgeber aus. Allein aufgrund von Systemabweichungen nimmt das Gericht nicht die Verfassungswidrigkeit einer Norm an, sondern hält sich stark zurück.[35] Allenfalls als Indiz für eine willkürliche Ungleichbehandlung – die aber unabhängig von der Frage der Systemgerechtigkeit festzustellen ist – soll der Tatbestand einer Abweichung in Betracht kommen.[36]

III. Hinwendung zur Folgerichtigkeit als Korrektiv für Spielraumentscheidungen

Damit schien man sich endgültig auf eine zurückhaltende Position im Hinblick auf Folgerichtigkeitspflichten aus dem Grundgesetz festgelegt zu haben,[37] – bis die Rechtsprechung sich um die Jahrtausendwende herum zu wandeln begann. Seither wird „eine tiefgreifende Veränderung der Prüfungsmaßstäbe" beobach-

---

[32] Siehe die Figur des strukturellen Spielraums bei *Robert Alexy*, VVDStRL Bd. 61 (2002), S. 7 (16 ff.).

[33] Erste Erwähnungen in der Rechtsprechung fand die Idee schon früh: „Systemwidrig" in BVerfGE 6, 55 (69); BVerfGE 13, 215 (215, 224). „Systemgerecht" in BVerfGE 11, 283 (292 f.).

[34] Bis Mitte der sechziger Jahre, war das Bundesverfassungsgericht mindestens in seiner Wortwahl strenger, indem es „überzeugende Gründe" für Systemabweichungen forderte, für deren Vorliegen erforderlich sei, dass ihr „Gewicht der Intensität der Abweichung von dem grundsätzlich gewählten Ordnungsprinzip entspricht". BVerfGE 13, 331 (340 f.). Aufgegriffen in BVerfGE 15, 313 (318); 18, 366 (372); 20, 374 (377).

[35] Diesen verfassungsgerichtlichen Umgang mit dem Grundsatz der Systemgerechtigkeit beschreiben etwa *Franz-Josef Peine*, Systemgerechtigkeit, S. 53 ff.; *Alexander Hanebeck*, Der Staat Bd. 41 (2002), S. 429 (432 ff.); *Rainer Prokisch*, in FS Vogel, S. 293 (293 f.); *Christian Bumke*, Der Staat Bd. 49 (2010), S. 77 (86 f.).

[36] Siehe BVerfGE 34, 103 (115); 59, 36 (49); 68, 237 (253); 81, 156 (207). Mittlerweile lässt sich wohl von ständiger Rechtsprechung sprechen. So auch *Alexander Hanebeck*, Der Staat Bd. 41 (2002), S. 429 (434).

[37] Vgl. *Christian Bumke*, Relative Rechtswidrigkeit, S. 84.

tet, im Zuge derer das Gericht tendenziell von seinem hergebrachten Umgang mit legislativer Rationalität abweicht und sich Folgerichtigkeitsprüfungen zuwendet.[38] Die Rede ist insofern von einer „gravierenden Verschärfung",[39] einem „Umbruch, den man schon als Paradigmenwechsel bezeichnen darf".[40]

Die Umorientierung bildete sich teils als Sonderdogmatik für einzelne Rechtsgebiete, teils auch ohne thematische Eingrenzung heraus. Das berühmteste Beispiel für eine Sonderdogmatik betrifft den Steuergesetzgeber. Er muss an Grundentscheidungen, bestimmte Gegenstände mit einem bestimmten Steuersatz zu belasten, „folgerichtig" festhalten und darf Ausnahmen nur vorbehaltlich rechtfertigender Gründe vorsehen.[41] Ohne eine solche thematische Beschränkung auf einen Regelungsbereich erfolgte etwa eine Weiterentwicklung der Verhältnismäßigkeitsprüfung. In deren Rahmen hat das Gericht begonnen, das inkonsequente Verfolgen legislativer Ziele – also Situationen, in denen die Ausgestaltung eines Gesetzes den geförderten Interessen mindestens auch zuwiderläuft, – zulasten der Angemessenheit von Rechtsverkürzungen zu werten.[42] Auch wenn sich die neuen Argumentationsmuster größtenteils punktuell und unverbunden entwickelten,[43] weisen die betreffenden Entscheidungen fast ausnahmslos eine übereinstimmende, zweischrittige Argumentationsstruktur auf.[44] Im ersten Schritt betont das Gericht, dass dem Gesetzgeber ein Spielraum zustehe. Der Spielraum kann sich auf die normative Ausgestaltung des Rechts ebenso beziehen wie auf die Beurteilung tatsächlicher Umstände. Im zweiten Schritt wird die Ausgestaltung, die der Gesetzgeber – insoweit ohne inhaltlich gebunden zu sein – gewählt hat, auf Wertungswidersprüche überprüft. Auf diese Weise ergänzt das Gericht eine jahrzehntelange Praxis durch Argumentationsmuster, die sich von der klassischen Herangehensweise grundlegend unterscheiden.

IV. Zeitgeschichtlicher Kontext

Welche Faktoren das Gericht zu dieser Weiterentwicklung veranlassten, lässt sich naturgemäß nicht sicher feststellen. Zum Teil sind diesbezügliche Veränderungen sicherlich stets als Versuch zu werten, die eigene Rolle im Staatsaufbau – auch angesichts des Dauervorwurfs verfassungsgerichtlicher Kompetenzüberschrei-

---

[38] *Uwe Kischel*, in FS Kirchhof Bd. I, S. 371 (378 f.).
[39] *Hans Jarass*, AöR Bd. 126 (2001), S. 588 (594, 596).
[40] *Christian Bumke*, Der Staat Bd. 49 (2010), S. 77 (80).
[41] Vgl. BVerfGE 122, 210 (230 ff.). Näher unten, S. 125 ff.
[42] Vgl. BVerfGE 115, 276 (309 ff.); 121, 317 (359 ff.). Näher unten, S. 178 ff.
[43] Siehe *Christian Bumke*, Der Staat Bd. 49 (2010), S. 77 (87).
[44] Siehe auch *Uwe Kischel*, in FS Kirchhof Bd. I, S. 371 (378 f.).

tung⁴⁵ – präziser einzugrenzen.⁴⁶ Der Rechtsprechungswandel sollte jedoch nicht gedeutet werden, ohne die zeitgeschichtliche Entwicklung in den Blick zu nehmen. Auffällig ist, dass er in etwa zeitgleich mit dem Beginn der „Berliner Republik" einsetzte.⁴⁷ Damit fällt er hinein in eine Zeit, in der die traditionellen politischen und sozialen Klassenkonflikte, von denen die Entstehung der europäischen Demokratien – und besonders ihrer Parteiensysteme – geprägt war,⁴⁸ weitgehend endgültig beigelegt worden und einem Wertekonsens zwischen den politischen Kräften gewichen sind.⁴⁹ Infolge des Wertekonsenses hat sich das Staatswesen tendenziell der möglichst effektiven Verwirklichung größtenteils unstrittiger Ziele und einer bestmöglichen Verwaltung des Gemeinwesens zugewendet.⁵⁰ Zugleich stehen für die Analyse und Steuerung der Wirklichkeit infolge des wissenschaftlichen Fortschritts – vor allem in der Informationstechnologie⁵¹ – historisch

---

⁴⁵ Für einen Überblick über die Debatte siehe die Beiträge von *Christoph Schönberger, Matthias Jestaedt, Oliver Lepsius* und *Christoph Möllers*, in Das entgrenzte Gericht, S 9 ff., 77 ff., 159 ff., 281 ff.

⁴⁶ Siehe auch *Uwe Kischel*, in FS Kirchhof Bd. I, S. 371 (378 f.).

⁴⁷ Zur Zeitgeschichte sowie zur Entwicklung des Begriffs der Berliner Republik siehe *Johannes Gross*, Begründung der Berliner Republik, S. 7 ff. und passim; *Michael Bienert/ Stefan Creuzberger/Kristina Hübener/Matthias Oppermann*, in Die Berliner Republik, S. 7 ff. und passim.

⁴⁸ Zusammenfassend *Ernst-Wolfgang Böckenförde*, HStR II, 3. Aufl. § 24 Rn. 3 f., 85.

⁴⁹ In dieser konsensorientierten Ausrichtung, die sich insbesondere als Konsequenz aus dem Siegeszug des nunmehr unangefochtenen westlichen Liberalismus ergibt, liegt ein globaler Trend. Den Trend kritisch beschreibend und auf dieser Basis über alternative Konzeptionen der Demokratie nachdenkend *Chantal Mouffe*, Return of the Political, S. 1 ff. und passim; *dies.*, Agonistics, S. XI ff., 1 ff. und passim.
Der hier angesprochene Wertekonsens bezieht sich im Kern auf die politische und Sozialordnung innerhalb eines klassischen Territorialstaats westeuropäischer Prägung. Dass im Hinblick auf diese traditionelle zivilisatorische Herausforderung breite Übereinstimmung erzielt worden ist, bedeutet natürlich nicht, dass das politische System des Grundgesetzes mit seinen etablierten Parteien strukturell zur Bewältigung neuer Konflikte in der Lage sein wird, wie etwa das globale und digitale Zeitalter sie hervorbringt. (Skeptisch insofern *Helmut Willke*, Demokratie in Zeiten der Konfusion, S. 12 ff.) Erst recht bedeutet es nicht, dass man auch insofern Wertekonsense erzielen wird. Gleichwohl lässt sich für die hier vorwiegend betrachtete zeithistorische Periode zunächst einmal eine Konsensorientierung der gesetzgeberisch handelnden Akteure beschreiben.

⁵⁰ Hierin dürfte der Kern des Phänomens liegen, das *Chantal Mouffe*, Agonistics, S. 4 und passim, als „liberal rationalism" beschreibt. Zu diesem Vorgang der Deideologisierung und seinen Auswirkungen auf das Parteiensystem, das seiner Ansicht nach mit dem Ende der Ära der Volksparteien in der Zeit der „professionalisierten Wählerparteien" angekommen ist, siehe *Klaus von Beyme*, Parteien im Wandel, S. 64 ff.; 158 ff.; insbesondere 191 ff. Siehe dazu weiter *Franz Walter*, in Die Bundesrepublik Deutschland, S. 299 ff, der Ähnliches beschreibt.

⁵¹ Vgl. zur bisherigen und zukünftig zu erwartenden Entwicklung der Datenverarbeitung nur *Viktor Mayer-Schönberger/Kenneth Cukier*, Big Data, S. 1 ff.

beispiellose Möglichkeiten zur Verfügung.[52] Allerdings ist auch die gesellschaftliche und technologische Komplexität, mit der sich staatliche Entscheidungsträger konfrontiert sehen, weiter gestiegen.[53] Besonders auf supra- und internationaler Ebene ergeben sich Herausforderungen kooperativen Zusammenwirkens, infolge derer auch der Europäische Gerichtshof begonnen hat, sich verstärkt mit der rationalen Erklärbarkeit mitgliedstaatlicher Maßnahmen auseinanderzusetzen.[54] Als die Regierung nach Berlin zog, war zwar keine dieser Entwicklungen kategorial neu.[55] Doch erreichten die Strukturveränderungen des Regierungssektors um diesen Zeitpunkt herum eine Intensität, die es rechtfertigt, den Umzug als Beginn einer neuen Epoche im Hinblick auf die Rationalitätsfähigkeit des Staates zu werten.

Zeichnet sich gerade in dieser Zeit ein Verfassungswandel ab, so dürfte sich darin auch ein Bedürfnis widerspiegeln, das Gefüge der Staatsgewalten angesichts der fortgeschrittenen Entwicklung des Gemeinwesens neu zu durchdenken. Mit der weiter fortgeschrittenen gesellschaftlichen Rationalisierung – so lässt sich jedenfalls argumentieren – sind auch die Rationalitätsansprüche, denen das

---

[52] Als Produkt und zugleich als weiteren Motor dieser Entwicklung wird man insbesondere den wachsenden Einfluss der steuerungsorientierten Perspektive in der Verwaltungs-(rechts)wissenschaft einordnen dürfen. (Zu dieser Perspektive und ihrer zunehmenden Bedeutung nur *Andreas Voßkuhle*, in GVwR I § 1 Rn. 32 ff.) Denn in seiner „Wirkungs- und Folgenorientierung" basiert der Steuerungsansatz darauf, dass man die Konsequenzen staatlichen Verhaltens natur- und sozialwissenschaftlich prognostizieren und nachvollziehen kann. Die Fähigkeiten zu solchen Analysen haben durch die allgemeine Verfügbarkeit leistungsstarker und vernetzter Computertechnologie seit den 1990er Jahren dramatisch zugenommen.

[53] Vgl. etwa *Helmut Willke*, Demokratie in Zeiten der Konfusion, S. 38 ff.

[54] Der Europäische Gerichtshof prüft seit einigen Jahren, ob die Mitgliedstaaten Ziele, mit denen die Einschränkung von Grundfreiheiten gerechtfertigt werden soll, kohärent und systematisch verfolgen. Vgl. etwa Rs. C-234/01, Slg. 2003, I-13031, Rn. 67; Rs. C-360/04, Slg. 2007, I-1891, Rn. 53; Rs. C-169/07, Slg. 2009, I-7633, Rn. 61. Ausführlich dazu *Peter Dieterich*, Systemgerechtigkeit und Kohärenz, S. 559 ff.; *Maximilian Philipp*, Systemgerechtigkeit bei den Marktfreiheiten der Europäischen Union, S. 68 ff. Für eine Einführung *Niels Petersen*, AöR Bd. 138 (2013), S. 108 (124 ff.). Die Betrachtung wird hier vor allem deshalb auf grundgesetzliche Folgerichtigkeitsanforderungen beschränkt, weil das Thema überschaubar und handhabbar gehalten werden soll. Für die Beschränkung spricht zudem, dass das europäische Kohärenzgebot thematisch starke Parallelen zu den grundgesetzlichen Verpflichtungen konsequenter Zielverfolgung aufweist (unten, S. 175 ff.), sodass sich die diesbezüglichen Argumente in weiten Teilen auf die europarechtliche Ebene übertragen lassen.

[55] Bereits als in den frühen Jahrzehnten der Bundesrepublik das Thema der Folgerichtigkeit – damals unter dem Schlagwort der „Systemgerechtigkeit" – erstmals aufkam, führte man eine ausführliche staatswissenschaftliche Debatte über die Verwissenschaftlichung staatlicher Entscheidungsfindung und das Verhältnis von beamteten Experten und gewählten Politikern innerhalb des Staatsaufbaus. Vgl. die Beiträge in *Claus Koch/Dieter Senghaas* (Hrsg.), Texte zur Technokratiediskussion; *Hans Lenk* (Hrsg.), Technokratie als Ideologie.

Recht seiner Legitimität halber genügen muss,[56] weiter gestiegen. Angesichts dieser Entwicklung ist zu überlegen, inwieweit die rechtsstaatliche Gewährleistung von Rationalität auf traditionell kontrollfreie Räume erstreckt werden muss. Zugleich lässt sich angesichts gestiegener Erwartungen an (basis-)demokratische Gestaltungsmacht und politische Partizipation[57] darüber nachdenken, für einzelne Themenbereiche die verfassungsgerichtliche Kontrolle mittels inhaltlicher Entscheidungsregeln zurückzunehmen und spiegelbildlich die hergebrachten Spielräume auszudehnen. In beiden Fällen könnten Folgerichtigkeitsprüfungen genau das bislang fehlende Puzzleteil im Verfassungsgefüge bilden, das gleichzeitig hinreichende Freiräume für demokratische Politik ermöglichen und übermäßige rechtsstaatliche Kontrolldefizite vermeiden kann.

C. Zugriff und Forschungsschwerpunkte

I. Stand der Diskussion

Rationalität und Wertungseinheitlichkeit im Recht waren schon oft und aus verschiedensten Blickwinkeln Gegenstand rechtswissenschaftlicher Betrachtungen. Seit Jahrhunderten fragt man sich etwa nach der Möglichkeit – und bei gegebener Möglichkeit der richtigen Behandlung – von paradoxen Rechtssätzen innerhalb einer Rechtsordnung.[58] In der ebenfalls Jahrhunderte zurückreichenden Gesetzgebungslehre, die sich der Methodik der Normsetzung meist aus rechtspolitischer Sicht widmet, ist das widerspruchsfreie Zusammenwirken von Vorschriften innerhalb eines Regelungszusammenhangs ein traditionelles Kernthema.[59] Ob und in welcher Weise Normen im Zusammenwirken überhaupt eine eigenständig aussagekräftige, sinnvolle Ordnung errichten können, welche Rolle dabei die Ordnungsbildung durch Dogmatik und Gerichtspraxis spielt und wie dabei mit Widersprüchen umgegangen wird, diskutiert man in einem weiteren, weit verzweigten Forschungsgespräch.[60] Schließlich reichen

---

[56] Zur Rationalität als Legitimationsgrundlage des Rechts zunächst *Christian Bumke*, Der Staat Bd. 49 (2010), S. 77 (78).

[57] Zu diesen gestiegenen Ansprüchen *Hermann Pünder*, VVDStRL Bd. 72 (2013), S. 191 (193 ff.).

[58] Vgl. *Gottfried Wilhelm Leibniz*, Disputatio inauguralis de casibus perplexis in jure. Aufarbeitung und Analyse bei *Scott Brewer*, in Leibniz: Logico-Philosophical Puzzles in the Law, S. 199 ff.

[59] Zusammenfassend *Bernd Mertens*, Gesetzgebungskunst im Zeitalter der Kodifikationen, S. 421 ff.

[60] Vgl. *Claus-Wilhelm Canaris*, Systemdenken und Systembegriff in der Jurisprudenz, S. 11 ff.; *Franz-Joseph Peine*, Das Recht als System, S. 11 ff.; *Christian Bumke*, Relative

Diskussionen über Rationalitäts- und Folgerichtigkeitsansprüche an das Recht weit über den Kontext der deutschen Rechtsordnung hinaus.[61]

Die spezifische Debatte über grundgesetzliche Folgerichtigkeitsanforderungen hat sich im Wesentlichen begleitend zur Rechtsprechung des Bundesverfassungsgerichts entwickelt. Nachdem das Gericht in den ersten drei Jahrzehnten seines Bestehens die Systemgerechtigkeit von Gesetzen zum gleichheitsrechtlichen Thema gemacht hatte, begann ein ausführlicher Diskurs zu deren verfassungsrechtlicher Relevanz.[62] Als man in der Judikatur eine nennenswerte Bedeutung jedoch letztlich verneint hatte, wurde der Grundsatz auch in der Literatur weitestgehend „beerdigt".[63] Entscheidende Bedeutung dürfte dabei der Einsicht zugekommen sein, dass gleichheitsrechtliche Rechtsfolgen sich allein aufgrund des Ausnahmecharakters einer Vorschrift – jedenfalls aus der etablierten Dogmatik heraus – kaum vertretbar begründen lassen.[64] Mit dem anschließenden Wiederaufleben der Folgerichtigkeit in verschiedenen Zweigen der Rechtsprechung bildeten sich sodann auch in der Literatur themenspezifische Teildiskurse heraus.[65] Als absehbar wurde, dass sich anhand der punktuel-

---

Rechtswidrigkeit, S. 23 ff. und passim; *Clemens Höpfner*, Die systemkonforme Auslegung, S. 71 ff.; *Patrick Hilbert*, Systemdenken in Verwaltungsrecht und Verwaltungsrechtswissenschaft, S. 3 ff., 75 ff. und passim; *Peter Dieterich*, Systemgerechtigkeit und Kohärenz, S. 85 ff.

[61] Vgl. zunächst die Beiträge zum europäischen Kohärenzgebot oben auf S. 12, Fn. 54. Auf besonderes Interesse stoßen die Rolle und die Möglichkeit von Vernunft im Recht schon lange im angelsächsischen Forschungsgespräch, wo man sich – zusätzlich zum pluralistischen Föderalismus der USA – seit jeher mit den Herausforderungen konfrontiert sieht, die sich für eine wertungseinheitliche Rechtsordnung aus dem Case Law ergeben. Die Diskussion kreist hier besonders um die Frage, inwiefern rechtliche Entscheidungen (vor allem Gerichtsentscheidungen) auf Vernünftigkeit verpflichtet sein können und inwieweit die Rechtsordnung mit ihren allgemeinen Vorschriften konkrete Entscheidungen determinieren kann. Für einen Einstieg in das Forschungsgespräch und seine Entwicklung siehe die repräsentativen Beiträge von *Oliver Wendell Holmes*, B. U. Law Rev. Bd. 78 (1998), S. 699 ff.; *John Dewey*, Cornell Law Q. Bd. 10 (1914–1925), S. 17 ff.; *Lon Fuller*, Harvard Law Rev. Bd. 59 (1945–1946), S. 376 ff.; *H. L. A. Hart*, The Concept of Law, S. 124 ff.; *Arthur Allen Leff*, Duke Law J. 1979, S. 1229 ff.; *Cass Sunstein*, Harvard Law Rev. Bd. 108 (1995), S. 1733 ff. *Peter Suber*, Legal Writing J. Bd. 3 (1997), S. 21 ff. Einen Überblick zu verschiedenen Diskussionslinien zum Verhältnis von Rationalität und Recht weltweit liefert *Kaarlo Tuori*, Ratio and Voluntas, S. 37 ff., 145 ff. und passim.

[62] Vgl. zur Aufarbeitung *Klaus Lange*, DV Bd. 4 (1971), S. 259 ff.; *Christoph Degenhart*, Systemgerechtigkeit und Selbstbindung; *Ulrich Battis*, in FS Ipsen, S. 11 ff.; *Franz-Josef Peine*, Systemgerechtigkeit.

[63] *Sigrid Boysen*, in von Münch/Kunig GG, Art. 3 Rn. 87.

[64] Diesen Umstand prägnant herausarbeitend *Uwe Kischel*, AöR Bd. 124 (1999), S. 174 (193 ff.); *Mehrdad Payandeh*, AöR Bd. 136 (2011), S. 578 (589 ff.). Ausführlich unten, S. 141 ff.

[65] Vgl. beispielsweise die monographischen Aufarbeitungen einiger dieser Teildiskurse bei *Stefan Haack*, Widersprüchliche Regelungskonzeptionen im Bundesstaat; *Adrian Jung*, Maßstäbegerechtigkeit im Länderfinanzausgleich; *Christine Antonia Grolig*, Folgerichtig-

len Teilentwicklungen ein allgemeiner Trend verschärfter Folgerichtigkeitskontrollen ablesen ließ, begann man schließlich etwa ab 2010, das Thema wieder in seiner Gesamtheit zu betrachten.[66]

Das Meinungsbild, das sich parallel zum jüngeren Bedeutungszuwachs der Folgerichtigkeit bislang herausgebildet hat, ist – nicht zuletzt infolge uneinheitlicher Vorstellungen vom Diskussionsgegenstand[67] – schwer zu überschauen.

---

keitsgebot und Erbschaftssteuer; *Joachim Brückner*, Folgerichtige Gesetzgebung im Steuerrecht und Öffentlichen Wirtschaftsrecht.

[66] Für einen ersten Überblick vgl. *Christian Bumke*, Der Staat Bd. 49 (2010), S. 77 ff.; *Philipp Dann*, Der Staat Bd. 49 (2010), S. 630 ff.; *Mehrdad Payandeh*, AöR Bd. 136 (2011), S. 578 ff.; *Matthias Cornils*, DVBl 2011, S. 1053 ff.; *Bernd Grzeszick*, VVDStRL Bd. 71 (2012), S. 49 ff.; *Lerke Osterloh*, in FS Bryde, S. 429 ff.; *Uwe Kischel*, in FS Kirchhof Bd. I, S. 371 ff.; *Peter Dieterich*, Systemgerechtigkeit und Kohärenz; *Henning Tappe*, JZ 2016, S. 27 ff.

[67] Zwar haben alle diskutierten Teilfragen des Problemkomplexes einen gemeinsamen Kern: Es geht um Widersprüche zwischen einfachgesetzlichen Wertungen und ihre verfassungsrechtliche Relevanz. Im Einzelnen bestehen aber Unterschiede zwischen dem, was genau unter Folgerichtigkeit, Widerspruchsfreiheit oder dem früher oft verwendeten Begriff der Systemgerechtigkeit verstanden wird. So setzen beispielsweise *Ulrich Battis*, in FS Ipsen, S. 11 (13 ff.); *Christian Bumke*, ZG Bd. 14 (1999), S. 376 (381); *ders.*, Der Staat Bd. 49 (2010), S. 77 (86); *Uwe Kischel*, AöR Bd. 124 (1999), S. 174 (179); *Alexander Hanebeck*, Der Staat Bd. 41 (2002), S. 429 (438); *Werner Heun*, in Dreier GG, Art. 3, Rn. 36; *Christian Starck*, in v. Mangoldt/Klein/Starck GG, Art. 3 Abs. 1 Rn. 44 ff.; *Mehrdad Payandeh*, AöR Bd. 136 (2011), S. 578 (579), Folgerichtigkeit und Systemgerechtigkeit teils ausdrücklich, teils implizit, teils wenigstens tendenziell gleich. Dagegen betreiben etwa *Ulrich Becker*, in FS 50 Jahre BSG, S. 77 (82 ff.); *Joachim Englisch*, in Stern/Becker Grundrechte-Kommentar, Art. 3 Rn. 33 ff., 39 f.; *Klaus-Dieter Drüen*, in FS Spindler, S. 29 (38 ff.); *Christine Antonia Grolig*, Folgerichtigkeitsgebot und Erbschaftssteuer, S. 52 ff.; *Lerke Osterloh*, in FS Bryde, S. 429 (434 f.), teils beträchtlichen Aufwand zur Abgrenzung beider Begriffe. Folgerichtigkeit wird dabei teilweise stärker als spezifisch steuerrechtliche Anforderung – vgl. *Drüen*, a.a.O.; *Grolig*, a.a.O., (näher zum Grundsatz der Folgerichtigkeit im Steuerrecht siehe unten, S. 125 ff.) –, teilweise eher als allgemeine Verfassungsmäßigkeitsvoraussetzung diskutiert, vgl. *Becker*, a.a.O.; *Englisch*, a.a.O.; *Osterloh*, a.a.O. Ein ganz anderer Zugriff findet sich wiederum etwa bei *Gerd Morgenthaler*, in Gleichheit im Verfassungsstaat, S. 51 (64). Er stellt eine Verbindung von Folgerichtigkeitserwägungen mit dem Prinzip der „Sachgerechtigkeit" her, das erfordere, dass ein Gesetz „auf einem plausiblen, grundsätzlich zieltauglichen Regelungskonzept beruht". Die ebenfalls mit dem Gedanken der Folgerichtigkeit verbundene Systemgerechtigkeit bedeute dagegen, dass „ein Gesetz (…) weder zu den übergeordneten Verfassungsprinzipien noch zu den vom Gesetzgeber selbst statuierten Prinzipien in einem Wertungswiderspruch steht." Wenn schließlich *Peter Dieterich*, Systemgerechtigkeit und Kohärenz, S. 31 ff. eine mehr als hundertseitige Annäherung an den Begriff der Systemgerechtigkeit für geboten hält, nachdem *Sigrid Boysen*, in von Münch/Kunig GG, Art. 3 Rn. 87, das Systemgerechtigkeitsgebot für literarisch „beerdigt" hielt, während *Lerke Osterloh/ Angelika Nußberger*, in Sachs GG, Art. 3 Rn. 98, es als stärksten prägenden Grundgedanken der gleichheitsrechtlichen Verfassungsrechtsprechung sehen, tritt klar zutage, wie uneinheitlich die Begriffsverständnisse im Forschungsgespräch sind (zu dieser Uneinheitlichkeit auch *Dieterich*, a.a.O., S. 182 ff.). Für die vorliegende Untersuchung wird daher eine eigenständi-

Grob lässt sich sagen, dass grundgesetzliche Folgerichtigkeitsanforderungen im steuerverfassungsrechtlichen Teildiskurs überwiegend befürwortet werden.[68] Dagegen ist in der allgemeinen staatsrechtlichen Debatte teils deutliche Kritik zu vernehmen, die zuweilen in einer nahezu kompletten Ablehnung jeder verfassungsrechtlichen Relevanz der Widerspruchsfreiheit mündet.[69] Insgesamt dürfte eine zwischen diesen Polen vermittelnde Haltung dominieren, die zwar annimmt, dass das Thema aus Sicht des Grundgesetzes nicht völlig bedeutungslos sein kann, Gebote folgerichtigen Entscheidens aber aufgrund demokratischer Gesichtspunkte in ihrer Wirkkraft erheblich beschränken will.[70]

II. Forschungsbedarf

Mit Blick auf die bisherige Diskussion verbleibt vor allem in zweierlei Hinsicht Forschungsbedarf, dem mit dieser Untersuchung begegnet werden soll. Erstens ist die dogmatische Durchdringung des Themas, besonders der Rechtsprechung seit dem Wiederaufleben der Folgerichtigkeit, nach wie vor unzureichend. Einzelne Zweige der Entwicklung sind zwar – nicht zuletzt im Rahmen der gerade erwähnten Teildiskurse – umfangreich dogmatisch erfasst worden.[71] Doch fehlte bisher eine systematische monographische Aufarbeitung der neueren Folge-

---

ge Begriffsbildung betrieben (besonders S. 23 ff.), die jedoch möglichst auf dem jeweils verbreitetsten Verständnis der jeweiligen Kategorien aufbaut. Diese Vorgehensweise klingt auch bei *Franz-Josef Peine*, Systemgerechtigkeit, S. 21 ff.; *Dieterich*, a.a.O., S. 35 ff., an.

[68] Für einen Überblick siehe *Klaus-Dieter Drüen*, in FS Spindler, S. 29 ff.; sowie *Joachim Englisch*, in FS Lang, S. 167 (179 und passim), der beschreibt, dass die „überwältigende Mehrheit der Steuerrechtswissenschaftler" legislative Folgerichtigkeit für verfassungsrechtlich geboten erachtet.

[69] Vgl. *Ulrich Battis*, in FS Ipsen, S. 11 (26 ff.); *Franz-Josef Peine*, Systemgerechtigkeit, S. 239, 299 ff. und passim; *Christoph Gusy*, NJW 1988, S. 2505 (2508); *Uwe Kischel*, AöR Bd. 124 (1999), S. 174 (203 ff.); *ders.*, in FS Kirchhof Bd. I, S. 371 (374 ff.); *Oliver Lepsius*, JZ 2009, S. 260 (261 ff.); *Philipp Dann*, Der Staat Bd. 49 (2010), S. 630 (633 ff.); *Mehrdad Payandeh*, AöR Bd. 136 (2011), S. 578 (610 ff.).

[70] Vgl. *Helge Sodan*, JZ 1999, S. 864 (869 f.); *Stefan Haack*, Widersprüchliche Regelungskonzeptionen im Bundesstaat, S. 129 ff. und passim; *Eberhard Schmidt-Aßmann*, in HStR II, 3. Aufl., § 26 Rn. 8, 21; *Gerhard Robbers*, in BK GG, Art. 20 Abs.1 Rn. 2323 ff.; *Gerd Morgenthaler*, in Gleichheit im Verfassungsstaat, S. 51 (64 ff.); *Joachim Englisch*, in Stern/Becker Grundrechte-Kommentar, Art. 3 Rn. 33; *Paul Kirchhof*, in HStR VIII, 3. Aufl., § 181 Rn. 211; *Karl-Peter Sommermann*, in v. Mangoldt/Klein/Starck GG, Art. 20 Abs. 3 Rn. 298; *Christian Bumke*, Der Staat Bd. 49 (2010), S. 77 (85 ff.); *Klaus Gärditz*, in Friauf/Höfling GG, C Art. 20 (6. Teil) Rn. 194 ff.; *Bernd Grzeszick*, VVDStRL Bd. 71 (2012), S. 49 (55 ff.); *Lerke Osterloh*, in FS Bryde, S. 429 (431 ff.).

[71] Siehe zum Forschungsstand zu Beginn der neueren Debatte auch *Christian Bumke*, Der Staat Bd. 49 (2010), S. 77 (80).

richtigkeitsdogmatik in ihrer Gesamtheit.[72] Insbesondere ist es erforderlich, den Pflichtenkanon, der sich etwa seit der Jahrtausendwende in den unterschiedlichen Zweigen der Rechtsprechung herausgebildet hat, anhand der Tatbestände und Rechtsfolgen der einzelnen Vorgaben zu analysieren, zusammenzuführen und zu bewerten.[73] Davon ausgehend kann dann die etablierte Verfassungsdogmatik daraufhin studiert werden, inwiefern sich die vorgefundenen neuen Herangehensweisen in die etablierten Strukturen einfügen und inwiefern Weiterentwicklungen geboten erscheinen. Insgesamt kann so ein umfassendes Gedankengebäude zur Rolle legislativer Folgerichtigkeit in der Verfassungsordnung des Grundgesetzes vorgeschlagen werden, in das sich alle diskutierten Probleme und Ansätze einordnen lassen.

Forschungsbedarf ergibt sich zweitens im Hinblick auf die demokratische Ordnung des Grundgesetzes. Sie wird bislang weder in ihren Aussagen zur Rationalität als Maßstab politischen Entscheidens noch in ihrem Zusammenwirken mit der rechtsstaatlichen Verfassungsordnung hinreichend gewürdigt. Zwar bestreitet wohl niemand, dass das rechtsstaatlich geforderte Maß an Rationalität unter Berücksichtigung der demokratischen Verfassungsaussagen entwickelt werden muss. Detaillierte Analysen der demokratischen Bezüge des Ideals wi-

---

[72] Monographien mit übergreifendem Ansatz sind mittlerweile vorgelegt worden von *Peter Dieterich*, Systemgerechtigkeit und Kohärenz; *Joachim Brückner*, Folgerichtige Gesetzgebung im Steuerrecht und Öffentlichen Wirtschaftsrecht. Beide klammern jedoch Teile der Entwicklung – etwa im Hinblick auf die folgerichtige Realitätsverarbeitung (unten, S. 213 ff.) – aus, die für ein umfassendes Verständnis von der Rolle der Folgerichtigkeit im Verfassungsrecht einbezogen werden sollten. Gerade *Dieterich*, a. a. O., S. 35 ff. und passim, bleibt insofern stark beim klassischen Gedanken der Systemgerechtigkeit und den mit ihm verbundenen Problemen verhaftet, die sich insbesondere auf die formallogischen und wissenschaftstheoretischen Bezüge der Systembildung und -bindung beziehen. Die neuere Rechtsprechung und Staatsrechtswissenschaft arbeiten aber nahezu gar nicht mehr mit dem traditionellen Gedanken einer gleichheitsrechtlichen Anforderung umfassender Systemgerechtigkeit. Das Bundesverfassungsgericht lehnt eine nennenswerte Bedeutung des hergebrachten Grundsatzes der Systemgerechtigkeit sogar in ständiger Rechtsprechung ab. (Siehe auch die Nachweise oben auf S. 9, Fn. 35, sowie unten, S. 117 ff.) Ursächlich für diesen gedanklichen Umschwung dürfte die Einsicht gewesen sein, dass ein „System" gerade keine Kategorie ist, die sich in der Verfassungsmäßigkeitsprüfung praktisch verlässlich handhaben lässt (siehe unten, S. 155 ff.). Man sollte die neu entwickelten Pflichten des Gesetzgebers also zwar sicherlich vor dem historischen Hintergrund der Rechtsprechung der 1950er, 1960er und 1970er Jahre betrachten. Allerdings sollte man Vorsicht im Hinblick darauf walten lassen, die neueren Figuren in die Tradition der alten Rechtsprechung einzuordnen. Da die Figur des „Systems" mittlerweile weitgehend bedeutungslos geworden ist, sollte man sie nicht mehr als Grundlage für das Nachdenken über Folgerichtigkeitsanforderungen verwenden.

[73] Forschungsbedarf diagnostiziert insofern auch *Peter Dieterich*, Systemgerechtigkeit und Kohärenz, S. 33.

derspruchsfreier Normsetzung finden sich bislang jedoch kaum.[74] Diese Analysen sind – weil Rechtsstaat und Demokratie gleichwertige Strukturprinzipien der Verfassung sind[75] – aber ebenso entscheidend wie Betrachtungen der rechtsstaatlichen Dimension. Gerade was die Fähigkeit des politischen Systems anbelangt, rationale Entscheidungen hervorzubringen, kann mittlerweile auf Erkenntnisse aus den Nachbarwissenschaften zurückgegriffen werden, die zu Beginn der Folgerichtigkeitsforschung in den 1970er und 1980er Jahren noch nicht verfügbar waren.[76] Diese Ergebnisse der politischen Wissenschaft – aber auch der Ökonomie und der Psychologie – in die Betrachtung einzubeziehen, ist für ein vollständiges Bild nicht zuletzt aufgrund des gerade skizzierten zeitgeschichtlichen Kontextes der Rechtsprechungsentwicklung unverzichtbar. Hängt die Änderung der Rechtsprechung mit einem Wandel des politischen Denkens zusammen, so dürfen Stand und Entwicklung des politischen Denkens bei der Beantwortung der Fragestellung nicht ausgeklammert werden.

III. Integratives Verständnis des demokratischen Verfassungsstaats

Mithilfe einer solchen differenzierten Analyse der politischen Verfassungsordnung soll hier dasjenige nuancierte Bild vom demokratischen System des Grundgesetzes gezeichnet werden, das erforderlich ist, um Rechtsstaat und De-

---

[74] Ansätze differenzierterer Analyse demokratischen Entscheidens und seiner Bezüge zur Frage der Folgerichtigkeit etwa bei *Bernd Grzeszick*, VVDStRL Bd. 71 (2012), S. 49 (62 ff.); *Uwe Kischel*, in FS Kirchhof Bd. I, S. 371 (379 ff.); sowie *Armin Steinbach*, Rationale Gesetzgebung, S. 37 ff., 205 ff. (allgemeine Analyse demokratischer Rationalitätsfähigkeit, jedoch mit Bezugnahme auf das Thema der Folgerichtigkeit auf S. 86 ff.). Oftmals verbleibt als Kern der demokratiespezifischen Kritik an Folgerichtigkeitsanforderungen dagegen bei näherem Hinsehen kaum mehr als der – ohnehin offensichtliche – Befund, dass entsprechende Gebote zu Verkürzungen legislativer Gestaltungsmacht führen oder das Gewaltengefüge modifizieren können, vgl. die zahlreichen Variationen dieser Gedanken, die bei *Peter Dieterich*, Systemgerechtigkeit und Kohärenz, S. 241 ff., 269 ff., wiedergegeben werden. Disziplinierungen legislativer Gestaltungsmacht gehören aber eindeutig zum demokratischen Verfassungsstaat dazu. Handelte es sich bei der Diagnose, dass ein Verfassungsgrundsatz der Judikative weitreichenden Zugriff auf den Inhalt der Gesetze gewährt, bereits um ein überzeugendes Argument gegen seine Verwendung, so müsste folgerichtig ein Großteil der anerkannten Verfassungsdogmatik (umfassender Grundrechtsschutz über Art. 2 Abs. 1 GG, Verhältnismäßigkeitsprinzip, und so weiter) verworfen werden. Wenn man herausfinden will, inwieweit Folgerichtigkeitsanforderungen sich in die Verfassungsordnung einfügen können, muss man näher untersuchen, in welcher Weise solche rechtsstaatlichen Anforderungen auf politisches Entscheiden einwirken müssen, um mit anderen Dimensionen des Staatsgefüges kompatibel zu sein.
[75] Siehe *Christoph Möllers*, AöR Bd. 132 (2007), S. 493 (502 ff.); *Bernd Grzeszick*, VVDStRL Bd. 71 (2012), S. 49 (64, 66).
[76] Vgl. besonders unten, S. 93 ff., 99 ff.

mokratie für den Kontext der Fragestellung zufriedenstellend ins Verhältnis zu setzen. Dabei ist der Gedanke zentral, dass die Unterscheidung beider Kategorien als eigenständige Strukturprinzipien keine naturgegebene, gedanklich zwingende Einsicht ist, sondern ihre Funktion und ihre Berechtigung vor allem als dogmatisches Hilfsmittel zur Erläuterung und Systematisierung des Verfassungsrechts findet. Davon ausgehend setzt die verfassungsdogmatische Beantwortung der Fragestellung mehr voraus, als Rechtsstaat und Demokratie einander – etwa in Form von Optimierungsgeboten – als Gegengewichte gegenüberzustellen.[77] Der Verfassungsgeber hat nicht einfach nur eine Demokratie etabliert und ihr ein paar rechtsstaatliche Grundsätze als Grenzen entgegengesetzt. Vielmehr ist die geltende Verfassungsordnung von der Erwartung getragen, dass der demokratische Verfassungsstaat insgesamt, im Zusammenwirken aller seiner Komponenten, das Gemeinwohl bestmöglich zum Ausdruck bringen und verwirklichen wird. Wie die Verfassung das Fundamentalproblem des kollektiven Handelns und der Erzeugung öffentlicher Rationalität lösen will, kann also weder durch eine isolierte Betrachtung von Rechtsstaat oder Demokratie noch durch eine Interpretation als reiner Konflikt zwischen beiden, sondern nur unter Einbeziehung ihrer Funktion als gegenseitige Unterstützung und Ergänzung entwickelt werden.[78] Auf diesem Vorverständnis[79] beruht der folgende Gedankengang.[80]

---

[77] Siehe *Christian Bumke*, Der Staat Bd. 49 (2010), S. 77 (94 f.).
[78] Siehe *Christian Bumke*, Der Staat Bd. 49 (2010), S. 77 (94 f.). Gleichsinnig *Bernd Grzeszick*, VVDStRL Bd. 71 (2012), S. 49 (64 f.), der aber vorwiegend eine „Auslegung des Verfassungsrechts" anstrebt, „bei der die demokratische Legitimität als Gegengewicht zur rechtsstaatlichen Legitimität entfaltet werden kann". Gegen eine Betrachtungsweise der Strukturprinzipien als bloße Gegensätze positioniert sich zwar auch *Armin Steinbach*, Rationale Gesetzgebung, S. 231 ff. Letztlich erklärt er ihr Verhältnis allerdings doch vor allem als (Prinzipien-)Konflikt (S. 93 ff., 99, 322), der ihre einander ergänzende Funktion nicht abbildet (dazu auch S. 107 f., Fn. 401).
[79] *Konrad Hesse*, Grundzüge des Verfassungsrechts, Rn. 62 f.
[80] Siehe zur integrativen Verarbeitung der demokratischen und rechtsstaatlichen Verfassungsgehalte innerhalb eines einheitlichen Konzepts des demokratischen Verfassungsstaats aus theoretisch-konzeptioneller Sicht besonders S. 65 ff., 104 ff., 109 ff.; sowie auf der Anwendungsebene S. 164 ff., 206 ff., 229 ff.

Erster Teil

Grundlagen der Untersuchung

Bevor mit der Untersuchung einzelner Folgerichtigkeitsanforderungen begonnen wird, müssen die Prämissen geklärt werden, auf denen der Gedankengang aufbaut. Das Grundgesetz auf Verpflichtungen zur Rationalität zu befragen, ist mit Risiken behaftet. Die Vielfalt unterschiedlicher Rationalitätsverständnisse, die sich in der Rechtswissenschaft und den Nachbarwissenschaften herausgebildet haben,[1] birgt die Gefahr von Missverständnissen und Ungenauigkeiten.[2] Das gilt auch für die Unterkategorie der Widerspruchsfreiheit, die wie die Rationalität ein „Allerweltsbegriff" ist.[3] Abgesehen davon, dass sie vielfältige Assoziationen hervorruft, wird sie in juristischen Texten oftmals verwendet, ohne dass ihr eine eigenständige rechtliche Bedeutung beigemessen wird.[4] Ein präzises Bild von der Rechtslage erfordert eine abgrenzungsscharfe Beschreibung der gesetzgeberischen Folgerichtigkeit als Untersuchungsgegenstand (Erster Abschnitt). Klärungsbedarf besteht auch hinsichtlich des Verfassungs- und Gewaltengefüges. Das Forschungsfeld ist geprägt von Reibungen und Wechselwirkungen zwischen Demokratie und Rechtsstaat, Politik und Justiz. Sie kann entlastet werden, indem zunächst nach verallgemeinerungsfähigen Aussagen über die Bezüge der Folgerichtigkeitsfrage zu diesen Institutionen und die Beziehung der Institutionen zueinander gefragt wird (Zweiter Abschnitt).[5]

---

[1] Zur Vielschichtigkeit der Rationalität siehe oben, S. 1 ff.
[2] Bereits *Walter Leisner*, Staat, S. 53 (68), warnte vor der Verwendung des Begriffs der Rationalität als eines „ebenso inhaltsarmen wie wertungsschweren Modeworts, welches einer der Sammelbegriffe für ‚alles heutige Gute' zu werden droht und neben sich nur noch Chaos und Emotionen kennt."
[3] *Thomas Raiser*, Grundlagen der Rechtssoziologie, S. 356.
[4] Siehe für die Rechtsprechung des Bundesverfassungsgerichts die quantitative Auswertung bei *Mehrdad Payandeh*, AöR Bd. 136 (2011), S. 578 (582).
[5] Eine vorgelagerte Befassung mit dem „verfassungsrechtlichen Spannungsfeld" unternimmt auch *Peter Dieterich*, Systemgerechtigkeit und Kohärenz, S. 210 ff.

Erster Abschnitt

Figur der Konsistenzanforderung

Der Gegenstand der Untersuchung wird in drei Schritten erläutert und präzisiert. Zunächst wird eine allgemeine Definition der gesetzgeberischen Folgerichtigkeit entwickelt, auf der die nachfolgenden Überlegungen aufbauen. Anschließend werden die wichtigsten Eigenheiten von verfassungsrechtlichen Verpflichtungen zur Folgerichtigkeit herausgearbeitet. Schließlich wird das Phänomen der verfassungsrechtlichen Folgerichtigkeitspflichten von anderen Arten der Begrenzung legislativer Gestaltungsbefugnisse abgegrenzt.

A. Begriff der Konsistenzanforderung

Folgerichtigkeit ist ein Urteil, das in Abhängigkeit von einem Bezugspunkt gefällt wird.[6] Ein Gegenstand wird zur Beurteilung seiner Folgerichtigkeit mit dem Bezugspunkt verglichen.[7] Der Gegenstand ist folgerichtig, wenn er sich als kompatibel mit den Festlegungen des Bezugspunkts erweist. Um als Maßstab für ein Folgerichtigkeitsurteil dienen zu können, muss der Bezugspunkt somit über eine gedankliche Struktur verfügen, anhand derer sich die Vereinbarkeit des Gegenstands beurteilen lässt. Folgerichtig ist der Gegenstand, wenn diese gedankliche Struktur eine Vorgabe – im Sinne des oben entwickelten Rationalitätsverständnisses: eine Regel[8] – bereithält, der er entspricht.[9] Bei der hier be-

---

[6] Siehe auch *Franz-Josef Peine* fest, Systemgerechtigkeit, S. 31 f. Wie fein man zwischen den unterschiedlichen verwendeten Bezugspunkten differenzieren kann, ist etwa erkennbar dort auf S. 51. Siehe auch den Begriff der „Folgerichtigkeitsbasis" bei *Joachim Brückner*, Folgerichtige Gesetzgebung im Steuerrecht und Öffentlichen Wirtschaftsrecht, S. 84 ff. Siehe auch *Peter Dieterich*, Systemgerechtigkeit und Kohärenz, S. 84 f.

[7] Zur Bedeutung eines Vergleiches für die Feststellung von Wertungswidersprüchen, siehe *Christian Bumke*, Relative Rechtswidrigkeit, S. 52, 75. Zur Notwendigkeit und Rolle einer gedanklichen Struktur siehe auch unten, S. 50 f. Zum Merkmal des Vergleichs auch *Joachim Brückner*, Folgerichtige Gesetzgebung im Steuerrecht und Öffentlichen Wirtschaftsrecht, S. 84 ff.

[8] Siehe oben, S. 1 ff.

[9] Genau genommen wird es an der Folgerichtigkeit eines Gegenstands im Hinblick auf einen Bezugspunkt aus zwei Gründen fehlen können. Zunächst kann es sein, dass der Be-

handelten Folgerichtigkeit gesetzgeberischen Entscheidens sind sowohl der Gegenstand als auch der Bezugspunkt einfachgesetzliche Regelungsentscheidungen. Die Kategorie betrifft also die Frage, inwiefern gleichgeordnete Aussagen im Recht miteinander kompatibel sind. Folgerichtigkeit bedeutet insofern innere Stimmigkeit des einfachen Rechts. An ihr fehlt es, wenn im Gesetz enthaltene Ordnungsentscheidungen einander widersprechen.[10]

Damit ein solcher Widerspruch eintreten kann, müssen die verglichenen Aussagen jedenfalls teilweise dasselbe Thema – denselben Regelungsgegenstand – betreffen.[11] In Bezug auf diesen Regelungsgegenstand müssen die Aussagen sich gegenseitig logisch ausschließen.[12] Der offensichtlichste Fall widersprüch-

---

zugspunkt gar keinen Maßstab zur Beurteilung des Gegenstands bereithält. Gegenstand und Bezugspunkt sind dann unverbunden; in Bezug aufeinander verhalten sie sich neutral. Verbietet der Gesetzgeber etwa einerseits den Diebstahl und legt andererseits Höchstgeschwindigkeiten für das Autofahren fest, so kann man keine der getroffenen Entscheidungen im Hinblick auf die andere sinnvoll als „richtig" bezeichnen. Die Aussagen haben miteinander nichts zu tun. Bei der Frage nach verfassungsrechtlichen Verpflichtungen zu gesetzgeberischer Folgerichtigkeit geht es nur um den zweiten Grund, aus dem es an der Folgerichtigkeit eines Gegenstands fehlen kann. Er besteht darin, dass der Gegenstand sich gemessen an der gedanklichen Struktur des Bezugspunkts als falsch herausstellt. Im Hinblick auf den Bezugspunkt ist der Gegenstand dann folgewidrig.

[10] Vgl. auch *Lerke Osterloh*, in FS Bryde, S. 429 (433): Gebot der „Folgerichtigkeit (...) als Verbot ‚innerer' Widersprüchlichkeit."

[11] Vgl. auch *Christian Bumke*, Relative Rechtswidrigkeit, S. 38, 76, 81 f. *Karl Engisch*, Einheit der Rechtsordnung, S. 62 f., sprach davon, dass der Gesetzgeber im Fall eines Wertungswiderspruchs „selbst für gleich Erachtetes" unterschiedlich behandle. Auch hier klingt der Gedanke eines vom Gesetzgeber gewählten Themenkomplexes an, für den dieser unvereinbare Festlegungen trifft.

[12] Nach der hier vorgeschlagenen Sichtweise laufen Normen- und Wertungswidersprüche in ihrer gedanklichen Grundstruktur also gleich. Der Normenwiderspruch kann auch als Spezialfall des Wertungswiderspruchs für inkompatible Rechtsfolgen begriffen werden. Ebenso *Clemens Höpfner*, Die systemkonforme Auslegung, S. 24. Was ihre Identifikation anbelangt, bauen beide Kategorien auf dem logischen Satz vom Widerspruch auf, nach dem eine Aussage und ihre Negation nicht gleichzeitig zutreffen können (beziehungsweise in der deontisch-logischen Entsprechung des Satzes: gültig sein können). Dazu *Helge Sodan*, JZ 1999, S. 864 (866 ff.). Diese Konzeption bietet einen entscheidenden Vorteil: Sie schafft tatbestandliche Genauigkeit. Zur Feststellung eines Wertungswiderspruchs reicht kein diffuses Gefühl einer Inkompatibilität aus, sondern es müssen mindestens zwei rechtliche Aussagen identifiziert werden, die logisch eindeutig unvereinbar sind. Dass dem Maßstab dennoch Unsicherheiten im Zusammenhang mit der Gesetzesauslegung anhaften, ist allerdings ebenso eindeutig. Dazu sogleich, S. 28 ff.

Was die Erfassbarkeit und Lösbarkeit von Widerspruchsproblemen im Recht unter Rückgriff auf logische Kategorien anbelangt, muss man von der Identifikation allerdings die anschließende Behandlung von Widersprüchen abschichten. Für das Schicksal festgestellter Widersprüche hält die Logik keine Antworten bereit, siehe *Christian Bumke*, Relative Rechtswidrigkeit, S. 38 f. In diese Richtung aber *Helge Sodan*, JZ 1999, S. 864 (866 ff.). Von

licher Aussagen im Recht ist der „Normenwiderspruch".[13] Er zeichnet sich dadurch aus, dass an einen Tatbestand unvereinbare Rechtsfolgen geknüpft werden, sodass nicht festgestellt werden kann, was gesollt ist.[14] Eine derartige Situation liegt jedenfalls dann vor, wenn dasselbe Verhalten gleichzeitig geboten und verboten ist.[15] Aus verfassungsrechtlicher Sicht bedürfen Normenwidersprüche für sich genommen allerdings keiner näheren Betrachtung. Es ist allgemein anerkannt, dass sie in der Rechtsordnung keinen Bestand haben dürfen. Das Rechtsstaatsprinzip gebietet ihre Beseitigung.[16] Sie werden – insbesondere mithilfe von Kollisionsregeln – aufgelöst.[17] Nur diejenigen legislativen Widersprüche, die nach der Bereinigung der Rechtsordnung um Normenwidersprüche verbleiben, müssen eingehend auf ihr verfassungsrechtliches Schicksal untersucht werden. Die Freiheit des Rechts von diesen „Wertungswidersprüchen"[18] – auf

---

den hier beschriebenen Widersprüchen abgesehen, dürfte vielmehr zutreffen, dass sich der Zusammenhang rechtlicher Wertungen nicht logisch erfassen lässt. Insbesondere wird man Versuche, das Recht als formallogisches System zu konzipieren, als gescheitert ansehen dürfen. Zusammenfassend bereits *Claus-Wilhelm Canaris*, Systemdenken und Systembegriff in der Jurisprudenz, S. 19 ff. Erst recht kann man von der Logik nicht darauf schließen, ob oder wie Widersprüche aufgelöst werden müssen. Denn zum einen trifft die Logik zu dieser Ebene keine verwertbaren Aussagen. Zum anderen sind die Gesetze der Logik (auch wenn sie zuweilen wie Naturgesetze behandelt werden) nur geisteswissenschaftliche Lehrsätze, die der Vorstellung von Menschen entsprungen sind. Warum und wie sie auf die Autorität des Rechts einwirken können, müsste erst einmal gezeigt werden. Wie alle rationalistischen Begründbarkeitsanforderungen können sie ihre eigene Anwendbarkeit letztlich kaum besser als mit dem zirkulären Verweis auf ihre eigene Rationalität begründen. Zu dieser Problematik *Peter Suber*, Legal Writing J. Bd. 3 (1997), S. 21 (26 ff. und passim).

[13] Prägend für die Unterscheidung zwischen Normenwidersprüchen und Wertungswidersprüchen waren *Karl Engisch*, Einheit der Rechtsordnung, S. 41 ff., insbesondere 46 ff., 59 ff., und *Claus-Wilhelm Canaris*, Systemdenken und Systembegriff in der Jurisprudenz, S. 26, 112 ff., mit erstmaliger Übertragung auf das Problem der verfassungsrechtlichen Konsistenzanforderungen besonders auf S. 121 ff. Eingehend zur Kategorisierung und Behandlung von Normen- und Wertungswidersprüchen *Christian Bumke*, Relative Rechtswidrigkeit, S. 37 ff. Siehe weiter auch dens., ZG Bd. 14 (1999), S. 376 (377 ff.); *Clemens Höpfner*, Die systemkonforme Auslegung, S. 16 ff.; *Hans Jarass*, AöR Bd. 126 (2001), S. 588 (592 f.).

[14] Siehe *Christian Bumke*, Relative Rechtswidrigkeit, S. 38, 40.

[15] Siehe *Christian Bumke*, Relative Rechtswidrigkeit, S. 39 ff.

[16] Siehe etwa *Dagmar Felix*, Einheit der Rechtsordnung, S. 239 f.; *Christian Bumke*, ZG Bd. 14 (1999), S. 376 (378); *Uwe Kischel*, AöR Bd. 124 (1999), S. 174 (210); *Mehrdad Payandeh*, AöR Bd. 136 (2011), S. 578 (583); alle m.w.N. Zur Unvereinbarkeit von Normenwidersprüchen mit dem Rechtsstaatsprinzip auch unten, S. 65.

[17] *Karl Engisch*, Einheit der Rechtsordnung, S. 63. Ausführlich *Christian Bumke*, Relative Rechtswidrigkeit, S. 38, insbesondere S. 48 ff.

[18] Außer Normen- und Wertungswidersprüchen sind weitere Kategorien divergierender Aussagen im Recht in das Forschungsgespräch eingeführt worden. Dazu zählen insbesondere „teleologische Widersprüche" (*Karl Engisch*, Einheit der Rechtsordnung, S. 59 ff., 63), die in Störungen in der Zweck-Mittel-Relation bestehen sollen, und „Prinzipienwidersprüche"

der Ebene der den Normen „zugrunde gelegten Gedanken und Prinzipien"[19] – ist gemeint, wenn im Folgenden von einfachgesetzlicher Folgerichtigkeit die Rede ist.[20] Sie wird in der Untersuchung als gesetzgeberische Konsistenz[21] bezeichnet.[22]

(ders., a.a.O., S. 64 ff.), bei denen widerstreitende Grundsätze einzelne Regelungsbereiche oder die Rechtsordnung insgesamt prägen. *Claus-Wilhelm Canaris*, Systemdenken und Systembegriff in der Jurisprudenz, S. 115 f., hat vorgeschlagen, zwischen unzulässigen „Widersprüchen" und zulässigen „Gegensätzen" zwischen Wertungen zu unterscheiden. Letztere bewegten sich in dem gewöhnlichen, erträglichen Maß, in dem jede Rechtsordnung widerstreitende Wertungen enthalten müsse; erstere störten dagegen „die innere Folgerichtigkeit und Einheit der Rechtsordnung, ihre ‚Harmonie'".

Auch wenn es vor dem Hintergrund, dass Wertungswidersprüche zum Großteil schon bei der Auslegung ausgeräumt werden können (siehe sogleich, S. 28 ff.) und im Regelfall noch nicht einmal einen Vorwurf nach sich ziehen sollten (siehe anschließend, S. 33 ff.) terminologisch zunächst unbefriedigend erscheinen mag, wird hier durchweg nur mit dem Begriff des Wertungswiderspruchs gearbeitet. Darin dürfte der einzig gangbare Weg liegen, abgrenzungsscharfe Kriterien zu entwickeln und Tatbestände sowie Rechtsfolgen etwaiger grundgesetzlicher Konsistenzgebote präzise zu fassen. Differenziert man – wie *Canaris* es vorgeschlagen hat – schon tatbestandlich nach der Schwere oder „Erträglichkeit" von Abweichungen, so werden Tatbestand und Rechtsfolgen in zirkulärer Weise vermischt. Etwas wird verboten, weil es verboten sein soll. Nach dem hier zugrunde gelegten Verständnis erfüllt demgegenüber jeder Fall, in dem das einfache Recht für einen Regelungsgegenstand unvereinbare Aussagen trifft, ohne dass ein Normenwiderspruch gegeben ist, die Voraussetzungen eines Wertungswiderspruchs. Über dessen Konsequenzen ist damit noch nichts gesagt.

Differenzierung nur zwischen Normen- und Wertungswidersprüchen auf der allgemeinsten Ebene auch bei *Christian Bumke*, Relative Rechtswidrigkeit, S. 37 ff., 51 ff. Eigene Kategorisierung, deren zusätzlich eingeführte Differenzierungen sich jedoch vorwiegend auf den Bereich der Normenwidersprüche beschränken, bei *Clemens Höpfner*, Die systemkonforme Auslegung, S. 23 ff. Einführung in verschiedene Kategorien von Widersprüchen im Recht auch bei *Henning Tappe*, JZ 2016, S. 27 (27 f.).

[19] *Karl Engisch*, Einheit der Rechtsordnung, S. 63.

[20] Auch *Christoph Degenhart*, Systemgerechtigkeit und Selbstbindung, S. 4; *Görg Haverkate*, Rechtsfragen des Leistungsstaats, S. 124; *Christian Bumke*, ZG Bd. 14 (1999), S. 376 (381 f.); *ders.*, Relative Rechtswidrigkeit, S. 80 ff.; *Mehrdad Payandeh*, AöR Bd. 136 (2011), S. 578 (583 f.); *Henning Tappe*, JZ 2016, S. 27 (27 f.); *Joachim Brückner*, Folgerichtige Gesetzgebung im Steuerrecht und Öffentlichen Wirtschaftsrecht, S. 89 ff., sehen die Funktion von Folgerichtigkeitsanforderungen in der Sanktionierung von Wertungswidersprüchen.

[21] Der Begriff wurde übernommen von *Christian Bumke*, Der Staat Bd. 49 (2010), S. 77 ff.

[22] Den Gedankengang auf dieser eigenen, allgemeinen Arbeitsdefinition aufzubauen, ist insbesondere deswegen notwendig, weil sich trotz der weitgehend einheitlichen Terminologie, auf die in Forschung und Rechtsprechung zurückgegriffen wird, bislang kein anerkanntes Verständnis legislativer Folgerichtigkeit und der mit ihr verwandten Begriffe herausgebildet hat (siehe auch *Peter Dieterich*, Systemgerechtigkeit und Kohärenz, S. 182 ff.; sowie oben S. 15 f., Fn. 67). Nach dem hier vorgeschlagenen Verständnis bilden Konsistenz und Folgerichtigkeit Oberbegriffe für einfachgesetzliche Wertungswiderspruchsfreiheit hinsichtlich aller in Betracht kommenden Bezugspunkte. Als einen solchen Bezugspunkt lässt sich bei-

Verfassungsrechtliche Konsistenzgebote sind demnach alle Normen des Grundgesetzes, die verlangen, dass einfaches Recht wertungswiderspruchsfrei ist. An den Tatbestand eines Bezugspunktes muss als Rechtsfolge ein Gebot der Vereinbarkeit anknüpfen; ein Verstoß gegen das Gebot muss zu verfassungsrechtlichen Konsequenzen führen.[23] Solange mit dem Befund eines Widerspruchs keine spezifische Konsequenz verbunden ist, mag der Zustand der Rechtsordnung unerwünscht erscheinen. Für ihre Verfassungskonformität ist er aber unerheblich.

Die Konsistenzgebote, die in Rechtsprechung und Literatur entwickelt worden sind, lassen sich nach den Konsequenzen der Wertungswidersprüche in drei Kategorien einteilen. Die strikteste Form der Folgerichtigkeitsanforderung ist ein absolutes Verbot inkonsistenten Entscheidens. Unvereinbare Wertungen führen unmittelbar zur Verfassungswidrigkeit der untersuchten Vorschriften.[24] Die nächst mildere Form des Konsistenzgebots verbietet Folgewidrigkeiten nicht absolut, stellt sie aber unter den Vorbehalt einer Rechtfertigung. Verfassungswidrig ist der Rechtszustand, soweit sich keine hinreichenden Gründe für den Widerspruch finden lassen.[25] Die aus Rechtsfolgensicht mildeste Art der Folgerichtigkeitsanforderung wirkt nur unselbständig innerhalb der Verhältnismäßigkeitsprüfung.[26] Rechtsfolge der Inkonsistenz ist hier, dass die Rechtfertigung einer Freiheitsbeschränkung erschwert wird. Die Inkonsistenz kann also nur indirekt zur Verfassungswidrigkeit führen.

---

spielsweise – im Sinne eines Systemgerechtigkeitserfordernisses – auch an „das Regelungssystem" denken. Wie sich herausstellen wird (siehe unten, S. 149 ff.), ist dieses als Anknüpfungspunkt einer Konsistenzpflicht allerdings nicht brauchbar.

[23] Zur Bedeutung eines eigenständigen rechtlichen Aussagegehalts und eigener Rechtsfolgen vgl. für den spezielleren Kontext des Gebots der Normenwahrheit auch *Klaus-Dieter Drüen*, ZG Bd. 24 (2009), S. 60 (64 ff., 71 ff., insbesondere 74).

Keine eigenständige rechtliche Bedeutung der Folgerichtigkeit scheint *Joachim Brückner*, Folgerichtige Gesetzgebung im Steuerrecht und Öffentlichen Wirtschaftsrecht, S. 113 ff., 177 f., 251 ff., für seine Analyse zu verlangen. Jedenfalls lehnt er eine solche offenbar ab. Seiner Konzeption nach bleibt insofern nebulös, warum man sich die Frage der Folgerichtigkeit im Verfassungsrecht überhaupt stellen sollte und warum man auf das Kriterium nicht einfach verzichten kann. Daran ändert auch der Verweis auf die gedankliche Nähe der Folgerichtigkeit zur Kategorie der Rationalität (S. 257 ff.) nichts. Denn welche „Disziplinierungsfunktion" (S. 259) ein Kriterium wahrnehmen soll, an dem man sich nicht messen lassen muss, erschließt sich nicht.

[24] Vgl. etwa unten, S. 215 ff.
[25] Vgl. etwa unten, S. 125 ff.
[26] Vgl. etwa unten, S. 178 ff.

B. Wirkungsweise von Konsistenzanforderungen

I. Nachrangigkeit gegenüber harmonisierender Auslegung

Während man Normenwidersprüche – innerhalb der allgemeinen Leistungsgrenzen dogmatischer Analyse – vergleichsweise leicht zweifelsfrei feststellen kann, bereitet die verlässliche Diagnose von Wertungswidersprüchen Schwierigkeiten. Wertungswidersprüche treten nicht schon unmittelbar zwischen Tatbeständen und Rechtsfolgen in Erscheinung. Stets betreffen sie auch abstraktere Entscheidungen des Gesetzgebers, deren Bestimmung zusätzliche analytische Schritte erfordert. Schon die Figur der legislativen Wertung ist schwer greifbar. Von ihr existiert kein allgemein anerkanntes Bild,[27] weshalb auch eine abstrakte Beschreibung von Wertungswidersprüchen – über die beiden Definitionskriterien des identischen Regelungsgegenstandes und der logischen Unvereinbarkeit hinaus – schwerfällt.[28] Die Kategorien von Wertungen und Wertungskombinationen, die man vergleichen kann, scheinen in ihrer Anzahl unbegrenzt. Konsistenz wird etwa im Hinblick auf so unterschiedliche Gesichtspunkte wie Systeme,[29] Ziele,[30] Konzepte,[31] Grund-

---

[27] *Christian Bumke*, Relative Rechtswidrigkeit, S. 51 f., bemerkt, dass auch Wertungswidersprüche gemessen an ihrer Bedeutung für die Rechtspraxis wenig wissenschaftliche Aufmerksamkeit erfahren haben.

[28] Siehe zu Schwierigkeiten der Beschreibung und Feststellung von Wertungswidersprüchen auch *Christian Bumke*, Relative Rechtswidrigkeit, S. 51; *Patrick Hilbert*, Systemdenken in Verwaltungsrecht und Verwaltungsrechtswissenschaft, S. 71 ff. Auch die klassische Formulierung *Karl Engischs*, Einheit der Rechtsordnung, S. 62 f., „Wertungswidersprüche können vielleicht als Verletzung des Grundsatzes angesehen werden, daß vom Gesetzgeber selbst für gleich Erachtetes nicht grundlos verschieden […] zu behandeln ist." schafft kaum zusätzliche Klarheit. Denn das Kriterium der Verschiedenbehandlung von gleich Erachtetem ist letztlich nur eine Umschreibung der Unvereinbarkeit eigener Entscheidungen im Hinblick auf denselben Gegenstand.
Auf diese Schwierigkeit, das Phänomen abstrakt einzugrenzen, dürfte eine in der Literatur zu beobachtende Tendenz zurückzuführen sein, auf übergreifende Definitions- und Charakterisierungsbemühungen weitgehend zu verzichten und stattdessen anhand von Beispielen verschiedene Typisierungen von Wertungswidersprüchen zu erarbeiten. Vgl. bereits *Karl Engisch*, Einheit der Rechtsordnung, S. 59 ff.; aber auch *Christian Bumke*, Relative Rechtswidrigkeit, S. 52 ff.; *Clemens Höpfner*, Die systemkonforme Auslegung, S. 36 f. Diese Vorgehensweise bietet zwar den Vorteil der Veranschaulichung von Teilbereichen des untersuchten Problems. Aufgrund ihres punktuellen, induktiven Charakters erlaubt sie es allerdings nicht, ein abschließendes Bild von den Wertungswidersprüchen zu zeichnen. An dieser Stelle wird daher auf eine Typisierung der Wertungswidersprüche verzichtet. Eine solche ergibt sich später indirekt aus der Analyse der Verfassungspraxis, S. 117 ff., 175 ff., 213 ff.

[29] Vgl. BVerfGE 13, 331 (340 f.).
[30] Vgl. BVerfGE 115, 276 (309 ff.).
[31] Vgl. BVerfGE 111, 10 (43); 121, 317 (359 ff.).

entscheidungen,[32] Bewertungsmaßstäbe,[33] Einschätzungen über Gefährdungspotentiale[34] oder Leitbilder des Gesetzgebers[35] diskutiert. Hat man einen solchen Bezugspunkt für ein Konsistenzurteil ausgemacht, so findet sich, anders als bei Normenwidersprüchen, oftmals keine ausdrückliche unvereinbare Aussage im Recht. Bevor man einen Wertungswiderspruch feststellen kann, muss man eine weitere Wertung aufspüren, deren Vereinbarkeit mit der als Bezugspunkt verwendeten Wertung überprüft werden kann.

Der Inhalt beider Wertungen wird naturgemäß erheblich durch die Auslegungsmethoden beeinflusst, mit denen man das Gesetz untersucht. In der deutschen Rechtstradition sind diese Methoden besonders stark von der Idee des Rechts „als einem sinnvoll geordneten Ganzen"[36] – der „Einheit der Rechtsordnung"[37] – geprägt.[38] Die systematische Auslegung, aber auch Konsistenzansprüche an die dogmatische Arbeit selbst, führen dazu, dass die Wertungen, die der Interpretationsvorgang hervorbringt, von vorn herein grundsätzlich auf andere Wertungen abgestimmt sind.[39] Prinzipiell werden Wertungswidersprüche also – ähnlich wie Normenwidersprüche mithilfe von Kollisionsnormen – schon bei der Rechtserkenntnis beseitigt,[40] nicht erst bei der verfassungsrechtlichen Rechtskontrolle.[41]

---

[32] Vgl. BVerfGE 126, 268 (280).
[33] Vgl. BVerfGE 132, 134 (162 ff.); 137, 34 (74 ff.).
[34] Vgl. BVerfGE 121, 317 (362 f.).
[35] Vgl. BVerfGE 112, 268 (280 f.); 116, 164 (182 f.).
[36] *Christian Bumke*, Relative Rechtswidrigkeit, S. 77.
[37] *Karl Engisch*, Einheit der Rechtsordnung; *Dagmar Felix*, Einheit der Rechtsordnung.
[38] Vgl. schon *Karl Engisch*, Einheit der Rechtsordnung, S. 1 ff., m.w.N.: „Die Dogmatik ist die Einheit der Rechtsordnung!" Zur anleitenden Funktion des Einheitsgedankens für die dogmatische Ordnungsbildung siehe auch *Christian Bumke*, Relative Rechtswidrigkeit, S. 249 f.
[39] Zur Beseitigung von Wertungswidersprüchen im Wege der Auslegung vgl. *Karl Engisch*, Einheit der Rechtsordnung, S. 41 ff.; *Karl Larenz*, Methodenlehre der Rechtswissenschaft, S. 334 f.; *Claus-Wilhelm Canaris*, Systemdenken und Systembegriff in der Jurisprudenz, S. 116 ff. Zum Umgang der Rechtspraxis mit Wertungswidersprüchen siehe *Christian Bumke*, Relative Rechtswidrigkeit, S. 77 f. Zur vorgelagerten Rolle dogmatischer Systembildung vor der Durchführung von Folgerichtigkeitsprüfungen sowie zum Vorrang ausgleichender Auslegung vor der Diagnose von „Systemwidrigkeiten" siehe auch *Peter Dieterich*, Systemgerechtigkeit und Kohärenz, S. 92 ff., 164 ff., 179 ff., 189 ff.
[40] Siehe schon *Felix Somló*, Juristische Grundlehre, S. 382, der allerdings forderte, dass Wertungswidersprüche stets auf dieser Ebene aufzulösen seien. Siehe auch *Clemens Höpfner*, Die systemkonforme Auslegung, S. 15 f., der als Widersprüche nur Divergenzen gelten lassen will, die nach der Auslegung bestehen bleiben. Vgl. ferner *Christian Bumke*, Relative Rechtswidrigkeit, S. 75 ff. Zur Rolle der systematischen Auslegung bei der Herstellung von Folgerichtigkeit auch *Helge Sodan*, JZ 1999, S. 864 (871).
[41] *Henning Tappe*, JZ 2016, S. 27 (32), kritisiert die neue Rechtsprechung zur Konsistenz als „Verlagerung der Widerspruchslösung von der Methodik hin zu einer verfassungsrechtlichen ‚Alles-oder-nichts'-Lösung".

Wird ein Widerspruch festgestellt, so deutet er in erster Linie darauf hin, dass die bisher gewonnene Einschätzung über das Gesollte korrigiert werden muss.

Zumal es bei Wertungswidersprüchen gerade an einem ausdrücklich entgegenstehenden Wortlaut fehlt,[42] wird eine solche Korrektur stets irgendwie denkbar sein. Immer dürfte sich ein – und sei es noch so abwegiges – Interpretationsergebnis konstruieren lassen, bei dem alle Wertungen miteinander in Einklang stehen. Vielen wird es zum Beispiel widersprüchlich erscheinen, wenn ein Gesetz Privaten das Anbieten von Sportwetten aus Gründen des Gesundheitsschutzes verbietet, gleichzeitig jedoch ein möglichst florierendes staatliches Wettwesen fördert.[43] Wie will man es schließlich mit dem Ziel der Wettsuchtprävention vereinbaren, dass die Bevölkerung möglichst stark zum Wetten angeregt werden soll? Allerdings lässt sich das Gesetz auch so interpretieren, dass alle aufgedeckten Wertungen vereinbar sind: Nimmt man etwa an, es solle die Menschen nur vor der Sucht nach Wetten bewahren, die von Privaten veranstaltet werden, so besteht kein Konflikt mehr mit der Förderung des staatlichen Wettwesens. Alternativ – und möglicherweise näher an den tatsächlichen Absichten der politischen Entscheidungsträger[44] – lassen sich, statt gesundheitspolitischen Zwecken, fiskalische Erwägungen als Ziele des Gesetzes ausmachen, denen es nicht widerspricht, wenn die Regelungen zu einem Anstieg der Prävalenz von Suchterkrankungen führen.

Handelte es sich bei dem Gedanken, dass das Recht als geordnetes, in sich abgestimmtes Ganzes begriffen und theorisiert werden muss, um eine absolut zu beachtende Vorgabe für die Norminterpretation, so ließe sich vor diesem Hintergrund folgern, dass Wertungswidersprüche niemals zum verfassungsrechtlichen Problem werden könnten. Mithilfe des richtigen Verständnisses vom Gesetz wären sie stets auflösbar und bestünden somit immer nur scheinbar.[45] Es ist aber nicht das einzige Ziel der Gesetzesauslegung, ein schlüssiges Bild von der Rechtslage zu entwickeln. Hauptsächlich hat sie die Aufgabe, die Bedeutung der einschlägigen Rechtsnormen zu klären.[46] Diese wird prinzipiell

---

[42] Ohnehin sollte der Wortlaut über den Spezialfall des Art. 103 Abs. 2 GG hinaus nicht als absolute Grenze der Auslegung aufgefasst werden. Näher *Clemens Höpfner*, Die systemkonforme Auslegung, S. 145 ff.; *Christian Bumke*, in FS Kirchhof Bd. I, S. 985 (994).

[43] So geschehen im Freistaat Bayern, vgl. BVerfGE 115, 276 (300 ff.). Näher zu der Entscheidung unten, S. 178 ff.

[44] Siehe auch *Niels Petersen*, AöR Bd. 138 (2013), S. 108 (129 f.).

[45] Zu diesem Gedanken siehe bereits *Felix Somló*, Juristische Grundlehre, S. 382; *Karl Engisch*, Einheit der Rechtsordnung, S. 42 f.

[46] So bereits *Friedrich Karl von Savigny*, System des heutigen römischen Rechts, S. 209: Auslegung heiße jedes Mittel zu dem Zweck „den anzuerkennenden Inhalt des Gesetzes, ins Auge" zu fassen. Auslegung sei „die Reconstruction des dem Gesetze innewohnenden Gedankens". Sie sei notwendig, um „sichere und vollständige Einsicht in den Inhalt des Gesetzes

nicht von den interpretierenden Juristen bestimmt, sondern vom Gesetzgeber.[47] So wie die Legislative den Inhalt des Rechts intendiert, muss er grundsätzlich auch aufgefasst werden.[48] Die Gesetzgebung wird sich zwar stets auch von

---

zu erlangen" (S. 213). Siehe ferner *Rolf Wank*, Die Auslegung von Gesetzen, S. 29; *Clemens Höpfner*, Die systemkonforme Auslegung, S. 143 f. Vgl. auch *Bernd Rüthers/Christian Fischer/Axel Birk*, Rechtstheorie, Rn. 698.

[47] Die bedeutendste Ausnahme dürfte in dem Fall liegen, dass Gerichte rechtsschöpferisch tätig werden. Dazu *Bernd Rüthers/Christian Fischer/Axel Birk*, Rechtstheorie, Rn. 823 ff. Ausführlich zum Problem des Verhältnisses von Rechtsanwendung und Rechtssetzung durch Gerichte vgl. einerseits *Matthias Jestaedt*, in Richterrecht, S. 49 ff.; andererseits *Christian Bumke*, in Richterrecht, S. 33 (35 ff.).
Eine neue Wendung bekommt das Problem der Kompetenzabgrenzung bei der Gesetzesinterpretation, wenn in der Gesetzesbegründung eine „Befugnis des Gesetzgebers zur authentischen Interpretation gesetzlicher Vorschriften" beansprucht wird, um der Justiz ein bestimmtes Auslegungsergebnis vorzugeben. Das Bundesverfassungsgericht lehnt eine solche Befugnis ab und hält die Gerichte für umfassend zur Auslegung berufen, vgl. BVerfGE 126, 369 (392); 135, 1 (15).

[48] Mit dieser knappen Feststellung soll nicht suggeriert werden, dass es sich beim Gesetzgeberwillen um eine unproblematisch erfassbare Größe handele. Im Gegenteil ist seine Ermittlung ein voraussetzungsvolles Geschäft; seine Gestalt ist in vielerlei Hinsicht ungeklärt. Bei näherem Hinsehen verfügen Rechtswissenschaft und -praxis herkömmlich über kein einheitliches, kohärentes Konzept ihrer Auslegungsziele und -methoden. Ausführliche Aufbereitung und Konzeptbildung nunmehr bei *Thomas Wischmeyer*, Zwecke im Recht des Verfassungsstaates, S. 179 ff., 225 ff. und passim; *Tino Frieling*, Gesetzesmaterialien und Wille des Gesetzgebers, S. 42 ff., 131 ff. und passim. Für die hiesigen Überlegungen kann allerdings außer Betracht bleiben, wie genau der autoritative Gehalt des Rechts zu konstruieren ist. Es kommt bloß darauf an, dass das Gesetz überhaupt einen solchen eigenständigen Gehalt aufweist, der für Normadressaten und -interpreten bindend ist. Dass dieser Gehalt besteht, dürfte weitreichend anerkannt sein. Er bildet die Grenze der zulässigen Harmonisierungsbemühungen bei der Auslegung.
Im klassischen Streit über die Maßgeblichkeit des historischen Gesetzgeberwillens als Auslegungsziel wird man eher zur Vermeidung von Wertungswidersprüchen schon bei der Rechtsfindung gelangen können, je eher man der „objektiven Theorie" zuneigt. Demgegenüber wird die „subjektive Theorie" mit ihrem Fokus auf den tatsächlichen Regelungswillen der am Gesetzgebungsverfahren Beteiligten eher dazu führen, dass Widersprüche zunächst stehen bleiben. (Jeweils mit einem ausführlichen Überblick zu der Kontroverse siehe statt aller *Bernd Rüthers/Christian Fischer/Axel Birk*, Rechtstheorie, Rn. 796 ff.; sowie *Holger Fleischer*, in Mysterium „Gesetzesmaterialien", S. 1 [5 ff.].) Auch wenn man den historischen Gesetzgeberwillen jedoch für stets völlig irrelevant hielte – was heute wohl niemand mehr tut (siehe *Fleischer*, a. a. O., S. 1 [10]) – würde man sich gleichwohl kaum Einheitsvorstellungen als absolutem Gebot unterwerfen wollen und in Kauf nehmen, dass das Streben nach gesetzesinhärentem Sinn in praktisch unsinnigen Ergebnissen mündet. Vor allem aber sollten – mit Blick auf die vom Grundgesetz vorgesehene Funktionenordnung und die Notwendigkeit, die Gesetzesbindung der Justiz sicherzustellen, (siehe *Rüthers/Fischer/Birk*, a. a. O., Rn. 812) – Gesetzesmaterialien und der historische Gesetzgeberwille als notwendige Bausteine für ein vollständiges Verständnis der Rechtslage anerkannt werden. Auch das Bundesverfas-

Schlüssigkeitserwägungen leiten lassen und Normen in der Erwartung setzen, dass sie in der Zusammenschau mit anderen Bestimmungen und dem Normengefüge verstanden werden. Wo jedoch die dogmatische Analyse – insbesondere unter Zuhilfenahme zusätzlicher Dokumente wie der Gesetzesmaterialien[49] – ergibt, dass das Gesetz widersprüchlichen Wertungen Geltung verleihen will, muss auch dies im ersten Schritt respektiert werden.[50] Im zweiten Schritt können dann die verfassungsrechtlichen Grenzen für inkonsistentes Recht zum Tragen kommen, die in der vorliegenden Untersuchung behandelt werden.

Auch wenn am Ende des Rechtserkenntnisprozesses somit Wertungswidersprüche bestehen bleiben können, gelten Einheitsvorstellungen jedoch als Leitlinien der Auslegung fort. Bevor man einen Wertungswiderspruch annimmt und nach Abschluss der Rechtserkenntnis als solchen stehen lässt, wird man stets versuchen, ein Ergebnis zu erzielen, bei dem alle Wertungen sowohl schlüssig zusammenpassen als auch Ausdruck des Gesetzgeberwillens sind. Insgesamt kann man daher sagen, dass verfassungsrechtliche Konsistenzanforderungen unter dem Vorrang auf Ausgleich zielender Auslegung stehen.[51] Erst

---

sungsgericht, das sich herkömmlich zur „objektiven Theorie" bekannt hat (vgl. etwa BVerfGE 1, 299 [312]; 11, 126 [131 ff.]; 64, 261 [275 f.]; 110, 226 [248]; 111, 226 [284]; sowie weitere Nachweise aus der Rechtsprechung bei *Stephan Meyer*, Der Staat Bd. 48 (2009), S. 278 [281 f.]), hat in seiner Geschichte schon oft Gesetzesmaterialien konsultiert und nach dem historischen Gesetzgeberwillen geforscht (siehe mit einer Auswertung der frühen Rechtsprechung des Gerichts bereits *Michael Sachs*, DVBl 1984, S. 73 [76 ff.]; siehe weiter *Fleischer*, a.a.O., S. 1 [11]; *Rüthers/Fischer/Birk*, a.a.o., Rn. 800. Aktuell vgl. etwa BVerfGE 116, 164 [191 ff.]; vgl. auch das Sondervotum der Richter *Andreas Voßkuhle, Lerke Osterloh* und *Udo Di Fabio*, BVerfGE 122, 248 [282 ff.]).

[49] Zur Notwendigkeit, Gesetzesmaterialien bei der Auslegung zu berücksichtigen, siehe insbesondere *Holger Fleischer*, in Mysterium „Gesetzesmaterialien", S. 1 ff.; *Thomas Wischmeyer*, Zwecke im Recht des Verfassungsstaates, S. 377 ff.; *Tino Frieling*, Gesetzesmaterialien und Wille des Gesetzgebers, S. 131 ff. und passim.

[50] So auch *Claus-Wilhelm Canaris*, Systemdenken und Systembegriff in der Jurisprudenz, S. 119 ff., der für den Fall, dass sich ein Wertungswiderspruch nicht durch Auslegung und Rechtsfortbildung beseitigen lässt, die Kategorie des „rechtspolitischen Fehlers" einführt. Ein solcher Moment dürfte einen Fall darstellen, in dem „die verfassungsrechtlichen Grenzen für eine schöpferische Rechtsgestaltung erreicht werden" (*Christian Bumke*, Relative Rechtswidrigkeit, S. 77; näher zu den verfassungsrechtlichen Grenzen für das Richterrecht siehe *dens.*, in Richterrecht, S. 33 ff.; in FS Kirchhof Bd. I, S. 985 [993 f.]). Jedenfalls für die Unterkategorie der verfassungskonformen Auslegung (zu dieser auch sogleich) hat auch das Bundesverfassungsgericht festgestellt, das Interpretationsergebnis dürfe nicht „in Widerspruch zu dem klar erkennbaren Willen des Gesetzes treten" (BVerfGE 124, 25 [39]; 101, 312 [329]).

[51] Siehe auch die von *Horst Hagen*, in FS Larenz, S. 867 (868), eingeführte „Konformitätsvermutung", eine „Auslegungsregel im Sinne einer Vermutung für die Konformität der rechtlichen Wertungen für die dogmatische Lösung einander entsprechender Sachprobleme." Dazu auch *Karl Larenz*, Methodenlehre der Rechtswissenschaft, S. 334. Siehe auch *Rolf Wank*, Die Auslegung von Gesetzen, S. 64.

wenn diese scheitert, ist eine Inkonsistenz festzustellen, über deren verfassungsrechtliche Folgen nachgedacht werden kann.

II. Tatbestandliche Begrenztheit

Ebenso wie über die Unzulässigkeit von Normenwidersprüchen besteht Einigkeit darüber, dass Wertungswidersprüche – sobald sie einmal erkannt sind – grundsätzlich nicht die Verfassungswidrigkeit von Gesetzen herbeiführen.[52] In einem pluralistischen Gemeinwesen ist kein anderes Ergebnis praktikabel. Aufgrund der unüberschaubaren Vielfalt vorhandener und denkbarer Weltanschauungen lässt sich gerade über die fundamentalsten Wertvorstellungen häufig keine Einigkeit erzielen. Um vor diesem Hintergrund einen Rahmen für menschliches Zusammenleben schaffen zu können, müssen sich demokratisch verfasste Gemeinwesen auf vergleichsweise konkrete Rechtsnormen einigen, deren abstraktere normative Grundlagen oftmals unvollständig geklärt bleiben.[53] Dieser

---

Abzugrenzen ist der Vorrang harmonisierender Auslegung vom etablierten Gebot der Aufrechterhaltung von Normen, nach dem das Bundesverfassungsgericht vor der Feststellung der Verfassungswidrigkeit von Gesetzen versucht, zu einer verfassungskonformen Lesart zu gelangen. Vgl. nur die Leitentscheidung zur insoweit ständigen Rechtsprechung, BVerfGE 2, 266 (267, 282); sowie aktuell etwa BVerfGE 138, 64 (93 ff.). In den Kontext der Folgerichtigkeitsgebote stellen das Aufrechterhaltungsgebot *Veith Mehde/Stefanie Hanke*, ZG Bd. 25 (2010), S. 381 (392). Ein solches Gebot kann hier nur zur Anwendung kommen, soweit das Grundgesetz überhaupt Verpflichtungen enthält, Wertungswidersprüche zu vermeiden. Auch bewegt sich die Feststellung von Wertungswidersprüchen im Recht zum Teil auf einer vorgelagerten Stufe, auf der man dem Normtext überhaupt erstmals einen Sinn entnehmen will. Jedes Auslegungsergebnis – ob „verfassungskonform" oder nicht – wird aber in gewisser Hinsicht rechtliche Wertungen in ihrem Kontext betrachten und von Einheitsvorstellungen geprägt sein. In dem Maße, in dem man einen Vorrang der verfassungskonformen Auslegung anerkennt (kritisch zu dieser Methode insgesamt *Ulrike Lembke*, Einheit aus Erkenntnis?, zusammenfassend S. 268 f., 328 f.), muss man Normen dann zusätzlich soweit wie möglich so interpretieren, dass Konflikte mit etwaigen grundgesetzlichen Konsistenzgeboten vermieden werden. Zum Verhältnis der Harmonisierung mit höherrangigem Recht im Zuge der Auslegung (dort in Abgrenzung zur systematischen Auslegung als „systemkonforme Auslegung" bezeichnet) mit den übrigen Auslegungsmethoden siehe besonders *Clemens Höpfner*, Die systemkonforme Auslegung, S. 141 ff., 160 ff., der ebenfalls annimmt, dass die Auslegung der Derogation (und zwar auch der Derogation durch systemkonforme Auslegung) vorgeht.

[52] Vgl. nur *Karl Engisch*, Einheit der Rechtsordnung, S. 63, 84; *dens.*, Einführung in das juristische Denken, S. 216; *Karl Larenz*, Methodenlehre der Rechtswissenschaft, S. 334 f., 488 f.; *Claus-Wilhelm Canaris*, Systemdenken und Systembegriff in der Jurisprudenz, S. 116 ff.; *Alexander Hanebeck*, Der Staat Bd. 41 (2002), S. 429 (444); *Christian Bumke*, Relative Rechtswidrigkeit, S. 78 ff.; *dens.*, Der Staat Bd. 49 (2010), S. 77 (96); *Paul Kirchhof*, in HStR VIII, 3. Aufl., § 181 Rn. 219; *Mehrdad Payandeh*, AöR Bd. 136 (2011), S. 578 (583 f.).

[53] *Cass Sunstein*, Harvard Law Rev. Bd. 108 (1995), S. 1733 ff., bezeichnet Gesetze – aber

Einigungsprozess ereignet sich in einem hochkomplexen Spannungsfeld betroffener Allgemein-, Gruppen- und Individualinteressen, gesellschaftlicher und technologischer Wirkmechanismen. In der Folge produziert eine moderne, ausdifferenzierte Rechtsordnung eine derartige Vielzahl von Wertungen unterschiedlicher Art und Bedeutung, dass Widersprüche eine zwangsläufige Konsequenz sind.[54] Schwerwiegende Probleme gehen damit in der Regel nicht einher. Die Rechtspraxis hat eine Vielzahl unterschiedlicher Ansätze für die Bewältigung von Wertungswidersprüchen entwickelt.[55] Mit der Feststellung divergierender Wertungen an sich sollte aus verfassungsrechtlicher Sicht grundsätzlich also kein Vorwurf einhergehen.[56]

Wenn die Verfassung Gesetzgebungskonsistenz verlangt, kann diese Forderung demnach nicht allumfassend gelten. Widerspruchsfreiheit kann nur zwischen bestimmten, nicht zwischen allen einfachgesetzlichen Wertungsentscheidungen geboten sein. Daher sollte nicht unspezifisch von einem allgemeinen verfassungsrechtlichen Folgerichtigkeitsgebot[57] gesprochen werden.[58] Vielmehr

---

auch andere Rechtsakte wie gerichtliche Entscheidungen durch Spruchkörper – daher als „Incompletely Theorized Agreements". Beispielsweise teilt praktisch jede Gesellschaft die Wertvorstellung, dass das Töten von Menschen grundsätzlich verboten sein soll, ohne dass notwendig Einigkeit über die Gründe für das Tötungsverbot herrscht. Einige Mitglieder einer Gesellschaft mögen den Respekt vor dem Leben etwa als religiöses Gebot betrachten. Andere mögen auf säkulare Weltanschauungen zurückgreifen oder aus Vernunftgründen die Herstellung öffentlicher Ordnung und gesellschaftlichen Friedens anstreben. Wie *Sunstein* feststellt, ist Einigkeit über die Gründe nicht erforderlich. Notwendig, aber auch ausreichend, sind Wertekonsense auf einer konkreteren Ebene.

[54] Siehe auch *Claus-Wilhelm Canaris*, Systemdenken und Systembegriff in der Jurisprudenz, S. 112; *Christian Bumke*, Der Staat Bd. 49 (2010), S. 77 (96, siehe dort zur Komplexität gesetzgeberischen Entscheidens und dem zwangsläufig begrenzten Wissen einzelner Entscheidungsträger auch S. 87 f.). Näher zur Produktion von Widersprüchen in der demokratischen Ordnung unten, S. 96 f. Zur unvollständigen Theorisierbarkeit der Rechtsordnung aus rechtsstaatlicher Sicht siehe auch unten, S. 155 ff.

[55] Vgl. *Christian Bumke*, Relative Rechtswidrigkeit, S. 51 ff.

[56] *Claus-Wilhelm Canaris*, Systemdenken und Systembegriff in der Jurisprudenz, S. 115, hat vorgeschlagen, zwischen unzulässigen „Widersprüchen" und zulässigen „Gegensätzen" zwischen Wertungen zu sprechen. Diese Unterscheidung ist nicht notwendig; man kann sich damit begnügen, festzustellen, dass ein Widerspruch nichts Schlimmes sein muss. Wenn Widersprüche unzulässig und Gegensätze zulässig wären, müsste genau genommen eine weitere Kategorie als Oberbegriff für beide Phänomene gebildet werden, weil das Urteil der Unzulässigkeit eines Widerspruchs erst am Ende der Prüfung stehen könnte.

Hingewiesen sei jedoch nochmals darauf, dass Wertungswidersprüche prinzipiell schon auf der Ebene der Auslegung aufgelöst werden, sodass sich das angewendete Recht nicht mehr als widersprüchlich darstellt. Siehe bereits oben, S. 28 ff.

[57] Vgl. etwa *Paul Kirchhof*, in HStR VIII, 3. Aufl., § 181 Rn. 209 ff., 225 ff.; *Christian Bumke*, Der Staat Bd. 49 (2010), S. 77 (87, 91).

[58] Gegen ein umfassendes Folgerichtigkeitsgebot des Grundgesetzes – allerdings aus an-

können sich punktuell einzelne Konsistenzanforderungen ergeben, die Folgerichtigkeit im Hinblick auf bestimmte Arten von Wertungsentscheidungen einfordern. Dies können etwa gesetzgeberische Ziele oder grundlegende Regelungsentscheidungen sein. Die Herleitung entsprechender Vorgaben hängt von der Benennbarkeit eines solchen spezifischen Bezugspunkts ab, an den das Folgerichtigkeitsurteil anknüpfen kann.

III. Selbstbindung und Wechselwirkung

Beim Konsistenzurteil geht es nicht um die Vereinbarkeit von Entscheidungen mit etwas von außen Vorgegebenem, sondern mit Umständen, die innerhalb der Entscheidungssphäre des Gesetzgebers liegen.[59] Eine Verpflichtung zur Konsistenz führt insofern eine Selbstbindung herbei.[60] Um zu verstehen, wie dieser Mechanismus wirkt, ist die Einsicht zentral, dass alle einfachgesetzlichen Wertungen normenhierarchisch gleichrangig sind.[61] Manche von ihnen mag man gegenüber anderen als gedanklich vorgelagert ansehen, etwa weil sie älter oder grundsätzlicher sind. Zu einer rechtlichen Vorrangigkeit im Sinne einer stärkeren „Verfassungsnähe" wird man jedoch nie kommen können.[62] Für ältere Wer-

---

deren Gründen – auch *Mehrdad Payandeh*, AöR Bd. 136 (2011), S. 578 (584 f.); *Joachim Brückner*, Folgerichtige Gesetzgebung im Steuerrecht und Öffentlichen Wirtschaftsrecht, S. 252 f.

[59] Siehe auch *Paul Kirchhof*, in HStR VIII, 3. Aufl., § 181 Rn. 209, 216: „Das Gebot der Folgerichtigkeit bindet nicht an eine vorgefundene Wirklichkeit, sondern an einen vorherigen Rechtsgedanken, fordert den vernünftigen, einsichtigen Grund gegenüber der geltenden Rechtsordnung."

[60] Der Begriff der Selbstbindung spielt in der Diskussion um Folgerichtigkeitsanforderungen eine wichtige Rolle. Vgl. nur die Titel prägendsten Monographien zum älteren Diskurs über Systemgerechtigkeit: *Christoph Degenhart*, Systemgerechtigkeit und Selbstbindung des Gesetzgebers als Verfassungspostulat; *Franz-Josef Peine*, Systemgerechtigkeit: Die Selbstbindung des Gesetzgebers als Maßstab der Normenkontrolle. Zum Verhältnis von Systemgerechtigkeit und Selbstbindung auch *Peter Dieterich*, Systemgerechtigkeit und Kohärenz, S. 175 ff.

[61] Siehe auch *Anna Leisner-Egensperger*, DÖV 2013, S. 533 (538).

[62] Aus zweifacher Richtung ist versucht worden, einfachgesetzlichen Wertungen doch unterschiedlichen Rang zuzusprechen. *Christoph Degenhart*, Systemgerechtigkeit und Selbstbindung, S. 80 ff., wollte dieses Ergebnis erreichen, indem er postulierte, dass „Wertungen des einfachen Gesetzgebers in unterschiedlichem Bezug, in abgestufter Nähe zur Verfassung stehen" (S. 85). Er griff den Gedanken *Walter Leisners*, Gesetzmäßigkeit der Verfassung, S. 42 ff.; Der Staat Bd. 7 (1968), S. 137 (141), auf, dass der einfache Gesetzgeber den Inhalt der konkretisierungsbedürftigen Verfassung durch „Umprägung" einfachen Rechts mit beeinflusst. Wertungen, die das Verfassungsrecht besonders stark konkretisierten, blieben zwar formal einfachgesetzlich (*Degenhart*, a.a.O., S. 87). Je mehr eine Wertung jedoch das Verfassungsrecht ausgestalte, desto eher verstoße ein Widerspruch im Hinblick auf sie

tungen ergibt sich dieser Schluss aus der Befugnis des Gesetzgebers, grundsätzlich alle[63] jemals ergangenen einfachgesetzlichen Entscheidungen abzuändern.[64]

---

gegen das Willkürverbot und das Vertrauensschutzprinzip (S. 87 f.). (Am Gedanken der Möglichkeit unterschiedlicher normativer Wertigkeit von einfachrechtlichen Wertungen festhaltend *Christoph Degenhart*, ZG 15 [2000], S. 79 [86 ff.].) Aus zwei Gründen sollte man diesem Ansatz nicht folgen. Erstens lassen sich formales Verfassungsrecht und einfaches Recht definitionsgemäß nur formal unterscheiden. Sicherlich ist das Verfassungsrecht einem Verfassungswandel unterworfen. Dieser wird möglicherweise auch durch das einfache Recht mitgeprägt. Eine Wertung kann aber nur entweder verfassungsrechtlich sein oder nicht. Diese formelle Trennung ist zweitens auch aus Gründen demokratischer und rechtsstaatlicher Klarheit notwendig. Zur Abgrenzung demokratischer Gestaltungsspielräume und zur Ermöglichung effektiven Rechtsschutzes muss eindeutig sein, wo die Verantwortlichkeiten des einfachen Gesetzgebers aufhören. Wie hier auch *Görg Haverkate*, Rechtsfragen des Leistungsstaats, S. 125 ff.; *Franz-Josef Peine*, Systemgerechtigkeit, S. 244 ff.; *Christoph Gusy*, NJW 1988, S. 2505 (2508); *Franz-Josef Peine*, Systemgerechtigkeit, S. 244 ff.; *Uwe Kischel*, AöR Bd. 124 (1999), S. 174 (204 f.); *Peter Dieterich*, Systemgerechtigkeit und Kohärenz, S. 310 ff.

Stefan Huster, Rechte und Ziele, S. 390 ff., hat – eingebettet in sein abwehrrechtliches Modell des allgemeinen Gleichheitssatzes (im Überblick dazu *ders.*, in Friauf/Höfling GG, C Art. 3 Rn. 78 ff.) – eine Differenzierung zwischen Normen, „die den bereichsspezifischen Gerechtigkeitsmaßstab entfalten", und solchen, „die diesen Maßstab aufgrund externer Gründe durchbrechen", vorgeschlagen. Erstere folgten Gerechtigkeitserwägungen („internen Zwecken"), während Zweitere Nützlichkeitsgesichtspunkten („externen Zwecken") folgten. Indem sie gleichzeitig den Tatbestand des Gleichheitssatzes definierten, seien die an Gerechtigkeitsmaßstäben orientierten Normen vorrangig (S. 391 f.). Sie bildeten somit ein System, im Hinblick auf das die Folgerichtigkeit der anderen Vorschriften zu überprüfen sei. Allerdings geht es in *Husters* Modell weniger darum, dass manchen Wertungen im Vergleich zu anderen höhere Autorität zukommt, sondern eher darum, dass der Gleichheitssatz in Bezug auf sie unterschiedliche Rechtsfolgen anordnet. Normen, die Unterschiede zwischen Personen nachvollziehen und ausgestalten, müssten anhand dieser Unterschiede auf Entsprechung geprüft werden. Normen, die nicht Unterschiede nachvollzögen, sondern externe Ziele verfolgten, müssten auf Verhältnismäßigkeit geprüft werden, siehe nur *Stefan Huster,* in Friauf/Höfling GG, C Art. 3 Rn. 78, 82. Ungeachtet der Schwierigkeiten, zwischen internen und externen Zwecken zu unterscheiden (und vor allem Normen eindeutig der einen oder anderen Kategorie zuzuordnen – zur Kritik siehe etwa *Werner Heun*, in Dreier GG, Art. 3, Rn. 29; *Uwe Kischel*, in Epping/Hillgruber GG, Art. 3 Rn. 38.1 –), kann man dies auch erreichen, ohne eine Gruppe von Normen als im hierarchischen Sinne vorrangig anzusehen. Was verfassungsrechtlich als gleich gilt, bemisst sich zudem nur nach der Verfassung. Der Gesetzgeber kann den Inhalt des allgemeinen Gleichheitssatzes nicht bestimmen (siehe auch unten, S. 46 ff.). Auch wenn für Zweckmäßigkeitserwägungen also ein verschärfter Rechtfertigungsmaßstab gelten sollte, läge das nicht daran, dass sie eine eigene gesetzgeberische Entscheidung durchbrächen.

[63] Ausnahmen können sich vor allem aus Vertrauensschutzerwägungen ergeben. Dazu unten, S. 51 f.

[64] Vgl. *Paul Kirchhof*, in HStR V, 2. Aufl., § 125 Rn. 51. Vgl. auch BVerfGE 4, 219 (246); 15, 167 (202); 47, 85 (93); 71, 255 (272 f.).

Sie ist aus demokratischer und rechtsstaatlicher Sicht alternativlos. Die ansonsten drohende „Versteinerung der Rechtsordnung" würde die Volkssouveränität und die Reaktionsfähigkeit des Rechts auf neue Entwicklungen[65] allmählich aufheben.[66] Grundsätzlichere Entscheidungen wiederum mögen die Rechtsordnung stärker prägen als speziellere. Für die Rechtssetzung und -anwendung mögen sie durch diese anleitende Funktion eine prominentere Rolle spielen. Da sie auf denselben Gesetzgeber zurückgehen, haben sie aber keine stärkere Autorität. Die Legitimation, auf die sich ihr Achtungs- und Durchsetzungsanspruch stützt, ist genauso stark wie diejenige von anderen Wertungen.

Bei der Selbstbindung, die Konsistenzanforderungen auslösen, handelt es sich daher um eine relative[67] und wechselseitig wirkende Bindung. Auch wenn in der konkreten Prüfung nur nach der Folgerichtigkeit der einen Entscheidung im Hinblick auf die andere gefragt wird, lässt sich die Betrachtung stets ebenso in umgekehrter Richtung anstellen.[68] Eine Wertung gegenüber der anderen als vorrangig anzusehen, ist verzichtbar.[69] Anstatt beispielsweise die Unvereinbarkeit einer Bestimmung mit einem Regelungsziel festzustellen, kann man auch angesichts des Vorhandenseins der Bestimmung die Verfolgung des Ziels als widersprüchlich bezeichnen. Anstatt die mangelhafte Abstimmung einer Spezialvorschrift auf eine Grundregel zu bemängeln, kann man auch das Festhalten

---

[65] Vgl. *Hartmut Maurer*, in HStR IV, 3. Aufl., § 79 Rn. 1.
[66] Näher etwa *Fritz Ossenbühl*, Gutachten B zum 50. DJT, S. B 100; *Franz-Josef Peine*, Systemgerechtigkeit, S. 255 ff.; *Christoph Gusy*, NJW 1988, S. 2505 (2508); *Klaus Meßerschmidt*, Gesetzgebungsermessen, S. 31; *Christian Bumke*, Relative Rechtswidrigkeit, S. 85; *Ulrich Becker*, in FS 50 Jahre BSG, S. 77 (89 f.); *Joachim Englisch*, in FS Lang, S. 167 (192 ff.). Vgl. auch BVerfGE 60, 16 (43).
[67] Siehe auch *Hartmut Maurer*, in HStR IV, 3. Aufl., § 79 Rn. 84; *Stefan Huster*, Rechte und Ziele, S. 391; *Klaus-Dieter Drüen*, in FS Spindler, S. 29 (43); *Henning Tappe*, JZ 2016, S. 27 (31 f.).
[68] Die hier beschriebene Wechselwirkung wirkt also zwischen den einfachrechtlichen Wertungen, nicht einer einfachrechtlichen Wertung und dem Verfassungsrecht. In diese Richtung aber *Peter Dieterich*, Systemgerechtigkeit und Kohärenz, S. 265. Was die inhaltliche Abhängigkeit der Konsistenzgebote von einfachrechtlichen Wertungen anbelangt, stellen sie unter den Verfassungsnormen jedenfalls normstrukturell – was allerdings auch *Dieterich*, a. a. O., S. 266 f., anerkennt – keinen Spezialfall dar. Siehe dazu unten, S. 45 ff.
[69] Dies sehen insbesondere *Christoph Degenhart*, Systemgerechtigkeit und Selbstbindung, S. 81; *ders.*, ZG 15 (2000), S. 79 (86 ff.); *Görg Haverkate*, Rechtsfragen des Leistungsstaats, S. 124 ff.; *Stefan Huster*, Rechte und Ziele, S. 387 ff.; *Uwe Kischel*, AöR Bd. 124 (1999), S. 174 (204); *ders.*, in FS Kirchhof Bd. I, S. 371 (377); offenbar anders. Sie gehen davon aus, dass Konsistenzbetrachtungen – oder jedenfalls Systemgerechtigkeitsbetrachtungen – einen Vorrang der Wertung, die als Bezugspunkt verwendet wird, voraussetzen. In diese Richtung auch *Matthias Cornils*, DVBl 2011, S. 1053 (1057). *Peter Dieterich*, Systemgerechtigkeit und Kohärenz, S. 267 f., spricht abgeschwächt von einer „gewissen Modifizierung der Normstufenlehre".

an der Grundregel trotz Normierung der Spezialvorschrift als problematisch sehen. Mit dem Befund einer verbotenen Inkonsistenz ist nur gesagt, dass zwei Wertungen nicht gleichzeitig in der Rechtsordnung vorhanden sein dürfen. Er ermöglicht keine Aussage darüber, welche Wertung weichen soll. Zur Beseitigung von Folgewidrigkeiten kann der Gesetzgeber vielmehr – wie bei den ebenfalls relativ beurteilten Gleichheitswidrigkeiten[70] – grundsätzlich zwischen mehreren Wegen wählen.[71] Abgesehen von der Möglichkeit, auf beide Entscheidungen zu verzichten, kann er sich jede der Entscheidungen aussuchen und sie auf die andere abstimmen.[72]

Gegen die Geltung verfassungsrechtlicher Konsistenzanforderungen wird häufig argumentiert, die Normenhierarchie drohe durch sie zu verwässern, weil sie einfachgesetzliche Wertungen als Maßstab einer Verfassungsmäßigkeitskontrolle heranzögen.[73] Legt man der Betrachtung jedoch von Anfang an die normenhierarchische Gleichrangigkeit aller einfachgesetzlichen Wertungen als Prämisse zugrunde, so ist diese Gefahr gebannt. Zwar ist es heute – wo Gesetzgebung vor allem Gesetzesänderung bedeutet[74] – der Normalfall, dass neuere anhand älterer Wertungen auf Konsistenz überprüft werden. Das Alter der Wertungen spielt für die Betrachtung aber keine Rolle.[75] Für das Folgerichtigkeitsurteil kommt es nur darauf an, dass die verglichenen Wertungen gleichzeitig

---

[70] Dazu nur BVerfGE 78, 350 (363); *Thorsten Kingreen/Ralf Poscher*, Grundrechte, Rn. 539 ff.; *Christian Bumke*, Relative Rechtswidrigkeit, S. 79 f., 85.

[71] Eine – jedenfalls praktisch – andere Wirkung beschreibt *Henning Tappe*, JZ 2016, S. 27 (31 f.), nach dessen Darstellung Folgewidrigkeiten tendenziell zulasten der neueren Wertung aufgelöst werden.

[72] *Hartmut Maurer*, in HStR IV, 3. Aufl., § 79 Rn. 84, spricht insofern von der Möglichkeit, die determinierenden Prämissen zu ändern. Auf diesen Gedanken geht es zurück, dass Vertreter von Folgerichtigkeitsanforderungen im Hinblick auf Grundentscheidungen zur Beseitigung der Inkonsistenz auch die Möglichkeit eines „Systemwechsels" einräumen. Vgl. dazu nur BVerfGE 122, 210 (241 ff.).; BVerfGE 126, 268 (280 f.); *Joachim Englisch*, in FS Lang, S. 167 (192 ff.).

[73] Vgl. *Veith Mehde/Stefanie Hanke*, ZG Bd. 25 (2010), S. 381 (386). Vgl. auch *Uwe Kischel*, in FS Kirchhof Bd. I, S. 371 (377): „Gegen den Systemgedanken spricht insbesondere, dass er einem nur einfachgesetzlichen System übergesetzlichen Rang verleiht und die Gefahr der Verkrustung einer einmal getroffenen Systementscheidung in sich birgt." Zu Sorgen wegen einer Versteinerung oder Verkrustung des Rechts infolge verfassungsrechtlicher Konsistenzanforderungen vgl. auch *Görg Haverkate*, Rechtsfragen des Leistungsstaats, S. 125 ff.; *Franz-Josef Peine*, Systemgerechtigkeit, S. 239 ff.; *Christoph Gusy*, NJW 1988, S. 2505 (2508); *Uwe Kischel*, AöR Bd. 124 (1999), S. 174 (204 f.); *Oliver Lepsius*, JZ 2009, S. 260 (262); *Philipp Dann*, Der Staat Bd. 49 (2010), S. 630 (633 f.); *Henning Tappe*, JZ 2016, S. 27 (31).

[74] Siehe nur *Hartmut Maurer*, in HStR IV, 3. Aufl., § 79 Rn. 2.

[75] Anders klingt dies bei *Christoph Gusy*, NJW 1988, S. 2505 (2508); *Görg Haverkate*, Rechtsfragen des Leistungsstaats, S. 124, die von einer Bindung an „frühere" Wertungen sprechen.

gelten.[76] Somit bewirken Folgerichtigkeitsgebote – jedenfalls mit Blick auf den Inhalt ihres Normbefehls[77] – keine Versteinerung der Rechtsordnung.[78] Auch abgesehen vom Vergleich unterschiedlich alter Wertungen trifft der etwaige Befund der Inkonsistenz stets beide Wertungen. Die als Bezugspunkt herangezogene Wertung wird nie zu Verfassungsrecht „hochgezont"[79]. Höherrangiger Natur ist nur die Folgerichtigkeitspflicht selbst. Das einfache Recht behält seinen Rang.[80]

IV. Schonung und Begrenzung gesetzgeberischer Spielräume

Eine herausgehobene Bedeutung in der Auseinandersetzung mit Konsistenzanforderungen kommt Spielräumen des Gesetzgebers zu. Eine Verbindung zwischen Folgerichtigkeitsgeboten und gesetzgeberischem Ermessen besteht bereits deswegen, weil ein Konsistenzurteil nicht sinnvoll ohne legislative Spielräume vorstellbar ist. Nur wo höherrangige Vorgaben fehlen oder aufgrund von Erkenntnisschwierigkeiten nicht sicher bestimmbar sind,[81] ist die Freiheit zu einfachgesetzlichen Wertungen vorhanden, die sich vergleichen lassen.[82] Wie sich im zweiten Teil der Untersuchung zeigen wird, betont insbesondere das

---

[76] Altes Recht ist nur ein historisches Faktum und kein Bestandteil der Rechtsordnung. Siehe *Christian Bumke*, Relative Rechtswidrigkeit, S. 84.

[77] Zu möglichen faktischen Versteinerungswirkungen siehe aber unten, S. 96 f.

[78] So auch *Joachim Brückner*, Folgerichtige Gesetzgebung im Steuerrecht und Öffentlichen Wirtschaftsrecht, S. 170 f.

[79] *Philipp Dann*, Der Staat Bd. 49 (2010), S. 630 (633).

[80] So auch *Bernd Grzeszick*, VVDStRL Bd. 71 (2012), S. 49 (56 f); *Joachim Brückner*, Folgerichtige Gesetzgebung im Steuerrecht und Öffentlichen Wirtschaftsrecht, S. 86 f., 175 f.; *Peter Dieterich*, Systemgerechtigkeit und Kohärenz, S. 251 f., 257 ff.

[81] Mit *Robert Alexy*, VVDStRL Bd. 61 (2002), S. 7 (15 ff.), lässt sich zwischen strukturellen und epistemischen Spielräumen unterscheiden. Strukturelle Spielräume zeichnen sich durch die Abwesenheit höherrangiger Vorgaben aus. Im so abgesteckten Rahmen legt der Gesetzgeber den Inhalt der Rechtsordnung fest. Bei epistemischen Spielräumen kann man den Inhalt höherrangiger Vorgaben nicht sicher erkennen. Siehe zur Unterscheidung zwischen regelungs- und tatsachenbezogenen Spielräumen und ihrer verfassungsrechtlichen und -gerichtlichen Behandlung auch *Klaus Schlaich/Stefan Korioth*, Bundesverfassungsgericht, Rn. 530 ff.; *Christian Bumke*, Der Staat Bd. 49 (2010), S. 77 (97 ff.). Vgl. weiter *Klaus Meßerschmidt*, Gesetzgebungsermessen, S. 926 ff.; *Gunnar Folke Schuppert*, Governance und Rechtsetzung, S. 38 ff.

[82] Gestaltungsspielräume sind bei der Entwicklung von Konsistenzgeboten aus diesem Blickwinkel nicht „im zweiten Schritt" in die Betrachtung einzuführen (in diese Richtung *Christian Bumke*, Der Staat Bd. 49 [2010], S. 77 [97 ff.]), sondern gehören zu deren Fundament. Dass Anforderungen folgerichtiger Gesetzgebung nur begrenzt gelten können, damit die Funktionsfähigkeit des politischen Systems gewahrt bleibt, ist ein gesondert zu behandelndes Erfordernis. Insofern lässt sich sagen, dass Konsistenzpflichten nur innerhalb von

Bundesverfassungsgericht im Zusammenhang mit der Formulierung von Folgerichtigkeitsgeboten immer das Bestehen legislativer Freiräume.[83] Mit dem Steuerrecht, aber auch mit den Wahl- und Sozialsystemen sind Regelungsmaterien zu Schulbeispielen der Thematik geworden, die gerade für ihre rudimentäre Vorprägung durch Verfassungsrecht bekannt sind.[84]

Der Einfluss, den Folgerichtigkeitsanforderungen auf die Entscheidungsfreiheit des Gesetzgebers ausüben, ist ambivalent.[85] Einerseits ermöglichen sie eine Schonung politischer Handlungsspielräume. Wertungen des einfachen Gesetzgebers als Maßstab verfassungsgerichtlicher Kontrolle zu verwenden, bedeutet auch einen Verzicht auf die Ableitung inhaltlicher Vorgaben aus der Verfassung.[86] Wie soeben festgestellt, erhalten die politischen Akteure dadurch die Möglichkeit, verfassungsrechtliche Hindernisse ihrer Vorhaben selbst zu beseitigen.[87] Zudem wird das Verfassungsrecht entlastet. Durch die Verortung inhaltlicher Richtungsentscheidungen in der Sphäre des einfachen Rechts kann gerade das Bundesverfassungsgericht dem staatspolitischen Wunsch entsprechen, sich nicht durch eine Überdehnung des materiellen Gehalts der Verfassung in politische Entscheidungsprozesse einzumischen.[88]

Andererseits sind es gerade diese politischen Entscheidungsprozesse, um die sich Kritiker von Folgerichtigkeitsgeboten sorgen.[89] Auch wenn das Konsistenzkriterium faktisch eine größere richterliche Zurückhaltung ermöglicht, treten mit ihm zusätzlich begrenzende Verfassungsmäßigkeitsvoraussetzungen zum ansonsten fortbestehenden Repertoire der dritten Gewalt hinzu.[90] Diese

---

Gestaltungsspielräumen gelten können, dass es aber zusätzliche konsistenzpflichtspezifische Spielräume geben muss.

[83] Siehe auch *Uwe Kischel*, in FS Kirchhof Bd. I, S. 371 (378 f.).

[84] Vgl. auch *Oliver Lepsius*, JZ 2009, S. 260 (261); *Bernd Grzeszick*, VVDStRL Bd. 71 (2012), S. 49 (64). Siehe jeweils auch unten, S. 123 ff., 125 ff., 218 ff.

[85] Zu stark verkürzend insofern *Bernd Grzeszick*, VVDStRL Bd. 71 (2012), S. 49 (62): „Der vermeintliche Siegeszug rechtsstaatlicher Gebote lässt den Gesetzgeber als Verlierer zurück."

[86] Siehe *Christian Bumke*, Der Staat Bd. 49 (2010), S. 77 (95); *Veith Mehde/Stefanie Hanke*, ZG Bd. 25 (2010), S. 381 (393); *Niels Petersen*, AöR Bd. 138 (2013), S. 108 (110 ff., 132 f.); *Uwe Kischel*, in FS Kirchhof Bd. I, S. 371 (378 f.); *Peter Dieterich*, Systemgerechtigkeit und Kohärenz, S. 224 ff.; *Sascha Kneip*, in Handbuch Bundesverfassungsgericht, S. 281 (295).

[87] Siehe oben, S. 35 ff.

[88] Für die Kritik sei statt vieler nochmals auf *Bernhard Schlink*, in FS 50 Jahre BVerfG Bd. 2, S. 445 (455 ff., 460 ff.), verwiesen.

[89] Siehe zunächst etwa *Oliver Lepsius*, JZ 2009, S. 260 (261 f.); *Philipp Dann*, Der Staat Bd. 49 (2010), S. 630 (631 ff., 644 f.); *Christoph Möllers*, in Das entgrenzte Gericht, S. 281 (397 ff.), aber auch BVerfGE 121, 317 (380 f.) – Sondervotum des Richters *Brun-Otto Bryde*.

[90] *Uwe Kischel*, in FS Kirchhof Bd. I, S. 371 (378 f.), beobachtet, dass diese neuen Voraussetzungen praktisch streng angewendet würden, sodass sie – trotz der theoretischen Möglich-

neue Begrenzung verbietet dem Gesetzgeber zwar nie eine bestimmte Wertungsentscheidung. Sie betrifft aber die Zuordnung verschiedener Wertungen zueinander. Widersprüche zwischen ihnen zu begrenzen, greift in das politische Kerngeschäft ein – die Herausbildung und Auswahl von Handlungsalternativen.[91] Die Wertungen, die durch das Gesetzgebungsverfahren in Recht transferiert werden, sind in einem speziellen Willensbildungsprozess zueinander ins Verhältnis gesetzt, gewichtet und ausgestaltet worden. Dieser Prozess beinhaltet nicht nur die Entwicklung einzelner Regelungen, sondern gerade auch deren Kombination miteinander. Während sich die Verfassungsgerichtsbarkeit in der Regel mit der Legalität einzelner Maßnahmen beschäftigt, erhält sie durch Konsistenzanforderungen zusätzliche[92] Kontrollkompetenzen im Hinblick auf diese Kombination.

V. Rationalisierung durch Begründbarkeitserfordernisse

Indem Konsistenzurteile an gesetzliche Wertungen anknüpfen, die über die unmittelbaren Aussagen von Tatbeständen und Rechtsfolgen hinausgehen, ragen sie hinüber auf die Ebene, auf der das Recht gedeutet und erklärt wird. Die gedankliche Tragfähigkeit auch dieser Ebene ist zentral für das Funktionieren des demokratischen Rechtsstaates. Um Akzeptanz zu gewinnen,[93] Gerechtigkeit und gesellschaftlichen Frieden zu stiften, dürfen regelnde Entscheidungen nicht einfach willkürlich ergehen, sondern müssen sowohl in ihrem Zustandekommen als auch in inhaltlicher Hinsicht erklärbar sein.[94] Der Begründbarkeit in diesem Sinne dienen auch Konsistenzgebote.[95] Denn jede denkbare Begründung kann nur insoweit überzeugen, wie sich ihre tragenden Bestandteile nicht

---

keit einer Schonung von Spielräumen – „zu einer realen Verschärfung der Maßstäbe" führten.

[91] Zur Bedeutung des Alternativen- oder Möglichkeitendenkens für die Entscheidungsfindung in der Demokratie siehe bereits *Peter Häberle*, AöR Bd. 102 (1977), S. 27 (29 ff.); sowie *Helmuth Schulze-Fielitz*, Theorie und Praxis parlamentarischer Gesetzgebung, S. 481 ff.

[92] Als weiteres Beispiel für Maßstäbe zur Kontrolle der Kombination politischer Maßnahmen lässt sich insbesondere der allgemeine Gleichheitssatz verstehen.

[93] Zur Akzeptanz als Gelingensbedingung repräsentativer Demokratie *Hermann Pünder*, VVDStRL Bd. 72 (2013), S. 191 (202 ff.).

[94] Näher zur Bedeutung der Erklärbarkeit siehe unten, S. 60 ff. aus rechtsstaatlicher Perspektive sowie S. 76 ff. aus demokratischer Perspektive.

[95] Zum Zusammenhang von Folgerichtigkeitsgeboten mit dem Gedanken der Begründbarkeit siehe auch *Paul Kirchhof*, in HStR VIII, 3. Aufl., § 181 Rn. 209 ff.; *Matthias Cornils*, DVBl 2011, S. 1053 (1058); *Michael Brenner*, ZG Bd. 26 (2011), S. 394 (398 f.); *Uwe Kischel*, in FS Kirchhof Bd. I, S. 371 (383), dort auch zur Abgrenzung von Begründung und Begründbarkeit. Vgl. auch *Klaus Gärditz*, in Friauf/Höfling GG, C Art. 20 (6. Teil) Rn. 194: Wider-

widersprechen und dadurch gegenseitig die Gültigkeit aberkennen. Beispielsweise dient es der rationalen Nachvollziehbarkeit legislativer Entscheidungen, wenn Freiheitsbeeinträchtigungen unter Verweis auf legitime politische Ziele gerechtfertigt, Sozialleistungen in ihrer Höhe auf angemessene Berechnungsverfahren zurückgeführt oder Regelungsbereiche anhand verständlicher Gedanken strukturiert werden. Damit dieser erklärende Effekt eintritt, muss das aufgebaute Gedankengebäude jedoch in seinen tragenden Bestandteilen widerspruchsfrei sein. Ein Ziel zu formulieren, dem man an anderer Stelle selbst zuwiderhandelt, Berechnungsmethoden zu entwickeln, die das eigene Rechenergebnis nicht tragen, und die Regelung einiger Fälle mit einer Grundregel zu erklären, von der man an anderer Stelle abweicht, erklärt die eigene Maßnahme gerade nicht – im Gegenteil schwächt es ihre Nachvollziehbarkeit. Konsistente Entscheidungen steigern dagegen die Rationalität der Gesetzgebung im sokratischen, auf Begründbarkeit ausgerichteten, Sinn.[96]

Dieser Zusammenhang zwischen Wertungskonsistenz und dem Begründungsgedanken hat zuweilen zu einer Vermischung von Folgerichtigkeitsgeboten mit formalen Begründungspflichten geführt. Indem das Bundesverfassungsgericht gesetzgeberische Konsistenz fordere, verlange es, dass legislative Entscheidungen begründet werden.[97] Teilweise führt diese Beobachtung – weil das Grundgesetz keine Verpflichtung kenne, Gesetze mit einer amtlichen Begründung zu versehen, – zur Ablehnung von Konsistenzanforderungen.[98] In der Tat

---

sprüchliche Regelungskonzepte führten dazu, dass es „für den jeweiligen Normenkomplex in seiner Gesamtbetrachtung an einer hinreichend rationalen Begründung fehlt."

[96] Zur Bedeutung von rationalen – weil widerspruchsfreien – Begründungen für die Positionen von Sokrates' Gesprächspartnern in den platonischen Dialogen siehe nur *Stephen Nathanson*, The Ideal of Rationality, S. 3 ff. Die Qualität einer Auffassung hängt nach dem dort dargelegten sokratischen Modell im Kern von ihrer Begründbarkeit ab, die wiederum widerspruchsfreies Argumentieren voraussetzt.
Kritisierbarkeit und Begründungsfähigkeit bilden auch die Grundkomponenten des Rationalitätsbegriffs bei *Jürgen Habermas*, Theorie des kommunikativen Handelns Bd. 1, S. 25 ff. Zur Bedeutung inhärenter Widerspruchsfreiheit für die Richtigkeit (wissenschaftlicher) Argumente siehe *Helge Sodan*, JZ 1999, S. 864 (866 ff.).

[97] Diese Beobachtung liegt durchaus nahe, wenn das Gericht selbst den Begriff der „Begründungspflicht" verwendet (BVerfGE 101, 158 [225]). Von Begründungspflichten sprechen insbesondere *Kyrill-Alexander Schwarz/Christoph Bravidor*, JZ 2011, S. 653 ff.; *Timo Hebeler*, DÖV 2010, S. 754 ff. Differenzierter, aber in dieselbe Richtung, *Uwe Kischel*, in FS Kirchhof Bd. I, S. 371 (384). In BVerfGE 125, 175 (226) ist von einer „Obliegenheit" die Rede. Obliegenheiten diagnostizieren auch *Veith Mehde/Stefanie Hanke*, ZG Bd. 25 (2010), S. 381 (384f., 391 ff., 395 ff.). In diese Richtung bereits *Klaus Meßerschmidt*, Gesetzgebungsermessen, S. 923 f. Treffender nunmehr BVerfGE 137, 34 (74 f.): Die Ausgestaltung muss „insgesamt tragfähig begründbar" sein.

[98] Vgl. *Timo Hebeler*, DÖV 2010, S. 754 (762).

gibt es nach geltendem Verfassungsrecht keine normative Grundlage für förmliche Begründungspflichten.[99] Entsprechende Vorgaben folgen für Gesetzentwürfe aus dem Geschäftsordnungsrecht;[100] der Bundestag selbst muss Gesetze nicht begründen. Allerdings ist Begründbarkeit eben nicht identisch mit dem Vorhandensein einer formalen Begründung. Letztere erfordern Konsistenzgebote nicht.[101] Nicht anders als bei der Prüfung der materiellen Verfassungsmäßigkeit im Allgemeinen fragt das Gericht nach der Vereinbarkeit von Gesetzen mit inhaltlichen Vorgaben des Grundgesetzes. Die einzige Besonderheit dabei ist, dass Wertungen des einfachen Rechts eine stärkere Rolle spielen als gewöhnlich. Um diese Wertungen zu ermitteln, wird aber nicht von der üblichen

---

[99] Siehe statt aller *Christian Waldhoff*, in FS Isensee, S. 325 (329 ff.), mit einer umfassenden Auswertung des Diskussionsstandes. Für punktuelle Begründungspflichten – etwa im Bereich der Gewährleistung des menschenwürdigen Existenzminimums – plädiert *Peter Axer*, in GS Brugger, S. 335 (349).

[100] Vgl. §§ 43 GGO, 76 Abs. 2, 96 Abs. 3 GOBT.

[101] Tatsächlich mag es auf regelungstechnisch komplexen Themenfeldern – wie etwa im Fall der „Hartz IV"-Regelsätze (dazu besonders unten, S. 218 ff.) – vorkommen, dass sich die materielle Verfassungsmäßigkeit von Vorschriften praktisch nur noch feststellen lässt, wenn aus den Gesetzesmaterialien hervorgeht, dass die notwendigen Erwägungen angestellt worden sind. Insofern mag man von einer Begründungsobliegenheit sprechen, weil es beim Fehlen der maßgeblichen Erwägungen in den Unterlagen faktisch wahrscheinlicher wird, dass das Gericht zur Verfassungswidrigkeit der geprüften Vorschriften gelangt. Vergegenwärtigen sollte man sich allerdings, dass diese Formulierung der gerichtlichen Praxis zwar nahekommen mag, die ablaufenden rechtlichen Vorgänge jedoch unpräzise beschreibt. Einen entsprechenden Mechanismus kann man sinnvoll „nicht als Rechtspflicht, sondern [nur] als Klugheitsgebot" für die politischen Akteure auffassen (*Christian Waldhoff*, in FS Isensee, S. 325 [342]). So kann dem Gesetzgeber als fingiertem Konstrukt ohne eigenen Personen- oder Organstatus gar kein „rechtlicher Nachteil" (*Veith Mehde/Stefanie Hanke*, ZG Bd. 25 (2010), S. 381 [385]) entstehen. Selbst wenn man ihm einen irgendwie gearteten Persönlichkeitsstatus zuschreiben wollte, hätte man noch immer Probleme, ihm die verschiedenen Materialien (insbesondere Entwurfsbegründungen und Plenarprotokolle) zuzurechnen, da nur das Gesetz selbst von den Gesetzgebungsorganen beschlossen wird (siehe auch *Christian Waldhoff*, in Mysterium „Gesetzesmaterialien", S. 75 [90]). Jedenfalls wären entsprechende Obliegenheiten nicht auf eine bestimmte Form des Dokuments wie eine schriftliche „Gesetzesbegründung" beschränkt. Selbst mündliche Begründungen in der Verhandlung vor dem Bundesverfassungsgericht sind denkbar und werden in der Entscheidungspraxis berücksichtigt (vgl. etwa *Christian Waldhoff*, in Mysterium „Gesetzesmaterialien", S. 75 [77 f.]; vgl. auch *Holger Fleischer*, in Mysterium „Gesetzesmaterialien", S. 1 [15 ff.]). Von einer formalen Obliegenheit, Gesetze zu „begründen" ist man dadurch begrifflich bereits weit entfernt. Vor allem jedoch kann es in der Methodik des Gerichts richtigerweise nur darum gehen, die Wertungen zu ermitteln, die inhaltlich Teil der Rechtsordnung geworden sind. Um ein Gesetz in diesem Sinne richtig zu verstehen, berücksichtigt das Bundesverfassungsgericht Elemente seiner Entstehungsgeschichte (zur Auslegung siehe bereits oben, S. 28 ff.). Das Vorliegen einer Begründung wird nicht als zusätzliches formelles Verfassungsmäßigkeitskriterium verlangt.

Methodik abgewichen. Auslegungsziel bleibt der in der Bedeutung der Rechtsnormen zum Ausdruck kommende Gesetzgeberwille.[102] Lediglich wird gegebenenfalls – wie auch bei der Prüfung sonstiger Verfassungsmäßigkeitsvoraussetzungen – zu seiner Bestimmung auf die Gesetzesmaterialien zurückgegriffen, wobei Gegenstand der Auslegung nach wie vor das Gesetz selbst ist.

Zutreffend ist, dass Folgerichtigkeitsanforderungen „die Begründbarkeit durch zusätzliche zeitliche und inhaltliche Bezugspunkte beschränken"[103] und damit materiellrechtlich weitere statische Elemente in die Verfassungsmäßigkeitsprüfung einführen.[104] Fordert man die konsequente Verwirklichung eines Zieles oder die fehlerfreie Anwendung eines Berechnungsverfahrens, so muss zu einem gegebenen Zeitpunkt das Ziel gesetzt und das Verfahren festgelegt worden sein. Bestandteil der rationalisierenden Wirkung ist gerade, dass das Gesetz im Nachhinein nicht beliebig uminterpretiert werden kann, insofern also „ein ‚Nachschieben von Gründen' durch den Gesetzgeber (...) ausgeschlossen"[105] wird. Man kann deswegen darüber streiten, ob Folgerichtigkeitsanforderungen die Gesetzgebungsorgane überfordern, weil sie den gedanklichen und politischen Aufwand bei der inhaltlichen Gestaltung der Gesetze steigern. Mit Blick auf die Auslegungsmethoden und die formalen Verfassungsmäßigkeitsvoraussetzungen bewirken sie definitionsgemäß jedoch keine Veränderungen zur ohnehin bestehenden Praxis. Die Diskussion um ihre Verankerung im Grundgesetz muss daher auf materieller, nicht formeller, Ebene geführt werden.

---

[102] Ausführlich zur Konzeption des Gesetzgeberwillens als Auslegungsziel *Thomas Wischmeyer*, Zwecke im Recht des Verfassungsstaates, S. 179 ff., 225 ff. und passim; *Tino Frieling*, Gesetzesmaterialien und Wille des Gesetzgebers, S. 42 ff., 131 ff. und passim. Zu den damit verbundenen Schwierigkeiten sowie zur Frage, inwieweit bei der Auslegung auf Gesetzesmaterialien zurückzugreifen ist, siehe auch oben S. 31 f., Fn. 48, 49.

[103] *Uwe Kischel*, in FS Kirchhof Bd. I, S. 371 (383).

[104] Als formell-rechtlich aufgefasst werden die Konsistenzgebote der neueren Rechtsprechung des Bundesverfassungsgerichts dagegen von *Veith Mehde/Stefanie Hanke*, ZG Bd. 25 (2010), S. 381 (397 f.). Was sich in der Gesetzgebungspraxis als prozessorientiertes Einwirken auf das „innere Gesetzgebungsverfahren" (*Gerhard Hoffmann*, ZG Bd. 5 [1990], S. 97 ff.; *Michael Brenner*, ZG Bd. 26 [2011], S. 394 [396 ff.]) darstellen mag, wirkt sich auf die verfassungsrechtliche Prüfung jedoch ausschließlich in materiell-inhaltlicher Hinsicht aus. Ein Gesetz, das – unter Einbeziehung der Materialien – für nicht hinreichend begründbar befunden wird, wird nicht aufgrund eines Formfehlers für verfassungswidrig erklärt, sondern weil es in inhaltlicher Hinsicht unvereinbar mit der Verfassung ist.

[105] *Uwe Kischel*, in FS Kirchhof Bd. I, S. 371 (383).

C. Abgrenzung von anderen Arten gesetzgeberischer Gebundenheit

I. Bindung an höherrangiges Recht

Wenn Gesetze den Vorgaben höherrangiger Normen entsprechen, kann man sagen, dass sie mit Blick auf höherrangiges Recht folgerichtig sind. Weil die übergeordneten Bestimmungen aber nicht auf einer Entscheidung des untergeordneten Gesetzgebers beruhen – sondern vielmehr äußerlich vorgegeben sind – handelt es dabei nicht um einen Fall der Folgerichtigkeit im Sinne gesetzgeberischer Konsistenz.[106] Das gilt grundsätzlich auch dann, wenn die höherrangigen Vorgaben inhaltlich von niedrigerrangigen Wertungen abhängen.[107] Zum Beispiel gebietet Art. 14 Abs. 1 GG in seltenen Fällen, dass bei der inhaltlichen Ausgestaltung des Eigentums ein finanzieller Ausgleich im Gesetz vorgesehen wird.[108] Diesen Ausgleich muss der Gesetzgeber nur gewähren, wenn er sich dafür entschieden hat, das Eigentum in einer bestimmten Weise auszugestalten. Somit wird das Eingreifen einer etwaigen Ausgleichspflicht durch seine eigene Entscheidung hervorgerufen. Dennoch kann die Normierung einer Ausgleichsregelung nicht als folgerichtig im Hinblick auf die einfachgesetzliche Eigentumsausgestaltung bezeichnet werden. Nicht die Ausgestaltung sagt in ihrer gedanklichen Struktur[109] etwas über das Erfordernis des Ausgleichs aus, sondern das Eigentumsgrundrecht. In derartigen Konstellationen – der Beeinflussung höherrangiger Vorgaben durch Wertungen des einfachen Rechts – besteht eine Verwechselungsgefahr zwischen Konsistenzanforderungen und gewöhnlichen höherrangigen Vorgaben für die Gesetzgebung. Diese Gefahr ist bei der Prüfung des allgemeinen Gleichheitssatzes und des Verhältnismäßigkeitsprinzips besonders groß, weil diese Bestimmungen – wie Konsistenzanforderungen – unmittelbar an einfachgesetzliche Entscheidungen als Bezugspunkte anknüpfen. Die Parallelen und Unterschiede, die sie im Verhältnis zu Konsistenzerfordernissen aufweisen, sollen daher kurz klargestellt werden.

---

[106] Siehe auch *Matthias Cornils*, DVBl 2011, S. 1053 (1056), der Folgerichtigkeitsinteressen für den Fall, dass bereits ein Verfassungsprinzip inhaltlich eine bestimmte Ausgestaltung des einfachen Rechts verlangt, die „eigenständige Maßstabbedeutung" abspricht.

[107] Zu Konstellationen derartiger Abhängigkeitsverhältnisse siehe auch *Peter Dieterich*, Systemgerechtigkeit und Kohärenz, S. 266 ff., der in ihnen aber unzutreffend Modifikationen der Normenhierarchie sieht.

[108] Vgl. BVerfGE 100, 226 (243 ff.). Für einen Überblick zur Figur der ausgleichspflichtigen Inhaltsbestimmung siehe *Hartmut Maurer*, Allgemeines Verwaltungsrecht, § 27 Rn. 79 ff.

[109] Zur Bedeutung der gedanklichen Struktur des Bezugspunkts für das Folgerichtigkeitsurteil siehe oben, S. 23 ff.

1. Verhältnis von Gleichheits- und Konsistenzprüfungen

Der allgemeine Gleichheitssatz steht in der Diskussion über verfassungsrechtliche Konsistenzpflichten traditionell im Vordergrund.[110] Mit Blick auf seine vergleichende Struktur[111] ist das nicht verwunderlich. Das Gesetz muss wesentlich Gleiches grundsätzlich gleich, wesentlich Ungleiches grundsätzlich ungleich behandeln.[112] Will der Gesetzgeber also für bestimmte Fälle eine Wertungsentscheidung treffen, dann muss er gewisse andere Fälle ebenfalls in einer bestimmten Weise werten. Wieder beeinflussen seine eigenen Entscheidungen die höherrangigen Vorgaben, die er beachten muss.[113] Dieser Effekt reicht sogar noch weiter als beim soeben beschriebenen Normalfall der Abhängigkeit verfassungsrechtlicher Vorgaben von einfachgesetzlichen Entscheidungen. Im Fall des Gleichheitssatzes verändert der Inhalt der Verfassungspflicht sich nicht nur in Abhängigkeit von einfachgesetzlichen Entscheidungen, sondern wird unmittelbar durch diese definiert. Ein Gegenstand muss so behandelt werden, wie die Behandlung eines anderen durch den Gesetzgeber es vorgibt.

Dennoch ist das Gebot der Gleichbehandlung grundsätzlich keine Konsistenzpflicht. Eine Inkonsistenz setzt voraus, dass einfachgesetzliche Wertungen einander widersprechen. Verglichen werden dabei Wertungen, die denselben Regelungsgegenstand betreffen.[114] Gegen den Gleichheitssatz wird demgegenüber verstoßen, wenn für zwei Lebenssachverhalte, die rechtlich als gleich zu qualifizieren sind, ohne Rechtfertigung unterschiedliche Regelungen getroffen werden. Auch wenn von der Gleichbehandlung von „Gleichem" die Rede ist, müssen diese Sachverhalte bereits aus logischer Sicht verschieden sein.[115] Im

---

[110] Für einen Einstieg in die sehr umfangreiche Literatur zu Konsistenzpflichten aus Art. 3 Abs. 1 GG vgl. *Claus-Wilhelm Canaris*, Systemdenken und Systembegriff in der Jurisprudenz, S. 16 ff.; *Christoph Degenhart*, Systemgerechtigkeit und Selbstbindung, S. 49 ff.; *Ulrich Battis*, in FS Ipsen, S. 11 (15 ff.); *Franz-Josef Peine*, Systemgerechtigkeit, S. 230 ff., 255 ff.; *Friedrich Schoch*, DVBl 1988, S. 863 (878 f.); *Christoph Gusy*, NJW 1988, S. 2505 (2508); *Uwe Kischel*, AöR Bd. 124 (1999), S. 174 ff.; *Alexander Hanebeck*, Der Staat Bd. 41 (2002), S. 429 (447 ff.); *Paul Kirchhof*, in HStR VIII, 3. Aufl., § 181 Rn. 209 ff.; *Uwe Kischel*, in Gleichheit im Verfassungsstaat, S. 175 (183 ff.); *Christian Starck*, in v. Mangoldt/Klein/Starck GG, Art. 3 Abs. 1 Rn. 44 ff.; *Lerke Osterloh/Angelika Nußberger*, in Sachs GG, Art. 3 Rn. 98 ff.; *Joachim Englisch*, in Stern/Becker Grundrechte-Kommentar, Art. 3 Rn. 33 ff.; *Mehrdad Payandeh*, AöR Bd. 136 (2011), S. 578 (585 ff.).

[111] Siehe nur *Stefan Huster*, in Friauf/Höfling GG, C Art. 3 Rn. 25, 42.

[112] Siehe etwa BVerfGE 49, 148 (165); 98, 365 (385); 115, 381 (389); 117, 1 (30); 121, 317 (369).

[113] Diese Parallele von Gleichheits- und Folgerichtigkeitspflichten beschreibt auch *Peter Dieterich*, Systemgerechtigkeit und Kohärenz, S. 407 ff.

[114] Siehe oben, S. 23 ff.

[115] Wären sie identisch, so könnten sie nicht unterschiedlich behandelt werden. „Gleichheit" meint in diesem Sinne wertungsmäßige Gleichheit oder „Vergleichbarkeit". Siehe nur *Werner Heun*, in Dreier GG, Art. 3, Rn. 18; *Uwe Kischel*, AöR Bd. 124 (1999), S. 174 (181 f.).

Ausgangspunkt geht es bei der Konsistenzprüfung also um gegenläufige Wertungen mit Blick auf denselben Regelungsgegenstand, während es bei der Gleichheitsprüfung um gegenläufige Wertungen mit Blick auf verschiedene (aber hinsichtlich bestimmter Kriterien wertungsmäßig als gleich betrachtete) Regelungsgegenstände geht.[116]

Da als Grundlage der anzustellenden Vergleiche mehrere, unterschiedlich weit gefasste Gegenstände in Betracht kommen können, überschneiden sich die beiden Figuren. Eine Ungleichbehandlung zweier Sachverhalte kann sich gerade aus der folgewidrigen Umsetzung einer Wertung ergeben, nach der die Sachverhalte eigentlich gleichbehandelt werden müssten. Für die widersprechenden Wertungen lässt sich dann ein gemeinsamer Regelungsgegenstand ausmachen, der als Oberbegriff[117] beide ungleich behandelten Fälle erfasst. Wenn bei einer Wahl etwa manche Stimmen gezählt und andere Stimmen wegen einer Sperrklausel nicht gezählt werden, kann dies gleichzeitig eine Ungleichbehandlung von Wählern und eine Inkonsistenz mit Blick auf eine Wertung bedeuten, die als Grundregel alle Wähler in ihrer Gesamtheit erfasst.

Die beiden Prüfungen laufen aber nicht gleich. Indem der Gesetzgeber eine Gruppe anders behandelt als eine andere (verfassungsrechtlich gleiche) Gruppe, widerspricht er nicht notwendigerweise einer eigenen Wertung. Es kann – im Gegenteil – sogar „auch konsequent diskriminiert werden."[118] Der Gleichbehandlungsgedanke ist eine Wertung des Verfassungsrechts. Solange nicht zusätzlich eine einfachgesetzliche Wertung gilt, nach der ungleich behandelte Gegenstände eigentlich gleich zu behandeln wären, ist das Gesetz auch nicht widersprüchlich. Praktisch wird man eine solche Wertung zwar mitunter feststellen können, sodass der Gleichbehandlungsgedanke helfen kann, Wertungswidersprüche im Gesetz zu erkennen. Dadurch kann insbesondere die Rechtspraxis ihnen mit methodischen Mitteln begegnen.[119] Der allgemeine Gleichheitssatz

---

Vgl. auch *Stefan Huster,* in Friauf/Höfling GG, C Art. 3 Rn. 52 ff., der dem Begriff der „Vergleichbarkeit" allerdings kritisch gegenübersteht, vgl. Rn. 55.

[116] Zu strukturellen Unterschieden zwischen der Gleichheitsprüfung und der Prüfung auf Wertungswidersprüche, siehe auch *Christian Bumke,* Relative Rechtswidrigkeit, S. 56; *Henning Tappe,* JZ 2016, S. 27 (31 f.).

[117] Zur Rolle von Oberbegriffen bei der Gleichheitsprüfung, siehe nur *Thorsten Kingreen/ Ralf Poscher,* Grundrechte, Rn. 487 ff., allerdings mit zweifelhafter Verwendung von Wertungskriterien auf der Ebene der Ungleichbehandlung. Siehe dazu sogleich S. 48 f., Fn. 123.

[118] *Philipp Dann,* Der Staat Bd. 49 (2010), S. 630 (633). Vgl. auch *Franz-Josef Peine,* Systemgerechtigkeit, S. 287; *Stefan Huster,* Rechte und Ziele, S. 395.

[119] Vgl. das Beispiel der statthaften Klageart beim verwaltungsgerichtlichen Rechtsschutz gegen Verwaltungsakte, die sich vor Klageerhebung erledigt haben, bei *Christian Bumke,* Relative Rechtswidrigkeit, S. 55 f.; zur Bedeutung des Gleichbehandlungsgedankens bei der Feststellung von Wertungswidersprüchen, wo er häufig das „strukturelle und maßstäbliche

gilt jedoch gerade deswegen, weil man eben nicht davon ausgehen kann, dass ein Gesetzgeber stets von sich aus Gleiches gleich und Ungleiches ungleich behandeln will. Müssten nun unterschiedlich behandelte Personen aufgrund einfachgesetzlicher Wertungen eigentlich gleichbehandelt werden, ist zwar auch eine Inkonsistenz gegeben. Da in solchen Fällen aber immer ohnehin schon eine Ungleichbehandlung vorliegt, ist die Feststellung des zusätzlich einfachgesetzlich verankerten Gleichbehandlungsgedankens und seiner inkonsistenten Verwirklichung aus gleichheitsrechtlicher Sicht überflüssig.[120] Man kann somit zwar feststellen, dass der Gleichheitssatz einen Selbstbindungsmechanismus[121] bewirkt. Ihn generell als Pflicht zur Folgerichtigkeit aufzufassen,[122] ist aber unpräzise.[123] Er fordert Gleichbehandlung, nicht Widerspruchsfreiheit.

Fundament" bildet, siehe a.a.O. auch S. 78 ff. *Bumke* differenziert insbesondere „zwischen dem Gleichheitssatz als verfassungsrechtlicher Schranke und dem Gedanken der Gleichbehandlung im Rahmen eines Wertungswiderspruchs".

[120] So auch *Peter Dieterich*, Systemgerechtigkeit und Kohärenz, S. 416 f. Dieser Umstand tritt in der Analyse von *Joachim Brückner*, Folgerichtige Gesetzgebung im Steuerrecht und Öffentlichen Wirtschaftsrecht, S. 113 ff., 177 f., 253 ff., nicht klar zutage. Besonders, wenn er Folgerichtigkeitsprüfungen für „vereinbar mit dem Gehalt" des Gleichheitssatzes erklärt (S. 132) oder meint, Folgerichtigkeitskontrollen seien „im Kern identisch" mit Gleichheitsprüfungen (S. 177), bleibt offen, welchen dogmatischen Mehrwert die Feststellung einer Inkonsistenz genau bieten soll und warum man nicht einfach klassisch nach einer Ungleichbehandlung fragen soll. *Brückner* selbst erklärt das Kriterium für letztlich verzichtbar (S. 254). Dass es dann dennoch einen rationalisierenden Effekt haben soll (in diese Richtung *ders.*, a.a.O., S. 257 ff.), erschließt sich insofern kaum.

[121] Siehe *Uwe Kischel*, AöR Bd. 124 (1999), S. 174 (200); *Stefan Huster*, in Friauf/Höfling GG, C Art. 3 Rn. 127; *Peter Dieterich*, Systemgerechtigkeit und Kohärenz, S. 405 ff.

[122] Eine sehr enge Verbindung zwischen den Gedanken der Folgerichtigkeit und der Gleichbehandlung stellen besonders *Paul Kirchhof*, in HStR VIII, 3. Aufl., § 181 Rn. 209 ff.; *Joachim Brückner*, Folgerichtige Gesetzgebung im Steuerrecht und Öffentlichen Wirtschaftsrecht, S. 91 f., 177 f., her.

[123] Zu der Einschätzung, dass Art. 3 Abs. 1 GG pauschal als Konsistenzanforderung zu verstehen ist, kann man allenfalls gelangen, wenn man annimmt, dass das Merkmal der Ungleichbehandlung auch von wertenden Kriterien abhängt. (Zur Relevanz von Folgewidrigkeiten vor dem Hintergrund eines solchen Verständnisses auch *Peter Dieterich*, Systemgerechtigkeit und Kohärenz, S. 409 ff., dort auf S. 426 ff. auch ausführlich zur Frage der Anwendbarkeit von Wertungskriterien schon auf der Ebene der Ungleichbehandlung.) Nicht alle, sondern nur bestimmte Ungleichbehandlungen würden dann ein Rechtfertigungserfordernis nach sich ziehen. Erreichen lässt sich dieses Ergebnis, indem man auf der Ebene der Ungleichbehandlung die „wesentliche" Gleichheit der betroffenen Gegenstände prüft, wie etwa *Thorsten Kingreen/Ralf Poscher*, Grundrechte, Rn. 485 ff., es vorschlagen. Liest man dann hinzu, dass der Gesetzgeber „die grundsätzliche Freiheit" innehat, „diejenigen Sachverhalte tatbestandlich zu bestimmen, an die das Gesetz dieselben Rechtsfolgen knüpft und die es so als rechtlich gleich qualifiziert" (BVerfGE 105, 73 [125]), so scheint der Schluss naheliegend, dass jede Ungleichbehandlung von Gleichem inkonsistent ist. Hat der Gesetzgeber nämlich einerseits entschieden, dass zwei Gegenstände gleich sind und behandelt er sie gleichwohl

2. Verhältnis von Verhältnismäßigkeits- und Konsistenzprüfungen

Als Grenzen für den Gesetzgeber haben auch die drei Elemente des Verhältnismäßigkeitsgrundsatzes einen gewissen Bezug zum Konsistenzgedanken. Sie stellen Rationalitätsanforderungen[124] an Gesetze, indem sie eine einfachgesetzliche Entscheidung zum Bezugspunkt gesetzgeberischer Pflichten erklären. Dieser Bezugspunkt ist der Zweck, dem eine Rechtsbeeinträchtigung dienen soll.[125] Belastungen müssen geeignete, erforderliche und angemessene Mittel zur Verfolgung des Zwecks sein.[126]

---

unterschiedlich, so dürfte ein Widerspruch anzunehmen sein. Allerdings basiert eine solche Lesart der Verfassungsrechtsprechung auf einem Missverständnis. Die „wesentliche" Gleichheit ist kein Merkmal der Ungleichbehandlung, sondern das Ergebnis der Rechtfertigungsprüfung einer gegebenen Ungleichbehandlung. Siehe auch *Uwe Kischel*, AöR Bd. 124 (1999), S. 174 (185 ff.); *dens.*, in Epping/Hillgruber GG, Art. 3 Rn. 17; *Lerke Osterloh/Angelika Nußberger*, in Sachs GG, Art. 3 Rn. 82; *Stefan Huster,* in Friauf/Höfling GG, C Art. 3 Rn. 56; *Sigrid Boysen*, in von Münch/Kunig GG, Art. 3 Rn. 53. Ist in diesem Zusammenhang von gesetzgeberischen Gestaltungsspielräumen die Rede, so ist damit nur gemeint, dass die Rechtfertigungsprüfung einem zurückhaltenden Maßstab folgt (grundsätzlich nur Willkürkontrolle; begrenzte Reichweite selbst der Verhältnismäßigkeitsprüfung). Was verfassungsrechtlich als gleich gilt, bemisst sich also nur nach dem Verfassungsrecht. Ungleichbehandlungen von wesentlich Gleichem sind verfassungswidrig ohne notwendig wertungswidersprüchlich zu sein.

In vielen Rechtsmaterien – insbesondere in Bereichen wie dem Steuer- oder Sozialrecht, in denen Folgerichtigkeitsgebote eine wichtige Rolle spielen –, hängt die Gleichheit betroffener Gegenstände stark von einfachgesetzlichen Wertungen ab, siehe auch *Paul Kirchhof,* AöR Bd. 128 (2003), S. 1 (44); *ders.*, in HStR VIII, 3. Aufl., § 181 Rn. 173 ff., 216. Vergleicht man etwa die steuerliche Behandlung von Angestellten und Beamten oder von verschiedenen Gesellschaftsformen des bürgerlichen Rechts, so sind die Unterschiede zwischen den Vergleichsgegenständen nicht von der Wirklichkeit, sondern vom Gesetzgeber vorgegeben. Auch durch diese Überlegungen ändert sich aber am Unterschied zwischen Gleichheits- und Konsistenzanforderungen nichts. (In diese Richtung aber *Joachim Brückner*, Folgerichtige Gesetzgebung im Steuerrecht und Öffentlichen Wirtschaftsrecht, S. 121 ff.) Auch wenn der Gesetzgeber durch die Ausgestaltung der Rechtsordnung Gemeinsamkeiten und Unterschiede zwischen Personen schafft, hat er keinen Einfluss auf das Eingreifen der höherrangigen Gleichheitsanforderungen, die sich aus der damit einhergehenden Gleich- oder Ungleichheit der Betroffenen ergeben. Wer im verfassungsrechtlichen Sinne als wesentlich gleich gilt, bemisst sich weiterhin nur nach dem Verfassungsrecht. Zu beobachten ist hier wiederum nur der Normalfall der Beeinflussung von Vorgaben höherrangigen Rechts durch den einfachen Gesetzgeber.

[124] Siehe *Christian Bumke*, Der Staat Bd. 49 (2010), S. 77 (77 f.). Eingehend zum Gedanken der Verhältnismäßigkeit als Rationalitätskontrolle die gleichnamige Monographie von *Niels Petersen*, Verhältnismäßigkeit als Rationalitätskontrolle, S. 269 ff. und passim.

[125] Siehe *Helmuth Schulze-Fielitz*, in Dreier GG, Art. 20 (Rechtsstaat), Rn. 181; *Michael Sachs*, in Sachs GG, Art. 20 Rn. 149.

[126] Zur unterschiedlichen Bedeutung des Ziels für die Teilgebote des Verhältnismäßigkeitsprinzips siehe aber bereits *Peter Lerche*, Übermass und Verfassungsrecht, S. 19 f.

Aus diesem Blickwinkel fordert das Gebot der Geeignetheit ein Mindestmaß an gesetzgeberischer Konsistenz.[127] Eine ungeeignete Regelung soll einem Interesse nutzen, dem sie tatsächlich nichts nutzt. Insofern ist ein Gesetz, das sein eigenes Ziel nicht fördert, folgewidrig im Hinblick auf die Entscheidung des Gesetzgebers für die Förderung des Ziels. Es ist inhärent widersprüchlich.

Die Gebote der Erforderlichkeit und der Angemessenheit sind in ihrer Grundstruktur dagegen keine Konsistenzanforderungen. Ein Ziel mit unnötig eingriffsintensiven oder für den Betroffenen unzumutbaren Mitteln zu verfolgen, bedeutet nicht, dass man von seiner Entscheidung für das Ziel abweicht. Es kann im Gegenteil sogar für eine besonders konsequente Zielverfolgung sprechen.[128] Zwar wird der Gesetzgeber in einem funktionierenden Rechtsstaat von sich aus bestrebt sein, die Rechte Betroffener nicht stärker als nötig und erträglich zu beeinträchtigen. Somit wird man ihm in der Regel unterstellen können, dass er ein verhältnismäßiges Gesetz erlassen will. Ebenso wie beim Gleichbehandlungsgedanken sind Abweichungen von dieser einfachgesetzlichen Entscheidung aber uninteressant, weil sie auch ohne Konsistenzbetrachtung einen Verfassungsverstoß begründen. Insgesamt enthält also auch der Verhältnismäßigkeitsgrundsatz hauptsächlich gewöhnliche verfassungsrechtliche Vorgaben.

II. Angemessenheit mit Blick auf außerrechtliche Umstände

Besonders in der frühen Rechtsprechung des Bundesverfassungsgerichts sind – teilweise in einem Atemzug mit dem Grundsatz der Systemgerechtigkeit – Erfordernisse einfachgesetzlicher „Sachgerechtigkeit" erörtert worden.[129] Dieses Kriterium zielt darauf ab, dass Gesetze den tatsächlichen Lebenssachverhalten, die sie regeln, angemessen begegnen.[130] Auch dabei geht es nicht um Folge-

---

[127] Vgl. auch *Lerke Osterloh/Angelika Nußberger*, in Sachs GG, Art. 3 Rn. 19: „Das Gebot der Eignung (...) enthält Mindestanforderungen an Zweckrationalität und damit Begründungsrationalität jeden staatlichen Handelns." Für eine stärkere Berücksichtigung von Folgerichtigkeitserwägungen im Kontext des Geeignetheitserfordernisses *Simon Bulla*, ZJS 2008, S. 585 (594). Vgl. auch *Anna Leisner*, DÖV 1999, S. 807 (813): „Prüfung der Maßnahmen auf Zweckorientierung" als „Bedeutung der Geeignetheit". Gegen eine Auffassung des Grundsatzes der Geeignetheit als Konsistenzpflicht offenbar *Joachim Brückner*, Folgerichtige Gesetzgebung im Steuerrecht und Öffentlichen Wirtschaftsrecht, S. 212 ff., 219.

[128] Kritisch zur Ableitung von Folgerichtigkeitspflichten aus dem Grundsatz der Erforderlichkeit *Klaus Lange*, DV Bd. 4 (1971), S. 259 (270); *Franz-Josef Peine*, Systemgerechtigkeit, S. 296 ff.

[129] Vgl. etwa BVerfGE 9, 339 (349); 11, 105 (115); 19, 1 (11). Siehe auch *Franz-Josef Peine*, Systemgerechtigkeit, S. 33, der insofern von den „Realien des Regelungsbereiches" spricht.

[130] Vgl. *Paul Kirchhof*, in HStR VIII, 3. Aufl., § 181 Rn. 191 ff.; *Lerke Osterloh/Angelika Nußberger*, in Sachs GG, Art. 3 Rn. 102. Siehe zur legislativen Sachgerechtigkeit – im Kontext des Verordnungserlasses – auch *Hermann Pünder*, Exekutive Normsetzung in den Ver-

richtigkeit im Sinne einfachgesetzlicher Konsistenz.[131] Zum einen beruhen tatsächliche Umstände grundsätzlich nicht auf eigenen Entscheidungen des Gesetzgebers. Zum anderen bedarf der Bezugspunkt einer Folgerichtigkeitsbetrachtung immer einer gedanklichen Struktur, anhand derer die Kompatibilität des Gegenstands beurteilt werden kann.[132] Eine solche gedankliche Struktur fehlt bei rein tatsächlichen Umständen. Beispielsweise mag man es als folgerichtig bezeichnen, bei Regenwetter einen Regenschirm bei sich zu tragen. Der bloße Umstand des Regens taugt aber nicht zur Bewertung des gezeigten Verhaltens. Vielmehr ist das Mitnehmen des Schirms im Hinblick auf eine verbreitete Einschätzung folgerichtig, nach der man sich vor Regen schützen sollte.

Beurteilt man Gesetze anhand tatsächlicher Umstände, so geht es also nicht um Konsistenz. Das bedeutet aber nicht, dass es im Zusammenhang mit der Verarbeitung der Wirklichkeit in der Gesetzgebung keine Konsistenzgebote geben kann. Sobald der Gesetzgeber zur Erfassung der Wirklichkeit Ermittlungs- und Bewertungsmaßstäbe entwickelt, stehen Bezugspunkte zur Verfügung, von denen ausgehend man Regelungen auf ihre Folgerichtigkeit prüfen kann.[133]

III. Kontinuität und Vertrauensschutz

Mit gesetzgeberischer Konsistenz ist nur die Folgerichtigkeit gesetzlicher Wertungen in Bezug auf andere Ordnungsentscheidungen des geltenden Rechts gemeint. Verglichen werden Wertungen, die gleichzeitig gelten. Hier liegt der Unterschied zu Vorgaben, die Divergenzen zwischen altem und neuem Recht sanktionieren.[134] In diese Kategorie fällt insbesondere der rechtsstaatliche Ver-

---

einigten Staaten von Amerika und der Bundesrepublik Deutschland, S. 22 f., 233 ff.; sowie zur sachgerechten Aufgabenerfüllung der Verwaltung *dens.*, Haushaltsrecht im Umbruch, S. 57 ff.

[131] So auch *Joachim Brückner*, Folgerichtige Gesetzgebung im Steuerrecht und Öffentlichen Wirtschaftsrecht, S. 97 ff. Siehe auch *Peter Dieterich*, Systemgerechtigkeit und Kohärenz, S. 203 ff.

[132] Siehe oben, S. 23 ff.

[133] Näher unten, S. 213 ff.

[134] So auch *Joachim Brückner*, Folgerichtige Gesetzgebung im Steuerrecht und Öffentlichen Wirtschaftsrecht, S. 95 f. Zur Abgrenzung vom Vertrauensschutz siehe auch *Ulrich Becker*, in FS 50 Jahre BSG, S. 77 (85 f.), der die Unterscheidung allerdings – weniger überzeugend – am Vertrauensschutzerfordernis einer erworbenen Rechtsposition festmacht. In diese Richtung auch die Abgrenzung bei *Peter Dieterich*, Systemgerechtigkeit und Kohärenz, S. 196 ff., der auf die, insbesondere dispositionsbedingte, Schutzwürdigkeit der Position des Einzelnen abstellt. Vgl. auch *Christian Bumke*, Relative Rechtswidrigkeit, S. 84 f. Vertrauensschutz und Folgerichtigkeit vermischend *Christoph Degenhart*, Systemgerechtigkeit und Selbstbindung, S. 68 ff.; *Henning Tappe*, JZ 2016, S. 27 (31).

trauensschutz.[135] Auch Gebote legislativer Kontinuität[136] oder Verbote sozialpolitischer Rückschritte, die zuweilen postuliert werden,[137] gehören dazu. Unter bestimmten Voraussetzungen verbieten solche Grundsätze Änderungen der Rechtslage. Während es bei Konsistenzanforderungen um die Zulässigkeit von Widersprüchen innerhalb der Rechtsordnung geht, wird bei der Prüfung dieser Vorgaben der aktuelle Zustand der gesamten Rechtsordnung mit ihrem Zustand zu einem vergangenen Zeitpunkt verglichen. Auch bei einer Konsistenzkontrolle kann es sein, dass Wertungen von früher erlassenen Vorschriften mit denen später erlassener Normen verglichen werden. Voraussetzung für eine Konsistenzkontrolle ist aber stets, dass die früher erlassenen Regelungen noch gelten.[138]

---

[135] Eingehend *Hartmut Maurer*, in HStR IV, 3. Aufl., § 79 Rn. 17 ff.; siehe auch *Helmuth Schulze-Fielitz*, in Dreier GG, Art. 20 (Rechtsstaat), Rn. 146 ff., 151 ff.; *Karl-Peter Sommermann*, in v. Mangoldt/Klein/Starck GG, Art. 20 Abs. 3 Rn. 292 ff.

[136] Für ein Kontinuitätsgebot etwa *Michael Kloepfer*, VVDStRL Bd. 40 (1982), S. 63 (86 f.); *Anna Leisner*, Kontinuität als Verfassungsprinzip, S. 199 ff. Siehe auch *Paul Kirchhof*, in HStR V, 2. Aufl., § 125 Rn. 46 ff.; *Hartmut Maurer*, in HStR IV, 3. Aufl., § 79.

[137] In die Richtung eines sozialen Rückschrittsverbots etwa *Brun-Otto Bryde*, Verfassungsentwicklung, S. 445. Ausführlich hierzu *Rolf-Ulrich Schlenker*, Soziales Rückschrittsverbot und Grundgesetz.

[138] Siehe auch oben, S. 35 ff.

Zweiter Abschnitt

Konsistenzanforderungen im demokratischen Verfassungsstaat

Nachdem die wesentlichen Wirkmechanismen verfassungsrechtlicher Folgerichtigkeitsgebote umrissen sind, können nun die verfassungsdogmatischen und -theoretischen Grundlagen der Untersuchung geklärt werden. Dieser Abschnitt dient besonders dem Offenlegen von Vorverständnissen[139] und der Verortung des Gedankengangs in grundsätzlicheren Diskussionslinien. Wiederum wird in drei Schritten vorgegangen. Die Überlegungen setzen bei den rechtsstaatlichen Bezügen der Fragestellung an, weil sich hier die tragfähigsten Grundlagen für Folgerichtigkeitsgebote vermuten lassen. Anschließend wird nach allgemeinen Aussagen des Demokratieprinzips – auf das die wichtigsten verfassungsrechtlichen Argumente gegen Konsistenzgebote zurückgehen – gefragt. Daraufhin werden methodische Strategien zur Verarbeitung von Brüchen und Wechselwirkungen zwischen den betroffenen Verfassungsaussagen behandelt.

A. Rechtsstaatliche Dimension

Konsistenz ist ein primär rechtsstaatliches Prüfungskriterium. Sowohl in der Rechtsprechung als auch in der Literatur werden Folgerichtigkeitsgebote generell in rechtsstaatlichen Verfassungsgehalten verortet.[140] Da der Verfassungstext zu der Frage schweigt, inwiefern das Recht folgerichtig sein muss,[141] geht es dabei um die Begründung impliziter Anforderungen. Auf der Suche nach ihnen lässt sich kurz daran denken, die Vorgaben anerkannter rechtsstaatlicher Gebote mit der entwickelten Definition der Folgerichtigkeit abzugleichen, um sie gegebenenfalls insgesamt als Konsistenzpflichten zu klassifizieren. Diese Methode

---

[139] Vgl. zur Bedeutung von Vorverständnissen des Norminterpreten für die Verfassungsauslegung *Konrad Hesse*, Grundzüge des Verfassungsrechts, Rn. 62 f.

[140] Siehe auch *Christian Bumke*, Der Staat Bd. 49 (2010), S. 77 (93); *Bernd Grzeszick*, VVDStRL Bd. 71 (2012), S. 49 (55 ff.).

[141] Siehe auch *Stefan Haack*, Widersprüchliche Regelungskonzeptionen im Bundesstaat, insbesondere S. 128; *Joachim Brückner*, Folgerichtige Gesetzgebung im Steuerrecht und Öffentlichen Wirtschaftsrecht, S. 111.

hat sich soeben für den Grundsatz der Geeignetheit als erfolgreich erwiesen.[142] Wesentlich weiter wird man mit ihr jedoch nicht kommen. Für die Figuren, die hauptsächlich an einfachgesetzliche Regelungsentscheidungen als Bezugspunkte anknüpfen – den Gleichheitssatz und den Grundsatz der Verhältnismäßigkeit – ist bereits geklärt, dass man sie größtenteils nicht pauschal als Folgerichtigkeitsanforderungen verstehen kann.[143] Die dogmatische Gewinnung von Konsistenzgeboten muss vielmehr hauptsächlich durch konkretisierende[144] Ableitung aus diesen und anderen rechtsstaatlichen Verfassungsaussagen erfolgen. Einerseits lässt sich dabei an spezielle rechtsstaatliche Teilgehalte des Grundgesetzes anknüpfen. Die Grundrechte und im Zusammenhang mit ihnen der Grundsatz der Verhältnismäßigkeit spielen hier – wie sich zeigen wird – die Hauptrolle. Andererseits besteht die Möglichkeit, dass Konsistenzgebote unmittelbar aus dem allgemeinen Rechtsstaatsprinzip hergeleitet werden können.[145] Sie wären dann eigenständige rechtsstaatliche Teilgehalte der Verfassung.[146]

Diejenigen Autoren, die eine Verankerung von Konsistenzanforderungen im allgemeinen Rechtsstaatsprinzip befürworten,[147] bleiben eine präzise Herleitung

---

[142] Siehe oben, S. 49 f.

[143] Siehe oben, S. 46 ff., 49 f.

[144] Zur Bedeutung des Konkretisierungsgedankens bei der Verfassungsinterpretation, siehe *Konrad Hesse*, Grundzüge des Verfassungsrechts, Rn. 60 ff.

[145] Insofern geht der Gedankengang – mit der herrschenden Meinung – von der Prämisse aus, dass das Grundgesetz ein integrales und konstitutives Rechtsstaatsprinzip enthält. Die Geltung eines solchen eigenständigen rechtsstaatlichen Verfassungsgrundsatzes wird bestritten. Prägend war insofern die Habilitationsschrift von *Philip Kunig*, Das Rechtsstaatsprinzip, S. 109 f., 457 ff. Stellvertretend für die Kritik am allgemeinen Rechtsstaatsprinzip, siehe weiter *Friedrich Schnapp*, in von Münch/Kunig GG, Art. 20 Rn. 34 ff. Überwiegend ist man jedoch der Auffassung, dass man auf das allgemeine Rechtsstaatsprinzip nicht verzichten darf. Dafür spricht erstens der Entstehungsprozess des Grundgesetzes, vgl. dazu *Michael Sachs*, in Sachs GG, Art. 20 Rn. 75. Viele sind auch der Überzeugung, dass die Teilgehalte nicht in allen Konstellationen leistungsfähig sind und daher ergänzt werden müssen. Vor allem aber werden die Teilgehalte gewöhnlich selbst anhand allgemeiner Gerechtigkeitsvorstellungen interpretiert. Insofern wird immer auf fundamentale rechtsstaatliche Gedanken zurückgegriffen, die sich präziser zu einem allgemeinen Grundsatz zusammenfassen lassen. Aus diesen Gründen für das Bestehen eines eigenständigen Rechtsstaatsprinzips etwa *Katharina Sobota*, Das Prinzip Rechtsstaat, S. 399 ff., 527 f.; *Eberhard Schmidt-Aßmann*, in HStR II, 3. Aufl., § 26 Rn. 7 ff.; *Helmuth Schulze-Fielitz*, in Dreier GG, Art. 20 (Rechtsstaat), Rn. 45, alle mit einem detaillierten Überblick zu der Kontroverse.

[146] Ein Folgerichtigkeitsgebot als eigenständigen Teilgehalt schlägt *Christian Bumke*, Der Staat Bd. 49 (2010), S. 77 (93), vor. Kritischer noch *ders.*, ZG Bd. 14 (1999), S. 376 (381 f.); Relative Rechtswidrigkeit, S. 78 ff.

[147] Dies sind etwa *Helge Sodan*, JZ 1999, S. 864 (869 f.); *Stefan Haack*, Widersprüchliche Regelungskonzeptionen im Bundesstaat, S. 129 ff.; *Eberhard Schmidt-Aßmann*, in HStR II, 3. Aufl., § 26 Rn. 8, 21; *Gerhard Robbers*, in BK GG, Art. 20 Abs.1 Rn. 2323 ff.; *Joachim Englisch*, in Stern/Becker Grundrechte-Kommentar, Art. 3 Rn. 33; *Paul Kirchhof*, in HStR

meist schuldig. Eine solche Herleitung ist aber nicht nur erforderlich, um Verfassungsgehalte verlässlich nachweisen zu können.[148] Sie ermöglicht auch Aussagen über die Zielrichtung etwaiger Konsistenzgebote und liefert dadurch Anhaltspunkte für deren nähere Ausgestaltung. Wegen der tatbestandlichen Begrenztheit von Folgerichtigkeitsanforderungen und ihrer Abhängigkeit von einem spezifisch benennbaren Bezugspunkt[149] können abstrakte Erwägungen allerdings nur einen begrenzten Beitrag zur Begründung entsprechender Verfassungspflichten leisten. Endgültig kann man die Aussagen der rechtsstaatlichen Ordnung zur Konsistenzfrage erst klären, indem man für jeden möglichen Bezugspunkt gesondert untersucht, inwiefern rechtsstaatliche Verfassungshalte Inkonsistenzen im Hinblick auf ihn sanktionieren. Entsprechende Überlegungen werden im zweiten Teil der Studie angestellt, in dem die einzelnen Konsistenzanforderungen des Grundgesetzes herausgearbeitet werden. An dieser Stelle erfolgt eine Annäherung an die rechtsstaatlichen Bezüge der Konsistenzfrage nur insofern, als sie abstrakt möglich ist. Im Wesentlichen geht es dabei um Aussagen der rechtsstaatlichen Verfassungsordnung, die von übergreifender Bedeutung für die einzelnen Konsistenzgebote sind und daher vorweg behandelt werden können.

I. Rationalität als Leitidee

Folgerichtigkeitsanforderungen werden oft gemeinsam – teilweise sogar synonym[150] – mit der Rolle der Rationalität in der rechtsstaatlichen Ordnung des Grundgesetzes diskutiert.[151] Der enge Zusammenhang von Konsistenz und Ra-

---

VIII, 3. Aufl., § 181 Rn. 211; *Karl-Peter Sommermann*, in v. Mangoldt/Klein/Starck GG, Art. 20 Abs. 3 Rn. 298; *Christian Bumke*, Der Staat Bd. 49 (2010), S. 77 (93); *Klaus Gärditz*, in Friauf/Höfling GG, C Art. 20 (6. Teil) Rn. 194 ff.; *Michael Brenner*, ZG Bd. 26 (2011), S. 394 (398 f.); *Bernd Grzeszick*, VVDStRL Bd. 71 (2012), S. 49 (55 ff.).

[148] Besonders bei der Deduktion von Unterprinzipien aus dem Rechtsstaatsprinzip bestehen aufgrund des diffusen Inhalts dieses Grundsatzes dogmatische Unwägbarkeiten. Das Bundesverfassungsgericht betont in ständiger Rechtsprechung, dass der Grundsatz „keine in allen Einzelheiten eindeutig bestimmten Gebote und Verbote" enthalte, sondern „je nach den sachlichen Gegebenheiten" konkretisierungsbedürftig sei, BVerfGE 65, 283 (290). Vgl. weiter BVerfGE 7, 89 (92 f.); 25, 269 (290); 57, 250 (276); 74, 129 (152); 90, 60 (86). Wegen seiner Weite und Unbestimmtheit sei bei der Ableitung konkreter Folgen „mit Behutsamkeit vorzugehen", BVerfGE 57, 250 (276); 90, 60 (86); 111, 54 (82). Zusammenfassend zur Kritik, die aus diesem Blickwinkel an der Herleitung von Folgerichtigkeitsgeboten aus dem allgemeinen Rechtsstaatsprinzip formuliert wird, siehe *Peter Dieterich*, Systemgerechtigkeit und Kohärenz, S. 324 ff., 335 ff.

[149] Siehe oben, S. 23 ff.

[150] Vgl. *Philipp Dann*, Der Staat Bd. 49 (2010), S. 630 ff.

[151] Vgl. nur *Christian Bumke*, Der Staat Bd. 49 (2010), S. 77 ff.; *Matthias Cornils*, DVBl 2011, S. 1053 ff.; *Bernd Grzeszick*, VVDStRL Bd. 71 (2012), S. 49 ff.; *Lerke Osterloh*, in FS Bryde, S. 429 ff.

tionalität[152] führt im ersten Schritt zu der Frage, ob man aus dem Verhältnis des Rechtsstaats zum Vernunftgedanken Rückschlüsse für die Geltung von Konsistenzgeboten ziehen kann.

Wie ist es um dieses Verhältnis bestellt? Als Maßstab staatlichen Handels spielt die Rationalität im Wertefundament des Rechtsstaatsprinzips eine wichtige Rolle. Das ist an vielen Stellen erkennbar. Der Rechtsstaat setzt der despotischen, unberechenbaren Staatsgewalt vergangener Herrschaftsformen Strukturen begrenzter Macht entgegen: Jeder hoheitliche Eingriff muss ebenso dem Erfordernis der Verhältnismäßigkeit wie dem des sachlichen Grundes genügen. Die Verwaltung bedarf für sämtliche Verkürzungen privater Rechtspositionen der rechtfertigenden Ermächtigung durch ein Gesetz. Die Gewaltenteilung und die durch Grundrechte geschützte gesellschaftliche Öffentlichkeit unterwerfen die gesamte staatliche Entscheidungsfindung einem System disziplinierender Kontrolle. Überall in diesen Grundpfeilern des Rechtsstaats offenbart sich die Erwartung, dass staatliche Maßnahmen nicht bloß Ausdruck des Willens der Mächtigen, sondern jedenfalls auch der Vernunft[153] sein sollen.[154] Privatpersonen mögen sich prinzipiell ohne Grund und in unbegrenztem Ausmaß verhalten dürfen, wie sie wollen. Den Staat unterwirft die Verfassung dem erhöhten Anspruch, sich selbst zu mäßigen.[155] Er soll nicht irgendwie irgendetwas entscheiden, sondern auf nachvollziehbaren Wegen zu einleuchtend begründbaren Ergebnissen gelangen.[156]

---

[152] Siehe oben, S. 1 ff.

[153] Zur Gegenüberstellung von Vernunft und Wille – „ratio" und „voluntas" – im Kontext der Rechtssetzung einerseits und der Disziplinierung des Staates durch den Rechtsstaat andererseits vgl. *Kaarlo Tuori*, Ratio and Voluntas, S. 207 ff. und passim. Vgl. auch die später von *Jürgen Habermas*, Strukturwandel der Öffentlichkeit, S. 151 f., aufgegriffene Formulierung *Carl Schmitts*, Verfassungslehre, S. 139, zur Tradition des bürgerlichen Rechtsstaats: „Gesetz ist nicht der Wille eines oder vieler Menschen, sondern etwas Vernünftig-Allgemeines; nicht voluntas, sondern ratio." Vgl. ferner die Willkürdefinition von *Paul Kirchhof*, in HStR VIII, 3. Aufl., § 181 Rn. 234.

[154] Siehe zu den rechtstaatlichen Verfassungsgehalten als Ausdruck des Rationalitätsgedankens *Klaus Meßerschmidt*, Gesetzgebungsermessen, S. 780 ff.; *Christian Bumke*, Der Staat Bd. 49 (2010), S. 77 (93). Vgl. auch *Eberhard Schmidt-Aßmann*, Verwaltungsrecht als Ordnungsidee, Zweites Kapitel Rn. 75 ff. Zur Entstehung des deutschen Rechtsstaatsbegriffs aus dem frühliberalistischen Vernunftdenken heraus sowie zu seiner weiteren Entwicklung siehe *Ernst-Wolfgang Böckenförde*, in FS Arndt, S. 53 (54 ff.).

[155] Zur disziplinierenden Wirkung des Rechtsstaates siehe *Konrad Hesse*, in Rechtsstaatlichkeit und Sozialstaatlichkeit, S. 557 (560 ff.; 572 f.); *Christian Bumke*, Der Staat Bd. 49 (2010), S. 77 (93).

[156] Zusammenfassend zum „Rationalitätsversprechen des modernen Staates", das allerdings über das verfassungsrechtlich geschuldete Maß an Rationalität hinausgeht, *Andreas Voßkuhle*, in Allgemeines Verwaltungsrecht – zur Tragfähigkeit eines Konzepts, S. 637 (640 ff.). Grundlegend zur Rationalität als Erwartung an den modernen Staat *Max Weber*,

Zweiter Abschnitt: Konsistenzanforderungen im demokratischen Verfassungsstaat 57

Diese Stellung rationalen Entscheidens als der Verfassung zugrundeliegendes Leitbild[157] hat immer wieder Anlass zu Bemühungen gegeben, ihm den Rang eines Verfassungsgebots zuzuschreiben.[158] Ein eigenständiges grundgesetzliches Rationalitätsgebot ist aber weder notwendig noch als gerichtlicher Kontrollmaßstab praktikabel. Das gilt schon allein aufgrund der Offenheit und Kontextbedingtheit des Rationalitätsbegriffs.[159] Doch stellen die einzelnen rechtsstaatlichen Teilgehalte auch grundsätzlich ein Maß an Rationalität sicher, über das man als Inhalt einer entsprechenden Verfassungspflicht kaum würde hinausgehen wollen. In den Teilaussagen ist dieses Maß präziser umschrieben und somit praktisch operabler niedergelegt, als ein allgemeiner Grundsatz es leisten könnte.[160] Ein über den etablierten Kanon der Verfassungspflichten hinausgehendes Gebot, anhand dessen die Rechtsprechung überprüfen würde, ob politische Entscheidungen „vernünftig" sind, könnte zudem aus funktionellrechtlicher Sicht erhebliche Probleme verursachen.[161] Diese Erwägungen führen

---

Wirtschaft und Gesellschaft, S. 815 ff. und passim, sowie besonders zur rationalen Herrschaft durch Recht S. 124 ff., und zur Rationalisierung durch Recht S. 395 ff. Zur Bedeutung der Rationalität in der Entstehungsgeschichte des modernen Staates *Herbert Krüger*, Allgemeine Staatslehre, S. 53 ff. Ausführlich zu verschiedenen Rationalitätserwartungen speziell an den parlamentarischen Gesetzgeber *Helmuth Schulze-Fielitz*, Theorie und Praxis parlamentarischer Gesetzgebung, S. 454 ff.; ders., in FS Vogel, S. 311 (320 ff.); *Klaus Meßerschmidt*, Gesetzgebungsermessen, S. 777 ff.

[157] Bei diesem Leitbild geht es nicht um eine Entscheidung für einen der verschiedenen klassischen Rationalitätsbegriffe wie Zweck- oder Wertrationalität (vgl. zu diesen die Nachweise oben auf S. 2, Fn. 4), sondern zunächst einmal um die grundsätzliche Wertung, dass staatliche Rationalität als wünschenswert anerkannt wird, während irrationales Entscheiden unterbleiben soll. Als Rationalität im Sinne des Leitbilds sollte die Summe der rechtsstaatlichen Verfassungsaussagen aufgefasst werden, die auf Mäßigung, Nachvollziehbarkeit und Begründbarkeit der Ausübung von Hoheitsbefugnissen abzielen. Dadurch ergibt sich ein facettenreiches, spezifisch grundgesetzliches rechtsstaatliches Rationalitätsverständnis. Allgemein zur Rationalität und ihrer gesellschaftlichen Bedeutung auch oben, S. 1 ff. Zum Zusammenwirken des rechtsstaatlichen mit dem demokratischen Arm der Rationalitätserzeugung besonders oben S. 18 f., sowie unten S. 104 ff.

[158] Vgl. etwa *Hans Herbert von Arnim*, Staatslehre, S. 235 f.; *Gerhard Hoffmann*, ZG Bd. 5 (1990), S. 97 (109 ff.); *Helmuth Schulze-Fielitz*, in FS Vogel, S. 311 (322 f.); *Klaus Meßerschmidt*, Gesetzgebungsermessen, S. 789 ff. mit Überblick zu der Debatte ab S. 781. Ein entsprechendes Gebot klingt auch an bei *Joachim Brückner*, Folgerichtige Gesetzgebung im Steuerrecht und Öffentlichen Wirtschaftsrecht, S. 257 f.

[159] Dazu oben, S. 1 ff.

[160] Zur Entwicklung spezieller Rationalitätsmaßstäbe anstelle eines allgemeinen Rationalitätsgebotes siehe auch *Christian Bumke*, Der Staat Bd. 49 (2010), S. 77 (93).

[161] Damit ist allerdings nicht gesagt, dass Vernünftigkeit an sich als Prüfungsmaßstab unter allen Umständen unbrauchbar sein muss. Erinnert sei an die bedeutende Rolle, die sie in der angelsächsischen Rechtstradition spielt. Die „Wednesbury Unreasonableness", die im Vereinigten Königreich bei der Kontrolle von Verwaltungsentscheidungen zur Anwendung

zu dem Schluss, dass man das rechtsstaatliche Leitbild der Rationalität nicht zu einem eigenständigen Verfassungsprinzip verdichten sollte.[162] Somit kommt es auch als Grundlage von Folgerichtigkeitsanforderungen nicht in Betracht. Der Rationalitätsgedanke kann nur zur Klärung der Konsistenzfrage beitragen, soweit er sich in anderen Verfassungsaussagen wiederfindet.

II. Allgemeines Willkürverbot

Als eine solche Aussage lässt sich zunächst an das allgemeine Willkürverbot denken – bildet doch willkürliches (wahlloses, beliebiges) Verhalten eine gegenteilige Kategorie zu regelgeleitetem rationalem Handeln. Jedem Konsistenzgebot wohnt insofern ein Willkürverbot inne, als es die Möglichkeiten begrenzt, Regelungsentscheidungen nach Belieben zu kombinieren.

Ein allgemeines Verbot öffentlicher Willkür ist besonders in der frühen Diskussion über grundgesetzliche Konsistenzanforderungen als normativer Anknüpfungspunkt vorgeschlagen worden.[163] Im Unterschied zum allgemeinen Rationalitätsgebot bietet es den Vorteil, dass seine Geltung weithin anerkannt

---

kommt (vgl. etwa *Paul Craig*, in Feldman English Public Law, Rn. 16.02 ff.), und der „Rational Basis Test", den der United States Supreme Court als niedrigste Kontrollstufe in einer Vielzahl von Konstellationen verwendet (dazu nur *Winfried Brugger*, Grundrechte und Verfassungsgerichtsbarkeit, S. 42 f., 130 f., 163 ff.), sind lediglich die prominentesten Beispiele. Die Reichweite der gerichtlichen Kontrolle dürfte jedoch in keinem der beiden Fälle wesentlich über den Standard hinausgehen, den die deutsche Rechtsordnung mit dem Willkürverbot und vor allem dem Grundsatz der Verhältnismäßigkeit ohnehin sicherstellt.

Besonders anspruchsvolle Rationalitätsanforderungen gelten in den Vereinigten Staaten seit der Reagan-Ära – allerdings mit Schwankungen in Intensität und praktischem Einfluss – im Bereich der exekutiven Normsetzung durch die Bundesverwaltung. Jedenfalls bei Regelungsvorhaben, deren zu erwartende finanzielle Auswirkungen auf die Volkswirtschaft gewisse Schwellenwerte überschreiten, prüft das „Office of Information and Regulatory Affairs" („OIRA") innerhalb des am Weißen Haus angesiedelten „Office of Management and Budget" („OMB"), ob die ökonomisch effizienteste Lösung – also diejenige, die nach Abzug aller Kosten den größten ökonomischen Nutzen verspricht, – angestrebt wird. Für einen Überblick zu den Funktionen und zur Praxis von „OIRA" siehe *Cass Sunstein*, The Office of Information and Regulatory Affairs.

[162] So etwa auch *Christian Bumke*, Der Staat Bd. 49 (2010), S. 77 (93). Gegen ein über die einzelnen Maßstäbe hinausgehendes Rationalitätsgebot auch *Uwe Kischel*, in FS Kirchhof Bd. I, S. 371 (371).

[163] Vgl. *Klaus Lange*, DV Bd. 4 (1971), S. 259 (264 ff.). In dieselbe Richtung tendiert *Claus-Wilhelm Canaris*, Systemdenken und Systembegriff in der Jurisprudenz, S. 16 ff., 41, wenn er als Grundlage für „das aus dem Gleichheitssatz folgende Gebot wertungsmäßiger Folgerichtigkeit" ein allgemeines „Gerechtigkeitsgebot" sieht. Das Willkürverbot als Grundlage erwägt auch *Armin Steinbach*, Rationale Gesetzgebung, S. 90 f.

ist.[164] Allerdings hat sich als Inhalt des Willkürverbots grundsätzlich ein sehr schwacher Maßstab herausgebildet. In seiner gebräuchlichsten Anwendungsform ist dem Verbot bereits genüge getan, sobald sich irgendwie einleuchtende sachliche Erwägungen zugunsten einer Entscheidung anführen lassen.[165] Damit wird zwar immerhin ein rudimentäres allgemeines Begründbarkeitserfordernis statuiert,[166] das Nachprüfungen nicht zwangsläufig auf äußerste Zurückhaltung beschränkt.[167] Doch dürfte das Willkürverbot in der derzeitigen Anwendungs-

---

[164] Herkömmlich wird es dem allgemeinen Gleichheitssatz entnommen, sollte jedoch eher beim allgemeinen Rechtsstaatsprinzip verortet werden. Siehe *Klaus Lange*, DV Bd. 4 (1971), S. 259 (265); *Georg Müller*, VVDStRL Bd. 47 (1989); S. 37 (43 f.); *Lerke Osterloh/Angelika Nußberger*, in Sachs GG, Art. 3 Rn. 34, 74; *Michael Sachs*, in Sachs GG, Art. 20 Rn. 99; *Stefan Huster*, in Friauf/Höfling GG, C Art. 3 Rn. 43; *Michael Sachs*, in Stern StaatsR Bd. IV/2, S. 1435 f., 1516 f. Auch in der Rechtsprechung des Bundesverfassungsgerichts ist zur Begründung auf das Rechtsstaatsprinzip zurückgegriffen worden. Das Gericht spricht insofern von „dem verfassungsrechtlichen Willkürverbot", das sogar „im Verhältnis von Hoheitsträgern untereinander" gelte (BVerfGE 86, 148 [250 ff.]). Ableitung aus dem Rechtsstaatsprinzip jedenfalls auch in BVerfGE 56, 298 (313); 62, 354 (369 f.). In diesen drei Entscheidungen ging es jeweils um Willkür gegenüber Hoheitsträgern. Aber auch im Verhältnis zum Bürger hat das Bundesverfassungsgericht – dann aus Art. 3 Abs. 1 GG – schon oft ein Willkürverbot zur Anwendung gebracht, auch wenn gar keine Ungleichbehandlung im Raum stand, vgl. nur BVerfGE 42, 64 (74 ff.); 57, 39 (42); 58, 163 (167 f.); 59, 89 (101); 62, 338 (342 f.); 66, 324 (330); 83, 82 (84); 86, 59 (62 f.); 89, 1 (13 f.). Siehe auch *Stefan Huster*, Rechte und Ziele, S. 51. Typischer Anwendungsfall dieses Verbots aus Art. 3 Abs. 1 GG ist zwar die Überprüfung von Gerichtsentscheidungen im Rahmen einer Justizverfassungsbeschwerde. Wenn das Gericht allerdings allgemein von „staatlichen Entscheidungen" spricht, denen keine willkürlichen Erwägungen zugrunde liegen dürfen (BVerfGE 57, 39 [42]), wird erkennbar, dass dieser Rechtsgedanke nicht auf die dritte Gewalt beschränkt ist. Auch in den Entscheidungen, in denen das Willkürverbot aus dem Rechtsstaatsprinzip abgeleitet wurde, war Verfahrensgegenstand jeweils ein Gesetz.

[165] Siehe mit zahlreichen Nachweisen aus der Rechtsprechung etwa *Werner Heun*, in Dreier GG, Art. 3, Rn. 19; *Lerke Osterloh/Angelika Nußberger*, in Sachs GG, Art. 3 Rn. 8 ff.; *Hans Jarass*, in Jarass/Pieroth GG, Art. 3 Rn. 19. Teilweise heißt es auch, eine Maßnahme sei willkürlich, wenn sie nicht am Gerechtigkeitsgedanken orientiert (siehe etwa *Werner Heun*, in Dreier GG, Art. 3, Rn. 19. Vgl. auch BVerfGE 98, 365 [385]; 103, 242 [258]) oder der geregelten Situation „tatsächlich und eindeutig unangemessen" (vgl. etwa BVerfGE 80, 48 [51]; 86, 59 [63]) sei.

[166] Zum Zusammenhang des Gedankens der Konsistenz mit dem der Begründbarkeit siehe oben, S. 41 ff.

[167] Der Willkürmaßstab weist eine gewisse Variabilität auf. Welcher Grund noch als „einleuchtend" anzusehen ist, hängt mit davon ab, was unter Verweis auf ihn gerechtfertigt werden soll, siehe *Uwe Kischel*, AöR Bd. 124 (1999), S. 174 (190). Gemeinhin als vergleichsweise stumpfes Schwert betrachtet, kann ein Willkürverbot je nach Anwendungspraxis also zu einer zwar großzügigen aber nicht völlig unbedeutenden Verfassungsmäßigkeitsvoraussetzung werden, vgl. auch *Rudolf Wendt*, NVwZ 1988, S. 778 (780 f.); *Michael Sachs*, in Stern StaatsR Bd. IV/2, S. 1523 f. Für ein praktisches Anwendungsbeispiel als nicht unbedeutender Kontrollmaßstab siehe auch unten, S. 122 f.

praxis kaum weit genug reichen, um als Fundament für komplexe Konsistenzanforderungen und die mit ihnen einhergehenden Strukturentscheidungen für die Verfassungs- und Gewaltenordnung zu dienen.[168]

Sicherlich ließe sich vor diesem Hintergrund überlegen, den allgemeinen Willkürmaßstab zu verschärfen. Aus dem Charakter der Willkür als Gegenstück zur Rationalität folgt jedoch, dass man dabei ähnlichen Schwierigkeiten begegnen wird, wie bei dem Versuch, ein allgemeines Rationalitätsgebot zu begründen. Daher sollte auch der Gedanke, dass staatliche Willkür zu vermeiden ist und Entscheidungen sich nicht bereits aus dem Willen ihrer Urheber erklären,[169] in der rechtsstaatlichen Ordnung nicht als eigenständiger Grundsatz zur Begründung von Konsistenzgeboten herangezogen werden. Der Weg der Herleitung von Folgerichtigkeitsanforderungen besteht in einer differenzierten Analyse des Rechtsstaatsprinzips daraufhin, wie es dem Ideal der Rationalität Ausdruck verleiht.

III. Ordnungsfunktion des Rechts

Als Ausgangspunkt dieser Analyse liegt eine teleologische und begriffliche Annäherung an den Regelungskern des allgemeinen Rechtsstaatsprinzips nahe. Das übergreifende Gestaltungsziel, das das Grundgesetz mit dem Rechtsstaatsprinzip und seinen Unterprinzipien verfolgt, lässt sich umreißen als „Rationali-

---

[168] Bei näherem Hinsehen erweist sich bereits als unklar, wie weit überhaupt sein Anwendungsbereich reicht. Dazu liegen – sowohl in der Rechtsprechung als auch in der Literatur – kaum verlässliche Maßstäbe vor. Meist wird das Willkürverbot nicht eigenständig zur Anwendung gebracht, sondern liefert den Rechtfertigungsmaßstab einer Gleichheitsprüfung. Soweit es als unabhängige Verfassungsmäßigkeitsvoraussetzung angewendet wird, findet sich hinsichtlich des Anwendungsbereichs kaum mehr als die Aussage, dass es „allgemein" gilt und „staatliche Entscheidungen" dem Erfordernis des sachlichen Grundes unterwirft. (Vgl. etwa BVerfGE 57, 39 [42]; *Werner Heun*, in Dreier GG, Art. 3, Rn. 20; *Hans Jarass*, in Jarass/Pieroth GG, Art. 20 Rn. 44.) Um von diesem Ausgangspunkt zu wirksamen Konsistenzanforderungen zu gelangen, müsste man das Verhältnis zwischen legislativen Wertungen in diesem Sinne als „staatliche Entscheidung" einstufen. Mag man jedoch noch annehmen können, dass das Willkürverbot für jede einzelne Rechtsnorm sachliche Gründe fordert, so erscheint überaus zweifelhaft, ob allein deshalb auch das Verhältnis von Rechtsnormen – und den sie tragenden Wertungen – untereinander begründbar sein muss. Allein aus dem Gedanken, dass die Menschen vor willkürlicher Machtausübung geschützt werden sollen, wird man diesen Schluss kaum ziehen können. Jedenfalls in seiner derzeitigen Anwendungspraxis soll das Willkürverbot als Auffangtatbestand zur Sanktionierung „schwerer Rechtsbrüche" Situationen beikommen, in denen ein Rechtssubjekt von staatlichem Verhalten schwerwiegend beeinträchtigt wird, siehe *Paul Kirchhof*, in HStR VIII, 3. Aufl., § 181 Rn. 236 ff. Ein Wertungswiderspruch allein wird eine Beeinträchtigung solchen Ausmaßes kaum notwendig bewirken.

[169] Siehe *Paul Kirchhof*, in HStR VIII, 3. Aufl., § 181 Rn. 232, 234.

sierung des öffentlichen Gesamtzustandes"[170] durch die „Rechtsstaatlichkeit als Struktur" des Gemeinwesens.[171] Der Rationalitätsgedanke wirkt insofern nicht als verselbstständigter Verfassungsgrundsatz, sondern wird mithilfe einer Strukturentscheidung als indirektes Ziel verfolgt. Als Strukturbestimmung gibt das Rechtsstaatsprinzip objektivrechtlich[172] eine Richtung für die Organisation des Staates vor. „Rechts-Staat" in diesem Sinne ist ein durch Recht handelnder und umfassend vom Recht geprägter Staat. Danach ist das Recht mehr als eine soziale Gegebenheit, die der Staat achten muss und die hauptsächlich individuelle Freiheitssphären sichert.[173] Vielmehr muss man die Rechtsstaatlichkeit auch als Bekenntnis zur staatlichen Steuerung öffentlicher und gesellschaftlicher Vorgänge durch Recht interpretieren.[174] Gesetze sind demnach nicht einfach nur durchzusetzen, soweit sie für einen Lebensbereich zufällig irgendwelche Festlegungen treffen, sondern bilden das zentrale Werkzeug zur Organisation der menschlichen Gemeinschaft.[175] Der grundgesetzliche Rechtsstaatsentwurf geht

---

[170] Zum Gedanken der Rationalisierung des Gemeinwesens durch den Rechtsstaat *Konrad Hesse*, in Rechtsstaatlichkeit und Sozialstaatlichkeit, S. 557 (572 f. und passim). Siehe auch *dens.*, Grundzüge des Verfassungsrechts, Rn. 190. Grundlegend zur Rationalisierungsfunktion des Rechts *Max Weber*, Wirtschaft und Gesellschaft, S. 124 ff., 395 ff. und passim.
[171] *Eberhard Schmidt-Aßmann*, in HStR II, 3. Aufl., § 26 Rn. 21 ff.
[172] Objektivrechtlicher Begründungsansatz auch bei *Peter Dieterich*, Systemgerechtigkeit und Kohärenz, S. 343 ff.
[173] Siehe *Konrad Hesse*, Grundzüge des Verfassungsrechts, Rn. 186; *Eberhard Schmidt-Aßmann*, Verwaltungsrecht als Ordnungsidee, Zweites Kapitel Rn. 75.
[174] Zum Steuerungsanspruch des Rechts siehe auch *Christian Bumke*, in Richterrecht, S. 1 (12 f.); *Armin Steinbach*, Rationale Gesetzgebung, S. 50 ff.
[175] Siehe auch den Titel des Beitrags von *Gunnar Folke Schuppert*, in Gesetz als Steuerungsinstrument, S. 105 ff., im gleichnamigen Bd. „Das Gesetz als zentrales Steuerungsinstrument des Rechtsstaates".
So verstanden soll besonders die staatliche Sphäre menschlichen Zusammenlebens eine rechtlich erfassbare und vom Recht durchdrungene sein. Rationales Handeln ist regelgeleitetes Handeln (siehe oben, S. 1 ff.). Das Recht als Regelungsinstrument menschlichen Miteinanders soll daher naturgemäß rationalisieren und im Bekenntnis zur Ordnung durch Recht manifestiert sich der Rationalitätsanspruch des Rechtsstaats.
Gleichwohl nimmt in der Praxis von Politik und Verwaltung auch informelles Handeln eine Schlüsselfunktion wahr, siehe zusammenfassend *Friedrich Schoch*, in HStR III, 3. Aufl. § 37; zu informellem Entscheiden in der Politik siehe auch unten, S. 90 f. Nicht zuletzt infolgedessen erweist sich eine rein rechtsaktbezogene, „juristische Methode" als unzureichend, um Staatlichkeit in ihren Wirkdimensionen umfassend zu analysieren und zu erklären, siehe für die Verwaltungsrechtswissenschaft nur *Andreas Voßkuhle*, in GVwR I § 1 Rn. 2 ff. Der notwendige Rückgriff des Staates auf informelle Mechanismen steht jedoch nicht im Widerspruch mit dem hier gezeichneten Bild von der Rechtsstaatlichkeit, solange die Steuerung staatlicher und gesellschaftlicher Vorgänge hauptsächlich, also besonders was die wesentlichen Grundsätze des menschlichen Miteinanders anbelangt, in den – Disziplinierung und Verantwortlichkeit schaffenden – Bahnen des Rechts erfolgt.

von der Abwesenheit natürlich vorgegebener Herrschaftsstrukturen aus[176] und erklärt zum einzig legitimen Zuordnungsmodus für Befugnisse der Zwangsanwendung das Recht. Insofern besteht der Staat aus Gesetzen.[177] Erst durch Gesetze wird er errichtet und ausgestaltet. Zugleich wird das zwischenmenschliche Zusammenleben geordnet. Diese im Grundgesetz vorgesehene Rolle lässt sich als Ordnungsfunktion des Rechts bezeichnen.[178]

Für die Frage nach grundgesetzlichen Konsistenzanforderungen folgt aus dieser Ordnungsfunktion[179] eine folgenreiche Vorgabe. Ein Mechanismus, zu dessen prägendsten Wesensmerkmalen sein eigener Ordnungsanspruch gehört, muss selbst Ordnungsansprüchen gerecht werden. Aus der Ordnungsfunktion des Rechts geht also ein Erfordernis der Geordnetheit des Rechts hervor. Diesen Zusammenhang mag man bereits aus der Natur der Sache ableiten und gerade für das Recht als Selbstverständlichkeit auffassen.[180] Er lässt sich jedoch auch als zugleich normative und faktische Existenzvoraussetzung des freiheitlichen Rechtsstaats nachweisen. Erstens erfordert die gerade umrissene rechtsstaatlich[181] vorgesehene Steuerungsfunktion aus sich heraus zumindest ein gewisses

---

[176] Siehe *Konrad Hesse*, Grundzüge des Verfassungsrechts, Rn. 186; *Gerd Morgenthaler*, in Gleichheit im Verfassungsstaat, S. 51 (55 ff.).

[177] Zum Gedanken der Reduzierbarkeit des Staatsbegriffs auf das Recht – im Anschluss an *Hans Kelsen*, Hauptprobleme der Staatsrechtslehre, besonders S. 391, – *Christoph Möllers*, Staat als Argument, S. 36 ff.

[178] Zu dieser Ordnungsfunktion siehe *Eberhard Schmidt-Aßmann*, in HStR II, 3. Aufl., § 26 Rn. 1, 21 f. Vgl. auch *dens.*, Verwaltungsrecht als Ordnungsidee, Zweites Kapitel Rn. 75 ff. Vgl. zur ordnenden Wirkung des Rechts bereits *Hermann Heller*, Staatslehre, S. 182 ff.; *Konrad Hesse*, Grundzüge des Verfassungsrechts, Rn. 193 ff. Siehe auch *Armin Steinbach*, Rationale Gesetzgebung, S. 51.

[179] In eine ähnliche Richtung geht der Begründungsansatz von *Gerd Morgenthaler*, in Gleichheit im Verfassungsstaat, S. 51 (58 ff. und passim), der ein verfassungsstaatliches Konsistenzinteresse aus der Funktion des Rechts herleitet, durch die ordnende Einhegung von öffentlicher und privater Macht Freiheit zu gewährleisten.

[180] Regelwerke dienen nun einmal der Ordnung von Lebenssachverhalten. Dass ein Konstrukt, das ordnen soll, selbst in gewisser Hinsicht geordnet sein muss, wird man kaum bestreiten wollen. Insofern ist *Claus-Wilhelm Canaris*, Systemdenken und Systembegriff in der Jurisprudenz, S. 16, darin zuzustimmen, dass Forderungen nach Folgerichtigkeit und innerer Ordnung des Rechts „letztlich in der Rechtsidee selbst" wurzeln. (Siehe dazu auch *Joachim Lang*, Systematisierung der Steuervergünstigungen, S. 142; *Joachim Englisch*, in FS Lang, S. 167 [178]. Der von *Canaris* hergestellte Bezug zur Gerechtigkeit führt allerdings nicht unmittelbar weiter, dazu unten S. 64, Fn. 192.) Siehe weiter *Bernd Grzeszick*, VVDStRL Bd. 71 (2012), S. 49 (55): „Nur, wenn [die Vorgaben des Rechts] vernünftig sind, kann das Recht seinen inhärenten Anspruch auf Verbindlichkeit einlösen. Und da das für alle verbindliche Recht von Staat gesetzt und vollzogen wird, gilt das Rationalitätsgebot auch für den Staat".

[181] Abgesehen von der Ordnungsfunktion als zentralem rechtsstaatlichem Argument, lassen sich Verluste der Steuerungsfähigkeit von Rechtsnormen auch aus Sicht der Gewaltenteilung und möglicherweise demokratiedogmatisch fundierter Wesentlichkeitserwägungen als

Maß an Steuerungsfähigkeit.[182] Jedenfalls mit einem vollkommen undurchdachten, chaotischen Sammelsurium gegenläufiger Bestimmungen lassen sich jedoch keine Steuerungswirkungen erzielen. Zweitens – und vor allem – dürfte eine auch materielle Ordnung menschlichen Zusammenlebens mehr erfordern als nur die parallele Vollziehbarkeit mehrerer einschlägiger Bestimmungen. Eine nachhaltige freiheitliche Ordnung – im Sinne eines gleichberechtigten, gewaltfreien Zusammenlebens als menschliches Großkollektiv[183] – lässt sich nur schaffen, wenn die Rechtsordnung konkurrierende Interessen größtenteils einem zufriedenstellenden Ausgleich zuführt. Diese ausgleichende, auf materielle Gerechtigkeit abzielende Funktion des Rechtsstaates[184] erfordert – nicht in jedem Detail, doch als generelle Tendenz – die gedankliche Abgestimmtheit des Rechts.

Aus diesem Blickwinkel wird als notwendige Anforderung des Rechtsstaatsprinzips erkennbar, dass das Recht „einen Grundbestand an innerer Konsistenz" aufweisen muss.[185] „Verlässlichkeit und auch Steuerungskraft rechtstaatlichen Rechts kommen ganz ohne Folgerichtigkeit von Rechtsfolgen nicht aus."[186] Im freiheitlichen, säkularisierten Staat müssen die Festlegungen der Rechtsordnung argumentativ zu rechtfertigen sein. Die Verbindlichkeit der zwangsweise durchsetzbaren Verhaltensregeln erklärt sich nicht allein aus dem Willen ihrer Urheber,[187] sondern nur mit Blick auf den „Zwang des besseren Arguments"[188]. Mit dem weitgehenden Wegfall allgemeinverbindlicher inhaltlicher Werte[189] und der Verschiebung hin zu Verfahren als Quelle gerechter Ord-

---

problematisch ansehen: Enthält das Gesetz weniger eindeutige Vorgaben, so wird die letztverbindliche Entscheidungsfindung von der Legislative auf andere Staatsgewalten verlagert, die das Defizit an rechtlicher Steuerung kompensieren müssen. Insgesamt wird so die „Herrschaft des Gesetzes" geschwächt. Siehe zu diesem Gedanken *Stefan Haack*, Widersprüchliche Regelungskonzeptionen im Bundesstaat, S. 129 f. Zum Einfluss der Regelungsdichte von Gesetzen auf die Aufgabenverteilung zwischen Rechtssetzer und Rechtsanwender siehe auch *Helmuth Schulze-Fielitz*, in Dreier GG, Art. 20 (Rechtsstaat), Rn. 131.

[182] Siehe auch *Lerke Osterloh*, in FS Bryde, S. 429 (432).
[183] Siehe auch *Eberhard Schmidt-Aßmann*, in HStR II, 3. Aufl., § 26 Rn. 1, 10 ff.: „Idee und Institutionen [... des Rechtsstaats ...] zielen auf eine staatsgewährleistende Friedensordnung durch Recht."
[184] Siehe zur Gerechtigkeit als Ziel des Rechtsstaates etwa *Klaus Stern*, in Stern StaatsR Bd. I, S. 764 ff., 781 ff.; *Eberhard Schmidt-Aßmann*, in HStR II, 3. Aufl., § 26 Rn. 1 und passim; *Karl-Peter Sommermann*, in v. Mangoldt/Klein/Starck GG, Art. 20 Abs. 3 Rn. 231 ff.; sowie BVerfGE 3, 225, 231 ff., 237.
[185] So *Eberhard Schmidt-Aßmann*, in HStR II, 3. Aufl., § 26 Rn. 21.
[186] *Lerke Osterloh*, in FS Bryde, S. 429 (432).
[187] Vgl. *Paul Kirchhof*, in HStR VIII, 3. Aufl., § 181 Rn. 234.
[188] *Jürgen Habermas*, Theorie des kommunikativen Handelns Bd. 1, S. 44 ff. und passim.
[189] Siehe *Max Weber*, Wissenschaftslehre, S. 582 (593 ff.); *Jürgen Habermas*, Theorie des kommunikativen Handelns Bd. 1, S. 262 ff.

nung[190] hängt die Gerechtigkeit immer stärker von der Erklärbarkeit der Verfahrensergebnisse ab[191] – und erfordert damit ein widerspruchsfreies Gedankengebäude.[192] Ein liberaler Rechtsstaat muss seine Autorität also fortwährend gewinnen, indem er die Normunterworfenen durch Begründbarkeit von der Gerechtigkeit des Rechts überzeugt.[193] Seine Legitimität[194] steht unter der Voraussetzung wertungsmäßiger Konsistenz.

---

[190] Im Überblick zum Gedanken der Verfahrensgerechtigkeit *John Rawls*, Theorie der Gerechtigkeit, S. 105 ff.; *Axel Tschentscher*, Prozedurale Theorien der Gerechtigkeit, insbesondere S. 45 ff. und passim.

[191] Das Erfordernis der Begründbarkeit ist ein Kernbestandteil des Gedankens der „Public Reason" als Legitimationsgrundlage des Rechts in freiheitlich-pluralistischen Gesellschaften. Dazu *John Rawls*, in Chicago Law Rev. Bd. 64 (1997), S. 765 ff. Vgl. dort insbesondere S. 771: „Hence the idea of political legitimacy based on the criterion of reciprocity says: Our exercise of political power is proper only when we sincerely believe that the reasons we would offer for our political actions – were we to state them as government officials – are sufficient and we also reasonably think that other citizens might also reasonably accept those reasons. This criterion applies on two levels: one is to the constitutional structure itself, the other is to particular statutes and laws enacted in accordance with that structure." Siehe weiter *Amartya Sen*, The Idea of Justice, S. 31 ff., 312 ff. und passim.

[192] Zum Zusammenhang von Begründbarkeit und Konsistenz siehe bereits oben, S. 41 ff.

Abgesehen höchstens von grundsätzlichsten ethisch-moralischen Normen, wie sie etwa in der Menschenwürdegarantie Ausdruck finden, lassen sich Gerechtigkeitsvorstellungen heute akzeptabler Weise nur noch durch Verfahren – und zwar genauer gesagt durch fortwährende diskursive Verfahren – bestimmen (siehe auch unten, S 76 ff.). Während damit inhaltlich eine beinahe unbeschränkte Offenheit einhergeht, bedarf es formell-struktureller Qualitätsmaßstäbe für die argumentative Erarbeitung dessen, was als gerecht angesehen werden soll. Widerspruchsfreies Argumentieren als Grundbedingung rational-überzeugenden Argumentierens wird man jedenfalls zu einem gewissen Grad zum Kerngebiet dieser Qualitätsmaßstäbe zählen können. Gerechte Ergebnisse müssen überzeugen und Widerspruchsfreiheit ist eine Grundvoraussetzung des Überzeugens. An dieser Stelle ist die eigentliche Verbindung von Konsistenz und Gerechtigkeit offengelegt. Der pauschale Verweis auf die Rechtsidee und ein allgemeines Gerechtigkeitspostulat, wie er sich noch bei *Claus-Wilhelm Canaris*, Systemdenken und Systembegriff in der Jurisprudenz, S. 16 f., findet, führt dagegen allein nicht weiter. Denn Folgerichtigkeit dürfte sich aus Gerechtigkeitssicht im Ausgangspunkt als neutral darstellen. Erst durch die Gedanken des Verfahrens und des rationalen Argumentierens angesichts fehlender natürlich vorgegebener Gerechtigkeitsmaßstäbe erhält die Wertungskonsistenz einen Gerechtigkeitsbezug.

Erörterung des Gedankens der Verfahrensgerechtigkeit im Zusammenhang mit Folgerichtigkeitsanforderungen auch bei *Peter Dieterich*, Systemgerechtigkeit und Kohärenz, S. 233 ff.

[193] Siehe zur Abhängigkeit des Rechts von seiner Überzeugungskraft und zum Zusammenhang dieser Überzeugungskraft mit dem Gedanken der Widerspruchsfreiheit auch *Helge Sodan*, JZ 1999, S. 864 (865 ff. und passim). Siehe auch *Paul Kirchhof*, in HStR VIII, 3. Aufl., § 181 Rn. 209 ff., dessen Begründung aber stark in seiner gleichheitsrechtlichen Konzeption fußt, der hier nicht gefolgt wird. Dazu auch oben, S. 46 ff., und unten, S. 140 ff. Siehe weiter *Michael Brenner*, ZG Bd. 26 (2011), S. 394 (398 f.).

[194] Siehe *Konrad Hesse*, Grundzüge des Verfassungsrechts, Rn. 187.

Es liegt auf der Hand, dass mit dieser Feststellung für eine konkrete Maßstabsbildung noch nicht viel gewonnen ist. Ab welchem Grad an Widersprüchlichkeit das Recht seine Steuerungsfähigkeit verliert und Ordnungsansprüchen nicht mehr gerecht wird, kann man abstrakt kaum beurteilen. Einschlägigen empirischen Studien lässt sich nicht viel mehr als die Einschätzung entnehmen, dass die Widersprüchlichkeit von Rechtsnormen überhaupt ein Hindernis für deren Vollziehbarkeit darstellen soll.[195] Klar ist zunächst vor allem, dass die ohnehin schon festgestellte Verfassungswidrigkeit von Normenwidersprüchen[196] sich auch mit der Ordnungsfunktion des Rechts begründen lässt. Im Fall eines Normenwiderspruches fehlt dem Recht jegliche Steuerungskraft, weil das Gesollte gar nicht bestimmt werden kann. Daneben kann man – wie bereits bemerkt[197] – als zwingend hinnehmen, dass ein umfassendes Verbot von Wertungswidersprüchen nicht in Frage kommt. Inwiefern Inkonsistenzen im Hinblick auf einzelne Arten von Wertungsentscheidungen einen rechtsstaatlich erheblichen Verlust an Ordnung und Steuerungsfähigkeit herbeiführen können, lässt sich wiederum nur gesondert nach diesen Kategorien von Entscheidungen klären, die als Bezugspunkte von Folgerichtigkeitsurteilen in Betracht kommen. Immerhin ist mit dieser Diagnose ein möglicher Grundstein für die Begründung grundgesetzlicher Konsistenzanforderungen gelegt, auf dem aufgebaut werden kann, sofern spezielleren Verfassungsgehalten keine Aussagen zu entnehmen sind.

B. Demokratische Dimension

So sehr jedoch rechtstaatliche Erwägungen für die Gesetzgebungskonsistenz als Verfassungspflicht sprechen mögen, so sehr muss man mit entgegenstehenden Aussagen der demokratischen Ordnung des Grundgesetzes rechnen. Konsistenzanforderungen begrenzen politischen Handlungsspielraum.[198] Während

---

[195] Siehe aus rechtssoziologischer Sicht *Renate Mayntz*, in Gesetzgebungstheorie und Rechtspolitik S. 130 (141 ff.); *Gunnar Folke Schuppert.*, in Gesetz als Steuerungsinstrument, S. 105 (117 f.). Der Vollziehbarkeit von Rechtsnormen will auch *Emanuel Vahid Towfigh*, Der Staat Bd. 48 (2009), S. 29 (66 ff.), – allerdings angebunden an den Grundsatz der Rechtsklarheit – rechtstaatliche Relevanz beimessen.
[196] Zur Abgrenzung von Normenwiderspruch und Wertungswiderspruch sowie zur Verfassungswidrigkeit von Normenwidersprüchen siehe oben, S. 23 ff.
[197] Siehe oben, S. 33 ff.
[198] Siehe auch *Christian Bumke*, Der Staat Bd. 49 (2010), S. 77 (80); *Bernd Grzeszick*, VVDStRL Bd. 71 (2012), S. 49 (62); *Niels Petersen*, AöR Bd. 138 (2013), S. 108 (110 ff.); *Peter Dieterich*, Systemgerechtigkeit und Kohärenz, S. 241 ff. Zu den Auswirkungen auf gesetzgeberische Spielräume siehe bereits oben, S. 39 ff.

dieser Effekt sämtlichen Verfassungsmäßigkeitsvoraussetzungen von Gesetzen gemein ist,[199] sorgt bei Folgerichtigkeitspflichten die Art der bewirkten Begrenzung für ein besonders geräuschvolles Läuten der demokratischen Alarmglocken. Mit der Stimmigkeit des Verhältnisses legislativer Wertungen untereinander rückt die Richtigkeit politischer Entscheidungen noch stärker als ohnehin von manchen bemängelt[200] in den Fokus verfassungsgerichtlicher Kontrolle.[201] Je strenger diese Prüfung ausfällt, desto mehr drohen Parlamente und Regierungen – als funktionell politische Verfassungsorgane – aus der Staatslenkung verdrängt zu werden.

Gleichwohl sollten die politische Gestaltungsbefugnis des Gesetzgebers – und als dahinterstehender Grundsatz das Demokratieprinzip[202] – nicht als Gegengewichte gegen Konsistenzinteressen in Stellung gebracht werden, ohne die wertungsmäßigen Gemeinsamkeiten beider Seiten zu bedenken.[203] In der Debatte über Folgerichtigkeitsanforderungen kann man die Neigung beobachten, ihr Zusammenwirken auf einen Konflikt zu reduzieren.[204] Diese Sichtweise bil-

---

[199] Siehe auch *Peter Dieterich*, Systemgerechtigkeit und Kohärenz, S. 242.

[200] In diese Richtung zielt insbesondere die Abwägungskritik *Bernhard Schlinks*, in FS 50 Jahre BVerfG Bd. 2, S. 445 (455 ff., 460 ff.), der ein Mandat des Bundesverfassungsgerichts zur Nachprüfung gesetzgeberischer „Bewertungen" bestreitet. Diese seien nur politisch, nicht verfassungsrechtlich erfassbar.

[201] Dass schon früh die Sorge geäußert wurde, Folgerichtigkeitsgebote könnten verwendet werden, um „rechtspolitisch Wünschenswertes als verfassungsrechtlich Geschuldetes und verfassungsgerichtlich Durchsetzbares auszugeben" (so bereits *Ulrich Battis*, in FS Ipsen, S. 11 [26 ff.]), verwundert insofern nicht.

[202] Auch die Geltung eines eigenständigen Demokratieprinzips, das als Grundlage für die Ableitung spezieller Grundsätze gelten kann, liegt der Untersuchung als Prämisse zugrunde. Umfassender Überblick über die diesbezügliche Diskussion bei *Sebastian Unger*, Verfassungsprinzip der Demokratie, S. 104 ff., 107 ff. Siehe auch *Bernd Grzeszick*, VVDStRL Bd. 71 (2012), S. 49 (66).

[203] Vor den Risiken, die entstehen, wenn Strukturprinzipien „unverbunden nebeneinander" gestellt werden, warnt *Christian Bumke*, Der Staat Bd. 49 (2010), S. 77 (94). Rechtsstaatliche und demokratische Verfassungsgehalte seien von einem gemeinsamen Ausgangspunkt her auszulegen und zueinander ins Verhältnis zu setzen. Gegen eine reine „Betrachtungsweise der Opposition der Strukturprinzipien" auch *Armin Steinbach*, Rationale Gesetzgebung, S. 231 ff., der das Verhältnis für die Frage der Konsistenzanforderungen letztlich allerdings doch vor allem als Gegensatz und unter Rückgriff auf die in dieser Abstraktheit wenig hilfreiche Figur des Optimierungsgebots erklärt (S. 93 ff., 99, 322). Zum Verhältnis der rechtsstaatlichen und demokratischen Verfassungsgehalte auch oben S. 18 f. sowie unten S. 104 ff., 109 ff.

[204] Gegensätze zwischen rationalem und demokratischem Entscheiden werden schon lange betont. So sah etwa *Norbert Wimmer*, in Rationalisierung der Gesetzgebung, S. 225 (228 f.), die parlamentarische Souveränität einseitig als Grenze aller Rationalisierungsbestrebungen. Den Vorgang der Gesetzgebung könne man grundsätzlich nur beschreiben, nicht aber rationalisieren. Vgl. zu der Beziehung auch *Werner Krawietz*, Rechtstheorie Bd. 15

det die Schnittmengen von rechtstaatlichen und demokratisch-politischen Handlungsmaßstäben unvollständig ab.²⁰⁵ Dass Demokratie und Rationalität in

(1984), S. 432 ff.; *Christoph Gusy*, ZRP 1985, S. 291 (293, 298); *Ulrich Karpen*, ZG Bd. 1 (1986), S. 1 (26 f.). Kritisch zu Gegenüberstellungen als Gegensätze insbesondere *Helmuth Schulze-Fielitz*, Theorie und Praxis parlamentarischer Gesetzgebung, S. 455 ff.; *Klaus Meßerschmidt*, Gesetzgebungsermessen, S. 811 ff. Umfassende Aufarbeitung verschiedener Ansätze zum Verhältnis politischer Gesetzgebung zur Kategorie der Rationalität bei *Armin Steinbach*, Rationale Gesetzgebung, S. 205 ff.

In der aktuelleren Diskussion über Konsistenzanforderungen wird tendenziell versucht, die demokratische Politik vor einer als übermäßig empfundenen Überlagerung durch die rechtstaatliche Rationalität zu schützen, ohne genauer danach zu schauen, wie sich beide Denkrichtungen in Zielrichtung und Wirkung zueinander verhalten. Repräsentativ für diese Haltung ist etwa *Uwe Kischel*, in FS Kirchhof Bd. I, S. 371 (376 f, 381 f.), der pointiert von der „Irrationalität der Demokratie" spricht. Als weitere Vertreter wird man *Oliver Lepsius*, JZ 2009, S. 260 (261 f.); *Christoph Möllers*, in Das entgrenzte Gericht, S. 281 (397 ff.); *Georg Lienbacher*, VVDStRL Bd. 71 (2012), S. 7 (13 ff.); *Stephan Rixen*, JöR Bd. 61 (2013), S. 525 (533 ff.); *Patrick Hilbert*, Systemdenken in Verwaltungsrecht und Verwaltungsrechtswissenschaft, S. 174 f.; *Peter Dieterich*, Systemgerechtigkeit und Kohärenz, S. 556 ff.; *Henning Tappe*, JZ 2016, S. 27 (32 f.); *Steinbach*, a. a. O., S. 93 ff., einordnen dürfen. Sie erkennen zwar mehrheitlich durchaus an, dass der politische Prozess eine (eigene) Form der Rationalität aufweist, und schreiben ihm mitunter die angemessene Ausgestaltung von Gemeinwohllösungen als Aufgabe zu. Zugleich scheint ihren Ausführungen aber die Vorstellung zugrunde zu liegen, dass die Handlungsmaßstäbe, mit denen Ministerialbeamte und gewählte Amtsträger an die Gesetzgebung herantreten, sich vollkommen von den Grundsätzen unterscheiden, an denen sich normvollziehende Verwaltungsbeamte und Richter bei der Gesetzesanwendung orientieren. Schon allein, dass politisches Entscheiden Kompromisse erfordert, wird als nicht zu überwindendes Argument dafür dargestellt, dass Konsistenzanforderungen der Verfassung fremd sind (vgl. etwa *Lepsius*, ebd.; *Möllers*, ebd.).

Erhebliche Divergenzen zwischen beiden Denkrichtungen sollen hier gar nicht bestritten werden. Doch sind die Zeiten vorbei, in denen im Parlament ideologisch zerstrittene Blocks vorwiegend nach weltanschaulichen Kriterien entschieden (zum unideologischen Entscheiden in der „Berliner Republik" siehe auch oben, S. 10 ff.). Auch Politiker kommen heute ohne ein analytisches Denken – das Probleme und die in Betracht kommenden Lösungen systematisch erfasst und bewertet – nicht mehr aus. (Gerade gegen ein solches Verständnis politischen Entscheidens aber *Kischel*, a. a. O., S. 371 [376 f.].) Sehr wohl kann es dabei maßgeblich um Fragen wissenschaftlicher Richtigkeit gehen. Gleichzeitig setzt sich immer mehr die Erkenntnis durch, dass Rechtsanwendung auch Komponenten der Rechtserzeugung und damit der eigenständigen Entscheidung beinhaltet (zur entsprechenden Diskussion zur Tätigkeit der Richter vgl. oben die Nachweise auf S. 31, Fn. 47). Kompromisse können dabei ebenso erforderlich sein, wie bei der Gesetzgebung (vgl. auch *Cass Sunstein*, Harvard Law Rev. Bd. 108 [1995], S. 1733 [1735 ff.]), ohne dass Rationalitätserwartungen auf vergleichbaren Widerstand stießen. „Politische Rationalität" und „Fachrationalität" (*Lienbacher*, ebd.; *Kischel*, ebd.) sollten also gedanklich nicht strikt getrennt, sondern in ihrem Zusammenwirken begriffen werden. Wie die folgenden Ausführungen zeigen werden, lassen sich insbesondere Kompromissbildungen und folgerichtiges Entscheiden in weiten Teilen vereinbaren.

²⁰⁵ Doch auch soweit die Maßstäbe sich unterscheiden, sollte man nicht vorschnell annehmen, dass der Gesetzgeber bloß nach einer (macht-)politischen Handlungslogik entscheide,

einem Spannungsverhältnis[206] stehen, kann niemand ernsthaft bestreiten. Wie allerdings spätestens seit Beginn der 1980er Jahre immer wieder dargelegt wurde, ist ihr Konfliktpotential kleiner, als es zunächst den Anschein hat.[207] „Beide Problemkreise" können zwar „nicht zur Deckung gebracht werden", sind aber bis zu einem gewissen Grad vereinbar.[208] Ein Machtverlust für die Gesetzgebung ist mit Rationalitätsanforderungen nur möglicherweise, nicht aber zwingend verbunden.[209] Folglich setzt ein vollständiges Bild von den demokratischen Bezügen der Konsistenzfrage eine Analyse des Politikmodells der Verfassung voraus. Seine Entscheidungsmechanismen müssen herausgearbeitet und auf ihre Kompatibilität mit dem Ideal widerspruchsfreier Entscheidungen befragt werden. Um Gemeinsamkeiten aufzudecken, muss auch untersucht werden, welchen Beitrag die demokratische Ordnung zur gesetzgeberischen Konsistenz leistet. Erst dadurch kann deutlich werden, inwiefern die Aussagen des Grundgesetzes gleich- und inwiefern gegenläufig sind.

Das demokratiebezogene Fundament der Untersuchung wird auf zwei unterschiedlich konkreten Ebenen entwickelt. Zum einen werden die Grundgedanken des Demokratieprinzips, das grundgesetzliche Verständnis von Volkssouveränität und -repräsentation, in den Blick genommen (I.). Zum anderen werden die Eigengesetzlichkeiten des politischen Systems untersucht, das im Grundgesetz angelegt ist und die praktischen Rahmenbedingungen der Bundesgesetz-

---

wie etwa *Armin Steinbach*, Rationale Gesetzgebung, S. 37 ff., 205 ff., sie skizziert. Gesetzgebung ist ein Zusammenspiel unterschiedlicher Akteure, deren Machtinteressen verschieden gelagert und unterschiedlich stark ausgeprägt sind. Insbesondere ist sie nur zum Teil ein parlamentarisch-politischer Vorgang. Zum Großteil ist sie Verwaltungsarbeit und wird von politisch grundsätzlich neutralen Ministerialbeamten ausgeübt (siehe insbesondere unten S. 91 f.). Auch weite Teile der unmittelbaren Parlaments- und Kabinettsarbeit betreffen aber technische Details und gehen jenseits der politischen Öffentlichkeit mit eher schwach ausgeprägtem oder diffusem Klienteldruck vonstatten. Selbst wenn Politiker jedoch typischerweise vorrangig opportunistisch-machtorientiert entschieden – worin jedenfalls eine verkürzte Darstellung der vielfach verflochtenen Motivbündel liegen dürfte –, wäre zu bedenken, dass Machtinteressen und fachrational-sachangemessene Politikergebnisse zwar in Widerstreit geraten können, aber keineswegs müssen. Prinzipiell wird man auch als Amtsträger, dem es bloß um Machterhalt geht, ein Interesse an möglichst funktionstauglichen, hochqualitativen Lösungen haben, die in der öffentlichen Meinung auf nachhaltiges Wohlwollen stoßen.

[206] Siehe nur *Helmuth Schulze-Fielitz*, Theorie und Praxis parlamentarischer Gesetzgebung, S. 431, 455; *Bernd Grzeszick*, VVDStRL Bd. 71 (2012), S. 49 (66).

[207] Vgl. insbesondere *Karl Homann*, Rationalität und Demokratie, S. 262 ff.; *Helmuth Schulze-Fielitz*, Theorie und Praxis parlamentarischer Gesetzgebung, S. 455 ff.; *Klaus Meßerschmidt*, Gesetzgebungsermessen, S. 811 ff.; alle m. w. N.

[208] Siehe *Helmuth Schulze-Fielitz*, Theorie und Praxis parlamentarischer Gesetzgebung, S. 455 ff.

[209] Siehe *Helmuth Schulze-Fielitz*, Theorie und Praxis parlamentarischer Gesetzgebung, S. 457.

gebung bestimmt (II.). Jeweils werden dabei Ergebnisse aus den Nachbarwissenschaften – auf der ersten Ebene besonders der politischen Theorie, auf der zweiten Ebene eher der vergleichenden Politikwissenschaft, der Ökonomie und der Psychologie – einbezogen. An diese Erkenntnisse kann zur Verfolgung des verfassungsdogmatischen Erkenntnisinteresses, das die Untersuchung hauptsächlich anleitet,[210] zwar nicht durchweg unmittelbar und einschränkungslos angeknüpft werden.[211] Jedoch ermöglicht erst ihre Berücksichtigung eine Verfassungsauslegung, die sowohl den normativen Legitimitätsanforderungen an politisches Entscheiden als auch seinen praktischen Gegebenheiten hinreichend Rechnung trägt.[212]

I. Kompatibilität mit dem Verfassungsgrundsatz der Volkssouveränität

1. Volkssouveränität als Grenze rechtsstaatlicher Konsistenzinteressen

Sucht man nach den Aussagen, mit denen das Demokratieprinzip auf die Beschränkungen politischer Handlungsspielräume reagiert, die Konsistenzanforderungen auslösen, so bietet es sich an, bei dessen Kerngedanken zu beginnen: der Rechtfertigung hoheitlicher Machtausübung unter Verweis auf die Selbstbestimmung des Volkes.[213] Dieses Prinzip wird im Grundgesetz dahingehend ausgestaltet, dass das Volk die Staatsgewalt nicht nur innehaben, sondern auch selbst ausüben soll.[214] Zu dieser Ausübung von Staatsgewalt ist in der Verfassung neben dem parlamentarischen Gesetzgeber unter anderem das Bundesver-

---

[210] Siehe oben, S. 6 f.

[211] Vgl. zu den Grenzen der Verwertbarkeit gerade politiktheoretischer Gedanken im rechtswissenschaftlichen Diskurs *Christoph Möllers*, Die drei Gewalten, S. 9 ff. Zu Rückschlüssen von politisch-praktischen Befunden auf die normativ-verfassungsdogmatische Ebene vgl. auch unten, S. 103 f.

[212] Zum Bedürfnis nach einer stärkeren Verzahnung von Rechtswissenschaft und politischer Theorie *Christoph Möllers*, Die drei Gewalten, S. 9 ff. Zur Berücksichtigung nachbarwissenschaftlicher Erkenntnisse im staatsrechtlichen Diskurs auch *Hermann Pünder*, VVDStRL Bd. 72 (2013), S. 191 (209 ff.).

[213] Näher zum Grundsatz der Volkssouveränität *Ernst-Wolfgang Böckenförde*, HStR II, 3. Aufl. § 24 Rn. 2 ff. Zum Gedanken der Selbstbestimmung als Grundlage demokratischer Legitimation *Christoph Möllers*, Gewaltengliederung, S. 27 ff.; *ders.*, Die drei Gewalten, S. 12 ff., 57 ff.

[214] Das gilt auch dann, wenn das Volk nicht unmittelbar durch Wahlen und Abstimmungen, sondern mittelbar durch „besondere Organe" entscheidet, vgl. Art. 20 Abs. 2 S. 2 GG. Insofern herrscht das Volk nicht nur, sondern regiert auch, vgl. *Ernst-Wolfgang Böckenförde*, HStR II, 3. Aufl. § 24 Rn. 8. Art. 20 Abs. 2 S. 2 GG sollte also so verstanden werden, dass auch das Tätigwerden der besonderen Organe Ausübung von Staatsgewalt durch das Volk darstellt. So auch etwa *Michael Sachs*, in Sachs GG, Art. 20 Rn. 28; *Peter Badura*, in HStR II, 3. Aufl., § 25 Rn. 34. Anders scheint *Bernd Grzeszick* die Norm zu verstehen, wenn er

fassungsgericht geschaffen und mit Entscheidungskompetenzen ausgestattet worden. Der Gesetzgeber ist eines von mehreren Instrumenten mittelbarer Herrschaftsausübung durch das Volk und kann nur im Rahmen der Möglichkeiten agieren, die die Verfassung ihm gewährt.[215] Anders als in Verfassungsordnungen, die dem Grundsatz der Parlamentssouveränität anhängen,[216] ist eine verfassungsrechtliche Beschränkung parlamentarischer Gestaltungsmöglichkeiten unter dem Grundgesetz also nicht schon aus sich heraus problematisch.

Allerdings gelangt man dennoch zu ihrer Rechtfertigungsbedürftigkeit, und zwar indem man darauf abstellt, dass „jede Einschränkung der parlamentarischen Gesetzgebungsmacht als mittelbarer Eingriff in die Volkssouveränität"[217] wirkt. Wenn das Demokratieprinzip fordert, dass das Staatsvolk regiert, so müssen ihm als Souverän hinreichende Gestaltungsmöglichkeiten zur Verfügung stehen.[218] Weil das Volk seine Souveränität prinzipiell nur in den Formen und Verfahren ausüben kann, die seine Verfassung bereitstellt,[219] sind die Funktionsfähigkeit der formellen Entscheidungswege und die funktionell-rechtliche Grenzziehung[220] zwischen den Staatsgewalten ein notwendiger Bestandteil de-

---

meint, dass die besonderen Organe neben dem Volk Staatsgewalt ausüben, in Maunz/Dürig GG, Art. 20 Rn. 63.

[215] Zusammenfassend *Martin Kriele*, NJW 1976, S. 777 (778): „Der Volkssouverän hat im Akt der Verfassungsgebung entschieden, daß der parlamentarische Gesetzgeber nicht souverän ist, sondern verfassungsmäßige Kompetenzen im Rahmen der Verfassungsordnung und unter Kontrolle des BVerfG wahrnimmt (...)."

[216] Eingehend zu der Unterscheidung und zur Ausgestaltung der gesetzgeberischen Verfassungsbindung im System des Grundgesetzes *Klaus Meßerschmidt*, Gesetzgebungsermessen, S. 443 ff. Zur Parlamentssouveränität im Vereinigten Königreich siehe *Michael Gordon*, Parliamentary Sovereignty in the UK Constitution, S. 13 ff.

[217] *Klaus Meßerschmidt*, Gesetzgebungsermessen, S. 478.

[218] Von großer Bedeutung sind vor diesem Hintergrund die Entwicklungs- und Ergebnisoffenheit der Verfassung. Die jeweils aktuellen Bürger müssen ihre Gemeinwohlziele und -lösungen immer wieder neu definieren und abändern können. Wie das Bundesverfassungsgericht bereits im KPD-Verbotsurteil feststellte, lehnt die freiheitliche Demokratie „die Auffassung ab, daß die geschichtliche Entwicklung durch ein wissenschaftlich erkanntes Endziel determiniert sei und daß folglich auch die einzelnen Gemeinschaftsentscheidungen als Schritte zur Verwirklichung eines solchen Endzieles inhaltlich von diesem her bestimmt werden können", BVerfGE 5, 85 (197 ff.). Zur Unvereinbarkeit absoluter Wahrheitsansprüche mit der Demokratie und zur Notwendigkeit einer Möglichkeit für die Minderheit, zur Mehrheit zu werden, siehe nur *Hans Kelsen*, Wesen und Wert der Demokratie, S. 98 ff.; *Ernst Benda*, in Mehrheitsprinzip, Konsens und Verfassung, S. 61 (64 ff.). *Christian Bumke*, Der Staat Bd. 49 (2010), S. 77 (95), betont die „politisch-historische Einsicht in das begrenzte Entscheidungsvermögen von Eliten und Sachverständigen und die Unfertigkeit demokratischer Ordnung", die der Verfassungsordnung zugrunde liegt. Näher unten, S. 76 ff.

[219] Siehe sogleich S. 74, Fn. 239.

[220] Näher zu funktionell-rechtlichen Betrachtungsweisen unten, S. 113 f.

Zweiter Abschnitt: Konsistenzanforderungen im demokratischen Verfassungsstaat 71

mokratischer Legitimation.[221] Mit anderen Worten: Damit das Volk von seiner gesetzgeberischen Gestaltungsmacht Gebrauch machen kann, ist es auf das grundgesetzliche Gesetzgebungsverfahren angewiesen. Obwohl das Bundesverfassungsgericht selbst demokratisch legitimiert ist, kann es die Selbstbestimmung des Volkes verletzen, wenn es die ihm zugewiesene Funktion verlässt und die Befugnisse der Legislativorgane zu stark verkürzt.[222] Mit dieser Argumentationslinie ist die Volkssouveränität als Grundgedanke hinter den speziellen Ausprägungen des Demokratieprinzips aufgedeckt, vor denen sich verfassungsrechtliche Konsistenzanforderungen verantworten müssen.[223]

2. Demokratische Repräsentation als Rationalisierungsaufgabe

Die Aussagen des Grundsatzes der Volkssouveränität zur Konsistenzfrage enden allerdings nicht bei dieser allgemeinen begrenzenden Wirkung. Vielmehr offenbart ein näherer Blick auf seine Ausgestaltung im Grundgesetz, dass sich aus ihm für die Gesetzgebung eine Forderung nach sinnvoller Gewichtung und Ordnung betroffener Interessen ableiten lässt. Mit ihr erhält der Gedanke der legislativen Widerspruchsfreiheit auch einen demokratischen Wert.

Diese Überlegung ergibt sich aus der Zusammenschau zweier legitimationsrechtlicher Grundentscheidungen der Verfassung. Die erste betrifft den Souverän als Zuordnungssubjekt der Staatsgewalt. Richtigerweise bilden die tatsächlich vorhandenen Staatsbürger – und nicht, wie traditionell vertreten, ein theoretisch-idealisiertes, von den realen Bürgern losgelöstes Volk[224] – diesen

---

[221] Siehe *Ernst-Wolfgang Böckenförde*, HStR II, 3. Aufl. § 24 Rn. 15 ff., der neben den etablierten Kategorien der „organisatorisch-personellen" und „sachlich-inhaltlichen" Legitimation als dritten Legitimationszweig die „funktionelle und institutionelle demokratische Legitimation" beschreibt. Noch entscheidender wird aus Legitimationssicht die Kompetenzabgrenzung zwischen den Staatsgewalten, wenn man nicht nur die kollektive demokratische, sondern auch die individuelle Selbstbestimmung durch die Gewaltengliederung geschützt und gewährleistet sehen will, wie *Christoph Möllers*, Die drei Gewalten, S. 75 ff., 90 ff., es vorschlägt.

[222] Das bedeutet, dass man neben der Volkssouveränität auch die eher beim Rechtsstaatsprinzip zu verortende (vgl. nur *Eberhard Schmidt-Aßmann*, in HStR II, 3. Aufl., § 26 Rn. 18) Gewaltenteilung als verfassungsrechtliches Gegengewicht gegen Konsistenzinteressen ins Feld führen kann.

[223] Vgl. etwa auch *Anna Leisner-Egensperger*, DÖV 2013, S. 533 (539).

[224] Besonders *Carl Schmitt*, Verfassungslehre, S. 212, wollte die „politische Einheit des Volkes" repräsentiert sehen. Sie sei vom „Volk in seinem natürlichen Vorhandensein" zu trennen. *Erich Kaufmann*, in Grundprobleme der Demokratie, S. 20 (22 ff.) sah es als Aufgabe der Repräsentanten an, den „Volksgeist" zu artikulieren. Aber auch *Ernst Fraenkel*, in Deutschland und die westlichen Demokratien, S. 81 ff., der dem „hypothetischen Volkswillen" Vorrang gegenüber dem „empirischen Volkswillen" einräumen wollte, wird man in diese Richtung verstehen müssen.

Souverän.²²⁵ Bei der zweiten Festlegung geht es um die Repräsentation dieses wirklichen Volkes bei der Staatswillensbildung. Sie „erschöpft sich (...) nicht im Formalen",²²⁶ sondern muss eine inhaltliche Komponente aufweisen.²²⁷ Jeder demokratische Staat braucht notwendig eine Volksvertretung,²²⁸ deren eigener Wille dem Volk zugerechnet wird.²²⁹ Weil die Repräsentanten allerdings ein öffentliches Amt wahrnehmen und nicht aus eigener souveräner Machtvollkommenheit tätig werden,²³⁰ sollen sie bei der Auswahl der Gesichtspunkte, an denen sie ihre eigenen Entscheidungen ausrichten, nicht völlig frei sein. Vielmehr sind sie dafür verantwortlich²³¹, dem Willen des Volkes Ausdruck zu verleihen.²³² Als normativen Anknüpfungspunkt hierfür kann man die Aussage sehen, dass die Staatsgewalt auch beim Tätigwerden durch Repräsentationsorgane „vom Volke (...) ausgeübt"²³³ wird.

---

²²⁵ So auch *Ernst-Wolfgang Böckenförde*, HStR III, 3. Aufl. § 34 Rn. 32 f.; *Hermann Pünder*, VVDStRL Bd. 72 (2013), S. 191 (199 f., dort Fn. 24).

²²⁶ *Hermann Pünder*, VVDStRL Bd. 72 (2013), S. 191 (198).

²²⁷ Siehe *Ernst-Wolfgang Böckenförde*, HStR III, 3. Aufl. § 34 Rn. 29.

²²⁸ Es gilt das „Gesetz der kleinen Zahl". Auch das Volk kann nur „mittels einer Herrschaftsorganisation" herrschen. Siehe *Hermann Heller*, Staatslehre, S. 247. Die grundsätzliche Notwendigkeit einer repräsentativ verfassten Demokratie, die durch direktdemokratische Elemente nur ergänzt werden kann, nimmt auch *Ernst-Wolfgang Böckenförde* an, HStR III, 3. Aufl. § 34 Rn. 3 ff. Wenn *Hans Meyer*, in Symposium Hasso Hofmann, S. 99 (104), sagt, Demokratie sei auch ohne jeden Gedanken der Repräsentation denkbar, so liegt das an seinem Verständnis des Repräsentationsbegriffs. Den Begriff der Vertretung hält er offenbar für weit weniger problematisch, S. 103 ff. Grundlegend zur Volksrepräsentation für die Weimarer Zeit *Gerhard Leibholz*, Wesen der Repräsentation. Die Geschichte des Begriffs der Repräsentation und seiner Bedeutung für das Staatswesen vollzieht *Hasso Hofmann*, Repräsentation, nach. Zum Repräsentationsverständnis unter dem Grundgesetz siehe *Ernst-Wolfgang Böckenförde*, HStR III, 3. Aufl. § 34. Aktuell siehe die Referate und Diskussionsbeiträge der Staatsrechtslehrertagung 2012, VVDStRL Bd. 72 (2013).

²²⁹ Dadurch wird das Volk „formal" repräsentiert. Dieser Vorgang ist zentral für die Legitimation der einzelnen Entscheidungen, die auf die Volksvertretung zurückgehen. Seine Grundlage findet er im Wahlakt. Siehe *Ernst-Wolfgang Böckenförde*, HStR III, 3. Aufl. § 34 Rn. 28. Eine formale und eine materielle Bedeutung der Repräsentation unterscheiden auch *Norbert Achterberg/Martin Schulte*, in von Mangoldt/Klein/Starck GG, Art. 38 Rn. 31. Ihr materieller Repräsentationsbegriff zielt allerdings in eine andere Richtung. Bei ihnen geht es um die *Leibholz*sche Idee der Repräsentationsfähigkeit nur bestimmter Interessen.

²³⁰ Zum Gedanken des öffentlichen Amts siehe besonders *Wilhelm Hennis*, in FG Smend, S. 51 ff.

²³¹ Einen „Verantwortlichkeitszusammenhang" beschreibt *Ernst-Wolfgang Böckenförde*, HStR III, 3. Aufl. § 34 Rn. 19.

²³² Zur Artikulationsfunktion des Parlaments siehe bereits *Walter Bagehot*, Die englische Verfassung, S. 137 f. Siehe weiter *Suzanne Schüttemeyer*, Bundestag und Bürger, S. 203 ff.; *Hermann Pünder*, VVDStRL Bd. 72 (2013), S. 191 (199).

²³³ Art. 20 Abs. 2 S. 2 GG. Vgl. auch oben S. 69 f., Fn. 214.

Zweiter Abschnitt: Konsistenzanforderungen im demokratischen Verfassungsstaat

Führt man beide Vorgaben zusammen, so ist als Forderung des Demokratieprinzips identifiziert, dass das Parlament den Willen des wirklichen Volkes inhaltlich zum Ausdruck bringen muss.[234] Damit sich die „Willensbildung (...) vom Volk zu den Staatsorganen, nicht umgekehrt",[235] vollzieht, müssen die tatsächlichen Anliegen der Bürger auf die Entscheidungen der Volksvertretung einwirken.[236] Die Bürger müssen ihren Willen im Staatswillen wiederfinden.[237] Auf der Seite der Repräsentanten führt dieses Erfordernis zu der Verpflichtung, sich an den Interessen der Bürger zu orientieren.[238] Selbstverständlich ist diese

---

[234] Insofern kann man das grundgesetzliche Demokratiemodell in der Tradition *Jean-Jacques Rousseaus*, Der Gesellschaftsvertrag, S. 27 ff. (Erstes Buch, Sechstes Kapitel) und passim, sehen (vgl. auch *Ernst-Wolfgang Böckenförde*, HStR III, 3. Aufl. § 34 Rn. 35), für den der Gemeinwille als determinierende Kraft legitimen Staatshandelns – bei all seinen unrealistisch-fiktionalen Erwartungen an den Gemeinsinn der Menschen – auf die tatsächlich vorhandenen Bürger rückführbar ist und der somit erklärt, wie der Einzelne trotz Unterordnung unter die Staatsgewalt frei bleiben kann. Allerdings lässt sich der Gedanke auch mit Ansätzen der angelsächsischen Denktradition vereinbaren, nach denen das sich Gemeinwohl ausschließlich in Wettstreit und Ausgleich zwischen verschiedenen Einzelinteressen herausprägt, vgl. insoweit nur *James Madison*, in The Federalist Papers, S. 49 ff., 119 ff. Worauf es hier ankommt ist, dass der Ausgangspunkt der Staatsgewalt das aus den tatsächlich vorhandenen Staatsbürgern bestehende Volk ist und dass der Wille dieser Bürger – wie auch immer man aus ihm den Willen des Volkes konstruiert – eine tatsächlich-wahrnehmbare Komponente aufweist, die somit zur inhaltlichen Leitlinie für staatliche Entscheidungen wird.
[235] So die berühmte Forderung des Bundesverfassungsgerichts, BVerfGE 20, 56 (99).
[236] Erforderlich ist ein kommunikativer Prozess zwischen Repräsentanten und Repräsentierten, siehe auch *Hans H. Klein*, in FS Badura, S. 263 (280); *Albert Janssen*, DÖV 2010, S. 949 (956 f.). *Eckehart Stein/Götz Frank*, Staatsrecht, S. 77 ff., sprechen von insofern einem Rückkopplungsverhältnis; ihnen folgend *Walter Schmitt Glaeser*, in HStR III, 3. Aufl. § 38 Rn. 38 (dort auch zum Volkswillensbildungsprozess insgesamt in Rn. 28 ff.). *Kretschmer*, a.a.O., spricht von „Rückbindung".
[237] Siehe bereits *Martin Drath*, in Geschichte der Repräsentation und der Repräsentativverfassung, S. 260 (275 ff., 292 ff.); sowie *Ernst-Wolfgang Böckenförde*, HStR III, 3. Aufl. § 34 Rn. 29, 35.
[238] Statt von den „Präferenzen der Bürger" (*Hermann Pünder*, VVDStRL Bd. 72 [2013], S. 191 [198]) wird hier von Interessen gesprochen, um deutlich zu machen, dass es bei dieser Verpflichtung nicht nur um die Erfassung und Berücksichtigung einzelner Willensäußerungen gehen kann. Denn erstens wird es meist schon an hinreichend klar geäußerten und erkennbaren Einzelwillen fehlen. Zweitens bedarf es für eine brauchbare Staatswillensbildung der Verarbeitung von Einzelpositionen in konzeptioneller Arbeit seitens der Repräsentanten (dazu sogleich). Gleichwohl wird man – wenn man sich einem liberalen Staatsverständnis verpflichtet sieht – individuelle Interessen nicht ohne Bezugnahme auf individuelle Präferenzen definieren können. Die Alternative wäre ein – mehr oder weniger stark ausgeprägtes – paternalistisches Politikverständnis (zu verschiedenen paternalistischen Denkansätzen siehe *Anne von Aaken*, in Paternalismus und Recht, S. 109 [122 ff.]). Inwieweit von dieser Grundlage ausgehend paternalistische Interventionen ein probates Mittel sein können, um Menschen bei Entscheidungsprozessen sogar näher an ihre eigentlichen Präferenzen heranzuführen als

Verpflichtung in ihrer Reichweite und Geltungsintensität begrenzt. Erst, dass die Repräsentanten einen eigenen Willen bilden, ermöglicht die Gemeinwohlorientierung staatlicher Entscheidungen. Damit durchsetzungsstarke Partikularinteressen die Staatswillensbildung nicht dominieren, gilt der Grundsatz des freien Mandats. Er stellt klar, dass selbst der – ohnehin fast nie konkret feststellbare[239] – Volkswille keine strikte Bindungskraft entfalten könnte.[240] Insgesamt fordert das Demokratieprinzip von den Volksvertretern also, dass sie sich an den Interessen der Bürger orientieren, ohne dabei fest gebunden zu sein.[241] Diese Gelingensbedingung repräsentativer Demokratie lässt sich unter dem Begriff der „Responsivität" zusammenfassen.[242]

Mit dieser Aufgabe[243] erhalten die politischen Entscheidungsträger eine Erfassungs- und Ordnungsfunktion. Wenn man von ihnen verlangt, entsprechend

---

sie bei ungehindertem Geschehensablauf gelangen würden, ist Gegenstand einer weiterreichenden Debatte. Dafür vor allem *Cass Sunstein/Richard Thaler*, Chicago Law Rev. Bd. 70 (2003), S. 1159 ff. Kritisch etwa *Riccardo Rebonato*, Taking Liberties, S. 153 ff.

[239] Das Volk kann seinen Willen nur in dafür vorgesehenen Verfahren äußern. Damit sich neben den diffus nebeneinanderstehenden Einzelwillen ein Volkswille bilden kann, braucht es gerade die Vermittlung durch ein solches Verfahren, siehe *Ernst-Wolfgang Böckenförde*, HStR III, 3. Aufl. § 34 Rn. 4. Weil solche Verfahren (abgesehen vom Wahlverfahren und gegebenenfalls Volksabstimmungsverfahren) aber gerade fehlen, gibt es schon keinen rechtserheblichen Volkswillen, an den die Volksvertretung strikt gebunden sein könnte.

[240] Siehe nur *Bernd Grzeszick*, in Maunz/Dürig GG, Art. 20 Rn. 67.

[241] Diese Grunderwartung brachte *Edmund Burke*, Speech to the Electors of Bristol, Rn. 4.1.22, bereits weit vor den Anfängen der deutschen Demokratie zum Ausdruck, als er zu den Pflichten eines Abgeordneten des englischen Unterhauses feststellte: „It is his duty [...] ever, and in all cases, to prefer their [der Wähler] interest to his own. But, his unbiassed opinion, his mature judgement, his enlightened conscience, he ought not to sacrifice [...]. Your Representative owes you, not his industry only, but his judgement; and he betrays, instead of serving you, if he sacrifices it to your opinion." Siehe auch *Hermann Pünder*, VVDStRL Bd. 72 (2013), S. 191 (201).

[242] Siehe *Hermann Pünder*, VVDStRL Bd. 72 (2013), S. 191 (198 f.), der zahlreiche Nachweise zum Ursprung dieses Begriffes in der angelsächsischen Repräsentationsdiskussion liefert (dort Fn. 19). Als Vordenker seien hier nur *James Roland Pennock*, American Political Science Rev. Bd. 46 (1952), S. 790 ff.; sowie *Heinz Eulau/John Charles Wahlke/Wiliam Buchanan/LeRoy Ferguson*, American Political Science Rev. Bd. 53 (1959), S. 742 ff., genannt. Siehe zur Responsivität auch *Ernst-Wolfgang Böckenförde*, HStR III, 3. Aufl. § 34 Rn. 33.

[243] Unerheblich für die Zwecke dieser Untersuchung ist, inwieweit man diese Anforderung als justiziabel ansieht. Es kommt nur darauf an, dass sie – etwa in der von *Hermann Pünder*, VVDStRL Bd. 72 (2013), S. 191 (211), vorgeschlagenen Form einer Staatszielbestimmung – als Handlungsnorm verfassungsrechtliche Autorität entfaltet. Denn schon daraus erklärt sich, dass die Erreichung konsistenter Entscheidungen aus demokratischer Sicht jedenfalls nicht unerwünscht sein kann, sodass sich insofern keine verfassungsrechtlichen Grenzen ergeben. Näher zum Begriff der Handlungsnorm siehe unten, S. 113 f.

den Bedürfnissen der Menschen zu handeln, so konfrontiert man sie – und zwar umso stärker je pluralisierter und fragmentierter eine Gesellschaft ist[244] – mit einer unüberschaubaren Gemengelage voller widersprüchlicher Positionen.[245] Es wird zur Aufgabe der Repräsentanten, aus diesem Gemisch handhabbare Ergebnisse zu generieren und auf diese Weise die Handlungsfähigkeit des Staates herzustellen.[246] Für die Frage nach verfassungsrechtlichen Konsistenzanforderungen folgen daraus zwei Erkenntnisse. Einerseits werden Schwierigkeiten offenbar, das Ideal legislativer Folgerichtigkeit mit den Erwartungen des Grundgesetzes an demokratische Repräsentation zu vereinbaren. Ein Gemisch widersprüchlicher Interessen zum Orientierungspunkt der Gesetzgebung zu erklären und gleichzeitig zu verlangen, dass deren Ergebnisse folgerichtig sind, stellt politische Akteure vor eine Herausforderung, die sie nie vollständig werden meistern können.[247] Zugleich wird jedoch klar, dass es ohne den Gedanken der Widerspruchsfreiheit auch aus demokratischer Sicht nicht gehen kann. Alle Handlungsoptionen, die aus den unterschiedlichen privaten und öffentlichen Bedürfnissen erwachsen, lassen sich ebenso wenig gleichzeitig verwirklichen wie sich die verschiedenen politisch-moralischen Grundvorstellungen, die in der Gesellschaft vorhanden sind, in Einklang bringen lassen. Damit die Bürger jedoch effektiv als Kollektiv durch ihren Willen regieren können, muss der gebildete Staatswille begreifbar, umsetzbar und nachvollziehbar sein. Dafür müssen im demokratischen Prozess konkurrierende Ansätze – die zu der letztlich entwickelten Lösung in Widerspruch stehen – herausgefiltert werden.[248] Erst

---

[244] Zur fragmentierten Gesellschaft bereits *James Madison*, in The Federalist Papers, S. 49 ff. Grundlegend zum pluralistischen Politikverständnis aus empirischer Sicht *Robert Alan Dahl*, Who Governs, S. 11 ff.; 223 ff.; aus theoretischer Sicht *Ernst Fraenkel*, in Deutschland und die westlichen Demokratien, S. 165 ff.

[245] Dazu auch *Armin Steinbach*, Rationale Gesetzgebung, S. 37 f.
In der Heterogenität moderner Gesellschaften liegt eine Hauptursache für die Notwendigkeit zu Übereinkünften mit ungeklärten gedanklichen Grundlagen (dazu bereits oben, S. 33 f.), vgl. *Cass Sunstein*, Harvard Law Rev. Bd. 108 (1995), S. 1733 (1738).

[246] *Konrad Hesse*, Grundzüge des Verfassungsrechts, Rn. 138, hat diese Aufgabe als „Formung der ungeformten Willensrichtungen" beschrieben.

[247] Außerhalb der fiktional-idealisierten Welt der Volksversammlung einer präindustriellen Kleingesellschaft liegt das gemeine Wohl eben nicht – wie *Jean-Jacques Rousseau*, Der Gesellschaftsvertrag, S. 168, es formuliert – „immer offen zutage", sodass man „nur gesunden Menschenverstand [braucht], um es wahrzunehmen". Vgl. insoweit schon *Joseph Schumpeter*, Kapitalismus, Sozialismus und Demokratie, S. 397 ff., dort aufgrund der Vielseitigkeit und Gegenläufigkeit der Interessen gegen die Vorstellung eines Gemeinwillens – allerdings wohl auch gegen die Existenz jedes gemeinen Wohls.

[248] Eine entsprechende Filterfunktion der Repräsentanten beschreibt bereits *James Madison*, in The Federalist Papers, S. 49 (52), der als Vorteil eines Repräsentativsystems mit möglichst vielen Vetopunkten herausstellt, dass es die Qualität öffentlicher Entscheidungen

dadurch wird demokratische Souveränitätsausübung durch das tatsächliche Volk praktisch möglich. Bedenkt man weiter, dass die Demokratie auf die Akzeptanz möglichst vieler ihrer Bürger angewiesen ist, so wird zudem deutlich, dass die Anzahl nicht berücksichtigter Interessen möglichst geringgehalten werden muss.[249] Das bedeutet, dass die Repräsentanten bestrebt sein müssen, Lösungen zu entwickeln, die möglichst vielen Bedürfnissen Genüge tun. Sie müssen gegensätzliche Ziele zum Ausgleich bringen und Kompromisse in Form von vermittelnden Ansätzen schließen.[250] Diese Aufgaben können nicht durch das unreflektierte Erfüllen möglichst vieler Wünsche, sondern nur mit einer – zumindest auch – analytischen und konzeptgeleiteten Herangehensweise gelöst werden. Ohne ein hinreichendes Maß an innerer Stimmigkeit wiederum kann eine solche Konzeptbildung nicht auskommen. Hierin liegt der demokratische Wert legislativer Konsistenz begründet. Man wird deswegen zwar kaum so weit gehen können, (justiziable) Folgerichtigkeitsanforderungen aus dem Demokratieprinzip abzuleiten.[251] Nachgewiesen ist jedoch, dass der Gedanke der Folgerichtigkeit sich durchaus in demokratische Denkmuster einfügt und von der politischen Verfassungsordnung vorausgesetzt wird.

3. Rationale Staatslenkung in der Tradition demokratischen Denkens

Insgesamt geben die Kerngedanken der grundgesetzlichen Demokratiedogmatik – Souveränität des aus den realen Bürgern zusammengesetzten Volkes; Notwendigkeit der Einwirkung seines Willens auf den Staatswillen – bezogen auf die Konsistenzfrage also zunächst einmal Rätsel auf: Mit dem Gedanken, dass die Menschen in kollektiver Selbstbestimmung ihr Schicksal frei sollen bestimmen können, scheint es schwerlich zusammenzupassen, wenn man ihnen einen

---

steigern könne. Unter den richtigen Bedingungen fungiere die Volksvertretung als Medium, durch das die im Volk vorhandenen Sichtweisen hindurchgereicht werden, um sie zu verfeinern und auszubauen. Weise, patriotische und gerechtigkeitsliebende Repräsentanten seien dabei am ehesten in der Lage, das wahre Interesse ihres Landes zu erkennen, und böten die geringste Wahrscheinlichkeit, dass dieses Interesse vorübergehenden oder einseitigen Überlegungen zum Opfer fiele. Das öffentliche Wohl könne infolge dieser Ordnungsleistung besser zum Ausdruck kommen als in einer Volksversammlung selbst.

[249] Siehe auch *Hermann Pünder*, VVDStRL Bd. 72 (2013), S. 191 (201 f.): „Erklärungsbedürftig ist es, wenn Abgeordnete von vorgebrachten Wünschen abweichen. (...) Da alle Staatsgewalt vom Volke auszugehen hat, muss gelten: So viel ‚Responsivität' wie möglich, so viel ‚politische Führung' wie nötig."

[250] Vgl. auch *Ernst Benda*, in Mehrheitsprinzip, Konsens und Verfassung, S. 61 (69).

[251] Gänzlich fernliegend ist Herleitung von Folgerichtigkeits- beziehungsweise Rationalitätsgeboten aus dem Demokratieprinzip allerdings nicht, wie die Ausführungen von *Stephan Meyer*, Der Staat Bd. 48 (2009), S. 278 (298 ff.); *Francisco Joel Reyes y Ráfales*, Rechtstheorie Bd. 45 (2014), S. 35 (52 ff.), zeigen.

nennenswerten Anteil der denkbaren Entscheidungen von vornherein durch komplexe Stimmigkeitsvorgaben untersagt. Andererseits scheint es gerade diese Stimmigkeit zu sein, die kollektive Selbstbestimmung überhaupt erst ermöglicht.

Dieser augenscheinliche Zwiespalt offenbart theoretischen Klärungsbedarf im Hinblick auf die grundsätzlichere Frage nach dem Verhältnis von Voluntarismus und Rationalität in der Demokratie.[252] Wie lässt sich dieses Verhältnis rekonstruieren, sodass der Zwiespalt ein Stück weit aufgelöst, die Beziehung zwischen Demokratie und Rationalität für den Kontext des Untersuchungsgegenstands möglichst schlüssig erklärt werden kann? Diese Frage wird auf den folgenden Seiten behandelt. Natürlich können die Überlegungen nur eingeschränkt den Anspruch der Allgemeingültigkeit und Richtigkeit erheben. Denn die Demokratie lässt sich aus verschiedensten Blickwinkeln mit verschiedensten Resultaten rekonstruieren. Bedingt durch den thematischen Kontext wird sie hier vorwiegend durch die Linse des Rationalismus betrachtet. Sähe man sie sich etwa im Detail aus der Perspektive ihrer Freiheits- und Widerstandstradition[253] an, könnten signifikant andere Ergebnisse zustande kommen. Hinzukommt, dass auch innerhalb einer Denktradition eine Auswahl der zu analysierenden Gedanken getroffen werden muss, sodass die Analyse stets unvollständig bleiben wird. Verzichtbar ist eine politiktheoretische Einordnung der Fragestellung deshalb allerdings nicht.[254] Ihre Berücksichtigung erfordert aber, dass man sich ihrer Limitationen bewusst ist.

a) Irrationalität der Demokratie als Preis der Freiheit

Wie sogleich dargelegt wird, ist das Konzept der Volksherrschaft in seiner Ideengeschichte seit jeher eng mit Vernunft- und Rationalitätsidealen verknüpft. Im ersten Augenblick mag es aus Sicht der politischen Theorie allerdings durchaus zweifelhaft erscheinen, engere Zusammenhänge zwischen demokratischem Entscheiden und Vernunftgesichtspunkten herzustellen. Immerhin geht es bei der Legitimation politischer Macht oftmals viel mehr um den Ursprung der Staatsgewalt als den Inhalt ihrer Entscheidungen.[255] Zu einem großen Teil ist die

---

[252] Zu dieser Frage, ebenfalls vor dem Hintergrund der Selbstbestimmung und im Rahmen einer eigenen demokratietheoretischen Rekonstruktion, auch *Christoph Möllers*, Die drei Gewalten, S. 63 ff. und passim.
[253] Zu dieser Tradition sogleich.
[254] Siehe auch *Christoph Möllers*, Die drei Gewalten, S. 9 ff.; *Hermann Pünder*, VVDStRL Bd. 72 (2013), S. 191 (209 ff.).
[255] Siehe *Hans Kelsen*, Wesen und Wert der Demokratie, S. 98 f.; *Ernst-Wolfgang Böckenförde*, HStR II, 3. Aufl. § 24 Rn. 83.

Demokratie das Produkt einer Freiheits- und Emanzipationsbewegung.[256] Aus diesem Blickwinkel heraus erklären sich Ansätze, die ihr etwas inhärent Irrationales zuschreiben – sie zugespitzt sogar als „Lobgesang auf die Irrationalität"[257] darstellen – wollen.[258] Im Demokratisierungsprozess haben sich die Völker von der Unterdrückung durch Adels-, Kolonial- und Diktatorenherrschaft befreit. Wesentliches Ziel dieses Prozesses war, dass alle Menschen als gleichberechtigte Staatsbürger am Gemeinwesen teilhaben können, statt aufgrund illegitimer Kriterien in Herrscher und Untertanen aufgeteilt zu werden.[259] In die damit verbundene Entscheidung, die alten, zur Staatsführung ausgebildeten, Eliten durch Normalbürger zu ersetzen und die Politik stärker als zuvor einerseits Stimmungslagen im Volk sowie andererseits Abstimmungszwängen im Staat zu unterwerfen, lässt sich durchaus die Inkaufnahme schlechter durchdachter Ergebnisse hineinlesen.[260] Denn „undemokratische Lösungen dürften vielfach sehr viel effizienter sein"[261] als demokratische. Statt sich unter einer konstanten Führung der Verwirklichung klarer Zielvorstellungen zu widmen, „treiben" Demokratien oftmals herum[262] und „wursteln" sich durch Probleme hindurch.[263]

Plastisch tritt diese Sichtweise etwa in *Alexis de Tocquevilles* Analyse der US-amerikanischen Demokratie zutage.[264] Dieser steht er zwar insgesamt wohlwollend gegenüber. So stünden in der Demokratie die Interessen der Repräsentanten denen des Volkes nicht entgegen. Daher produziere die Volksherrschaft aus utilitaristischer Sicht insgesamt vorteilhaftere Ergebnisse als die Aristokra-

---

[256] Die Freiheit als Grundlage der Demokratie beschreibt bereits *Aristoteles*, Politik, Buch VI Kapitel 2. Dazu *Rolf Geiger*, in Aristoteles Politik, S. 131 (137). Zur Rolle der Freiheit als Zielrichtung der Demokratietheorie *Rousseaus* siehe bereits S. 73, Fn. 234. Zu verschiedenen Ausprägungen des Freiheitsgedankens in der demokratischen Ideengeschichte siehe *Reinhard Zintl*, in Politische Philosophie, S. 127 ff.

[257] *Uwe Kischel*, in FS Kirchhof Bd. I, S. 371 (382).

[258] Im Überblick zur „These vom Gegensatz zwischen Rationalität und Demokratie" – insbesondere aus der bundesrepublikanischen Diskussion der 1960er und 1970er Jahre zur Fähigkeit der Politik, wissenschaftliche Erkenntnisse und Empfehlungen zu verarbeiten – siehe *Karl Homann*, Rationalität und Demokratie, S. 1 ff. Dazu auch *Armin Steinbach*, Rationale Gesetzgebung, S. 208 ff.

[259] Siehe im Überblick zur Verarbeitung der demokratischen Grundwerte Gerechtigkeit und Gleichheit in der politischen Philosophie *Jürgen Ritsert*, Gerechtigkeit, Gleichheit, Freiheit und Vernunft, S. 11 ff., 37 ff.

[260] Vgl. *Georg Lienbacher*, VVDStRL Bd. 71 (2012), S. 7 (16).

[261] *Uwe Kischel*, in FS Kirchhof Bd. I, S. 371 (381).

[262] Zum Phänomen der „drifting societies" siehe *Amitai Etzioni*, The Active Society, S. 467; *Joseph Spear*, in The Active Society Revisited, S. 89 ff.

[263] Zur Entscheidungstechnik des „muddling through" siehe *Charles Lindblom*, Public Administration Rev. Bd. 19 (1959), S. 79 ff.

[264] Vgl. *dens.*, Democracy in America, S. 302 ff. Dazu auch *Mathias Risse*, Ethics Bd. 111 (2001), S. 706 (731).

tie, die unverhältnismäßig stark den privilegierten Klassen nütze.[265] Allerdings seien die Vorzüge der Volksherrschaft begrenzt. Klar sei insbesondere, dass Aristokratien sich viel besser auf die „Wissenschaft der Gesetzgebung" verstünden.[266] Die überlegte Vorgehensweise, die für das Erarbeiten guter Gesetze notwendig sei, sei charakteristisch für die Aristokratie. Die Demokratie arbeite dagegen oftmals ihren Zielen entgegen. Ihre Gesetze seien fast immer fehlerhaft oder kämen zur Unzeit.[267] Besonders erheblich leide die Qualität staatlicher Entscheidungen in den jungen amerikanischen Republiken unter den geringen Fähigkeiten des dortigen Führungspersonals, wohingegen eine Aristokratie wie die englische aufgeklärte und würdige Amtsträger in ansonsten ungekanntem Ausmaß hervorbringe.[268]

b) Überlegene Rationalität demokratischen Entscheidens

Doch der begrenzten Rationalität der Volksherrschaft stehen einerseits die ungleich größeren Rationalitätsdefizite jeder anderen Regierungsform, andererseits ihre eigenen rationalitätsbezogenen Stärken gegenüber. Seit jeher wird die Demokratie längst nicht nur aus Freiheits- und Gleichheitsgründen befürwortet, sondern vor allem auch, weil sie im Interesse des gemeinen Wohls die bestmögliche Qualität staatlicher Entscheidungen verspricht. Schon *Aristoteles'* wissenschaftlich-nüchterne Diagnose, dass „die beste" Staatsform demokratische Elemente beinhalten müsse,[269] fußt mit auf der Einschätzung, dass Kollektiventscheidungen des Volkes mitunter klügere Beschlüsse ermöglichen als das Expertenvotum selbst der besten Aristokraten.[270] Es scheine zwar zunächst „unsinnig", wenn infolge der demokratischen Gleichheit „Leute mit geringerer Qualität Vollmachten in wichtigeren Angelegenheiten erhalten als die Guten".[271] Doch sei es gerade die gemeinschaftliche Entscheidungsfindung – der Charakter der Volksversammlung als Personengesamtheit – die auf manchen Feldern

---

[265] Democracy in America, S. 303, 305 ff.

[266] Democracy in America, S. 303: „Aristocracies are infinitely more expert in the science of legislation than democracies ever can be."

[267] Democracy in America, S. 303 f.

[268] Democracy in America, S. 304 ff., 307.

[269] Politik, Buch IV Kapitel 8 ff., 11 und passim. Näher etwa *Michael Becker*, in Politische Philosophie, S. 257 (268 ff.); *Otfried Höffe*, in Aristoteles Politik, S. 163 (172 ff.).

[270] Als Grund für seine Einschätzung dürfte *Aristoteles* – stärker als die bloße Summierung der für sich genommen geringen Fähigkeiten einfacher Männer zu einem Ganzen, das die Fähigkeiten der Guten überragt, – die Möglichkeit im Blick haben, verschiedene Blickwinkel auf eine Fragestellung auszutauschen und die Fähigkeiten sowie das Wissen der jeweils anderen zu ergänzen. Siehe *Fred Miller*, in Aristoteles Politik, S. 93 (99 ff.). Siehe auch *Michael Becker*, in Politische Philosophie, S. 257 (272 f.).

[271] Politik, Buch III Kapitel 11.

zum verlässlichsten Urteil führe.[272] Deutlich weitergehend argumentiert bereits im frühneuzeitlich-republikanischen Kontext *Niccolò Machiavelli*, der gar einen Vergleich der Stimme des Volkes mit der Stimme Gottes für angebracht hält.[273] Ein Volk sei „klüger und beständiger und von richtigerem Urteil [...] als ein Fürst".[274] Es treffe bessere Entscheidungen und sei auch geschickter in der Auswahl fähiger und tugendhafter Amtswalter, als der oftmals machtverblendete und korrupte Adel.[275] Erkennt *Machiavelli* – etwa im Bereich der Gesetzgebung – gleichwohl stellenweise noch Fähigkeitsvorsprünge des Alleinherrschers an,[276] so ist es für *Jean-Jacques Rousseau* bereits nur noch die Volkssouveränität, die rationales Regieren überhaupt erst ermöglicht.[277] Der mit dem Gesellschaftsvertrag angestrebte staatsbürgerliche Zustand zeichnet sich dadurch aus, dass die Staatsbürger ihre Vernunft gebrauchen.[278] Die Menschen bilden in ei-

---

[272] „Denn auch wenn jeder einzelne aus der Menge nicht selber ein guter Mann ist, so kann diese, wenn sie sich versammelt hat – also nicht als Einzelpersonen, sondern als Gesamtheit – doch besser als jene einzelnen (sehr Guten) sein – so wie die Mahlzeiten, zu denen viele ihren Beitrag leisteten, besser als diejenigen sind, die aus der Aufwendung eines einzelnen bestritten werden. Denn da sie eine große Zahl bilden, kann jeder einzelne von ihnen einen Teil charakterlicher Vorzüglichkeit und Vernunft besitzen; und wie die Menge, wenn sie sich versammelt hat, gleichsam ein einziger Mensch mit vielen Füßen und vielen Händen und vielen Wahrnehmungen werden kann, so kann sie auch im Bereich charakterlicher Haltungen und des Denkens (gemeinsam ihre Fähigkeiten steigern)." Auch die Volksversammlung werde „aus vielen Mitgliedern gebildet, und das Vermögen von ihnen allen (zusammengenommen) ist größer als das derjenigen, die allein oder als kleine Gruppe bedeutsame Ämter bekleiden." (Politik, Buch III Kapitel 11).
[273] Discorsi, S. 160 ff. (Erstes Buch, 58. Kapitel), 163.
[274] Discorsi, S. 163.
[275] Discorsi, S. 160 ff. Wer das Volk für unvernünftiger halte als einen Alleinherrscher, sitze einem Denkfehler auf. Er vergleiche eine entfesselte Menge mit einem durch Gesetze gebundenen Fürsten. Ein Volk, das durch eine gute Verfassung gebunden sei, entscheide aber besser als der gebundene Fürst. Seien beide ungebunden, so sei das Volk immer noch von überlegener Qualität. Denn während dem schlechten Fürst nur noch mit der rohen Gewalt des Schwertes beizukommen sei, könne ein aufrührerisches Volk schon mit der argumentativen Kraft des Wortes wieder auf den richtigen Weg gebracht werden.
[276] Discorsi, S. 164.
[277] *Rousseau* sieht bei allen drei Regierungsformen, die er als Grundtypen unterscheidet, allerdings jeweils Stärken und Schwächen, Der Gesellschaftsvertrag, S. 107 ff., 110 ff., 114 ff., 118 ff. (Drittes Buch, Drittes bis Sechstes Kapitel). Gerade auch die Vorzüge der „Demokratie" – die er als direkte Herrschaft mindestens der Mehrheit des Volkes definiert – hält er, auch im Bereich der Gesetzgebung, für begrenzt. Bei seinen Grundtypen geht es allerdings nur um die Person der Regierenden, nicht die des Souveräns. Was letztere anbelangt, hält *Rousseau* das Volk für die einzig legitime – und vernunftgeleitete – Lösung. Unabhängig von ihrer konkreten Organisation sieht *Rousseau* es im zweiten Schritt als Legitimationsvoraussetzung jeder Regierung an, dass sie den Gemeinwillen des Volkes verwirklicht, vgl. insbesondere S. 61 ff. (Zweites Buch, Sechstes Kapitel).
[278] Der Gesellschaftsvertrag, S. 35 f. (Erstes Buch, Achtes Kapitel).

nem Vernunftakt den Volkskörper. Erst aus ihrem pflichtgeleiteten Bürgerwillen erwächst dessen Gemeinwille, der somit als einzige Größe Vernunftansprüchen genügen kann.[279] Ganz anders verhalte es sich etwa bei einer nicht nach republikanischen Grundsätzen[280] strukturierten Monarchie, die den wechselhaften Stimmungen wechselnder Herrscher ausgesetzt sei. „Die fehlende Kontinuität macht eine königliche Regierung unbeständig. Da sie sich je nach Veranlagung des regierenden Fürsten oder seiner Vertreter bald der einen, bald der anderen Sache zuwendet, kann sie über längere Zeit weder ein bestimmtes Ziel beibehalten noch eine folgerichtige Führung."[281]

Sicherlich basieren diese alten Herrschaftsmodelle auf idealisierenden Annahmen und bilden die politische Realität – erst recht der heutigen Repräsentativ- und Mehrebenendemokratien[282] – nur unvollständig ab. Gleichwohl deuten sich in ihnen bereits die rationalen Wirkdimensionen moderner Staatswesen an, die seither in der politischen Theorie herausgearbeitet worden sind. Ihr verbindendes Element ist der offene, integrative Wettstreit von Ideen und Interessen, der zum Höchstmaß an Gerechtigkeit, Abgestimmtheit und Durchdachtheit führen soll, das menschlichen Großkollektiven zugänglich ist.[283] Diesen Wettstreit erzwingt die Demokratie, indem sie als einzige Regierungsform formell voraussetzt, dass sich bei der Entscheidungsfindung zumindest eine Mehrheit der Beteiligten – und idealiter auch die Mehrzahl der im Volk vorhandenen In-

---

[279] Zur volonté générale als Ausdruck der Vernunft siehe nur *Patrick Riley*, American Political Science Rev. Bd. 64 (1970), S. 86 (94 f.) und passim; *Daniel Hildebrand*, in Der lange Schatten des Contrat Social, S. 53 ff.
Eine Schlüsselrolle für die Ermöglichung eines vernunftgeleiteten Zusammenlebens freier Menschen spielt die Volkssouveränität auch in *Immanuel Kants* Konzept des „Republikanism" als bester „Regierungsart" (siehe *Christian Schwaabe*, Politische Theorie 2, S. 51 ff., 55). Für *Kant* kann die „gesetzgebende Gewalt [...] nur dem vereinigten Willen des Volkes zukommen" (Metaphysische Anfangsgründe der Rechtslehre, S. 195). Die einzige Verfassung, „welche aus der Idee des ursprünglichen Vertrags hervorgeht, auf der alle rechtliche Gesetzgebung eines Volks gegründet sein muß – ist die republikanische." (Zum ewigen Frieden, S. 20.) Diese zeichne sich – in Abgrenzung von der „despotischen" (Zum ewigen Frieden, S. 25 f.) – unter anderem dadurch aus, dass die Regierenden nach dem Volkswillen (nicht ihrem „Privatwillen") entscheiden, für dessen Bestimmung wiederum maßgeblich sei, was „ein Volk mit reifer Vernunft [...] sich selbst vorschreiben würde" (Streit der Fakultäten, S. 91).
[280] Der Begriff der Republik meint in diesem Kontext eine Herrschaft nach – dem Gemeinwillen Ausdruck verleihenden – Gesetzen, vgl. Der Gesellschaftsvertrag, S. 61 ff.
[281] Der Gesellschaftsvertrag, S. 124.
[282] Im Überblick zum Gedanken des Mehrebenensystems *Arthur Benz*, Politik in Mehrebenensystemen, S. 13 ff. und passim.
[283] Zusammenfassend *Helmut Willke*, Demokratie in Zeiten der Konfusion, S. 33 ff., 124 ff. Zu Rationalitätserwartungen an die Bildung der öffentlichen Meinung innerhalb der Gesellschaft siehe auch *Michael Kloepfer* in HStR III, 3. Aufl. § 42 Rn. 14.

teressen und Interessengruppen – miteinander arrangiert.[284] Dabei sind moderne Repräsentativsysteme weit mehr als nur Instrumente gegenseitiger Kontrolle, die Positionen absoluter Macht verhindern wollen.[285] Sie fördern die geistige Entwicklung ihrer Staatsbürger,[286] denen sie gleichzeitig – flankiert durch rechtliche Schutzgewährleistungen – möglichst viel intellektuelle Freiheit bei der gesellschaftlichen Auseinandersetzung gewähren.[287] Entsprechend kluge und freie Gesellschaften können dann vermittelt über die bürgerliche Öffentlichkeit[288] auf deliberativ-diskursiven Entscheidungswegen die jeweils überzeu-

---

[284] Gewisse Abstimmungszwänge wird es zwar in jedem noch so autokratischen Regime geben. Doch ist Regieren in der Demokratie infolge der auch formalen Beteiligung zumindest eines Großteils des Volkes (beziehungsweise seiner Repräsentanten) vor dem Hintergrund des Erfordernisses der Mehrheitsbildung ohne Einigungen überhaupt nicht möglich. Die begrenzende und korrigierende Wirkung, die gesellschaftliche Gruppen einerseits und verschiedene politische Institutionen andererseits aufeinander ausüben, hebt besonders *James Madison*, in The Federalist Papers, S. 49 ff., 119 ff., hervor. Er entwickelt damit erste Ansätze dessen, was heute in der politischen Wissenschaft als Vetospieler-Theorie bezeichnet wird (prägend insofern *George Tsebelis*, Veto Players, S. 17 ff. und passim).

[285] Fokus auf gegenseitige Kontrolle zur Verhinderung von Machtmissbrauch – besonders infolge der Dominanz einzelner gesellschaftlicher Gruppen – noch bei *James Madison*, in The Federalist Papers, S. 49 ff., 119 ff.

[286] Die fördernde Wirkung der Demokratie auf den Geist der Bürger klingt bereits in *Jean-Jacques Rousseaus* Ausführungen zum staatsbürgerlichen Zustand an, vgl. Der Gesellschaftsvertrag, S. 35 f. (Erstes Buch, Achtes Kapitel). Auch *Alexis de Tocqueville*, Democracy in America, S. 76, nahm entsprechende Effekte an und führte aus, dass sich die Town Meetings in den USA zur Freiheit verhielten wie Schulen zur Wissenschaft. Eine entscheidende Rolle spielt die Stimulation der geistigen Entwicklung der Bürgerschaft durch deren Einbindung in gemeinwohlbezogene Entscheidungsprozesse für *John Stuart Mill*, On Representative Government, S. 371 (403 ff.). Auch Bildung und Erziehung stellen für ihn wichtige Bausteine einer freiheitlichen und demokratischen Gesellschaft dar. Dazu *Jean-Claude Wolf/Catherine Buchmüller-Codoni*, in John Stuart Mill: Über die Freiheit, S. 93 (96 ff., 105 ff.).

[287] Zur Freiheit des Denkens und der Diskussion *John Stuart Mill*, On Liberty, S. 213 (228 ff.). Erläuternd *Peter Niesen*, in John Stuart Mill: Über die Freiheit, S. 33 (34 ff.). Allgemein zur Freiheit als Grundbegriff der politischen Theorie, insbesondere mit Blick auf den modernen Liberalismus *Jürgen Ritsert*, Gerechtigkeit, Gleichheit, Freiheit und Vernunft, S. 77 ff.
An dieser Stelle weist die Demokratie verfassungsrechtlich Schnittmengen mit dem Rechtsstaatsprinzip auf. Sie verdeutlichen, dass der grundgesetzliche Rationalitätsmechanismus zur Gemeinwohlbestimmung sich nicht auf die Demokratie beschränkt, sondern aus dem demokratischen Verfassungsstaat insgesamt – also besonders dem Zusammenwirken von Rechtsstaat und Demokratie – besteht. Siehe auch unten, S. 104 ff. Auch verfassungsdogmatisch ist die Freiheit jedoch nicht nur dem Rechtsstaatsprinzip zuzuordnen, sondern hat, besonders was die Absicherung der Teilnahme am politischen Prozess anbelangt, auch eine demokratische Komponente, siehe *Ernst-Wolfgang Böckenförde*, HStR II, 3. Aufl. § 24 Rn. 86; *Christian Starck*, HStR III, 3. Aufl. § 33.

[288] Das Verhältnis von bürgerlicher Gesellschaft und der Sphäre des Staates ist dabei ambivalent. Einerseits ist die über längere Zeit entwickelte und dann teilweise für überwunden be-

gendsten Antworten auf die Fragen ihrer Zeit ermitteln.[289] Danach ist die freiheitliche Demokratie – auch unter Rationalitätsgesichtspunkten – nicht einfach nur das kleinste unter mehreren zur Auswahl stehenden Übeln. Vielmehr stellt sie sich als denkbar klügster Mechanismus[290] heraus, um – wenn auch nur unter

---

fundene Trennung beider Strukturen notwendig, um individuelle Freiheit zu gewährleisten (näher *Ernst-Wolfgang Böckenförde*, Die verfassungstheoretische Unterscheidung von Staat und Gesellschaft, S. 9 ff. und passim; siehe auch *Walter Schmitt Glaeser*, in HStR III, 3. Aufl. § 38 Rn. 38 ff.). Andererseits lassen sich die Strukturen nicht vollständig erfassen, ohne ihre Interdependenzen zu bedenken (*Niklas Luhmann*, Grundrechte als Institution, S. 26 ff.; siehe auch *Konrad Hesse*, Grundzüge des Verfassungsrechts, Rn. 11). Die Meinungs- und Willensbildung in der Gesellschaft sowie ihr Einwirken auf die Staatswillensbildung ist zudem ein notwendiger Bestandteil des demokratischen Verfassungsstaats (vgl. *Walter Schmitt Glaeser*, in HStR III, 3. Aufl. § 38 Rn. 11 ff.; 28 ff.; siehe zum Einwirken des Volkswillens auf den Staatswillen bereits oben, S. 71 ff.). Mit einem Überblick zur Verarbeitung der bürgerlichen Gesellschaft in der politischen Theorie siehe *Wilfried Röhrich*, Politische Theorien zur bürgerlichen Gesellschaft. Zur Rolle von Zivilgesellschaft und bürgerlicher Öffentlichkeit in seinem Modell der deliberativen Demokratie siehe auch *Jürgen Habermas*, Faktizität und Geltung, S. 399 ff.; 435 ff. Die politische Öffentlichkeit ist für Habermas im Grundsatz eine Kommunikationsstruktur, „die über ihre zivilgesellschaftliche Basis in der Lebenswelt verwurzelt ist" (S. 435).

[289] Bei *Jürgen Habermas* wird das Demokratieprinzip zu einer „Konkretion des Diskursprinzips" und somit des zentralen Rationalitätsmechanismus gesellschaftlichen Miteinanders (*Christian Schwaabe*, Politische Theorie 2, S. 121 ff., 136). Ihre Basis findet die Idee der deliberativen Demokratie in der Annahme, dass moderne säkularisierte und pluralistische Gemeinwesen sich auf die Regeln ihres Zusammenlebens – also zunächst einmal moralische Grundsätze, aber auch politisch-legislative Entscheidungen, – durch Verständigung einigen müssen, anstatt auf äußerlich vorgegebene Werte oder bloß monologisches Nachdenken zurückgreifen zu können (*Christian Schwaabe*, a.a.O., S. 130 ff., 136 ff.). Laut *Habermas* ist die klassische instrumentelle Vernunft mit ihrer Orientierung an Zweck-Mittel-Relationen dafür unbrauchbar; es bedarf einer eigenständigen, auf Verständigung zielenden, kommunikativen Rationalität (*Jürgen Habermas*, Theorie des kommunikativen Handelns Bd. 1, insbesondere S. 369 ff., 385 ff.; näher zur Abgrenzung und Rolle des Diskurses allgemein *Jens Greve*, in Die Rationalitäten des Sozialen, S. 79 [80 ff.]). Die Volkssouveränität wird somit zum Verfahren (*Jürgen Habermas*, Faktizität und Geltung, S. 600 ff., siehe dort auch S. 349 ff.), das „die Vermutung der rationalen Akzeptabilität der gesatzten Normen begründet" (Faktizität und Geltung, S. 51). Auf diese Weise wird erreicht, dass „sich die einzelnen Adressaten der Rechtsnormen zugleich in ihrer Gesamtheit als vernünftige Urheber dieser Normen verstehen dürfen" (Faktizität und Geltung, S. 52).

Die deliberativ-demokratische Begründbarkeit politischer Positionen betrachtet auch *John Rawls*, Chicago Law Rev. Bd. 64 (1997), S. 765 (805 f. und passim), als Bedingung für soziale Rationalität. Für einen aktuellen Überblick zum Forschungsstand betreffend die deliberative Demokratie siehe *Jan Christoph Suntrup*, Der Staat Bd. 49 (2010), S. 605 ff.

[290] Siehe auch *Helmut Willke*, Demokratie in Zeiten der Konfusion, S. 33 ff., 124 ff. Dass die Demokratie – jedenfalls von ihrer Zielrichtung her – das größtmögliche Potential bietet, das dezentral in der Gesellschaft vorhandene Wissen nutzbar zu machen, hat zur Entwicklung von Konzepten wie der „demokratischen Intelligenz" oder der „kollektiven Weisheit" geführt. Grundlegend *Charles Lindblom*, The Intelligence of Democracy, S. 3 ff. und passim.

Wahrung einiger Grundvoraussetzungen und als generelle Tendenz über einige Zeit[291] – in menschlichen Gesellschaften zu den vernünftigsten Lösungen des gemeinschaftlichen Interesses zu gelangen.

Der Grund für die Überlegenheit einer derart umständlichen Entscheidungstechnik – etwa gegenüber der analysierend-methodengeleiteten Vorgehensweise von Wissenschaftlern oder den autokratischen Führungsstrukturen, die traditionell in Unternehmen herrschen, – liegt in der Offenheit des Gemeinwohls begründet, das im demokratischen Prozess erst herausgearbeitet werden muss.[292] Das Gemeinwohl verschließt sich einer bloßen erkennenden Feststellung gleich in dreierlei Hinsicht:[293] Erstens führen die Anzahl und Vielschichtigkeit der in einer Gesellschaft wirkenden Dynamiken und der betroffenen Einzelschicksale zu einer Komplexität, durch die sich alle Probleme einer Gesellschaft unmöglich auf einmal in Gänze erfassen lassen.[294] Zweitens unterliegt die Beurteilung dieser Dynamiken einem hohen Maß an Unsicherheit, weil die wissenschaftliche Erschließung schon der gegenwärtigen Welt fragmentarisch ist und politisches Entscheiden auf ihrer Grundlage zusätzlich noch Prognosen über zukünftige

---

Für einen aktuellen Überblick *Hélène Landemore*, in Collective Wisdom, S. 251 ff. Ungeachtet der Probleme, die mit kollektivem Entscheiden, der Aggregation von Wissen und der Einbindung der Bevölkerung in Entscheidungsprozesse einhergehen (näher unten, S. 93 ff.), dürfte in der Tat keine andere Staatsform die Aktivierung privaten Potentials in vergleichbarem Ausmaß für sich in Anspruch nehmen können.

[291] Aus der auch empirischen Sicht der vergleichenden Politikwissenschaft stellen sich als besonders zentrale Grundvoraussetzungen für effektives Regieren als funktionierende Demokratie sozioökonomische Faktoren, politische Kultur sowie die Rolle gesellschaftlicher Gruppierungen und Bewegungen heraus. Für einen Überblick über die umfangreiche Literatur vgl. *Seymour Martin Lipset*, American Political Science Rev. Bd. 53 (1959), S. 69 ff.; *Michael Bratton/Nicolas Van de Walle*, World Politics Bd. 46 (1994), S. 453 ff.; *Ruth Berins Collier/James Mahoney*, Comparative Politics Bd. 29 (1997), S. 285 ff.; *Daron Acemoglu/ James Robinson*, Economic Origins of Dictatorship and Democracy, S. 15 ff.

[292] In der Diskussion zum Gemeinwohlbegriff dürfte sich zusammenfassend der Trend ausmachen lassen, dass die seit dem Altertum vorherrschenden Vorstellungen eines von außen vorgegebenen, entdeckbaren Gemeinwohls nach und nach Auffassungen gewichen sind, nach denen das öffentliche Wohl immer wieder neu im politischen Prozess entwickelt werden muss. Siehe im Überblick zur Diskussion *Josef Isensee*, in HStR IV 3. Aufl. § 71 Rn. 46 ff.; *Bernd Hartmann*, AöR Bd. 134 (2009), S. 1 (13 ff.). Zur Unvereinbarkeit der Demokratie mit einem wissenschaftlich vorgegebenen oder ermittelbaren Endziel vgl. auch BVerfGE 5, 85 (197 ff.).

[293] In Abgrenzung zum „Erkenntnisprozess" wird die Politik daher traditionell als „Entscheidungsprozess" klassifiziert. Zur Unterscheidung siehe etwa *Hans Kelsen*, Wesen und Wert der Demokratie, S. 53 ff., 98 ff.; *Christoph Gusy*, ZRP 1985, S. 291 (298); *Ulrich Karpen*, ZG Bd. 1 (1986), S. 5 (27); *Philipp Dann*, Der Staat Bd. 49 (2010), S. 630 (640 f.); *Georg Lienbacher*, VVDStRL Bd. 71 (2012), S. 7 (16); *Armin Steinbach*, Rationale Gesetzgebung, S. 231 ff.

[294] Dazu etwa *Niklas Luhmann*, Vertrauen, S. 1 ff.; *Fritz Scharpf*, in Gesellschaftlicher Wandel und politische Innovation, S. 168 ff.; *Helmut Willke*, Demokratie in Zeiten der Konfusion, S. 38 ff.

Entwicklungen einschließen muss.²⁹⁵ Drittens und vor allem schließt das Gemeinwohl stets Wertungsfragen ein, bei denen es – in den Worten *Hans Kelsens* – keine „absolute Wahrheit" geben kann, sondern die immer nur temporär und entwicklungsoffen in einem fortwährenden Diskussionsprozess beantwortet werden können.²⁹⁶ In der Terminologie von *Jürgen Habermas* beschrieben, kann der Vorgang der Gemeinwohlbestimmung also schon aufgrund der Natur seines Gegenstands nicht auf „Erfolg", sondern muss auf „Verständigung" ausgerichtet sein.²⁹⁷ Vor dem Hintergrund dieses dreifachen Wissensproblems wird deutlich, dass die Demokratie in der Rolle, die sie bei der Gemeinwohlartikulation spielt, mit dem Instrument des Marktes vergleichbar ist, der das Wissensproblem der effizientesten Güterallokation lösen soll.²⁹⁸ In beiden Fällen ist das beste Ergebnis nicht vorbestimmt oder mithilfe der richtigen Methoden errechenbar, sondern entwickelt sich im freien Spiel der Kräfte.²⁹⁹ Unternehmer können wirtschaftliche Aktivität bis zu einem gewissen Grad an Komplexität und Unternehmensgröße am effizientesten autokratisch innerhalb ihres Unternehmens steuern. Bei darüber hinausgehenden Transaktionen ist es sinnvoller, sich auf die Resultate zu verlassen, die sich am Markt ergeben.³⁰⁰ Entsprechend ist es für politische Gemeinschaften, deren Herausforderungen weit mehr als die effizienteste Produktion von Waren und Dienstleistungen umfassen, schon ab einer geringen

---

²⁹⁵ Siehe *Christian Bumke*, Der Staat Bd. 49 (2010), S. 77 (78 f.).
²⁹⁶ *Hans Kelsen*, Wesen und Wert der Demokratie, S. 100 ff.
²⁹⁷ *Jürgen Habermas*, Theorie des kommunikativen Handelns Bd. 1, S. 369 ff., 385 ff.
²⁹⁸ *Karl Homann*, Rationalität und Demokratie, S. 52 ff., 262 ff. und passim, zeigt Parallelen zwischen beiden Entscheidungsmechanismen auf und entwickelt ein Demokratiemodell auf der Basis seines ökonomischen Kostenkonzepts. So gelangt er zu der Einschätzung, „daß Rationalität und Demokratie zwei Konzepte darstellen, die ein und dasselbe Problem zu lösen versuchen, das Kostenproblem, und daß sie deshalb, wiewohl sie von verschiedenen Seiten an das Problem herangehen, grundsätzlich nicht in Gegensatz zueinander geraten können, ja sich sogar wechselseitig als Ergänzung fordern." (S. 262.) Vergleich von demokratischem Verfassungsstaat und Markt unter Bezugnahme auf gesellschaftliche Wissensprobleme auch bei *Christian Bumke*, Der Staat Bd. 49 (2010), S. 77 (79). Zu der Parallele auch *Helmut Willke*, Demokratie in Zeiten der Konfusion, S. 124 f. Erinnert sei zugleich an die Metapher des „marketplace of ideas" für die Entscheidungsfindung in demokratischen Gesellschaften (zusammenfassend und mit einer kritischen Perspektive *Stanley Ingber*, Duke Law J. 1984, S. 1 ff.).
Mit der aufgezeigten Parallele ist noch nichts über die Kräfte ausgesagt, die innerhalb des demokratischen Entscheidungsmechanismus wirken. Insbesondere ermöglicht sie keine Aussage darüber, wie gut sich politische Prozesse ökonomisch modellieren lassen, wie es sich insbesondere Vertreter der Neuen Politischen Ökonomie zur Aufgabe gemacht haben. Im Überblick dazu *Michael Fritsch*, Marktversagen und Wirtschaftspolitik, S. 343 ff. Grundlegend *Anthony Downs*, Ökonomische Theorie der Demokratie, S. 3 ff.
²⁹⁹ Für eine aktuelle Einführung in das ökonomische Standardmodell siehe *Michael Fritsch*, Marktversagen und Wirtschaftspolitik, S. 21 ff.
³⁰⁰ Siehe *Ronald Coase*, Economica, New Series, Bd. 4 (1937), S. 386 ff.

Größe nicht mehr sinnvoll, bei ihren Richtungsentscheidungen auf linear-autoritäre Entscheidungsstrukturen zurückzugreifen.[301] Hier ermittelt die demokratische Gesellschaft nach und nach am rationalsten, welche Lösungen in ihrem Einflussbereich als die derzeit besten angesehen werden sollen.

c) Ambivalentes Verhältnis von Demokratie und Ergebniskorrektur

Diese Parallele von marktwirtschaftlichen und demokratischen Entscheidungsstrukturen führt aus einem weiteren Blickwinkel die Probleme vor Augen, die aus demokratischer Sicht mit verfassungsrechtlichen Rationalitätsanforderungen einhergehen können. Denn während der funktionsfähige Wettbewerbsmarkt weithin als Mechanismus betrachtet wird, der kosteneffiziente Ergebnisse herbeiführt, ist er grundsätzlich inkompatibel mit zusätzlichen Maßstäben, anhand derer man die Effizienz seiner Resultate im Nachhinein überprüfen könnte.[302] Weil der Markt gerade die Antwort auf ein Erkenntnisproblem ist, muss als hinreichende Bedingung für ein effizientes Ergebnis grundsätzlich bereits das Vorhandensein funktionsfähigen Wettbewerbs gewertet werden. Wenn dementsprechend das Vertrauen der Verfassung in den demokratischen Prozess mit auf der Einsicht beruht, dass dieser Prozess mittel- und langfristig das Höchstmaß an sozialer Rationalität verspricht, dann müssen – wie die Ergebnisse des Marktes – auch seine Ergebnisse prinzipiell als hinreichend rational akzeptiert werden. Richter, die aufgrund mangelnder Stimmigkeit Parlamentsentscheidungen kassieren, beeinträchtigen insofern nicht nur den legislativen Arm der Souveränitätsausübung.[303] Sie greifen auch in einen empfindlichen Prozess ein, dessen fein austarierten Wirkmechanismen eine größere Einsichtsfähigkeit zuzuschreiben sein kann als ihnen selbst.

Zugleich ist es jedoch gerade der Vergleich mit dem Markt, der für die stellenweise Korrekturbedürftigkeit von Ergebnissen des demokratischen Prozesses sprechen mag. Entscheidender als die diversen politisch-weltanschaulichen oder ethisch-moralischen Maßstäbe, nach denen man ein marktwirtschaftliches Resultat für inakzeptabel befinden kann, ist dabei aus Rationalitätssicht die Möglichkeit eines Marktversagens. Denn ebenso wie die Effizienz der Ergebnisse des Wettbewerbsmarkts unter vollständiger Konkurrenz sagt das neoklassische Volkswirtschaftsmodell voraus, dass die Güterallokation suboptimal wird, sobald die Marktkräfte gestört sind.[304] Zur Herstellung von Effizienz kann

---

[301] Siehe auch *Helmut Willke*, Demokratie in Zeiten der Konfusion, S. 33 f.

[302] Siehe etwa *Stanley Ingber*, Duke Law J. 1984, S. 1 (6 ff.).

[303] Siehe oben, S. 69 ff.

[304] Zu verschiedenen Fallgruppen des Marktversagens und ihren ineffizienten Ergebnissen siehe *Michael Fritsch*, Marktversagen und Wirtschaftspolitik, S. 99 ff., 179 ff., 265 ff.

dann regulatives Eingreifen erforderlich sein.[305] Wendet man ein entsprechendes Denkmuster auf die Gewährleistung politischer Rationalität im demokratischen Prozess an, so ergibt sich, dass dessen Resultate nur insoweit als rational zu akzeptieren sein können, wie seine auf Rationalität zielenden Mechanismen funktionsfähig sind.[306] Vor diesem Hintergrund erscheinen Ergebniskontrollen, sofern sie strukturelle Fehlleistungen des politischen Wettbewerbs ausgleichen,[307] aus demokratietheoretischer Sicht sogar beinahe zwingend, jedenfalls aber nicht unangebracht. Von den klassischen Fallgruppen des Marktversagens dürften dabei besonders Informationsasymmetrien sowie Verzerrungen von Wettbewerbsmacht – wie sie Monopol- und Oligopolstrukturen zugrunde liegen – auf den demokratischen Prozess übertragbar sein.[308]

II. Kompatibilität mit den Eigengesetzlichkeiten des politischen Systems

Insgesamt ist das Bild von der Beziehung zwischen Demokratie und Gesetzgebungskonsistenz, das nach der Analyse der normativen Grundlagen des Demokratieprinzips zurückbleibt, damit überaus vielschichtig. Um es weiter zu konturieren, wird nun die praktische Seite politischen Entscheidens unter dem Grundgesetz in die Betrachtung einbezogen. Abgesehen von der etwaigen gedanklichen Unvereinbarkeit der Volksherrschaft mit rechtsstaatlichen Vollkommenheitsansprüchen speist sich die demokratiebezogene Kritik an Folgerichtigkeitsanforderungen vor allem aus der Sorge vor einer Überforderung der politischen Entscheidungsträger.[309] Untersucht werden muss, inwieweit diese Sorge begründet ist. Zudem verrät ein genauerer Blick, inwiefern sich die eben eingeführten Erwägungen der politischen Theorie auf der praktischen Ebene widerspiegeln. Nach einem kurzen Überblick über den politikwissenschaftlichen Forschungsstand zu den Eigengesetzlichkeiten[310] der Politik werden dementspre-

---

[305] Siehe *Michael Fritsch*, Marktversagen und Wirtschaftspolitik, S. 119 ff., 224 ff., 248 ff. Vgl. auch Springer Kompakt-Lexikon Wirtschaftspolitik, S. 265.
[306] Mit Blick auf die Gerechtigkeit der Ergebnisse des politischen Prozesses – vor allem was die Berücksichtigung durchsetzungsschwacher Interessen anbelangt – finden sich entsprechende Ansätze schon länger, vgl. besonders *John Hart Ely*, Democracy and Distrust, insbesondere S. 73 ff., 135 ff.
[307] Näher zum Kompensationsgedanken unten, S. 111 ff.
[308] Zu verschärften Konsistenzkontrollen bei Störungen des politischen Prozesses siehe besonders unten, S. 164 ff.
[309] Vgl. etwa *Oliver Lepsius*, JZ 2009, S. 260 (261 f.); *Christoph Möllers*, in Das entgrenzte Gericht, S. 281 (397 ff.); *Philipp Dann*, Der Staat Bd. 49 (2010), S. 630 (640); *Georg Lienbacher*, VVDStRL Bd. 71 (2012), S. 7 (13 ff.); *Uwe Kischel*, in FS Kirchhof Bd. I, S. 371 (381 f.); *Armin Steinbach*, Rationale Gesetzgebung, S. 94.
[310] Umfassend untersucht wurde die Gesetzgebungspraxis der alten Bundesrepublik mit ihren Eigengesetzlichkeiten von *Helmuth Schulze-Fielitz*, Theorie und Praxis parlamentari-

chend die konsistenzbeschränkenden und -fördernden Elemente des politischen Systems der Bundesrepublik analysiert.

1. Funktionsmechanismen politischen Entscheidens unter dem Grundgesetz

Das Kräftefeld, in dem sich die staatliche Willensbildung bewegt, wird sowohl durch institutionelle Rahmenbedingungen politischen Entscheidens (Polity-Dimension der Politik) als auch durch auf ihnen beruhende Mechanismen politischer Entscheidungsprozesse selbst (Politics-Dimension) geprägt.[311] Eine Zusammenschau beider Dimensionen zeigt, dass die rechtlichen und faktischen Möglichkeiten widerspruchsfreier Gesetzgebung sich überblickshaft in sechs Funktionsprinzipien zusammenfassen lassen, die drei gegensätzliche Paare bilden. Die Politik unter dem Grundgesetz agiert zwischen Konkurrenz und Konkordanz, zwischen Formalität und Informalität, zwischen Volksnähe und Distanz.

a) Konkurrenz und Konkordanz

Das politische System der Bundesrepublik ist verfassungsrechtlich als Mischform aus Mehrheits- und Konsensdemokratie[312] konzipiert.[313] Es gewährt Freiraum für

---

scher Gesetzgebung, S. 255 ff.; 375 ff.; 454 ff. und passim. Auch wenn es seitdem, insbesondere was die internationale Politikverflechtung anbelangt, sicherlich Neuerungen gegeben hat und zudem zahlreiche neue Forschungsergebnisse vorliegen, kann, was die Grundstrukturen der deutschen Politik anbelangt, noch immer auf diese umfangreiche Studie verwiesen werden. In die wichtigsten Funktionsmechanismen wird hier lediglich im Überblick eingeführt, soweit es für die folgende, darauf aufbauende Argumentationsstruktur hilfreich ist. Eine Analyse der politischen Praxis unter dem Grundgesetz – mit besonderem Blick auf die Rationalität politischen Entscheidens – lieferte jüngst auch *Armin Steinbach*, Rationale Gesetzgebung, S. 217 ff.

[311] Zu den drei Dimensionen der Politik, die neben den genannten noch die inhaltliche Policy-Ebene einschließen, siehe nur *Frank Pilz/Heike Ortwein*, Das politische System Deutschlands, S. 4 ff.

[312] Nach dem Ausmaß, in dem ihre Institutionen und Funktionsträger Abstimmungszwängen unterworfen sind, lassen sich politische Systeme grob in diese beiden Kategorien einteilen. Mehrheits- oder Konkurrenzsysteme werden durch einen Wettbewerb politischer Parteien dominiert. Gelingt es einem Lager, die Mehrheit der Parlamentssitze zu erstreiten, so kann es sein politisches Programm weitgehend unbeeinträchtigt von entgegenstehenden Vorstellungen umsetzen. In Konkordanz- oder Konsenssystemen haben bestimmte Akteure weitreichende Möglichkeiten, politische Vorhaben zu blockieren. Bei der Entscheidungsfindung steht daher das Erzielen von Einvernehmen im Vordergrund. Zur Unterscheidung siehe für die historische Entwicklung nur *Hans Hattenhauer*, in Mehrheitsprinzip, Konsens und Verfassung, S. 1 ff.; sowie allgemein *Arend Lijphart*, Patterns of Democracy, S. 9 ff.; 31 ff.; *Frank Pilz/Heike Ortwein*, Das politische System Deutschlands, S. 26 f.; *Manfred Schmidt*, Demokratietheorien, S. 306 ff., 319 ff.

[313] Auf seiner „Two-Dimensional Conceptual Map of Democracy" ordnet *Arend Lijphart*, Patterns of Democracy, S. 243 ff., Deutschland als föderal geprägte Konsensusdemokratie

Maßnahmen der politischen Führung,[314] verlangt aber an entscheidenden Stellen das Erzielen von Einvernehmen. Das gilt auf der Bundes- und der Landesebene sowohl für das Verhältnis von Regierungs- und Oppositionslager als auch für das Zusammenspiel der Akteure innerhalb der Lager. Die allesamt parlamentarischen Regierungssysteme des Bundes und der Länder schaffen die Voraussetzungen dafür, dass Exekutive und Legislative im Regelfall auf gegenseitige Unterstützung zählen können.[315] Dies schlägt sich in der politischen Praxis nieder, in der Regierungen bislang – abgesehen von wenigen Ausnahmen auf der Landesebene – stets von einer parlamentarischen Mehrheit gestützt wurden.[316] Die Opposition ist auf eher schwach ausgeprägte Kontrollrechte verwiesen. Allerdings fügen die gelegentlich notwendigen Zweidrittelquoren und die Mitbestimmungsmöglichkeiten des Bundesrates bei der Bundesgesetzgebung dieser prinzipiell konkurrenzorientierten Ordnung einige Konkordanzelemente hinzu.[317]

Was das Zusammenspiel der Kräfte innerhalb eines Lagers anbelangt, ist die Notwendigkeit von Zugeständnissen nicht der Ausnahme- sondern der Regelfall.[318] Zwar entscheiden Parteien, Fraktionen und Kabinett intern wiederum nach dem Mehrheitsprinzip. Dabei verleiht ihre hierarchische Gliederung der

---

ein. Seine Untersuchung zeigt auch, dass in der Praxis grundsätzlich nur – mit unterschiedlicher Schwerpunktsetzung ausgestaltete – Mischformen zwischen beiden Kategorien vorkommen. Für einen Überblick zu *Lijpharts* einflussreichen Ergebnissen und ihrer politikwissenschaftlichen Rezeption siehe *Manfred Schmidt*, Demokratietheorien, S. 319 ff. Siehe zur deutschen Mischform auch *Ernst Benda*, in Mehrheitsprinzip, Konsens und Verfassung, S. 61 ff.; *Everhard Holtmann/Helmut Voelzkow*, in Wettbewerbs- und Verhandlungsdemokratie, S. 9 (11 ff.); *Frank Pilz/Heike Ortwein*, Das politische System Deutschlands, S. 27.

[314] Näher zur Idee der politischen Führung *Hermann Pünder*, VVDStRL Bd. 72 (2013), S. 191 (200 f.).

[315] Für eine detaillierte Analyse der Machtdynamiken in präsidentiellen und parlamentarischen Regierungssystemen mit einer Auswertung der diesbezüglichen Literatur siehe *Scott Mainwaring/Matthew Shugart*, Comparative Politics Bd. 29 (1997), S. 449 ff.

[316] Siehe auch *Stefan Marschall*, Das politische System Deutschlands, S. 272. Zur politischen Praxis von Minderheitsregierungen siehe *Flemming Christiansen/Erik Damgaard*, J. of Legislative Studies Bd. 14 (2008), S. 46 ff.

[317] In beiden Fällen ist es vor allem die Bundestagsopposition, die Blockademöglichkeiten erhält. Dies gilt (bei entsprechender Mehrheitskonstellation) insbesondere für den Bundesrat, in dem praktisch weniger Länderinteressen gegenüber dem Bund als Oppositionsinteressen gegenüber der Regierung vertreten werden. *Gerhard Lehmbruch* hat in diesem Zusammenhang den Begriff des „Parteienwettbewerbs im Bundesstaat" geprägt. Für einen Überblick zu den Konkordanzelementen in der Bundesrepublik mit Fokus auf das föderale Gefüge, siehe *dens.*, Parteienwettbewerb und Bundesstaat, S. 59 ff., 134 ff. Vgl. auch *George Tsebelis*, Veto Players, S. 80.

[318] Das folgt schon aus der Vielzahl der konkurrierenden Interessen, die durch die zu entwickelten Lösungen ausgeglichen werden müssen, vgl. *Ernst Benda*, in Mehrheitsprinzip, Konsens und Verfassung, S. 69.

Führungsebene ein erhebliches Gewicht bei der Durchsetzung ihrer Vorhaben. Um in Kollegialgremien jedoch zu einer Mehrheit zu gelangen, müssen die gleichberechtigt Abstimmenden zu einem bestimmten Ergebnis bewogen werden. Besonders die interne Struktur der Parteien, die auf die Zusammenarbeit in den Fraktionen abfärbt, ist von einer „lose verkoppelten Anarchie" geprägt.[319] Von den unterschiedlich mächtigen Teilorganisationen – insbesondere den Landesverbänden, aber auch Parteiflügeln und gesellschaftlichen Vorfeldorganisationen –, können einige Blockadestellungen einnehmen. Schließlich hat das flächendeckend geltende Verhältniswahlrecht mit der Zeit dazu geführt, dass eine Regierungsmehrheit grundsätzlich nicht mehr ohne Koalition gebildet werden kann.[320] Koalitionspartner stehen einander ebenfalls als potentielle Vetospieler[321] gegenüber.[322]

b) Formalität und Informalität

Auch der Einfluss von Verfahrens-, Zuständigkeits- und Formbestimmungen im politischen Prozess wirkt sich deutlich auf die Möglichkeiten folgerichtiger Gesetzgebung aus. Die Rolle von formellen Vorgaben in der Politik ist zwiespältig. Auf der einen Seite sind große Teile der demokratischen Willensbildung stark durch sie geprägt. Zu den Bestimmungen des Grundgesetzes über das Verfahren zur Verabschiedung von Gesetzen kommt ein umfassendes Geschäftsordnungsrecht hinzu, das die parlamentarische Arbeit ebenso erfasst wie Abstimmungsprozesse zu Gesetzentwürfen innerhalb der Ministerialbürokratie.[323] Die Arbeit der politischen Parteien wird bis hinab zur kommunalen Ebene durch Binnenrecht strukturiert. Neben den allgemeinen Satzungen bestehen insbesondere Geschäftsordnungen, nach denen Vorstände und Parteitage die Parteiprogrammatik erarbeiten. Insgesamt wird der politischen Kultur in Deutschland ein Hang zum „Formalismus" nachgesagt.[324]

---

[319] So die am Beispiel der SPD entwickelte Einschätzung von *Peter Lösche*. Siehe etwa *dens./Franz Walter*, SPD, S. 173 ff. Insofern gilt das von *Robert Michels* ebenfalls mit Blick auf die deutsche Sozialdemokratie entwickelte „Eherne Gesetz der Oligarchie", vgl. *dens.*, Zur Soziologie des Parteiwesens in der modernen Demokratie, S. 342 ff., 351 ff., allenfalls eingeschränkt.

[320] Zum Einfluss des Wahlrechts, aber auch gesellschaftlicher Faktoren, auf die Entstehung von Zwei- oder Mehrparteiensystemen siehe auch *Maurice Duverger*, Party Politics and Pressure Groups, S. 23 ff.

[321] Grundlegend für die Vetospieler-Theorie *George Tsebelis*, Veto Players, S. 17 ff.

[322] Siehe auch *Everhard Holtmann/Helmut Voelzkow*, in Wettbewerbs- und Verhandlungsdemokratie, S. 9 (12).

[323] Vgl. insoweit besonders Kapitel 6 der GGO.

[324] Siehe *Kurt Sontheimer/Wilhelm Bleek/Andrea Gawrich*, Grundzüge des politischen Systems Deutschlands, S. 173 f.

Andererseits spielen informelle Handlungsmechanismen eine bedeutende Rolle.[325] Ermöglicht werden sie durch die – notwendigerweise – nur lückenhafte Regelung politischer Entscheidungsprozesse im materiellen Verfassungsrecht.[326] Spätestens seit der Regierungszeit *Helmut Kohls* wird eine besonders in der Spitzenpolitik erkennbare Tendenz zur Entscheidungsvorbereitung in informellen Netzwerkstrukturen beobachtet.[327] Im Außenverhältnis wird verstärkt mit den Adressaten künftiger Regelungen kooperiert, um auf deren Sachverstand zurückzugreifen und die Akzeptanz politischer Vorhaben sicherzustellen. Innerhalb des Parlaments- und Regierungsapparates wird die Zuständigkeits- und Verfahrensordnung durch persönliche Interaktion in Parallelstrukturen unterlaufen.[328]

c) Volksnähe und Distanz

Gewählte Amtsträger müssen um ihres eigenen Machterhalts willen grundsätzlich Zustimmung und Wohlwollen des Volkes anstreben.[329] Dass die „Regierung und die sie tragenden politischen Kräfte im Parlament (…) stets auch den Wähler im Blick haben", „ist Teil des politischen Prozesses (…), wie das Grundgesetz ihn versteht."[330] Volksnähe ist vor diesem Hintergrund in räumlich-persönlicher, zeitlicher und inhaltlicher Hinsicht notwendig. Durch die gebietsspezifische Gliederung der Parteien und die Einteilung der Wahlgebiete in Wahlkreise sind Träger von Wahlämtern in besonderer Weise von der Zustimmung der kleinen Gruppe von Bürgern ihrer Heimatregion abhängig.[331] In ihrer räumlichen Nähe

---

[325] Siehe etwa *Helmuth Schulze-Fielitz*, Theorie und Praxis parlamentarischer Gesetzgebung, S. 259 f., 294, 354 ff.; *dens.*, in Gesetzgebungstheorie und Rechtspolitik, S. 290 (292 f.); *Friedrich Schoch*, in HStR III, 3. Aufl. § 37 Rn. 33, 146 ff.; *Michael Brenner*, in HStR III, 3. Aufl. § 44 Rn. 66; *Frank Pilz/Heike Ortwein*, Das politische System Deutschlands, S. 100 ff.

[326] Zur fehlenden Regelung des sogenannten „inneren Gesetzgebungsverfahrens" siehe nur *Gerhard Hoffmann*, ZG Bd. 5 (1990) S. 97 (98 ff.).

[327] Für einen Überblick siehe *Frank Pilz/Heike Ortwein*, Das politische System Deutschlands, S. 125 ff. Näher zur informellen Entscheidungsvorbereitung *Friedrich Schoch*, in HStR III, 3. Aufl. § 37 Rn. 33, 146 ff.

[328] Siehe etwa *Helmuth Schulze-Fielitz*, Theorie und Praxis parlamentarischer Gesetzgebung, S. 259 f., 294, 354 ff.

[329] Umfassende Darstellung der „politischen Handlungslogik" bei *Armin Steinbach*, Rationale Gesetzgebung, S. 37 ff., 205 ff.

[330] BVerfGE 44, 125 (140).

[331] Zur Bedeutung des Wahlrechts für die Möglichkeiten der Bürger zum Einwirken auf die Repräsentanten siehe einführend *Bingham Powell*, Elections as Instruments of Democracy, S. 3 ff. und passim. Zu den Gründen für das Entstehen unterschiedlicher Wahlsysteme, bei denen es besonders um die Frage geht, inwiefern die dominierenden Kräfte Machtzuwächse für das Volk oder einzelne Bevölkerungsgruppen unterstützen, beziehungsweise begrenzen wollen siehe *Charles Boix*, American Political Science Rev. Bd. 93 (1999), S. 609 ff.

bewegen sich zudem Vertreter anderer durchsetzungsstarker Interessen, wie Lobbyisten und Verbandsfunktionäre.[332] Zeitliche Nähe ist gefragt, wenn aktuelle Geschehnisse die öffentliche Meinung[333] schlagartig beschäftigen. Von Politikern werden dann zügige Reaktionen erwartet. Beide Wirkungen steigern den Druck, den Wünschen der Bürger inhaltlich zu entsprechen.

Die räumlich-persönliche, zeitliche und inhaltliche Nähe der Gesetzgebung zu Stimmungslagen und Partikularinteressen wird durch das politische System allerdings zugleich begrenzt.[334] Zunächst liegt der Schwerpunkt der Gesetzgebungskompetenzen im föderalen Gefüge vergleichsweise stark bei der Zentralebene. Soweit Gesetze der Zustimmung des Bundesrates bedürfen, begrenzen sich räumlich abgetrennte Teile des Staates zudem gegenseitig.[335] Weiterhin wird der Großteil der legistischen Arbeit nicht von gewählten Abgeordneten, sondern von hauptamtlichen Mitarbeitern der Ministerialbürokratie geleistet.[336] Sie ist weniger politische als Verwaltungstätigkeit.[337] Die Ministerialbediensteten sind wesentlich geringerem öffentlichem und persönlichem Druck ausgesetzt als gewählte Volksvertreter. Auch für Parlamentarier und Regierungsmitglieder wird mit Abgeordnetenstatus und Versorgungsansprüchen immerhin eine gewisse Unabhängigkeit gewährleistet. Schließlich schaffen die einzuhaltenden Verfahrensschritte Distanz in zeitlicher Hinsicht.[338]

---

[332] Zum Klientelismusproblem und zur unterschiedlich starken Rolle verschiedener Interessenverbände in der Politik siehe *Gunnar Trumbull*, Strength in Numbers, S. 99 ff. und passim.

[333] Zu Abhängigkeit von der öffentlichen Meinung, vgl. auch *Eckehart Stein/Götz Frank*, Staatsrecht, S. 78.

[334] Siehe *Peter Lerche*, Übermass und Verfassungsrecht, S. 54; *Christoph Degenhart*, DÖV 1981, S. 477 (479); *Michael Kloepfer*, VVDStRL Bd. 40 (1982), S. 63 (65 ff.); *Helmuth Schulze-Fielitz*, Theorie und Praxis parlamentarischer Gesetzgebung, S. 459 ff., 555 f.; *Angelika Siehr*, ARSP Bd. 91 (2005), S. 535 (545).

[335] Die bundesstaatliche Ordnung Deutschlands weist insofern einige Elemente auf, die sich im internationalen Vergleich als eher stärker begrenzend auf die Willensausübung durch die Mehrheit des Volkes erweisen („demos-constraining" in Abgrenzung zu „demos-enabling"), vgl. *Alfred Stepan*, J. of Democracy Bd. 10 (1999), S. 19 (23 ff. und passim, insbesondere Tabellen 2 und 3). Vgl. weiter zum Forschungsstand betreffend die begrenzenden und stärkenden Auswirkungen von mehr oder weniger zentralistischen Arrangements *Benjamin Goldfrank*, Comparative Politics Bd. 39 (2007), S. 147 ff.; *Wolf Linder*, Publius Bd. 40 (2010), S. 1 ff.

[336] Siehe etwa *Helmuth Schulze-Fielitz*, Theorie und Praxis parlamentarischer Gesetzgebung, S. 461 ff.

[337] Aus diesem Grund sollte man nicht den Fehler machen, die gesetzgeberischen Handlungsmaßstäbe mit einer hauptsächlich auf Machtgewinn und -erhalt ausgerichteten politischen Handlungslogik gleichzusetzen. Zu dieser *Armin Steinbach*, Rationale Gesetzgebung, S. 37 ff., 205 ff.

[338] Siehe *Helmuth Schulze-Fielitz*, Theorie und Praxis parlamentarischer Gesetzgebung, S. 467 ff.

2. Konsistenzbeschränkende Einflüsse

a) Strukturelle Defizite menschlicher Urteils- und Entscheidungsfähigkeit

Wendet man sich nunmehr der Frage zu, inwiefern die politische Entscheidungsfindung mit ihren soeben umrissenen Funktionsmechanismen der Erzeugung konsistenten Rechts entgegenwirkt, so sind im ersten Schritt drei Arten von Mängeln zu berücksichtigen, die dem menschlichen Einschätzungs- und Entscheidungsvermögen im Allgemeinen anhaften und auch die Gesetzgebungsarbeit signifikant beeinflussen dürften. Erstens folgt – auf der Ebene der Urteils- und Entscheidungsfindung durch einzelne Personen – eine gewisse Fehleranfälligkeit schon aus der Funktionsweise des menschlichen Gehirns. Das Gehirn arbeitet nur ausnahmsweise regelgeleitet und systematisch, vorwiegend jedoch intuitiv-assoziativ.[339] Als Mittel der Komplexitätsreduktion greift es im Normalmodus auf vereinfachende Denkmuster zurück, die sich oftmals nicht mit normativen Grundsätzen wissenschaftlicher, ökonomischer oder ethisch-moralischer Rationalität vereinbaren lassen.[340] So verfügen wir Menschen entgegen der hergebrachten wirtschaftswissenschaftlichen Annahmen über keine klare, konsistente Präferenzordnung, sondern zeichnen uns durch zuweilen widersprüchliche Einschätzungen und Verhaltensweisen aus.[341] Auch neigen wir dazu, unsere Einschätzungen und Entscheidungen von Faktoren abhängig zu machen, die in sachlicher Hinsicht irrelevant für die Beantwortung einer Fragestellung sind. Zum Beispiel schätzen wir das Ausmaß einer Gefahr tendenziell nicht nach der Wahrscheinlichkeit und dem möglichen Umfang eines Schadens ein, sondern orientieren uns daran, wie vertraut und wie beeinflussbar uns die Gefahrenquelle vorkommt.[342] Sind wir dazu aufgerufen, aus verschiedenen

---

[339] Für eine Einführung in den Forschungsstand siehe *Robyn Dawes*, Rational Choice in an Uncertain World, S. 3 ff.; *Keith Stanovich/Richard West*, Behavioral and Brain Sciences Bd. 23 (2000), S. 645 (658 ff.); *Daniel Kahneman*, American Economic Rev. Bd. 93 (2003), S. 1449 (1450 ff.); *David Redlawsk/Richard Lau*, in Oxford Handbook of Political Psychology, S. 130 (137 ff.).

[340] Grundlegend *Amos Tversky/Daniel Kahnemann*, Science, New Series Bd. 185 (1974), S. 1124 ff. Im Überblick *Daniel Kahneman*, American Economic Rev. Bd. 93 (2003), S. 1449 (1452 ff.); *Thomas Gilovich/Dale Griffin*, in Handbook of Social Psychology, S. 542 (548 ff.; 554 ff.). Siehe auch *Cass Sunstein/Richard Thaler*, Chicago Law Rev. Bd. 70 (2003), S. 1159 (1167 ff.).

[341] Den Forschungsstand – mit Darstellung einiger prominenter Cognitive Biases – für die deutschsprachige rechtswissenschaftliche Fachöffentlichkeit zusammenfassend *Anne von Aaken*, in Paternalismus und Recht, S. 109 (114 ff.).

[342] Grundlegend *Paul Slovic*, Science, New Series Bd. 236 (1987), S. 280 ff. Siehe auch *Jennifer Lerner/Dacher Keltner*, J. of Personality and Social Psychology Bd. 81 (2001), S. 146 (151 ff.); *Jennifer Lerner/Roxana Gonzalez/Deborah Small/Baruch Fischhoff*, Psychological Science Bd. 14 (2003), S. 144 ff.

Möglichkeiten eine Auswahl zu treffen, so beeinflussen unterschiedliche Präsentationsweisen von – ansonsten identischen – Optionen in vielfältiger Weise unsere Wahl.[343] Zusätzlich zu solchen Denkfehlern wird unser Verhalten – etwa unsere Risikofreude – von unserem aktuellen Gemütszustand beeinflusst.[344]

Der zweite strukturelle Mangel betrifft das kollektive Herausbilden von Urteilen und Entscheidungen in Gruppen. Selbst wenn alle Mitglieder einer Gruppe ohne Denkfehler agieren könnten, wäre es schon ab einem geringen Grad an sozialer Komplexität nicht mehr möglich, ihre einzelnen Wünsche zu einer eindeutigen – unabhängig vom gewählten Entscheidungsmodus replizierbaren – Gruppenpräferenzordnung zu aggregieren.[345] Mathematisch lassen sich entsprechende Schwierigkeiten bereits für alle Kollektiventscheidungen über mehr als zwei Alternativen durch mehr als zwei Personen nachweisen.[346] Sofern gewisse Grundbedingungen eingehalten werden sollen – etwa die Abwesenheit einer diktatorischen Festlegung der gemeinsamen Präferenzordnung oder das Recht jedes Beteiligten, seine eigenen Präferenzen frei zu bestimmen –, kann es kein Entscheidungsverfahren geben, das eine transitive gemeinschaftliche Präferenzordnung garantiert.[347] Wenn eine politische Gemeinschaft eine gemeinsame Werteordnung erarbeiten will, wird sie also selbst bei völlig konstanten Präferenzen mit unterschiedlichen Verfahren zu unterschiedlichen – und damit stets teilweise willkürlichen – Ergebnissen gelangen. Wofür sie sich entscheidet,

---

[343] Siehe für diverse Beispiele *Daniel Kahneman*, American Economic Rev. Bd. 93 (2003), S. 1449 (1454 ff.); *Thomas Gilovich/Dale Griffin*, in Handbook of Social Psychology, S. 542 (549 ff.).

[344] Siehe *Jennifer Lerner/Dacher Keltner*, J. of Personality and Social Psychology Bd. 81 (2001), S. 146 ff.; *Jennifer Lerner/Roxana Gonzalez/Deborah Small/Baruch Fischhoff*, Psychological Science Bd. 14 (2003), S. 144 ff.; *Jennifer Lerner/Deborah Small/George Loewenstein*, Psychological Science Bd. 15 (2004), S. 337 ff.; *Jennifer Lerner/Ye Li/Elke Weber*, Psychological Science Bd. 24 (2013), S. 72 ff.

[345] Siehe mit einem Überblick über die Entwicklung der diesbezüglichen Diskussion *Mathias Risse*, Ethics Bd. 111 (2001), S. 706 (709 ff.); *Gebhard Kirchgässner*, in Gemeinwohl in Deutschland, Europa und der Welt, S. 289 (303 ff.); *Emanuel Vahid Towfigh*, Das Parteien-Paradox, S. 170 ff.

[346] Zum 1785 von *Marie Jean de Condorcet* gezeigten Paradox siehe *Mathias Risse*, Ethics Bd. 111 (2001), S. 706 (709); *Gebhard Kirchgässner*, in Gemeinwohl in Deutschland, Europa und der Welt, S. 289 (304 f.).

[347] Grundlegend *Kenneth Arrow* mit seinem Unmöglichkeitstheorem, J. of Political Economy Bd. 58 (1950), S. 328 (334 ff.); *ders.*, Social Choice and Individual Values, S. 46 ff. und passim. Ähnlicher Ansatz – mit leichten Unterschieden in Bezug auf die Bedingungen – bei *Amartya Sen*, J. of Political Economy Bd. 78 (1970), S. 152 ff. Mit Differenzierungen und Fortentwicklungen *Mathias Risse*, Ethics Bd. 111 (2001), S. 706 (712 ff.).

kann etwa davon abhängen, wie Themenkomplexe gruppiert werden und in welcher Reihenfolge über sie abgestimmt wird.[348]

Der dritte strukturelle Mangel der Urteils- und Entscheidungsfähigkeit – sowohl von Einzelpersonen als auch von Personengruppen – folgt wiederum aus der Komplexität der Welt, hier im Zusammenwirken mit der Knappheit von Zeit und Ressourcen. Oftmals wird gerade die Rationalität es gebieten, unvollständig rationalisierte Entscheidungen zu treffen. Die Beschaffung von Informationen und das Erarbeiten von Lösungen sind ihrerseits mit Aufwand verbunden.[349] In Abwägung der Informationsbeschaffungs- und Entscheidungskosten mit den möglichen Auswirkungen von Fehlern müssen Entscheidungsträger aller Lebensbereiche daher ständig zulasten detaillierterer Nachforschungen und Ausarbeitungen entscheiden und sich mit den gefundenen Lösungen zufrieden geben.[350] Obgleich eine solche Vorgehensweise als – wenn auch „begrenzt" – rational eingeordnet wird,[351] führt sie mit einer gewissen Wahrscheinlichkeit fehlerhafte, oder jedenfalls suboptimale, Entscheidungen herbei.

Für die Möglichkeit einer konsistenten Rechtsordnung sind diese kognitionspsychologischen, sozialwahl- und entscheidungstheoretischen Befunde weniger problematisch, als man zunächst annehmen könnte. Denn zum Setzen konsistenten Rechts dürfte vollständig rationales Entscheiden im Sinne völliger Freiheit von den eben eingeführten Defiziten nicht erforderlich sein. Im Rechtssetzungsprozess wird nur ein kleiner Teil der denkbaren und in der Gesellschaft vorhandenen Wertungen mit legislativer Autorität versehen.[352] Konsistenzanforderungen betreffen nur das Verhältnis dieser ausgesuchten Wertungen zueinander und verlangen auch in diesem Verhältnis keine umfassende, sondern nur eine spezifisch eingegrenzte Rationalität.[353] Dass die aufgezeigten Mängel konsistenter Gesetzgebung dennoch entgegenwirken, liegt allerdings auf der Hand. Die vereinfachenden Denkmuster, die das Gehirn im intuitiven Modus

---

[348] Siehe *Gebhard Kirchgässner*, in Gemeinwohl in Deutschland, Europa und der Welt, S. 289 (305).
[349] Siehe etwa *Herbert Simon*, in Nobel Lectures, Economic Sciences 1969–1980, S. 343 (356).
[350] Siehe zum Phänomen des „Satisficing" grundlegend *Herbert Simon*, in Nobel Lectures, Economic Sciences 1969–1980, S. 343 (356 ff. und passim); sowie zusammenfassend *Davide Secchi*, Extendable Rationality, S. 22 f.
[351] Siehe dazu, sowie zur „Bounded Rationality" insgesamt, nur *Herbert Simon*, in Nobel Lectures, Economic Sciences 1969–1980, S. 343 ff.; *Reinhard Selten*, in Bounded Rationality, S. 13 ff.; *Davide Secchi*, Extendable Rationality, S. 19 ff.; *Dennis Chong*, in Oxford Handbook of Political Psychology, S. 96 (99 ff.).
[352] Zudem erfordert die Gemeinwohlartikulation ohnehin mehr als die bloße Aggregation von Einzelwillen, siehe *Josef Isensee*, in HStR IV 3. Aufl. § 71 Rn. 53.
[353] Siehe oben, S. 33 ff.

verwendet, werden oftmals inkompatibel mit den Begründungsansätzen sein, denen sich der Gesetzgeber normativ verpflichtet sehen will. Wenn die politisch maßgebliche Werteordnung „von der Tagesordnung abhängig ist"[354], wird sich auch im Recht kein vollkommen kohärentes Gedankengebäude etablieren. Werden Entscheidungen schließlich nicht optimiert, sondern nur bis zum Erreichen einer akzeptablen Qualitätsstufe verbessert, so bleiben Fehlgewichtungen – die den eigentlich beabsichtigten Wertungen zuwiderlaufen – nicht aus.

b) Produktion und Verarbeitung von Widersprüchen im politischen Prozess

Die strukturellen Defizite der menschlichen Urteils- und Entscheidungsfähigkeit schaffen ein Grundrisiko prinzipiell unbeabsichtigter Inkonsistenzen. Daneben enthält die Anreizstruktur, die das politische System mit seinen Funktionsprinzipien errichtet, allerdings einige Elemente, die sich als gezielte Förderung der Inkompatibilität politischer Sichtweisen interpretieren lassen. So zwingt das Prinzip der Konkurrenz die politischen Wettbewerber, sich inhaltlich voneinander abzugrenzen.[355] Um die eigene Partei oder Person als vorzugswürdig erscheinen zu lassen, müssen Alternativen zu den Konzepten der Konkurrenten gebildet werden.[356] Dieser Zwang zur Abgrenzung lässt sich auch als Zwang zur Produktion von Widersprüchen begreifen. Dass viele der Wertungen, die dem Pool möglicher gesetzlicher Regelungen zugrunde liegen, miteinander unvereinbar sind, ist insofern nicht bloß ein Nebeneffekt, sondern ein prägender Bestandteil des politischen Systems. Begrenzt werden die Möglichkeiten konsistenter Gesetzgebung durch diesen Umstand vor allem im Zusammenwirken mit dem Konsensprinzip, nach dem politisches Entscheiden Kompromisse erfordert.[357] Ein Kompromiss kommt nur zustande, wenn sich alle beteiligten Vetospieler einverstanden erklären. Dafür werden in der Regel alle Kompromissparteien einen Teil ihrer Forderungen abändern oder verwerfen,

---

[354] *Gebhard Kirchgässner*, in Gemeinwohl in Deutschland, Europa und der Welt, S. 289 (305).

[355] Siehe auch *Arthur Benz*, Politik in Mehrebenensystemen, S. 63.

[356] Zur Bedeutung des Alternativen- oder Möglichkeitendenkens für die Entscheidungsfindung in der Demokratie siehe bereits *Peter Häberle*, AöR Bd. 102 (1977), S. 27 (29 ff.); sowie *Helmuth Schulze-Fielitz*, Theorie und Praxis parlamentarischer Gesetzgebung, S. 481 ff.

[357] Vgl. nur *Arend Lijphart*, Patterns of Democracy, S. 31 ff. Allgemein zu der Bedeutung von Kompromissen für das Ziel rationaler Gesetzgebung *Helmuth Schulze-Fielitz*, in Gesetzgebungstheorie und Rechtspolitik, S. 290 ff. und zum Erfordernis der Kompromissbildung zur Konsensfindung *ders.*, Theorie und Praxis parlamentarischer Gesetzgebung, S. 429 ff. Umfassend zur Rolle von Kompromissen im Kontext rationaler Normsetzung nunmehr auch *Armin Steinbach*, Rationale Gesetzgebung, S. 217 ff.

einen anderen Teil jedoch durchsetzen müssen.[358] Regelmäßig müssen die Ergebnisse von Kompromissen daher Bestandteile einander widersprechender Politikentwürfe enthalten.[359] Zugleich ist die thematische Reichweite von Kompromissen begrenzt.[360] Selbst ein Koalitionsvertrag, der als wohl weitreichendste Art der Übereinkunft ein gemeinsames Vorgehen in sämtlichen Politikfeldern regelt, kann die betroffenen Sachverhalte und Rechtsmaterien nur in Ausschnitten erfassen. Aus diesem Grund kommen auch nach Regierungswechseln kaum vollständige Neuregelungen vor. Legislative Aktivität fügt sich fast immer in einen bestehenden Wertungszusammenhang ein.[361] Zu dem Wertungsgemisch, das einem einzelnen Kompromiss zugrunde liegt, kommen also unzählige politische Wertungen aus vorangegangenen Kompromissen hinzu. Würde man verlangen, dass die Resultate des politischen Prozesses vollständig wertungseinheitlich sind, würden der Abschluss und die Umsetzung neuer Vereinbarungen mitunter erheblich erschwert.[362] Es drohte – wenn auch nicht rechtlich angeordnet – faktisch eine Versteinerung der Rechtsordnung.[363] Die demokratische Ordnung erfordert also zur Ermöglichung politischer Erneuerung und zur Herstellung politischer Handlungsfähigkeit überhaupt die Zulässigkeit eines gewissen Grades an Widersprüchlichkeit.

---

[358] Differenzierend *Helmuth Schulze-Fielitz*, Theorie und Praxis parlamentarischer Gesetzgebung, S. 408 f.

[359] Ausführlich *Armin Steinbach*, Rationale Gesetzgebung, S. 219 ff. In diese Richtung auch *Alexander Hanebeck*, Der Staat Bd. 41 (2002), S. 429 (442).

[360] Siehe auch *Armin Steinbach*, Rationale Gesetzgebung, S. 229 ff.

[361] Siehe *Ernst Benda*, in Mehrheitsprinzip, Konsens und Verfassung, S. 61 (66 ff.); *Hartmut Maurer*, in HStR IV, 3. Aufl., § 79 Rn. 2.

[362] Vgl. nur das Sondervotum des Richters *Brun-Otto Bryde* zu der Rauchverbotsentscheidung, BVerfGE 121, 317 (380 f.). Vgl. weiter etwa *Oliver Lepsius*, JZ 2009, S. 260 (261 f.); *Philipp Dann*, Der Staat Bd. 49 (2010), S. 630 (640).

[363] Zur Problematik der Versteinerung der Rechtsordnung siehe bereits oben, S. 35 ff. Eine solche Wirkung wäre nicht zuletzt deswegen besonders problematisch, weil die Innovationsfähigkeit des politischen Prozesses – besonders im Hinblick auf die Notwendigkeit von Kompromissen – ohnehin schon mit Besorgnis betrachtet wird. Zur Diskussion *Helmuth Schulze-Fielitz*, Theorie und Praxis parlamentarischer Gesetzgebung, S. 437. Mittlerweile kann die befürchtete innovationshemmende Tendenz durch verhaltenspsychologische Forschungsergebnisse zumindest teilweise empirisch belegt und erklärt werden. Denn Menschen neigen bei Entscheidungen dazu, sich an vorgegebenen Standardoptionen („Defaults") zu orientieren und insbesondere auch den jeweils bestehenden Zustand als Orientierungspunkt beim Nachdenken über Veränderungen zu verwenden, was zum sogenannten „Status Quo Bias" führt. Siehe *William Samuelson/Richard Zeckhauser*, J. of Risk and Uncertainty Bd. 1 (1988), S. 7 ff.; *Cass Sunstein/Richard Thaler*, Chicago Law Rev. Bd. 70 (2003), S. 1159 (1171 ff. und passim). Siehe auch *Anne von Aaken*, in Paternalismus und Recht, S. 109 (116 f. und passim).

c) Mögliche Divergenz von konsistenter und politisch opportuner Lösung

Über diese notwendige Produktion widersprüchlicher Politikinhalte hinaus begünstigt das politische System – vermittelt über seine Funktionsprinzipien der Informalität und der Volksnähe – inkonsistentes Entscheiden weiter. Die aus den informellen Elementen des politischen Prozesses folgende Intransparenz sorgt dafür, dass das konkrete Gemisch aus Motiven, das einer Entscheidung zugrunde liegt, nicht nachvollzogen werden kann. Dadurch können politische Entscheidungsträger sachfremde – im Hinblick auf das offengelegte Wertungsgerüst widersprüchliche – Erwägungen in ihre Kompromisse einfließen lassen, ohne dass es im Nachhinein festgestellt werden kann.[364] Zudem müssen weder die einzelnen Bürger noch die privaten Interessengruppen, die auf den Entscheidungsprozess einwirken, ihrerseits Rationalitäts- oder Gemeinwohlansprüchen genügen.[365] Der einfachste Weg, bei Wahlen und Abstimmungen eine Mehrheit zu gewinnen, kann vor diesem Hintergrund darin bestehen, unabgewogen gerade so viele einzelne Sichtweisen zu bedienen, wie das Erreichen des Quorums erfordert.[366] Die Politik an einem wertungseinheitlichen Konzept zu orientieren, ist dazu nicht zwingend erforderlich. Es mag sich mitunter gar als hinderlich erweisen, weil es den gedanklichen Aufwand der Entscheidungsfindung steigert und – abhängig vom Konzept – Anpassungen beabsichtigter klientelistischer Maßnahmen[367] erfordern kann.[368] Ohnehin legt der derzeitige Forschungsstand der politischen Psychologie nahe, dass die Konsistenz von Politikergebnissen für die Meinungsbildung und das Wählerverhalten der einzelnen Bürger jedenfalls unmittelbar keine nennenswerte Rolle spielen kann. Denn abgesehen davon, dass Individuen dazu neigen, politische Urteile auf einer allenfalls rudimentären Faktengrundlage zu bilden, scheinen es eher emotional-affektive als analytisch-rationale Denkmuster zu sein, die für die politische Urteilsbildung maßgeblich sind.[369] Das Verhalten von Politikern – etwa politische Meinungs-

---

[364] Siehe auch *Joachim Englisch*, in FS Lang, S. 167 (177 f.), der in diesem Zusammenhang von „faulem Kompromiss" und vom „Kuhhandel" spricht.

[365] Siehe *Bernd Hartmann*, AöR Bd. 134 (2009), S. 1 (2 ff., 11 ff.).

[366] Dass insbesondere „unsachliche Junktimierungen" zur politischen Praxis dazugehören, bemerkt etwa *Georg Lienbacher*, VVDStRL Bd. 71 (2012), S. 7 (16). Siehe auch *Armin Steinbach*, Rationale Gesetzgebung, S. 229 ff.

[367] Zu verschiedenen Ausprägungen des Klientelismus und ihrer Einwirkung auf die Politik siehe *Gunnar Trumbull*, Strength in Numbers, S. 99 ff. und passim.

[368] Zu Reibungen mit einer machtfokussierten Konzeption „politischer Handlungsrationalität" mit zahlreichen weiteren Nachweisen *Armin Steinbach*, Rationale Gesetzgebung, S. 37 ff., 217 ff.

[369] Für einen Überblick über den Forschungsstand zu Irrationalität und Cognitive Bias bei der Informationsverarbeitung und Meinungsbildung von Wählern siehe *Diana Mutz*, in Oxford Handbook of Political Behavior, S. 80 (81 ff., 86 ff. und passim); *Hélène Landemore*, in

bekundungen – beurteilen Individuen tendenziell nicht neutral und themenorientiert, sondern stark voreingenommen nach persönlicher Sympathie und Parteipräferenz.[370]

3. Konsistenzfördernde Einflüsse

Aus den vorangegangenen Überlegungen zu schließen, dass das politische System einer konsistenten Rechtsordnung im Großen und Ganzen entgegenwirkt, wäre jedoch voreilig. Ein näherer Blick verrät, dass in den Funktionsmechanismen der politischen Ordnung Antworten auf die Anfälligkeit des politischen Prozesses für Fehler und Widersprüchlichkeiten angelegt sind. Mit den oben theoretisch eingeführten Rationalisierungsfunktionen demokratischen Regierens korrespondieren konkrete praktische Nutzeneffekte demokratischer Mechanismen.

a) Konzeptgeleitetes Entscheiden in Situationen der Verantwortlichkeit

Die Funktionsprinzipien der Konkurrenz und der Konkordanz, der Formalität und der Volksnähe konkretisieren den Gedanken der Gebundenheit demokratischer Macht, indem sie einen „Verantwortlichkeitszusammenhang" zwischen den Regierenden und dem Volk herstellen.[371] Gerade solche Mechanismen des Verantwortlichseins – geschuldeter Rechenschaft also – sind es, die sich in der verhaltenswissenschaftlichen Forschung immer stärker als erfolgreiche Strategie herauskristallisieren, um Menschen zu möglichst rationalen Urteilen und Entscheidungen anzuregen.[372] Rechenschaftspflichten können der Rationalität menschlichen Verhaltens zwar auch abträglich sein.[373] Unter den richtigen Vor-

---

Collective Wisdom, S. 251 (272 ff.); *Dennis Chong*, in Oxford Handbook of Political Psychology, S. 96 (107 ff.; 109 ff.); *Charles Taber/Everett Young*, in Oxford Handbook of Political Psychology, S. 525 ff.

[370] Zum „Motivated Reasoning" als struktureller Fehlleistung siehe *Drew Westen/Pavel Blagov/Keith Harenski/Clint Kilts/Stephan Hamann*, J. of Cognitive Neuroscience Bd. 18 (2006), S. 1947 ff.; sowie im Überblick zum Forschungsstand *Dennis Chong*, in Oxford Handbook of Political Psychology, S. 96 (109 ff.).

[371] *Ernst-Wolfgang Böckenförde*, HStR III, 3. Aufl. § 34 Rn. 19.

[372] Für eine Einführung siehe *Jennifer Lerner/Philip Tetlock*, in Encyclopedia of Human Behavior, S. 7 f. und passim; *Jane Mansbridge*, in Oxford Handbook of Public Accountability, S. 55 (64 f.).

[373] So führt unsere Neigung, die Zustimmung unserer Mitmenschen anzustreben, tendenziell dazu, dass wir Menschen immer dann weniger analytisch-systematisch denken und Positionen weniger kritisch hinterfragen, wenn wir mit der anschließenden Beurteilung unseres Verhaltens durch Personen rechnen, deren Auffassungen und Erwartungen wir kennen. Müssen wir überraschend im Nachhinein über unser Verhalten Rechenschaft ablegen, so vermindert sich unsere Fähigkeit, die Qualitäten und Fehler unserer Entscheidungen realistisch ein-

aussetzungen jedoch sorgen Verantwortlichkeitsmechanismen tendenziell dafür, dass wir in analytisch-systematische Denkstrukturen wechseln, strukturelle Denkfehler vermeiden und zu besser durchdachten Ergebnissen gelangen.[374] Die wichtigsten dieser Voraussetzungen lauten, dass uns das Rechenschaftsverhältnis im Voraus bekannt ist, dass wir die Auffassungen unserer Adressaten jedoch entweder nicht kennen oder Missbilligung erwarten, und dass die Adressaten einflussreich sowie berechtigt sind, Gründe für unser Verhalten zu verlangen.[375] In einer solchen Situation neigen wir Menschen dazu, vorsorglich eine selbstkritische Geisteshaltung einzunehmen, die auf Fehlervermeidung und die argumentative Absicherung unseres Verhaltens zielt.[376] Infolge dieser Strategie der präventiven Selbstkritik gelingt uns kognitiv eine komplexe Synthese der verschiedenen denkbaren Sichtweisen, mit deren Hilfe wir Abwägungsentscheidungen zwischen unterschiedlichen Interessen strukturieren.[377] Diese strukturierte Vorgehensweise dürfte insbesondere auch die wertungsmäßige Konsistenz unserer Entscheidungspraxis fördern. Denn unsere strategischen Einschätzungen und Entscheidungen beruhen gerade auf der Entscheidungsregel, die wir zuvor konzeptionell erarbeitet haben.

Entsprechende Rationalität fördernde Verantwortlichkeitsstrukturen im politischen System ausfindig zu machen, fällt nicht schwer. Alle am Entscheidungsprozess Beteiligten sind dauerhaft mit der kritischen Kontrolle durch eine Reihe anderer Beteiligter konfrontiert. Die Bevölkerung selbst mag dabei – nicht zuletzt aufgrund der benannten Defizite kognitiver Informationsverarbeitung[378] – als unmittelbarer Kontrolleur ausfallen. Doch greifen mit Oppositionspolitikern und Journalisten, sowie gegebenenfalls zivilgesellschaftlichen Organisationen, ständig zahlreiche Akteure in den Entscheidungsprozess ein, die das Regierungshandeln systematisch kritisch begleiten und insbesondere bestrebt sind, Fehler aufzudecken. Schon der inner- und interministerielle Abstimmungsprozess schafft bei der Erarbeitung von Regierungsvorlagen ein komplexes System geschuldeter Rechenschaft. Zusätzlich kann mit einer rechtsstaatlichen Kontrol-

---

zuschätzen. Zu den beiden Tendenzen siehe *Jennifer Lerner/Philip Tetlock*, Psychological Bulletin Bd. 125 (1999), S. 255 (256 f., 257 f.).

[374] Siehe *Jane Mansbridge*, in Oxford Handbook of Public Accountability, S. 55 (64). Zum Denken in vereinfachten Strukturen als Standardfall und analytischem Denken als Ausnahme siehe oben, S. 93 ff.

[375] Zusammenfassend *Philip Tetlock*, Psychological Rev. Bd. 109 (2002), S. 451 (455).

[376] Siehe *Jennifer Lerner/Philip Tetlock*, in Encyclopedia of Human Behavior, S. 7 f.; dies., Psychological Bulletin Bd. 125 (1999), S. 255 (256 ff., 269); *Philip Tetlock*, Psychological Rev. Bd. 109 (2002), S. 451 (455). Dort jeweils auch näher zur Strategie des „Preemptive Self-Criticism".

[377] *Philip Tetlock*, Psychological Rev. Bd. 109 (2002), S. 451 (455).

[378] Siehe oben, S. 93 ff.

le durch die Verfassungsgerichtsbarkeit zu rechnen sein. Sämtliche dieser kontrollierenden Institutionen sind ihrerseits anderen Akteuren verantwortlich. Betrachtet man all diese Faktoren zusammen, so erscheint es nicht übertrieben, demokratische Systeme wie das grundgesetzliche als die stärksten Verantwortlichkeitsmechanismen überhaupt einzustufen. Man wird es daher als gesichert ansehen dürfen, dass das politische System – jedenfalls bedingt und tendenziell – rational abgewogenes und insbesondere auch konsistentes Legislativentscheiden befördert.

b) Theorisierender Charakter geforderter Überzeugungsarbeit

Konzeptgeleitete Vorgehensweisen, wie sie bei Individuen durch Verantwortlichkeitsstrukturen induziert werden, dürften das politische Entscheiden über die kognitive Informationsverarbeitung des Einzelnen hinaus grundlegend prägen. Denn entscheidende Auswirkung aller Konsenserfordernisse und Kontrollmechanismen ist, dass demokratische Politik überzeugen muss. Benötigt man die Zustimmung von Vetospielern und der öffentlichen Meinung, so muss man die Stimmen anderer Akteure argumentativ gewinnen. Das kann nur gelingen, wenn die tragenden Erwägungen, mit denen man sein Vorgehen rechtfertigen will, nicht widersprüchlich sind. An dieser Stelle liegt eine weitere Verbindung demokratischer und rechtsstaatlicher Rationalitätserwartungen offen: Die Erklärbarkeit politischer Entscheidungen, die wiederum widerspruchsfreies Argumentieren voraussetzt,[379] ist auch demokratisch gefordert. In diesem Sinne rational zu argumentieren, dürfte immer wichtiger werden, je mehr in der politischen Kultur ideologisches Denken Effektivitäts- und Effizienzerwägungen weicht.[380]

Dieser rationalisierende Charakter von Überzeugungsarbeit relativiert das kritische Bild,[381] das teilweise von der Vereinbarkeit des Folgerichtigkeitsgedankens mit dem Konsensprinzip gezeichnet wird,[382] erheblich. Durch Kom-

---

[379] Zur Begründbarkeit, auch aus rechtsstaatlicher Sicht, siehe oben, S. 41 ff., 60 ff.

[380] Dazu oben, S. 10 ff.

[381] Der Entscheidungsmechanismus des Kompromisses stößt schon lange und aus unterschiedlichsten ideologischen und theoretischen Blickwinkeln auf Skepsis. Die verschiedenen Diskussionslinien nachzeichnend insbesondere *Helmuth Schulze-Fielitz*, Theorie und Praxis parlamentarischer Gesetzgebung, S. 404 ff.

[382] Vgl. etwa *Alexander Hanebeck*, Der Staat Bd. 41 (2002), S. 429 (442, 450 f.); *Oliver Lepsius*, JZ 2009, S. 260 (261 f.); *Philipp Dann*, Der Staat Bd. 49 (2010), S. 630 (631 ff., 644 f.); *Christoph Möllers*, in Das entgrenzte Gericht, S. 281 (397 ff.); *Armin Steinbach*, Rationale Gesetzgebung, S. 94; BVerfGE 121, 317 (380 f.) – Sondervotum des Richters *Brun-Otto Bryde*. Siehe zur entsprechenden Kritik in der früheren Diskussion auch *Helmuth Schulze-Fielitz*, Theorie und Praxis parlamentarischer Gesetzgebung, S. 437 ff. Überwiegend kritisch zur Ra-

promissbildung werden die Vorteile der deliberativen Demokratie[383] unmittelbar für die politische Praxis nutzbar.[384] Die diskutierten Ansätze werden hinterfragt, was zum Aufdecken logischer und wertungsmäßiger Brüche beiträgt. Komplexe Fragestellungen werden in leichter erfassbare und besser lösbare Teilkomplexe aufgespalten.[385] Bislang nicht berücksichtigte Gesichtspunkte werden ergänzt. Insgesamt wird die argumentative Qualität der in Rede stehenden Vorschläge gesteigert.[386]

---

tionalitätsfähigkeit von Kompromissen auch *ders.*, in Gesetzgebungstheorie und Rechtspolitik, S. 290 (309 ff.).

[383] Zu dieser aus theoretischer Perspektive bereits oben, S. 76 ff.

[384] Für einen Überblick zur Effizienz der Entscheidungsmechanismen in der „Verhandlungsdemokratie" siehe *Roland* Czada, in Wettbewerbs- und Verhandlungsdemokratie, S. 23 ff.; *dens.*, in FS Scharpf, S. 173 ff.; *Roland Lhotta*, in Wettbewerbs- und Verhandlungsdemokratie, S. 79 ff.

Siehe auch *Konrad Hesse*, Grundzüge des Verfassungsrechts, Rn. 138: „Demokratie ist im Verfassungsgefüge des Grundgesetzes Form der Rationalisierung des politischen Prozesses. Sie schafft Rationalität durch durch das ihr eigene Verfahren der politischen Willensbildung und durch die Publizität dieses Verfahrens." Siehe auch *Helmuth Schulze-Fielitz*, Theorie und Praxis parlamentarischer Gesetzgebung, S. 455 ff.

[385] Vgl. auch *Helmuth Schulze-Fielitz*, in Gesetzgebungstheorie und Rechtspolitik, S. 290 (312 f.). Eine zentrale Rolle spielt das Strukturieren komplexer Themen zur besseren Problemverarbeitung und -bewältigung im Konzept der Verhaltenslenkung durch „Nudges", siehe *Richard Thaler/Cass Sunstein*, Nudge, S. 94 ff.

[386] Anzumerken ist, dass hier ein vereinfachendes, schematisierendes Bild von politischen Verhandlungen gezeichnet wird. Praktisch gibt es eine Vielzahl unterschiedlicher Konstellationen, in denen Kompromissbildungen stattfinden. Mit *Mark Warren/Jane Mansbridge*, in Negotiating Agreement in Politics, S. 86 (92 f.), lassen sich politische Verhandlungen auf dem Spektrum zwischen reinem Feilschen („Pure Bargaining") und reiner Deliberation („Pure Deliberation") einstufen. Nur wenn die relevanten Entscheidungsträger ein Mindestmaß an Kooperationsbereitschaft mitbringen, werden Entscheidungsmodi möglich, die *Warren* und *Mansbridge* als deliberatives Verhandeln („Deliberative Negotiation") klassifizieren. Nur sie beinhalten ein Moment der gemeinsamen Lösungserarbeitung, wie es zur Herstellung legislativer Konsistenz erforderlich sein dürfte. (Zu den nützlichen Auswirkungen deliberativen Verhandelns siehe auch *Chase Foster/Jane Mansbridge/Cathie Martin*, in Negotiating Agreement in Politics, S. 73 [81 f.].)

Für die Möglichkeiten konsistenter Gesetzgebung unter dem Grundgesetz dürften die vorliegenden empirischen Befunde in dieser Hinsicht allerdings vergleichsweise günstige Rückschlüsse erlauben. Zunächst einmal beobachten *Warren* und *Mansbridge*, dass praktisch fast jede politische Verhandlung wenigstens einige deliberative Elemente einschließt (S. 94). Für die Kompromissfähigkeit der US-amerikanischen Bundespolitik zeigen sich die Autoren zwar überaus skeptisch (und es war der vielfach beobachtete Stillstand der Washingtoner Politik seit Anfang der 2010er Jahre, der den Anlass zu ihrer Studie über politische Verhandlungen gegeben hatte; näher zu den zugrundeliegenden Problemen *Chase Foster/Jane Mansbridge/Cathie Martin*, a. a. O., S. 73 ff.). Doch sind die institutionellen Barrieren, in denen sie einen Teil der Ursachen für die Blockade von Kompromissen sehen (S. 103 f.), in der parlamentarischen, auf Verhältniswahlrecht basierenden, eher auf Kooperation setzenden deut-

Dabei kann sich das Bilden von Kompromissen – trotz möglicher gegenläufiger Anreize – schwerlich auf eine irgendwie geartete Verknüpfung einzelner Teilforderungen beschränken. Kompromisse mögen zwar zuweilen in „unsachlichen Junktimierungen" enden.[387] In der Regel aber muss jede verhandelte Einzelentscheidung soweit theorisierbar sein, dass man sie – falls die stets drohende öffentliche Überprüfung es erfordert – rechtfertigen kann. Eher als auf Stückwerk werden Verhandlungen daher auf das kooperative Erarbeiten eines neuen Vorschlags abzielen,[388] der fortan gemeinsam vertreten wird.[389] Dass die politische Willensbildung in den Parteien vorstrukturiert wird und dass die Programmatiken von Koalitionspartnern regelmäßig von vorn herein Überschneidungen aufweisen, dürfte sich dabei als hilfreich erweisen. Insgesamt wird es somit zwar nicht immer gelingen, Wertungseinheitlichkeit zu erreichen. Im Grundsatz jedoch ist nicht ersichtlich, warum es politische Akteure vor unüberwindbare Hürden stellen sollte, konzeptionell kohärent zu arbeiten. Komplexen verfassungsrechtlichen Vorgaben zu genügen, ist eine Anforderung, der Ergebnisse von Kompromissen auch im Übrigen genügen müssen und Genüge tun. Mögen diese dem Willensbildungsprozess im Regelfall einzelne Inhalte entziehen, so dürften auch gewisse Vorgaben für die Zuordnung von Inhalten zueinander nicht zu einer Überforderung der Amtsträger führen.[390]

4. Normativer Gehalt der Funktionsprinzipien

Welche Aussagekraft haben diese empirisch-praktischen Befunde für die normative Ebene der Verfassungsdogmatik? Von einem Sein kann man zwar nicht auf ein – zumal rechtliches – Sollen schließen.[391] Doch sind die konsistenzbe-

---

schen Demokratie schwächer ausgeprägt als in den USA. Auch *Cathie Martin*, in Negotiating Agreement in Politics, S. 121 (134 f.) sieht in der deutschen Institutionenordnung und politischen Praxis – trotz relativ vieler Vetopunkte – ein Beispiel für gelingendes, effektives Verhandeln. Siehe zur generell als kooperativ eingeschätzten politischen Verhandlungskultur in Deutschland auch die Nachweise in Fn. 388.

[387] *Georg Lienbacher*, VVDStRL Bd. 71 (2012), S. 7 (16).

[388] In der politischen Praxis Deutschlands wollen die Vetospieler in der Regel nicht die Politik als solche blockieren, sondern treten grundsätzlich kooperationsbereit auf. Siehe nur *Renate Mayntz/Wolfgang Streeck*, in FS Scharpf, S. 9 (27); *Arthur Benz*, in FS Scharpf, S. 205 (218 ff.).

[389] Siehe auch *Helmuth Schulze-Fielitz*, Theorie und Praxis parlamentarischer Gesetzgebung, S. 429 ff., der insbesondere die Konfliktverarbeitungsfunktion von Kompromissen betont. Zu dieser Konfliktverarbeitung auch *Armin Steinbach*, Rationale Gesetzgebung, S. 219 ff.

[390] So etwa auch *Christian Bumke*, Der Staat Bd. 49 (2010), S. 77 (95); *Joachim Englisch*, in FS Lang, S. 167 (177 f.)

[391] Siehe nur *Hans Kelsen*, Reine Rechtslehre, S. 4 ff., 9 ff.

grenzenden und -fördernden Wirkungen des politischen Systems allesamt Resultate der oben eingeführten Funktionsmechanismen.[392] Diese wiederum sind zwar nicht in jedem Detail, aber doch als Ordnungsprinzipien an sich in der politischen Ordnung des Grundgesetzes vorgesehen.[393] Das bedeutet, dass man die Funktionsprinzipien des politischen Prozesses – und in der Konsequenz auch ihre Auswirkungen auf die Gesetzgebungskonsistenz – als grundsätzlich verfassungsrechtlich anerkannt oder gar bezweckt betrachten muss. Die Art und Weise, in der das Grundgesetz die Politik verfasst, muss bei der Herleitung und Interpretation von Verfassungsaussagen berücksichtigt werden.

III. Zwiespältiges Gesamtbild

Eine zusammenfassende Betrachtung der gedanklichen Grundlagen des Demokratieprinzips einerseits und der praktischen Seiten politischen Entscheidens andererseits führt zu einem facettenreichen Gesamtbild, das Anhaltspunkte für dogmatische Ausdifferenzierungen bietet. Normativ konfligieren Folgerichtigkeitsgebote mit der Selbstbestimmung des Volkes. Mit der Entscheidung für die Demokratie geht die Ablehnung perfektionistischer Ansprüche an die Weisheit öffentlicher Entscheidungen einher, die ohnehin keine der Staatsgewalten – nicht der Gesetzgeber, aber ebenso wenig die Gerichtsbarkeit – je erfüllen könnte. Andererseits ist die Demokratie das Ergebnis von Rationalitätsansprüchen an den Staat und dient dem Ziel, die Gemeinwohlartikulation zu rationalisieren. An den Artikulationsvorgang knüpft die demokratische Ordnung die Erwartung konsistenten Entscheidens. Nur unter der Bedingung der Folgerichtigkeit ist die Ausübung demokratischer Selbstbestimmung überhaupt möglich. Diese gedankliche Dichotomie spiegelt sich auf der praktischen Ebene in der Beobachtung wider, dass das politische System konsistentes Entscheiden sowohl beschränkt als auch befördert. Durch die Unvollkommenheit menschlichen Entscheidens, durch die Erzeugung unvereinbarer Politikentwürfe und durch die Schaffung eines Entscheidungsumfelds, das auch machtpolitische Maßnahmen gestattet, wirkt es der Folgerichtigkeit entgegen. Gleichzeitig wirkt es wie kein

---

[392] Für die strukturellen Defizite menschlicher Urteils- und Entscheidungsfähigkeit mag das nur eingeschränkt gelten, doch wird man der Verfassung erst recht die Erwartung zuschreiben können, dass politische Entscheidungen von Menschen – mit all ihren naturgegebenen Stärken und Schwächen – getroffen werden.

[393] Politischer Wettbewerb, Vetopunkte, formelle Verfassungsmäßigkeitsvoraussetzungen sowie das Fehlen ebensolcher, die grundrechtliche Absicherung des Einwirkens auf die Repräsentationsorgane sowie die stellenweise Abschirmung der Repräsentanten vom Volkswillen – all diese Ausprägungen der Funktionsmechanismen sind beispielsweise sogar ausdrücklich im Grundgesetz normiert.

anderes Entscheidungsregime durch disziplinierende Rechenschaftspflichten und durch die Notwendigkeit kooperativ-deliberativer Überzeugungsarbeit auf die rationale Durchdringung – und damit auch die wertungsmäßige Abgestimmtheit – von Entscheidungen hin. Letztlich dürfte sich die politische Ordnung damit sogar als rationalistisches Gegenprogramm gegen die Fehlbarkeit der einzelnen Menschen entpuppen: Angesichts der überaus beschränkten Vernunftbegabung des Individuums befriedigen Gesellschaften ebenso wie ihre einzelnen Mitglieder ihr Bedürfnis nach Ordnung und Struktur über die kollektive Rationalisierungsleistung des Staates.[394] Die kollektiv entwickelten rationalen Verhaltensnormen – von denen die Gesetze nicht die einzigen, aber die wichtigsten, darstellen – wirken auf das Individuum zurück und steigern, vermittelt über öffentliche und private Verantwortlichkeitsstrukturen, seine Fähigkeit, sich rational zu verhalten.[395]

Als erster zentraler Rückschluss aus der Analyse lässt sich also festhalten, dass die demokratische Ordnung keine klare Orientierung zugunsten oder zulasten von Konsistenzinteressen aufweist. Das Bild ist differenziert. Daraus folgt in methodischer Hinsicht, dass das Demokratieprinzip keineswegs pauschal als Gegengewicht gegen die Folgerichtigkeit als Verfassungswert in Stellung gebracht werden kann.[396] Die Frage, inwieweit Konsistenzinteressen mit demokratischen Grundsätzen konfligieren, lässt sich sinnvoll nur für jeden konkreten Einzelfall einer tatbestandlich umgrenzten Folgerichtigkeitspflicht beurteilen. Insofern muss jede mögliche Verfassungsaussage, die legislative Konsistenz verlangen mag, auf ihre Kompatibilität mit den konkreten Bestandteilen der demokratischen Rationalitäts- und Entscheidungsordnung beleuchtet werden, die sie berührt.

Zweitens wird in einer Gesamtschau erkennbar, wie fein austariert der demokratische Arm der staatlichen Rationalitätserzeugung bereits ohne jede rechtsstaatliche Einwirkung ist. Die demokratische Ordnung enthält naturgemäß Ein-

---

[394] Zum Gedanken einer kollektiven, sozialen Rationalität, die sich von der Rationalität der zu einem Kollektiv gehörenden Individuen unterscheidet und über diese individuelle Rationalität hinausreicht, siehe *Andrea Maurer*, in Die Rationalitäten des Sozialen, S. 17 ff.

[395] Einen ähnlichen Zusammenhang beschreibt *Christoph Möllers*, Die drei Gewalten, S. 62, für die „durch Recht" induzierte individuelle Selbstbestimmung.

[396] Siehe auch *Christian Bumke*, Der Staat Bd. 49 (2010), S. 77 (94). In diese Richtung auch *Armin Steinbach*, Rationale Gesetzgebung, S. 231 ff., der allerdings ebenso vertritt, dass Konsistenzgebote der „politischen Handlungsrationalität mit ihrem logik- und konsistenzfeindlichen Bedürfnis nach Flexibilität" widersprächen. Diese Gegensätzlichkeit lasse sich auf das Verhältnis von Demokratie- und Rechtsstaatsprinzip übertragen. „Fordert die rechtsstaatliche Orientierung (…). Folgerichtigkeit, streitet das Demokratieprinzip für die politische Handlungsfreiheit des Gesetzgebers" (S. 93 ff., 99, 322). Zu Tendenzen solcher Konzeptionen als reiner Gegensatz siehe die Nachweise auf S. 66 f., Fn. 204.

fallstore für Irrationalität, weil die demokratische Gemeinwohlartikulation nur unter der Bedingung der Verfahrens- und Ergebnisoffenheit möglich ist. Zugleich jedoch stellt sie mit den Kontroll- und Rechenschaftskomponenten jedem Unsicherheitsfaktor ein – spezifisch demokratisches – korrigierendes Element gegenüber. Vor diesem Hintergrund ist es schwierig, das Verhältnis von demokratischer und rechtsstaatlicher Rationalität in der Verfassungsordnung eindeutig zu bestimmen. Einerseits gehört der Rechtsstaat klar zum demokratischen System, wie es soeben umrissen worden ist, dazu.[397] Die Verfassungsgerichtsbarkeit selbst bildet einen wirkmächtigen Verantwortlichkeitsmechanismus. Und sicher ist der demokratische Verfassungsstaat insgesamt – nicht nur seine demokratische Komponente – die Antwort des Grundgesetzes auf das Fundamentalproblem, wie Macht zwischen Menschen verteilt und kollektives Handeln organisiert werden soll.[398] Andererseits aber haben beide Dimensionen der Staatlichkeit sehr verschiedene Fähigkeiten und Funktionen. Die Resultate der soeben angestellten demokratischen Analyse legen nahe, dass das Grundgesetz die Bestimmung des Gemeinwohls und die Rationalität der Gesetze im Grundsatz eher der demokratischen Ordnung überantwortet hat als der rechtsstaatlichen.[399] Die Verfassung traut der Politik zu, dass sie grundsätzlich bereits ohne das Einwirken der Verfassungsgerichtsbarkeit hinreichend vernünftige Entscheidungen treffen kann. Und die eingeführten empirischen Befunde deuten darauf hin, dass dieses Vertrauen prinzipiell begründet ist. Jede Konzeption rechtsstaatlicher Rationalität sollte diesen demokratischen Rationalitätsentwurf des Grundgesetzes respektieren und auf ihm aufbauen.[400]

Gerade für ein solches verbindendes, die demokratischen Bezüge einschließendes Verständnis der rechtsstaatlichen Konsistenzerfordernisse hat die soeben angestellte Demokratieanalyse Anhaltspunkte zutage gefördert. Heraus-

---

[397] Die klassische Perspektive der deutschen Staatsrechtswissenschaft, in der beide Gesichtspunkte tendenziell scharf voneinander abgeschichtet und gerade die Grundrechte stark in ihrer die demokratische Mehrheit begrenzenden Wirkung begriffen werden, mag darüber zuweilen hinwegtäuschen. Zur klassischen Trennung nur *Ernst-Wolfgang Böckenförde*, HStR II, 3. Aufl. § 24 Rn. 83 ff. Weltweit und besonders in der politischen Wissenschaft neigt man generell dazu, beide Kategorien stärker als verbunden aufzufassen und Freiheits- sowie Gleichheitsrechte klar zur den Grundkomponenten der Demokratie hinzuzurechnen, vgl. *Michael Coppedge/John Gerring*, Perspectives on Politics Bd. 9 (2011), S. 247 ff., mit einem Überblick über den Forschungsstand. Zu Verbindungen von Rechtsstaat und Demokratie siehe bereits oben, S. 18 f., sowie S. 66 f., Fn. 204. Siehe auch *Christian Bumke*, Der Staat Bd. 49 (2010), S. 77 (94).

[398] Siehe *Christian Bumke*, Der Staat Bd. 49 (2010), S. 77 (79, 95), sowie oben, S. 18 f.

[399] Zum Gedanken der Zuordnung von Aufgabenbereichen zu den Staatsfunktionen gemäß deren Fähigkeiten siehe auch *Bernd Grzeszick*, VVDStRL Bd. 71 (2012), S. 49 (66 ff.).

[400] Siehe auch *Philipp Dann*, Der Staat Bd. 49 (2010), S. 630 (644 ff.).

Zweiter Abschnitt: Konsistenzanforderungen im demokratischen Verfassungsstaat

gearbeitet worden ist, wie – mit welchen Mechanismen und mit welchem Anspruch – die demokratische Ordnung öffentliche Rationalität erzeugt.[401] Damit

---

[401] Auch *Armin Steinbach*, Rationale Gesetzgebung, S. 205–233, bereitet Theorie und Praxis politischen Entscheidens unter dem Grundgesetz auf und entwirft auf dieser Grundlage eine Rekonstruktion politischer Rationalität im demokratischen Verfassungsstaat. Im Mittelpunkt seines Konzepts steht das Kompromissprinzip, das die „Handlungsform politischer Rationalität" bilde. *Steinbachs* Ansatz stimmt in einigen zentralen Punkten mit dem hier vorgeschlagenen überein. Vor allem teilt *Steinbach* – wenn auch weniger deutlich – die Auffassung, dass die offenen Verfahren demokratischer Politik mit ihrer Eigenrationalität nicht nur ein nötiges Übel, sondern die sachangemessenste Bewältigungsstrategie für die Wertungsfragen und Konflikte innerhalb einer komplexen Gesellschaft sind, vgl. *Steinbach*, a.a.O., S. 218 ff., 231 ff.; dazu hier besonders S. 76 ff. Auch will *Steinbach* – was im Sinne des hier vorgeschlagenen integrativen Verständnisses besonders wichtig ist (dazu allgemein oben S. 18 f., sodann unten zur Methode S. 109 ff., und auf der Anwendungsebene S. 164 ff., 206 ff., 229 ff.) – das politische Entscheiden nicht aus dem verfassungsrechtlichen Kontext herauslösen, sondern es prinzipiell im Zusammenwirken mit der rechtsstaatlichen Ordnung verstehen. Die Strukturprinzipien seien nicht als reine Gegensätze zu konstruieren, *Steinbach*, a.a.O., S. 231 ff. Damit bietet *Steinbachs* Vorschlag – jedenfalls im Prinzip – eine tragfähige Grundlage für eine Konzeption demokratisch-verfassungsstaatlicher Rationalität insgesamt, der auch die vorliegende Untersuchung nachspürt. Allerdings sei auf zwei Gesichtspunkte hingewiesen, in denen sich das hier vorgeschlagene Modell von dem *Steinbachs* unterscheidet, beziehungsweise über es hinausgeht.

Erstens erklärt *Steinbach*, a.a.O., S. 217 ff., Kompromissbildung rein interessenbasiert, also als Ausgleich zwischen einzelnen widerstreitenden Positionen, der sich idealtypisch als Handel darstellt (vgl. dort besonders S. 221 ff.). Den schöpferischen Aspekt der Kompromissbildung – also das gemeinsame Erarbeiten neuer Konzepte (hier besonders S. 101 ff.) – bildet er dagegen nicht ab. Dieser Aspekt ist für die auf wertungsmäßige Begründbarkeit ausgerichtete Dimension des hier vorgeschlagenen Modells aber zentral. Diese Dimension trägt der Einsicht Rechnung, dass die politische Landschaft nicht bloß eine Aggregation ökonomischer Einzelinteressen ist, oder zumindest darüber hinausweisende Bewusstseins- und Kommunikationsebenen aufweist. Politik ist nicht nur von Nutzenkalkülen, sondern auch von normativen Vorstellungen – Ideologien, Moralvorstellungen, Traditionen, Konventionen – geprägt. Auch auf diesen Ebenen muss, beziehungsweise kann, sie Legitimität erzielen. Während sie die Interessen der Individuen im ökonomischen Sinn prinzipiell vorfindet, kann sie im normativen Bereich stärker schöpferisch tätig sein und neue normative Vorstellungen entwickeln. Dadurch kann sie eine eigene, auch materiell-inhaltliche Form der Rationalität schaffen, die über eine bloß machtpolitische Opportunitätslogik hinausreicht. Auf eine solche Machtlogik will aber *Steinbach* die politische Rationalität beschränken (dort S. 37 ff., 205 ff.). Kompromisse seien bloß Ausdruck dieser machtpolitischen Rationalität (218 f.).

Darin deutet sich der zweite, zentrale Unterschied zwischen *Steinbachs* und der hier vorgeschlagenen Konzeption an. *Steinbach* (S. 231 ff.) will die demokratischen und rechtsstaatlichen Verfassungsgehalte zwar als gegenseitige Ergänzungen verstehen. Jedoch konstruiert er die politische Rationalität bei näherem Hinsehen nicht im Zusammenwirken mit der Rationalität der rechtsstaatlichen Ordnung. Er entwirft genau genommen gerade keine Konzeption einer Rationalität des demokratischen Verfassungsstaats insgesamt. Der Rechtsstaat ergänzt und bereichert den demokratischen Prozess nach seinem Verständnis nicht. Er soll bloß Rücksicht nehmen auf die „spezifisch politische Rationalität", die primär darin be-

wird die Qualität dieser demokratischen Rationalität erfassbar. Sie lässt sich nicht anhand einzelner Politikergebnisse, sondern nur mit Blick auf den politischen Prozess selbst beurteilen. In zufriedenstellendem Maße ist sie gewährleistet, wo die demokratischen Rationalitätsmechanismen störungsfrei funktionieren. Rechtsstaatliche Eingriffe sind hier tendenziell nicht erforderlich und können der Rationalität des Verfahrens und seiner Ergebnisse sogar schaden. Wo – parallel zum Marktversagen auf den Märkten – die demokratischen Rationalitätsmechanismen dagegen gestört sind, kann der Staat den demokratisch fundierten Teil seines Rationalitätsversprechens[402] nicht mehr halten. Diese Stellen sind es besonders, an denen rechtsstaatliche Rationalitätsgewährleistungen einsetzen müssen.[403] Beispielsweise sind mit dem Grundrechtskatalog einige Rationalitätserwartungen ausdrücklich im Grundgesetz normiert worden, die als unerlässlich für ein rationales Gemeinwesen angesehen werden – und deren Erfüllung die Verfassung dem politischen Prozess nicht in hinreichendem Umfang zutraut, um sie diesem ohne rechtsstaatliche Korrekturen zu überlassen. Parallel dazu scheinen rechtsstaatliche Lösungsansätze aus demokratischer Sicht auch in anderen Situationen drohenden Demokratieversagens möglich. Ob die Politik versagt, lässt sich anhand der demokratischen Rationalitätsmaßstäbe beurteilen, die soeben herausgearbeitet worden sind. Diese sind ein offener, integrativer, Stabilität gewährleistender, kritisch-deliberativer Diskurs einerseits, sowie kooperative Kompromissbildung in konzeptgeleiteter Überzeugungsarbeit andererseits. Induziert und flankiert werden sie durch ein Zusammenspiel aus Vetopunkten und Verantwortlichkeitsmechanismen.

---

stehe, „einen im Parlament mehrheitsfähigen und politischen hinnehmbaren Lösungsansatz zu finden, der möglichst nicht auf Vollzugswiderstand stößt." Damit bleibt er letztlich doch bei einer (kompetenz-)abgrenzenden Funktion stehen. Nach dem hiesigen Vorschlag, nach dem der politische Prozess nicht nur durch Kompromissbildung Interessen ausgleicht und mehrheitsfähige Lösungen findet, sondern zugleich die Wertungsfragen der Gesellschaft konstruktiv-gestalterisch beantwortet, wirken beide Elemente des demokratischen Verfassungsstaats zusammen. An der demokratischen Gemeinwohlbestimmung wirkt der Rechtsstaat mit. Das ermöglicht es unter anderem, Kompensationswirkungen zwischen den Strukturprinzipien zu erklären (dazu unten, S. 111 ff., 168 ff., 208 ff., 230 ff.).

[402] *Andreas Voßkuhle*, in Allgemeines Verwaltungsrecht – zur Tragfähigkeit eines Konzepts, S. 637 (640 ff.).

[403] Zum Gedanken verschärfter verfassungsrechtlicher Rationalitätsgebote zum Ausgleich von Defiziten des demokratischen Prozesses auch *Francisco Joel Reyes y Ráfales*, Rechtstheorie Bd. 45 (2014), S. 35 (52 ff.). Die Gebote seien allerdings demokratisch, nicht rechtsstaatlich, zu begründen.

C. Leitgedanken harmonisierender Konkretisierung

Damit ist deutlich geworden, dass die wesentliche Herausforderung der sogleich folgenden dogmatischen Analyse der Konsistenzanforderungen des Grundgesetzes darin besteht, die rechtsstaatlichen und demokratischen Verfassungsgehalte zusammenzuführen und zu harmonisieren. Der methodischen Klarheit halber bietet es sich an, zuvor in die wichtigsten Argumentationsmuster zur Bewältigung dieser Herausforderung einzuführen.

I. Einheit der Verfassung

Soeben ist gezeigt worden, dass die Gewinnung von Konsistenzanforderungen durch Konkretisierung rechtsstaatlicher Verfassungsaussagen nur unter Einbeziehung der herausgearbeiteten demokratischen Wertungen des Grundgesetzes erfolgen kann. Methodisch anzustreben ist also eine einheitliche Auslegung der einschlägigen Verfassungsbestimmungen.[404] Bei der Interpretation muss in Rechnung gestellt werden, dass es sich bei den teilweise konfligierenden Verfassungswertungen um gleichrangige Ordnungsansätze des Grundgesetzes handelt.[405] Abstrakt räumt die Verfassungsordnung weder der Demokratie noch dem Rechtstaat einen Vorrang ein. Vielmehr bilden beide Strukturprinzipien gemeinsam aber mit unterschiedlichen Herangehensweisen die Lösung des Grundgesetzes für dasselbe staatstheoretische Fundamentalproblem. Von diesem „gemeinsamen Ausgangspunkt her lassen sich Rechtstaat und Demokratie als einander ergänzende Prinzipien begreifen und inhaltlich konkretisieren"[406]

II. Praktische Konkordanz und Optimierungsgedanke

Soweit im Zuge der weiteren Untersuchung die abstrakt herausgearbeiteten Konflikte zwischen demokratischen und rechtsstaatlichen Verfassungsbestimmungen konkret werden, erfordert eine einheitliche Verfassungsauslegung die

---

[404] „Art. 20 kann nicht ausgelegt werden, indem man die einzelnen in ihm niedergelegten Verfassungsprinzipien jeweils für sich betrachtet und interpretiert und die so gewonnenen Ergebnisse am Ende addiert, sondern es geht im Gegenteil darum, die zwischen den einzelnen Prinzipien bestehenden Widersprüche und ‚Gegenläufigkeiten' von vorn herein mit ins Auge zu fassen und sie einem vernünftigen Ausgleich (...) zuzuführen." *Roman Herzog*, in Maunz/Dürig GG, Art 20 Abschnitt I Rn. 44, sowie zur Einheit der Verfassung insgesamt Rn. 36 ff. Siehe auch *Konrad Hesse*, Grundzüge des Verfassungsrechts, Rn. 71 f.
[405] Siehe *Christoph Möllers*, AöR Bd. 132 (2007), S. 493 (502 ff.); *Bernd Grzeszick*, VVDStRL Bd. 71 (2012), S. 49 (66).
[406] *Christian Bumke*, Der Staat Bd. 49 (2010), S. 77 (94). Siehe auch oben, S. 18 f., zum integrativen Verständnis des demokratischen Verfassungsstaats.

Herstellung eines Ausgleichs. Wenn zwei Aussagen des Grundgesetzes für sich genommen gegenläufig sind, muss – im Sinne praktischer Konkordanz – diejenige Interpretation gewählt geworden, durch die beide so weit wie möglich verwirklicht werden.[407] Dabei kann der Gedanke der Optimierungsgebote[408] hilfreich sein. Sicherlich wäre es verkürzt, eine abstrakte Prinzipienkollision zwischen rechtstaatlichen und demokratischen Verfassungsgehalten zu konstruieren, in der das Rechtsstaatsprinzip möglichst wertungseinheitliche Gesetze fordert und das Demokratieprinzip dem Parlament möglichst viel Willkür bei der Kombination rechtlicher Wertungen zugestehen will.[409] Das gilt schon deswegen, weil wertungsmäßige Abgestimmtheit, wie festgestellt, auch der demokratischen Verfassungsordnung als zentrale Zielrichtung innewohnt. Mit Blick auf die soeben angefertigte Skizze des demokratischen Systems werden im konkreten Einzelfall aber durchaus verlässliche Aussagen darüber möglich, wann Konsistenzgebote die demokratische Souveränitätsausübung unverhältnismäßig stark beschränken und wann der politische Prozess mit modifizierten Funktionsbedingungen – vor dem Hintergrund der Bedeutung etwaiger Konsistenzinteressen – noch erträglicher Weise zurechtkommen kann. Unter Berücksichtigung der Gestaltungsbefugnis der politischen Repräsentanten und der politischen Eigengesetzlichkeiten ihrer Ausübung können Demokratie und rechtstaatliche Konsistenzbedürfnisse zu möglichst großer Wirksamkeit bei möglichst geringer Beeinträchtigung der jeweils anderen Seite gelangen.[410]

---

[407] Siehe *Konrad Hesse*, Grundzüge des Verfassungsrechts, Rn. 72.
[408] Vgl. *Robert Alexy*, Theorie der Grundrechte, S. 75 ff.
[409] Siehe *Christian Bumke*, Der Staat Bd. 49 (2010), S. 77 (94). Für ein solches Verständnis aber *Armin Steinbach*, Rationale Gesetzgebung, S. 93 ff., 99, 322.
[410] Bei dieser Anwendungsweise verliert der Streit darüber, ob das Demokratieprinzip als Optimierungsgebot wirkt, einiges an Schärfe und Relevanz. Die Gegner des Prinzipiencharakters – vgl. etwa *Peter Lerche*, in FS Stern, S. 197 ff.; *Christian Waldhoff*, JZ 2009, S. 144 (146 f.); *Bernd Grzeszick*, VVDStRL Bd. 71 (2012), S. 49 (66 f., dort Fn. 75); Zusammenfassung der Diskussion bei *Sebastian Unger*, Verfassungsprinzip der Demokratie, S. 89 ff., 122 ff. – argumentieren im Wesentlichen, dass die Entscheidung für die Demokratie nicht mehr oder weniger, sondern nur überhaupt verwirklicht werden könnte und dass durch den Prinzipiencharakter spezielle demokratische Grundsätze überspielt zu werden drohten. Hier geht es aber nicht darum, ob der Staat insgesamt „demokratischer" werden kann, sondern um die Frage, ob einzelne Bestandteile der politischen Ordnung, die ohnehin keine absolute Wirksamkeit beanspruchen können, vor dem Hintergrund anderer bedeutsamer Verfassungsaussagen in hinnehmbarer Weise eingeschränkt werden können.

III. Kompensationsgedanke

Dass Verfassungsnormen im Fall einer Kollision begrenzend aufeinander einwirken, ist klar. Weniger leicht lässt sich die Frage beantworten, inwieweit sie umgekehrt Regelungsdefizite anderer Bestimmungen ausgleichen können.[411] Die Idee von Kompensationswirkungen innerhalb der Rechtsordnung – und vermittelt durch sie zwischen den Staatsgewalten – ist immer wieder erörtert worden.[412] Für das Gewaltengefüge korrespondiert mit ihr die Vorstellung, jedes Organ sei „verpflichtet, ergänzend oder stützend tätig zu werden, wo ein anderes Organ zur vollen Erfüllung seiner Aufgaben nicht bereit oder in der Lage ist".[413] Auch speziell über die Kompensation rechtsstaatlicher und demokratischer Defizite durch Folgerichtigkeitsanforderungen wird nachgedacht.[414] Inwiefern der Kompensationsgedanke für die Klärung der Konsistenzfrage brauchbar ist, lässt sich am besten mit Blick auf die drei allgemeinen Voraussetzungen beurteilen, unter denen kompensatorische Wirkungen im Recht denkbar sind.[415] Erstens muss ein „defizitärer Rechtszustand" bestehen. Dieser muss zweitens durch eine „konkret-reale Kompensationsleistung" ausgeglichen werden. Das ist drittens nur möglich, wenn ein „Funktionszusammenhang zwischen Kompensationslage und Kompensationsleistung" besteht, die Leistung also wertungsmäßig äquivalent zu dem fehlenden, auszugleichenden Element ist.

Damit Konsistenzanforderungen im konkreten Anwendungsfall also Kompensationswirkungen entfalten können, muss zunächst ein rechtsstaatliches oder demokratisches Steuerungsdefizit der Verfassung identifiziert werden. Für die rechtsstaatliche Seite kommt etwa in Betracht, dass Anordnungen spezieller Teilgehalte als lückenhaft erscheinen, sodass ergänzende Vorgaben unter Rückgriff auf das allgemeine Rechtsstaatsprinzip formuliert werden müssen.[416] Rechtsmethodisch laufen solche Fälle auf die Frage hinaus, inwieweit die Spezialbe-

---

[411] Dass Kompensationswirkungen zwischen Demokratie und Rechtsstaat aus demokratietheoretischer und politisch-praktischer Sicht durchaus denkbar sind, ist bereits dargelegt worden, siehe oben, S. 86 f., 104 ff.

[412] Vgl. etwa *Gerd Roellecke*, VVDStRL Bd. 34 (1976), S. 7 (14 ff.); *Hans-Jürgen Papier*, Stellung der Verwaltungsgerichtsbarkeit, S. 21 ff.; *Eckart Klein*, DVBl 1981, S. 661 ff.; *Andreas Voßkuhle*, Das Kompensationsprinzip; *Klaus Schlaich/Stefan Korioth*, Bundesverfassungsgericht, Rn. 544 ff.

[413] *Konrad Hesse*, in FS Huber, S. 261 (265).

[414] Vgl. *Ulrich Becker*, in FS 50 Jahre BSG, S. 77 (78 ff.); *Oliver Lepsius*, JZ 2009, S. 260 (261); *Matthias Cornils*, DVBl 2011, S. 1053 (1060); *Bernd Grzeszick*, VVDStRL Bd. 71 (2012), S. 49 (70 ff.); *Niels Petersen*, AöR Bd. 138 (2013), S. 108 (114 ff.). Kritisch *Philipp Dann*, Der Staat Bd. 49 (2010), S. 630 (642). Vgl. im allgemeineren Kontext der (prozeduralen) Rationalitätsanforderungen auch *Klaus Meßerschmidt*, Gesetzgebungsermessen, S. 865 ff.

[415] Siehe zu diesen Voraussetzungen *Andreas Voßkuhle*, Das Kompensationsprinzip, S. 49 f.

[416] Vgl. zu diesem Gedanken etwa *Klaus Meßerschmidt*, Gesetzgebungsermessen,

stimmungen die gesetzgeberischen Spielräume abschließend festlegen und spiegelbildlich inwieweit das Grundgesetz Ergänzungen verlangt. Für die demokratische Seite kommt in Betracht, dass einzelne der soeben skizzierten politischen Funktionsprinzipien bei der Regelung bestimmter Themenfelder und Interessen strukturell gestört sind – sodass ein strukturelles Kontrolldefizit entsteht.[417] Das meistdiskutierte Beispiel aus der allgemeinen Debatte über themenabhängige Kontrollverschärfungen für den politischen Prozess ist das Betroffensein von Minderheitenpositionen.[418] Denken lässt sich im Kontext der Konsistenzanforderungen aber auch an Themengebiete, die aufgrund ihrer Komplexität im rationalisierenden öffentlichen Diskurs nicht vollständig erfassbar sind.[419] Ein Beispiel hierfür ist das Steuerrecht, das aufgrund seiner Regelungsstruktur selbst für Experten als schwer zu durchblicken gilt.[420]

Während das Entdecken (vermeintlicher) Regelungsdefizite der Verfassung somit vergleichsweise leicht gelingen mag, bereitet das Erfordernis einer defizitadäquaten Kompensationsleistung von Konsistenzanforderungen allerdings zunächst einmal Schwierigkeiten.[421] Damit ein Folgerichtigkeitsgebot ein Defizit ausgleichen kann, muss es bei wertender Betrachtung in der Lage sein, das fehlende Element tatsächlich zu ersetzen.[422] Das kann bei einem Verbot von Wertungswidersprüchen nur dann der Fall sein, wenn auch die defizitäre Regelung wenigstens im weitesten Sinne der wertungsmäßigen Abgestimmtheit staatlicher Entscheidungen dient. Insbesondere solange man die demokratischen und rechtsstaatlichen Komponenten der Institutionenordnung bloß im Widerstreit und als gegenseitige Begrenzungen begreift, lassen sich Kompensa-

---

S. 865 ff.; *Ulrich Becker*, in FS 50 Jahre BSG, S. 77 (78 ff.); *Niels Petersen*, AöR Bd. 138 (2013), S. 108 (114 ff.).

[417] Zur Kompensation demokratischer Defizite vgl. etwa *Oliver Lepsius*, JZ 2009, S. 260 (261); *Bernd Grzeszick*, VVDStRL Bd. 71 (2012), S. 49 (70 ff.).

[418] Viel beachtet wurde insbesondere die „Representation Reinforcement-Theory" von *John Hart Ely*, Democracy and Distrust, insbesondere S. 73 ff.; 135 ff. Vgl. auch *Hans Herbert von Arnim*, Staatslehre, S. 388 ff.

[419] Siehe zu diesem Gedanken besonders unten S. 166 ff., 171 ff.

[420] Die geringe Wirksamkeit parlamentarischer Sicherungen im Steuerrecht bemerken auch *Paul Kirchhof*, AöR Bd. 128 (2003), S. 1 (44); *ders.*, in HStR V, 3. Aufl., § 118 Rn. 169; *Uwe Kischel*, in Gleichheit im Verfassungsstaat, S. 175 (176). Zur mangelnden Fähigkeit des Volkes zu demokratischer Kontrolle in diesem Bereich siehe auch *Joachim Englisch*, in FS Lang, S. 167 (169).

[421] Diese Schwierigkeiten werden bislang kaum beachtet, vgl. etwa *Oliver Lepsius*, JZ 2009, S. 260 (261); *Bernd Grzeszick*, VVDStRL Bd. 71 (2012), S. 49 (70 ff.).

[422] Auch wenn es dabei nicht auf eine streng mathematisch-naturwissenschaftliche Äquivalenz ankommt (siehe *Andreas Voßkuhle*, Das Kompensationsprinzip, S. 50) wird man an dieses Erfordernis mit Blick auf die Gefahren des Kompensationsgedankens keine zu geringen Anforderungen knüpfen dürfen.

tionswirkungen zwischen ihnen kaum sinnvoll begründen. Erst ein integratives Verständnis der Strukturprinzipien innerhalb eines einheitlichen Konzepts des demokratischen Verfassungsstaats hilft hier weiter.[423] Einer seiner Vorteile besteht darin, dass es Funktionszusammenhänge zwischen den verschiedenen Komponenten der Institutionenordnung aufdeckt. Demokratie und Rechtsstaat streiten nicht bloß gegeneinander und setzen einander Grenzen. Sie wirken vielmehr auch als gegenseitige Verstärkungen und Ergänzungen. In diesem Zusammenwirken liegt ein möglicher Anknüpfungspunkt für Kompensationswirkungen, dem in der dogmatischen Analyse nachzuspüren ist.

IV. Kompetenzen und Funktionen der Staatsgewalten

In die Betrachtung müssen als Interpretationsmaßstab schließlich die Funktionen, die Gesetzgeber und Verfassungsgerichtsbarkeit nach der grundgesetzlichen Ordnung zukommen, einbezogen werden. Unter dem Schlagwort des „funktionell-rechtlichen Ansatzes" werden solche Erwägungen in der allgemeinen Literatur zu den Grenzen verfassungsrichterlicher Kontrollbefugnisse schon lange diskutiert.[424] Danach soll jedes Organ diejenigen Entscheidungen treffen, die seiner Funktion adäquat sind. Maßgeblicher Anhaltspunkt für die Kontrollbefugnisse des Bundesverfassungsgerichts ist somit dessen Eigenschaft als Gericht.[425] Als solches ist es von seiner Funktion her auf eine antragsabhängige, nachträgliche Rechtskontrolle verwiesen. Gestalterisch soll es allenfalls im Ausnahmefall tätig sein. Bei der Verfassungsauslegung lässt sich dieser Gedanke berücksichtigen, indem man Verfassungsnormen je zwei verschiedene Aussagen entnimmt: eine „Handlungsnorm" und eine „Kontrollnorm".[426] Für die Zwecke dieser Untersuchung müssen vor allem die jeweiligen Kontrollnormen etwaiger Konsistenzanforderungen ermittelt werden, weil sie die justiziab-

---

[423] Zur Einführung oben, S. 18 f.
[424] Vgl. für einen ersten Überblick vgl. *Rudolf Dolzer*, Stellung des Bundesverfassungsgerichts, S. 68 ff.; *Gunnar Folke Schuppert*, Funktionell-rechtliche Grenzen der Verfassungsinterpretation; *Konrad Hesse*, in FS Huber, S. 261 ff.; *Georg Hermes*, VVDStRL Bd. 61 (2002), S. 119 (127); *Klaus Schlaich/Stefan Korioth*, Bundesverfassungsgericht, Rn. 506 ff.; *Philipp Dann*, Der Staat Bd. 49 (2010), S. 630 (643 f.).
[425] Siehe *Klaus Schlaich/Stefan Korioth*, Bundesverfassungsgericht, Rn. 510; *Philipp Dann*, Der Staat Bd. 49 (2010), S. 630 (643).
[426] Siehe dazu *Ernst Forsthoff*, in GS Jellinek, S. 221 (233); *Konrad Hesse*, in FS Huber, S. 261 (269); *Klaus Schlaich/Stefan Korioth*, Bundesverfassungsgericht, Rn. 515 ff. Die Handlungsnorm würde sich an den Gesetzgeber richten und festlegen, wie dieser sich verhalten soll. Die Kontrollnorm würde den Maßstab bestimmen, an dem das Gericht das Verhalten des Gesetzgebers misst. „Die Verfassungsbindung des Gesetzgebers [überstiege] so die Kontrollkompetenz der Gerichte", *Bernd Hartmann*, AöR Bd. 134 (2009), S. 1 (29).

len Grenzen für die Gesetzgebung markieren. Sie müssen anhand der Fragestellung gebildet werden, welche Entscheidungen nach der Funktionenordnung durch den parlamentarischen Gesetzgeber und welche durch Gerichte getroffen werden sollen.[427] Um zu vermeiden, dass das Bundesverfassungsgericht zu stark in politische Prozesse eingreift, geht es beim Herausarbeiten der Kontrollnormen besonders darum, das Element der eigenständigen Gestaltung zu begrenzen.

---

[427] Eine ähnliche Argumentationsweise klingt bei *Bernd Grzeszick*, VVDStRL Bd. 71 (2012), S. 49 (68 f.), an. Nach ihm hängt die Frage, ob eine Entscheidung eher dem demokratischen Prozess anheimgestellt oder anhand rechtsstaatlicher Kriterien entschieden werden sollte, davon ab, ob sie nach Institutionen und Verfahren zu einer demokratischen Entscheidung im Parlament oder zu einer rechtsstaatlichen Entscheidung durch Gerichte passt.

Zweiter Teil

Die einzelnen Konsistenzgebote des Grundgesetzes

Nachdem die begrifflichen, dogmatischen und theoretischen Grundlagen geklärt sind, lässt sich nun beurteilen, inwieweit die Verfassung den Gesetzgeber zu konsistentem Entscheiden verpflichtet. Bei der Beantwortung dieser Fragestellung werden zwei verschiedene Forschungsansätze verfolgt. Erstens wird in Form einer Analyse der Rechtsprechung des Bundesverfassungsgerichts die Verfassungspraxis in den Blick genommen. Zweitens findet eine eigene dogmatische Untersuchung statt.[1]

Die Rechtsprechungsanalyse soll die praktische Relevanz von Konsistenzgeboten klären. Sie beleuchtet, welche verfassungsrechtlichen Folgerichtigkeitspflichten das Bundesverfassungsgericht entwickelt hat und wie es diese Anforderungen einsetzt. Konsistenzgebote sollen identifiziert und systematisiert werden. Diese Ziele geben die Maßstäbe der Analyse vor. Die meiste Zeit wird der Begriff der Folgerichtigkeit verwendet, ohne dass ihm rechtliche Relevanz zukommt.[2] Was die Aufdeckung von Konsistenzgeboten anbelangt, müssen die vorgefundenen Entscheidungen also daraufhin überprüft werden, ob das Gericht eigene Rechtsfolgen an den Tatbestand der (fehlenden) Konsistenz knüpft.[3] Fälle, in denen sie nur eine rhetorische Funktion hat, müssen ausgeschieden werden. Zudem kommt es nur auf Verpflichtungen zur Konsistenz im Sinne der Arbeitsdefinition[4] an. Insbesondere muss also geprüft werden, ob die untersuchten Argumentationsfiguren an eigene gesetzgeberische Wertungen anknüpfen und nicht lediglich die folgerichtige Beachtung höherrangiger Vorgaben einfordern. Zur Systematisierung der Anforderungen muss nachvollzogen werden, aus welchen Verfassungsbestimmungen sie abgeleitet werden. Dabei müssen die Tatbestände und Rechtsfolgen der entdeckten Gebote möglichst präzise herausgearbeitet werden. So kann auch ein Beitrag zur Operationalisierung der Anforderungen geleistet werden. Die hergebrachte Haltung des Ge-

---

[1] Ähnlicher Ansatz bei *Peter Dieterich*, Systemgerechtigkeit und Kohärenz, besonders S. 54 ff., S. 300 ff.
[2] Siehe *Mehrdad Payandeh*, AöR Bd. 136 (2011), S. 578 (582) mit einigen Beispielen.
[3] Vgl. zu diesem Gedanken (im Kontext des Gebots der Normenwahrheit) *Klaus-Dieter Drüen*, ZG Bd. 24 (2009), S. 60 (64 ff., 71 ff., insbesondere 74).
[4] Siehe oben, S. 23 ff.

richts zur Konsistenzfrage ist größtenteils ausführlich erforscht.[5] Sie wird jeweils nur im Überblick als Fundament der Ausführungen zu den neueren Entwicklungen behandelt.

In der dogmatischen Untersuchung werden die Anforderungen, die sich in der Rechtsprechung herausgebildet haben, aufgegriffen. Ausgehend von ihnen wird beleuchtet, inwiefern das Grundgesetz Folgerichtigkeit im einfachen Recht einfordert. Dazu wird zunächst die Dogmatik der Verfassungsaussagen betrachtet, aus denen entsprechende Vorgaben abgeleitet werden könnten. Im nächsten Schritt wird die Kompatibilität etwaiger vorläufig entdeckter Verfassungsaussagen mit der politischen Ordnung untersucht. In einer Zusammenschau der rechtsstaatlichen und demokratischen Verfassungsgehalte kann dann die nähere Ausgestaltung etwaiger Konsistenzgebote in den Blick genommen werden.

Zu Beginn der Untersuchung ist herausgearbeitet worden, dass man der Verfassung kein allgemeines Gebot legislativer Folgerichtigkeit entnehmen kann.[6] In Betracht kommen vielmehr einzelne Anforderungen der Konsistenz im Hinblick auf bestimmte Bezugspunkte. In einer Gesamtschau über Rechtsprechung und Literatur wird deutlich, dass sich die vertretenen Ansätze – anhand von Bezugspunkten – in drei Kategorien einordnen lassen. Nach ihnen wird der zweite Teil der Studie gegliedert. Folgerichtigkeitsanforderungen werden erstens im Hinblick auf grundsätzliche Regelungsentscheidungen formuliert, nach denen der Gesetzgeber das Normprogramm für einen Lebensbereich prinzipiell ausrichtet (erster Abschnitt). Zweitens wird an legislative Ziele angeknüpft (zweiter Abschnitt). Drittens bilden vom Gesetzgeber entwickelte Methoden zur Erfassung und Bewertung der Wirklichkeit Bezugspunkte von Folgerichtigkeitsanforderungen (dritter Abschnitt). Innerhalb der Abschnitte wird jeweils zuerst die Rechtsprechung analysiert (A.). Dann folgt die dogmatische Aufarbeitung (B., C.).

---

[5] Ausführlich diskutiert wurde sie – besonders in Form der Rechtsprechung zum Grundsatz der Systemgerechtigkeit – jedenfalls seit Mitte der siebziger Jahre. Für einen Überblick vgl. *Klaus Lange*, DV Bd. 4 (1971), S. 259 ff.; *Christoph Degenhart*, Systemgerechtigkeit und Selbstbindung; *Ulrich Battis*, in FS Ipsen, S. 11 ff.; *Jürgen W. Meins*, Systemgerechtigkeit in der Raumplanung, S. 7 ff.; *Franz-Josef Peine*, Systemgerechtigkeit; *Wolfgang Rüfner*, in BK GG, Art. 3 Abs. 1 Rn. 32 ff.; *Rainer Prokisch*, in FS Vogel, S. 293 (294 ff.); *Uwe Kischel*, AöR Bd. 124 (1999), S. 174 ff.; *Stefan Haack*, Widersprüchliche Regelungskonzeptionen im Bundesstaat, S. 72 ff.; *Christian Starck*, in v. Mangoldt/Klein/Starck GG, Art. 3 Abs. 1 Rn. 44 ff.

[6] Siehe oben, S. 33 f.

Erster Abschnitt

Nachvollziehbare Ausgestaltung von Regelungsstrukturen

In der wissenschaftlich und praktisch meistbeachteten Fallgruppe der Folgerichtigkeitsanforderungen bilden grundlegende Regelungsentscheidungen den Bezugspunkt eines Konsistenzurteils. Typischerweise werden hier die Wirkungen mehrerer Rechtsnormen miteinander verglichen. Es wird jeweils eine Grundentscheidung identifiziert, nach der ein Lebensbereich prinzipiell geordnet wird. Folgerichtigkeitsgebote wirken in diesem Zusammenhang als Grenzen für Ausnahmen von solchen Grundentscheidungen. Dass Fälle, die von einer Grundentscheidung bei stringenter Verwirklichung erfasst wären, nicht nach dieser behandelt werden, wird zum Gegenstand einer Rechtfertigungsprüfung gemacht. Die jeweiligen Gebote betreffen also die Sinnhaftigkeit einer Struktur aus Regelungen, die Abstimmung von Vorschriften aufeinander.

A. Rechtsprechung des Bundesverfassungsgerichts

I. Traditionell zurückhaltende Prüfung der Systemgerechtigkeit

Die gesamte Rechtsprechung des Bundesverfassungsgerichts zur Konsistenzfrage wurde lange von Überprüfungen solcher Abweichungen von Grundentscheidungen anhand des allgemeinen Gleichheitssatzes dominiert. Der Großteil der Auseinandersetzung mit diesem Thema rankte sich um den Begriff des Regelungssystems als Bezugspunkt gesetzgeberischer Folgerichtigkeit. Besonders prägend war das Schlagwort einer Verpflichtung zur „Systemgerechtigkeit". Die Grundidee dahinter lautet, dass der Gesetzgeber von der Entscheidung für ein System nicht ohne weiteres abweichen dürfe.[7] Solange er vielmehr grundsätzlich an dem System festhalte, sei das Abweichen einer Vorschrift von diesem rechtfertigungsbedürftig.[8] Von einer Systemwidrigkeit wird auf eine Diffe-

---

[7] Besonders deutlich etwa BVerfGE 19, 123 (132): „An dem einmal gewählten Grundsatz (...) muss der Gesetzgeber folgerichtig festhalten".
[8] Statt aller siehe *Mehrdad Payandeh*, AöR Bd. 136 (2011), S. 578 (581, 589 ff.).

renzierung⁹ im Sinne des allgemeinen Gleichheitssatzes geschlossen.¹⁰ Dadurch wird an den Tatbestand der Systemabweichung (1.) als Rechtsfolge deren Rechtfertigungsbedürftigkeit (2.) geknüpft. Nachdem sich das Gericht allerdings bereits dogmatisch auf einen zurückhaltenden Maßstab festgelegt hatte, schwand auch die praktische Bedeutung der Systemgerechtigkeit so weit, dass sie heute grundsätzlich keine nennenswerte Begrenzung für den Gesetzgeber bildet (3.).

1. Weiter Tatbestand der Systemwidrigkeit

Die (fehlende) Systemkonformität von Regelungen thematisierte das Bundesverfassungsgericht schon in seiner frühen Rechtsprechung.¹¹ Den Begriff des Systems verwendete es dabei uneinheitlich und definierte ihn nie ausdrücklich.¹² Etwas vereinfachend kann man aber sagen, dass er alle regulativen Grundentscheidungen erfassen kann, die Regelungskomplexen zugrunde liegen.¹³ So überprüfte man einerseits einzelne Regelungen anhand der Grundsätze des Ordnungsbereichs, dem sie selbst angehörten – zum Beispiel eine arbeitslosenversicherungsrechtliche Vorschrift am System des Arbeitslosenversicherungsrechts.¹⁴ Habe der Gesetzgeber etwa im Grundsatz vorgesehen, dass die

---

⁹ Das Bundesverfassungsgericht geht – entsprechend der allgemeinen Ansicht in der Literatur – in ständiger Rechtsprechung davon aus, dass der allgemeine Gleichheitssatz Ungleichbehandlungen von wesentlich Gleichem ebenso erfasst wie Gleichbehandlungen von wesentlich Ungleichem. Vgl. nur BVerfGE 127, 224 (244). Der sprachlichen Einfachheit halber wird in dieser Untersuchung grundsätzlich nur der Begriff der Ungleichbehandlung verwendet. Die Ausführungen zum allgemeinen Gleichheitssatz lassen sich aber in der Regel auf Fälle gleichheitsrechtlich relevanter Gleichbehandlungen übertragen.

¹⁰ Mag sich diese dogmatische Verortung nicht immer eindeutig herauslesen lassen, so wird man dennoch die meisten einschlägigen Entscheidungen in diese Richtung interpretieren müssen. Näher *Christoph Degenhart*, Systemgerechtigkeit und Selbstbindung, S. 52; *Franz-Josef Peine*, Systemgerechtigkeit, S. 53 ff.; *Mehrdad Payandeh*, AöR Bd. 136 (2011), S. 578 (589).

¹¹ „Systemwidrig" in BVerfGE 6, 55 (69); BVerfGE 13, 215 (215, 224). „Systemgerecht" in BVerfGE 11, 283 (292 f.). Zahlreiche weitere Fundstellen zum Grundsatz der Systemgerechtigkeit (auch aus späteren Jahren) finden sich bei *Franz-Josef Peine*, Systemgerechtigkeit, S. 26, dort Fn. 12.

¹² Siehe auch *Franz-Josef Peine*, Systemgerechtigkeit, S. 31 ff.

¹³ Daneben kann er – in diesen Fällen ist auch von einer Bindung an „Gesetzlichkeiten" die Rede, die in der geregelten „Sache selbst liegen" (vgl. etwa BVerfGE 9, 339 [349]) – tatsächliche Umstände aus dem geregelten Lebensbereich erfassen. Demgegenüber dürfte die ebenfalls vorgenommene Überprüfung auf Verstöße gegen die „selbst statuierte Sachgesetzlichkeit" (vgl. etwa BVerfGE 15, 313 [318]) im Ergebnis mit einer Konsistenzprüfung bezüglich der Ordnungsprinzipien einer Regelungsmaterie identisch sein. Allgemein zum Systembegriff des Bundesverfassungsgerichts siehe *Ulrich Battis*, in FS Ipsen, S. 11 (14 f.); sowie ausführlich *Franz-Josef Peine*, Systemgerechtigkeit, S. 31 ff.

¹⁴ Vgl. BVerfGE 18, 366 (372 ff.); 20, 374 (377 ff.).

Erster Abschnitt: Nachvollziehbare Ausgestaltung von Regelungsstrukturen 119

Teilnahme an der Arbeitslosenversicherung an die Krankenversicherungspflicht geknüpft sei, so sei es rechtfertigungsbedürftig, die Arbeitslosenversicherungspflicht in bestimmten Fällen der Krankenversicherungspflicht entfallen zu lassen.[15] Andererseits prüfte man auch systemübergreifend auf Wertungskonsistenz, indem man Normen auf ihre Vereinbarkeit mit den Prinzipien anderer Regelungskomplexe untersuchte.[16] Das geschah etwa in Form einer Verpflichtung, die Wertungen des Privatrechts nicht durch die des Steuerrechts zu konterkarieren, also Widersprüche auch zwischen zwei verschiedenen Teilrechtsordnungen zu vermeiden.[17] Bestimme sich der Steuergegenstand der Gewerbesteuer grundsätzlich nach Rechtsformen des bürgerlichen Rechts, so bedürften steuerrechtliche Unterscheidungen innerhalb einer Rechtsform, etwa in Form einer Differenzierung zwischen personenbezogenen und anonymen Kapitalgesellschaften, einer besonderen Rechtfertigung.[18] Vor dem Hintergrund der Vielzahl denkbarer Grundentscheidungen, von denen ausgehend sich ein Regelwerk auf Abweichungen prüfen lässt, ergibt sich für den Grundsatz der Systemgerechtigkeit also ein potentiell sehr weiter Anwendungsbereich. Dass diese Ordnungsprinzipien in ihrer eine Konsistenzkontrolle auslösenden Wirkung nicht auf einen einzelnen Regelungszusammenhang begrenzt sind, erweitert den Tatbestand der Systemwidrigkeit noch einmal erheblich.

---

[15] Siehe BVerfGE 18, 366 (372 f.); 20, 374 (377).

[16] Vgl. dazu etwa *Christoph Degenhart*, Systemgerechtigkeit und Selbstbindung, S. 6 ff.; *Christian Starck*, in v. Mangoldt/Klein/Starck GG, Art. 3 Abs. 1 Rn. 51. Umgekehrt wurde gelegentlich die Frage gestellt, ob die Zugehörigkeit zweier Normen zu unterschiedlichen Ordnungssystemen bereits eine relevante Ungleichbehandlung – und damit die Rechtfertigungsbedürftigkeit einer an sich vorhandenen Differenzierung zwischen Personengruppen – ausschließen könne. In diese Richtung etwa noch BVerfGE 9, 338 (349 ff.); 11, 283 (293); 34, 118 (131); 40, 121 (139 f.). Diese Entscheidungen führten zu der Einschätzung, das Gericht sei zu stark einem „Binnendenken" verhaftet. Vgl. *Hans Zacher*, AöR Bd. 93 (1968), S. 341 (357 f.); *Christoph Degenhart*, Systemgerechtigkeit und Selbstbindung, S. 15; *Franz-Josef Peine*, Systemgerechtigkeit, S. 53 ff. Die Frage offenlassend BVerfGE 85, 176 (186). Die neuere Rechtsprechung neigt der Auffassung zu, dass die „systematische Unterscheidung durch den Gesetzgeber (...) für sich allein die Ungleichbehandlung nicht rechtfertigen" kann, BVerfGE 84, 348 (364); 99, 88 (95). Dazu *Lerke Osterloh/Angelika Nußberger*, in Sachs GG, Art. 3 Rn. 101, m.w.N. Zur Frage des Binnendenkens im Kontext der Systemgerechtigkeit auch *Joachim Brückner*, Folgerichtige Gesetzgebung im Steuerrecht und Öffentlichen Wirtschaftsrecht, S. 147 ff.

[17] Vgl. BVerfGE 13, 331 (340). Aufgegriffen etwa von *Rainer Prokisch*, in FS Vogel, S. 293 (297).

[18] Siehe BVerfGE 13, 331 (339 f.).

2. Geringe Rechtfertigungsanforderungen

Mag das Gericht somit weitreichende Möglichkeiten für Systemgerechtigkeitskontrollen geschaffen haben, ließ es auf Systemabweichungen allerdings meist keine ernsthaften Sanktionen folgen. Ihren Höhepunkt erreichte die Kontrollintensität in der ersten Hälfte der 1960er Jahre. Das Gericht schien ein erhöhtes Konsistenzniveau als verfassungsrechtlichen Prüfungsmaßstab errichten zu wollen,[19] indem es Ausnahmebestimmungen unter den Vorbehalt einer Art Verhältnismäßigkeitsprüfung stellte. Es forderte „überzeugende Gründe" für Systemabweichungen, für deren Vorliegen notwendig sei, dass ihr „Gewicht der Intensität der Abweichung von dem grundsätzlich gewählten Ordnungsprinzip" entspreche.[20] Daraufhin schien kurzzeitig möglich, dass der Grundsatz der Systemgerechtigkeit zukünftig eine bedeutende Rolle bei der verfassungsgerichtlichen Normenkontrolle spielen würde.[21] Letztlich entwickelte das Gericht die Frage der Systembindung aber nicht zu einer ernstzunehmenden Hürde für den Gesetzgeber weiter.[22] Zwar wird bei der Überprüfung von Gesetzen anhand des allgemeinen Gleichheitssatzes gegebenenfalls eine Verhältnismäßigkeitsprüfung durchgeführt. Ob sie zur Anwendung kommt, hängt jedoch vom Vorliegen bestimmter Fälle einer Ungleichbehandlung[23] und nicht vom Ausnahmecharakter der kontrollierten Normen ab.[24]

---

[19] Einstufung als Verschärfung etwa auch bei *Stefan Huster*, in Friauf/Höfling GG, C Art. 3 Rn. 125.

[20] BVerfGE 13, 331 (340 f.). Aufgegriffen zunächst in BVerfGE 15, 313 (318), wo die kontrollierte Norm allerdings nicht beanstandet wird. In BVerfGE 18, 366 (372 f.); 20, 374 (377) wird ein Verstoß gegen Art. 3 Abs. 1 GG mit dem Fehlen hinreichend gewichtiger Gründe für die Systemabweichung begründet.

[21] Siehe auch *Rainer Prokisch*, in FS Vogel, S. 293 (294).

[22] Diesen überaus zurückhaltenden Umgang des Bundesverfassungsgerichts mit dem Grundsatz der Systemgerechtigkeit beschreiben etwa *Franz-Josef Peine*, Systemgerechtigkeit, S. 53 ff.; *Alexander Hanebeck*, Der Staat Bd. 41 (2002), S. 429 (432 ff.); *Rainer Prokisch*, in FS Vogel, S. 293 (293 f.); *Christian Bumke*, Der Staat Bd. 49 (2010), S. 77 (86 f.).

[23] Prägend war zunächst die „neue Formel", nach welcher der Gleichheitssatz „vor allem dann verletzt" sei, „wenn eine Gruppe von Normadressaten im Vergleich zu anderen Normadressaten anders behandelt wird, obwohl zwischen beiden Gruppen keine Unterschiede von solcher Art und solchem Gewicht bestehen, dass sie die ungleiche Behandlung rechtfertigen könnten." (BVerfGE 55, 72 [88]). Auf der heute verwendeten variablen Skala spielen Verhältnismäßigkeitsgesichtspunkte bei der Rechtfertigung von Ungleichbehandlungen vor allem eine größere Rolle, „je stärker sich die Ungleichbehandlung (...) auf die Ausübung grundrechtlich geschützter Freiheiten nachteilig auswirken kann" (BVerfGE 88, 87 [96]) und „je größer die Gefahr ist, dass eine Anknüpfung an Persönlichkeitsmerkmale, die mit denen des Art. 3 Abs. 3 GG vergleichbar sind, zur Diskriminierung einer Minderheit führt" (BVerfGE 124, 199 [220]). Allgemein zum Rechtfertigungsmaßstab bei Art. 3 Abs. 1 GG siehe statt aller *Lerke Osterloh/Angelika Nußberger*, in Sachs GG, Art. 3 Rn. 13 ff., 25 ff.

[24] Siehe auch *Kyrill-Alexander Schwarz*, in FS Isensee, S. 949 (957); *Christian Bumke*, Der Staat Bd. 49 (2010), S. 77 (86 f.).

Zu rechtfertigen ist dann die Ungleichbehandlung und nicht die Systemabweichung. Dass Folgerichtigkeitsmängeln insofern kaum eine eigenständige Bedeutung zukommt, ist oft mit der Aussage deutlich gemacht worden, eine Regelung könne „nur nach den Maßstäben der Verfassung, nicht aber unter dem Gesichtspunkt der Systemwidrigkeit" für verfassungswidrig erklärt werden.[25] Bereits 1958 hatte das Gericht entschieden, dass die „Systemwidrigkeit einer Einzelvorschrift (...) allenfalls als Indiz für ihre Willkürlichkeit gewertet werden" könne.[26] Zu dieser Position ist es nach der kurzzeitigen Verschärfung in den 1960er Jahren zurückgekehrt und hält mit leichten Abweichungen bis heute an ihr fest.[27] Letztlich will die Rechtsprechung damit einen überaus schwachen Rechtfertigungsmaßstab für die fehlende Systemkonformität von Regelungen anlegen.

---

[25] Siehe etwa BVerfGE 59, 36 (49); 61, 138 (149); 75, 382 (395 f.); 76, 130 (140). In diese Richtung lässt sich auch ein zweiter oft wiederholter Satz verstehen, nach dem „die Systemwidrigkeit für sich allein (...) nicht gegen Art. 3 Abs. 1 GG" verstoße. BVerfGE 59, 36 (49); 61, 138 (148 f.); 68, 237 (253); 75, 382 (395); 78, 104 (123); 81, 156 (207); 85, 238 (247).

[26] BVerfGE 9, 20 (28).

[27] Siehe BVerfGE 34, 103 (115); 59, 36 (49); 68, 237 (253); 81, 156 (207); 104, 74 (87). Mittlerweile ist diese Haltung ständige Rechtsprechung. So auch *Alexander Hanebeck*, Der Staat Bd. 41 (2002), S. 429 (434). Als seltene Ausnahme stellt sich vor diesem Hintergrund BVerfGE 124, 199 (222 f.) dar, wo ein „gesteigerter Rechtfertigungsbedarf" infolge einer Systemwidrigkeit angenommen wird. Erforderlich sei ein plausibler Grund für eine Ausnahmeregel. Die Systemwidrigkeit spielt in der Entscheidung im Vergleich zu anderen gleichheitsrechtlichen Erwägungen allerdings eine untergeordnete Rolle. Ähnlich schon BVerfGE 104, 74 (87 ff.), wo eine strengere Systemgerechtigkeitskontrolle angedeutet wird, es dem Gericht der Sache nach aber nur auf die Rechtfertigung von Ungleichbehandlungen ankommt.
Eine etwas abweichende Darstellung der Entscheidungspraxis findet sich bei *Peter Dieterich*, Systemgerechtigkeit und Kohärenz, S. 54 ff. (relativierend aber auf S. 457 ff.), wo der generell zurückhaltende Umgang des Bundesverfassungsgerichts mit dem klassischen Grundsatz der Systemgerechtigkeit weniger deutlich zum Ausdruck kommt. Allerdings erarbeitet *Dieterich* die vermeintliche „Position des Bundesverfassungsgerichts" besonders in seinen allgemeinen, zusammenfassenden Ausführungen (S. 54 ff., 72 ff.) oftmals unter Verweis auf Entscheidungen, die mehrere Jahrzehnte, zuweilen mehr als ein halbes Jahrhundert, zurückliegen. Auf diese klassische Entscheidungslinie zur Systemgerechtigkeit greift das Gericht aber prinzipiell allenfalls noch einschränkend und im Ergebnis ablehnend zurück. Ohnehin muss man in einer Gesamtschau feststellen, dass die Rechtsprechung zur Folgerichtigkeit sich in ihrem Gesamtverlauf, abgesehen von grundsätzlichen Richtungsentscheidungen wie der hergebrachten Ablehnung des Systemgerechtigkeitsgebots und der prinzipiellen Herausbildung der neueren Grundsätze, wenig verfestigt hat. Zu beobachten sind – vor dem Hintergrund sich ändernder Zeiten und der stetigen Fluktuation der Richter wenig verwunderlich – vorwiegend punktuelle, mit der Zeit wechselnde Argumentationslinien (siehe auch oben, S. 7 ff., mit Nachweisen). Insofern gibt es keine hinreichenden Belege, um belastbar von Kategorien wie etwa einem „Systemverständnis des Gerichts" (*Dieterich*, a.a.O., S. 57 ff.) zu sprechen.

3. Geringe praktische Bedeutung

Der Grundsatz der Systemgerechtigkeit bietet somit schon dogmatisch keinen wesentlichen Mehrwert zu dem, was ohnehin gilt. Vor allem aber hat er auch in praktischer Hinsicht keine nennenswerte Bedeutung erlangt.[28] Das Gericht hat sich weitgehend von ihm verabschiedet und wendet ihn mittlerweile kaum noch an.[29]

Aufgrund der früheren Entscheidungen wäre immerhin denkbar gewesen, dass die Rechtsprechung Systemabweichungen zum Anlass für häufigere Willkürprüfungen nehmen würde. Auch wenn die Frage nach staatlicher Willkür allgemein als stark beschränkter Maßstab verstanden wird, muss sie kein vollkommen stumpfes Schwert sein.[30] Ihre Stellung bei der Kontrolle von Gemeindegebietsreformen – dem einzigen Bereich, in dem der Grundsatz der Systemgerechtigkeit heute eine ernstzunehmende Rolle spielt – verdeutlicht dies. Da hier vorrangig die Landesverfassungsgerichte zuständig sind,[31] hatte das Bundesverfassungsgericht zwar selten Gelegenheit, sich zu der Thematik zu äußern. Jedenfalls der ersten Rechtsprechungslinie zu den Gebietsreformen in den alten Bundesländern[32] hat es sich aber angeschlossen.[33] Gebietsreformen liegt in der

---

[28] Auch *Lerke Osterloh/Angelika Nußberger*, in Sachs GG, Art. 3 Rn. 98, die meinen, hinter dem Grundsatz der Systemgerechtigkeit stehe „ein die aktuelle Rechtsprechung des BVerfG zum Gleichheitssatz vielleicht am stärksten prägender Grundgedanke", beziehen sich offenbar auf die neueren Entwicklungen in der Rechtsprechung, die jedoch nicht mehr vorwiegend unter dem Oberbegriff der Systemgerechtigkeit diskutiert werden.

[29] Siehe *Stefan Huster*, in Friauf/Höfling GG, C Art. 3 Rn. 125.; *ders.*, Rechte und Ziele, S. 389; *Lerke Osterloh*, in FS Bryde, S. 429 (434).

[30] Dazu auch unten, S. 171 ff.

[31] Entschieden wurde jeweils in Verfahren der Kommunalverfassungsbeschwerde, mit denen betroffene Kommunen gegen Neugliederungsgesetze vorgingen. Kommunalverfassungsbeschwerden zu den Landesverfassungsgerichten sind vorrangig (§ 91 Satz 2 BVerfGG). Näher *Stefan Magen*, in Umbach/Clemens/Dollinger BVerfGG, § 91 Rn. 32 ff.; *Herbert Bethge*, in Maunz/Schmidt-Bleibtreu/Klein/Bethge BVerfGG, § 91 Rn. 69 ff. Vgl. auch BVerfGE 107, 1 (8 ff.).

[32] Auch wenn die Bundesländer die Gebiete ihrer Kreise und Gemeinden bis heute gelegentlich verändern – Neugliederungen sind ein „Klassiker" der Verwaltungsreform. *Utz Schliesky*, NordÖR 2012, S. 57 (58) –, lassen sich zwei größere Wellen von Neugliederungen ausmachen, die die Verfassungsrechtsprechung beschäftigt haben – in den alten Bundesländern um die 1970er Jahre und in den neuen Bundesländern nach der deutschen Einigung, siehe *Thomas Groß*, in GVwR I, § 13 Rn. 26; *Utz Schliesky*, NordÖR 2012, S. 57 (58). Vgl. aus der ersten Welle VerfGH Rh-Pf v. 17.4.1969, VGH 2/69, DVBl 1969, 799 ff.; NdsStGH v. 4.5.1974, StGH 1/1973, DVBl 1974, 520 ff.; StGH BW v. 14.2.1975, GR 11/74, NJW 1975, 1205 ff. Vgl. aus der zweiten Welle ThürVerfGH v. 18.12.1996, VerfGH 2/95 u. a., NVwZ-RR 1997, 639 ff.; SächsVerfGH v. 25.9.2008, Vf. 54-VIII-08, NVwZ 2009, 39 ff.

[33] Vgl. BVerfGE 50, 50 (51). Obwohl die Argumentationsstruktur der Gerichte sich teilweise unterscheidet (vgl. etwa zu argumentativen Unterschieden in der Rechtsprechung der Verfassungsgerichte von Rheinland-Pfalz, Baden-Württemberg und Nordrhein-Westfalen

Regel ein Leitbild zugrunde, also ein abstrakt-generelles Konzept der Eigenschaften, denen Gemeinden oder Kreise zukünftig entsprechen sollen. Wenn der Gesetzgeber im Fall einzelner Gebietskörperschaften von diesem Leitbild abweicht, wird aufgrund des Gebots der Systemgerechtigkeit eine Rechtfertigung verlangt. Gefordert werden – dem allgemeinen Willkürmaßstab entsprechend – sachliche Gründe für die Abweichung.[34] Auch wenn nur selten ein Neugliederungsgesetz aufgrund seiner Systemwidrigkeit kassiert worden ist,[35] findet hier immerhin eine rudimentäre Konsistenzkontrolle statt. Im Normalfall gelangt das Gericht jedoch nicht einmal mehr zu einer solchen Willkürprüfung. Mit diesem Bedeutungsverlust in der Rechtsprechungspraxis schwand auch das – anfänglich große[36] – Interesse der Literatur am Grundsatz der Systemgerechtigkeit.[37]

II. Wahlrechtliches Folgerichtigkeitsgebot

Ganz anders verlief die Entwicklung der Folgerichtigkeitsrechtsprechung bei der Kontrolle von Wahlgesetzen. Hier verwendet das Bundesverfassungsgericht mit der Pflicht, die Entscheidung für ein Wahlsystem folgerichtig umzusetzen, seit jeher einen punktuell strengeren Maßstab.[38] Das Grundgesetz enthalte kei-

---

Ulrich Battis, in FS Ipsen, S. 11 [23 ff.]), kann man einheitliche Grundanforderungen an die Konsistenz von Neugliederungsgesetzen herausarbeiten. Jedenfalls hat das Bundesverfassungsgericht eine ständige Rechtsprechung der Landesverfassungsgerichte zur Kontrolle von Neugliederungsgesetzen festgestellt, vgl. BVerfGE 50, 50 (51).

[34] Vgl. BVerfGE 50, 50 (53). Näher zu dieser Entscheidung *Franz-Josef Peine*, Systemgerechtigkeit, S. 63. Ausführlicher zur Rechtsprechung der Landesverfassungsgerichte siehe aus der umfangreichen Literatur etwa *Werner Hoppe/Hans-Werner Rengeling*, Rechtsschutz bei der kommunalen Gebietsreform, S. 114 ff.; *Jürgen W. Meins*, Systemgerechtigkeit in der Raumplanung, S. 25 ff.; *Wolfgang Löwer/Jörg Menzel*, ZG Bd. 12 (1997); S. 90 (90 ff.); *Björn Rothe*, Kreisgebietsreform, S. 119 ff.; *Hans Peter Bull*, DVBl 2008, S. 1 (1 ff.); *Peter Dieterich*, Systemgerechtigkeit und Kohärenz, S. 546 ff.

[35] Die wenigsten Verfassungsbeschwerden gegen Neugliederungen waren erfolgreich. Vgl. *Reinhard Ganderath*, DÖV 1973, S. 332 ff.; *Bernhard Stüer*, DVBl 1977, S. 1 ff.; *Hans Peter Bull*, DVBl 2008, S. 1 (2).

[36] Vgl. etwa die auf S. 116 in Fn. 5 aufgeführten frühen Beiträge.

[37] Vgl. *Sigrid Boysen*, in von Münch/Kunig GG, Art. 3 Rn. 87: „literarisch schon beerdigt". Siehe auch oben, S. 13 ff.

[38] Die erste Entscheidung lag sogar noch vor der ersten Rechtsprechung zum allgemeinen Grundsatz der Systemgerechtigkeit: BVerfGE 1, 208 (246 ff.). Sie betraf die Landtagswahlen in Schleswig-Holstein. Die dort entwickelte Position hat das Gericht in BVerfGE 6, 84 (90) auf die Bundestagswahl übertragen und seither bei öffentlichen Wahlen auf allen staatlichen Ebenen zur Anwendung gebracht. Vgl. etwa BVerfGE 71, 81 (95 f.); 95, 335 (354); 120, 82 (103 f.); 130, 212 (229). Keine dezidiert konsistenzbasierte Argumentation dagegen mehr in BVerfGE 129, 300 (317 ff.); 131, 316 (336 ff.); 135, 259 (280 ff.).

ne Festlegung auf ein bestimmtes Wahlsystem. Der Gesetzgeber[39] verfüge bei der Ausübung seiner Normsetzungskompetenz aus Art. 38 Abs. 3 GG vielmehr über einen weiten Gestaltungsspielraum.[40] Dieser sei jedoch unter anderem durch das Gebot begrenzt, „das ausgewählte Wahlsystem (...) in seinen Grundelementen folgerichtig zu gestalten, und (...) keine strukturwidrigen Elemente" einzuführen.[41] Nach Auffassung des Gerichts folgt diese Vorgabe aus dem Prinzip der Gleichheit der Wahl. Seine Rechtsprechung geht von der Prämisse aus, dass man zwischen zwei Arten von Wahlsystemen trennen kann: Mehrheits- und Verhältniswahl.[42] Mit dem Grundgesetz seien beide Möglichkeiten ebenso vereinbar wie eine Mischform zwischen ihnen.[43] Allerdings verlange der Grundsatz der Wahlrechtsgleichheit, dass die dem gewählten System inhärenten Gleichheitsvorstellungen verwirklicht werden.[44] Bei der Normierung eines Ver-

---

[39] Werden Wahlsysteme für Wahlen auf der Landes- oder Kommunalebene überprüft, so finden sich entsprechende Feststellungen betreffend den jeweiligen Landesgesetzgeber. Vgl. etwa BVerfGE 1, 208 (246); und 120, 82 (103) für Schleswig-Holstein; 34, 81 (100) für Rheinland-Pfalz. Zu bedenken ist dabei, dass mehrere Landesverfassungen (im Gegensatz zu der Schleswig-Holsteinischen) für Landtagswahlen eine Festlegung auf ein Verhältniswahlsystem enthalten, vgl. etwa Art. 28 Abs. 1 LV BW; Art. 14 Abs. 1 S. 1 BayVerf; Art. 80 Abs. 1 RhPfVerf; Art. 41 Abs. 1 S. 2 SächsVerf. In Judikaten, die das Wahlsystem dieser Länder betreffen, wird also kein Konsistenzgebot zur Anwendung gebracht, weil die Einführung des Verhältniswahlsystems hier nicht auf einer eigenen Entscheidung des Landesgesetzgebers beruht. Die betreffenden Judikate (z. B. BVerfGE 34, 81 [100] für Rheinland-Pfalz) sind für den hier behandelten Kontext aber ebenfalls interessant, soweit es um den Inhalt des in allen Ländern geltenden (vgl. auch Art. 28 Abs. 1 S. 2 GG) Grundsatzes der Wahlrechtsgleichheit geht. Auch das Bundesverfassungsgericht stellt fest, dass „die Wahlrechtsgrundsätze auf Bundes- und auf Landesebene inhaltlich identisch sind" und die Rechtsprechung jeweils übertragbar ist, BVerfGE 120, 82 (102).

[40] Vgl. insbesondere BVerfGE 3, 19 (24); 59, 119 (124f.); 95, 335 (349).

[41] BVerfGE 120, 82 (103f.).

[42] Diese Einteilung ist nicht selbstverständlich. Viele betrachten sie als Fehleinschätzung und zweifeln schon daher die Tragfähigkeit der Wahlgleichheitsdogmatik des Gerichts insgesamt an. Mehrheits- und Verhältniswahlsysteme ließen sich in der Praxis nicht strikt unterscheiden, sondern gingen fließend ineinander über („Kontinuum" von Wahlsystemen). Dadurch seien nicht zwei, sondern eine Vielzahl möglicher Wahlsysteme denkbar, die erst durch den jeweiligen Wahlgesetzgeber mit seinen konkreten Regelungen festgelegt würden. Es sei daher nicht möglich, die gesetzgeberische Entscheidung, die das zu untersuchende Wahlsystem selbst erst aufstellt, unter Verweis auf vermeintlich prägende Bestandteile dieses Wahlsystems zu korrigieren, die der Gesetzgeber gar nicht vorgesehen habe. Vgl. *Hans Meyer*, in HStR III, 3. Aufl., § 45 Rn. 24ff.; *Christofer Lenz*, AöR Bd. 121 (1996), S. 337 (339ff.); *Uwe Kischel*, AöR Bd. 124 (1999), S. 174 (208f.); *Mehrdad Payandeh*, AöR Bd. 136 (2011), S. 578 (601). Siehe zur Abgrenzung von Wahlsystemen auch unten, S. 155ff.

[43] Vgl. BVerfGE 6, 84 (90); 6, 104 (111); 95, 335 (349, 354); 120, 82 (103).

[44] „Die Entscheidung für ein bestimmtes Wahlsystem (...) bedeutet zugleich, daß der Gesetzgeber die im Rahmen des jeweiligen Systems geltenden Maßstäbe der Wahlrechtsgleichheit zu beachten hat." BVerfGE 95, 335 (354). Vgl. auch BVerfGE 120, 82 (103f.).

hältniswahlsystems sei daher – dessen Zielrichtung entsprechend – zusätzlich zu den allgemeinen Anforderungen die Erfolgswertgleichheit der Stimmen gefordert.[45] Es entspreche dem Zweck eines Mehrheitswahlsystems, dass nur diejenigen Stimmen zur Mandatszuteilung führen, die für den Mehrheitskandidaten abgegeben wurden. Demgegenüber liege der Zweck eines Verhältniswahlsystems gerade darin, das Verhältnis der Parlamentssitze möglichst dem Verhältnis der von den Parteien erzielten Stimmen anzugleichen. Hier komme es auch darauf an, dass jeder Bürger denselben Einfluss auf die Zusammensetzung des Parlaments haben kann.[46] Solle das Wahlsystem grundsätzlich als Verhältniswahlsystem ausgestaltet sein, so unterwerfe der Gesetzgeber sich diesem erhöhten Maßstab.[47] Dadurch könne zum Beispiel eine Sperrklausel – durch die Stimmen für die nicht ins Parlament gelangten Parteien wirkungslos sind – im Verhältniswahlsystem nur ausnahmsweise gerechtfertigt sein, obwohl ein zulässiges Mehrheitswahlsystem faktisch eine wesentlich stärkere Ausschlusswirkung haben kann.[48] Eine Rechtfertigung erfordere hier, dass ein „zwingender Grund"[49] bestehe. Wie das Regelungssystem näher auszugestalten ist, soll im Bereich der Wahlgesetzgebung also von der eigenen Strukturentscheidung des Gesetzgebers abhängen. Indem dieser sich im Grundsatz für ein bestimmtes Wahlrecht entscheidet, bindet er sich selbst.[50] Es ergibt sich eine Konsistenzpflicht in Bezug auf Grundsätze der Mandatsverteilung, die dem prinzipiell normierten Wahlsystem innewohnen.

III. Steuerrechtliches Folgerichtigkeitsgebot

Das nächste – und nach wie vor prominenteste – Gebiet, auf dem schärfere Anforderungen für Abweichungen von Grundentscheidungen gestellt werden, ist das Steuerrecht. Hier finden sich auch in der Literatur – oftmals im Zusammenhang mit deutlicher Kritik an der als unsystematisch empfundenen Rechtslage – die häufigsten und weitreichendsten Forderungen nach Folgerichtigkeitsgeboten.[51] Schon die frühen Entscheidungen zum Grundsatz der Systemgerechtig-

---

[45] „Hingegen bedeutet Wahlrechtsgleichheit bei der Verhältniswahl, dass jeder Wähler mit seiner Stimme den gleichen Einfluss auf die Zusammensetzung der Vertretung haben muss (...). Zur Zählwertgleichheit tritt im Verhältniswahlrecht die Erfolgswertgleichheit hinzu." BVerfGE 120, 82 (103).
[46] Siehe BVerfGE 95, 335 (353); 120, 82 (103).
[47] Besonders deutlich in BVerfGE 34, 81 (100).
[48] Siehe insofern schon BVerfGE 1, 208 (246); 6, 84 (90).
[49] BVerfGE 1, 208 (249); 120, 82 (107).
[50] Vgl. auch *Hans Meyer*, in HStR III, 3. Aufl., § 45 Rn. 33 f.; *Christofer Lenz*, AöR Bd. 121 (1996), S. 337 (344 ff.); *Mehrdad Payandeh*, AöR Bd. 136 (2011), S. 578 (600).
[51] Vgl. den Überblick über die Diskussion bei *Klaus-Dieter Drüen*, in FS Spindler, S. 29

keit hatten zum Teil Steuergesetze zum Gegenstand.⁵² In ihnen betrieb das Gericht allerdings noch keine ausdrücklich steuerrechtsspezifische Maßstabsbildung. Spezielle Vorgaben für den Steuergesetzgeber entwickelte man ab den 1990er Jahren in Form einer Pflicht zur folgerichtigen Umsetzung steuerlicher Belastungsentscheidungen. Sie ist beim Erlass von Regelungen zu beachten, die grundsätzliche Entscheidungen für die Besteuerung eines bestimmten Gegenstands mit einem bestimmten Steuersatz näher ausgestalten. Verfassungsrechtlicher Anknüpfungspunkt ist, wie beim Grundsatz der Systemgerechtigkeit, der allgemeine Gleichheitssatz. Dieser spielt bei der verfassungsgerichtlichen Kontrolle des Steuergesetzgebers, der im Übrigen nur schwachen materiellrechtlichen Bindungen unterliegt, generell eine herausgehobene Rolle.⁵³ Das Gericht geht in ständiger Rechtsprechung davon aus, dass man „nicht abstrakt und allgemein" sagen könne, unter welchen Voraussetzungen der Gesetzgeber Art. 3 Abs. 1 GG verletze. „Genauere Maßstäbe und Kriterien dafür" ließen sich vielmehr „nur in Bezug auf die jeweils betroffenen unterschiedlichen Sach- und

---

(29 ff.). *Ulrich Battis*, in FS Ipsen, S. 11 (20), sprach schon 1977 von „der in Finanzwissenschaft und Steuerrechtslehre einmütig betonten Systemlosigkeit des geltenden Steuerrechts." *Joachim Englisch*, in FS Lang, S. 167 (179), beobachtet, dass die „überwältigende Mehrheit der Steuerrechtswissenschaftler" sich zu einem gleichheitsrechtlich verankerten Folgerichtigkeitsgebot bekennt. Als Beispiel für die Lehre der einflussreichen Kölner Schule um *Klaus Tipke* und *Joachim Lang* vgl. Klaus Tipke, Die Steuerrechtsordnung Bd. I, S. 281 ff., 354 ff.

⁵² Vgl. nur BVerfGE 13, 331; 15, 313; 34, 103.

⁵³ Siehe nur *Mehrdad Payandeh*, AöR Bd. 136 (2011), S. 578 (594) m.w.N dort in Fn. 77. So ist der allgemeine Gleichheitssatz als „nahezu einzige Schranke der Besteuerung" bezeichnet worden, *Wolfgang Rüfner*, in BK GG, Art. 3 Abs.1 Rn. 197. Ihm folgend *Sigrid Boysen*, in von Münch/Kunig GG, Art. 3 Rn. 88. Als wesentliche Ursache für den ungewöhnlich häufigen Rückgriff auf den Gleichheitssatz als Prüfungsmaßstab wird die vergleichsweise geringe freiheitsrechtliche Kontrolldichte im Bereich der Steuergesetzgebung gesehen, vgl. *Stefan Huster*, in Friauf/Höfling GG, C Art. 3 Rn. 149. Besonders in der eigentumsrechtlichen Prüfung hat sich das Bundesverfassungsgericht lange zurückgehalten und Steuergesetze stattdessen anhand der allgemeinen Handlungsfreiheit überprüft. Art. 14 Abs. 1 GG schütze prinzipiell nicht vor der Auferlegung von Geldleistungspflichten, weil zwar einzelne vermögenswerte Positionen, aber grundsätzlich nicht das Vermögen an sich vom Begriff des Eigentums umfasst sei. Siehe etwa BVerfGE 4, 7, (17); 78, 214 (230); 81, 108 (122); 82, 159 (190); 95, 267 (300); 96, 375 (397). Nur bei einer „erdrosselnden Wirkung" wird herkömmlich ein Eigentumseingriff als denkbar angesehen. Vgl. BVerfGE 14, 221 (241); 63, 343 (368); 78, 232 (243), 82, 159 (190); 95, 267 (300). In letzter Zeit gibt es allerdings Tendenzen, Steuergesetze auch unter geringeren Voraussetzungen an Art. 14 Abs. 1 GG zu messen, vgl. BVerfGE 115, 97 (110 ff.). Auch schon in der – später aufgegebenen (BVerfGE 115, 97 [114]) – Rechtsprechung zum sogenannten „Halbteilungsgrundsatz" hatte man die verfassungsrechtliche Zulässigkeit der Vermögenssteuer auch vor dem Hintergrund von Art. 14 Abs. 1 GG diskutiert, vgl. BVerfGE 93, 121 (138). Für einen Überblick über die einschlägige Literatur siehe m.w.N. *Brun-Otto Bryde*, in von Münch/Kunig GG, Art. 14 Rn. 23; *Jan-Reinard Siekmann*, in Friauf/Höfling GG, C Art. 14 Rn. 107.

Regelungsbereiche bestimmen".⁵⁴ Um eine solche „sachbereichsspezifische Ausprägung"⁵⁵ des Gleichheitssatzes für den Bereich der Steuergesetzgebung handelt es sich hier.

1. Weite Gestaltungsspielräume und einschränkende Grundsätze

Der Ausgangspunkt der verfassungsgerichtlichen Argumentation liegt erneut in der Betonung politischer Gestaltungsspielräume. Hier wird gesetzgeberisches Ermessen sogar in zweifacher Hinsicht hervorgehoben. Zum einen habe die Legislative bereits allgemein im Kontext von Art. 3 Abs. 1 GG „die grundsätzliche Freiheit" inne, „diejenigen Sachverhalte tatbestandlich zu bestimmen, an die das Gesetz dieselben Rechtsfolgen knüpft und die es so als rechtlich gleich qualifiziert".⁵⁶ Zum anderen verfüge der Gesetzgeber steuerspezifisch über weite Entscheidungsspielräume hinsichtlich der Definition des Steuergegenstands in der Bemessungsgrundlage und hinsichtlich der Höhe des Steuersatzes⁵⁷.⁵⁸ Diese Gestaltungsspielräume würden durch zwei eng zusammenhängende verfassungsrechtliche Kernaussagen eingeschränkt, die aus dem allgemeinen Gleichheitssatz abgeleitet werden. Erstens sei es geboten, dass „die Steuerpflichtigen durch ein Steuergesetz rechtlich und tatsächlich gleich belastet", die steuerlichen Belastungen also „möglichst gleichmäßig" verteilt werden (Grundsatz der Belastungsgleichheit).⁵⁹ Zweitens müsse sich die Verteilung der Steuerlast auf die Steuerpflichtigen an deren finanzieller Leistungsfähigkeit orientieren.⁶⁰ Nach der finanziellen Leistungsfähigkeit wird beurteilt, wer im Sinne von Art. 3

---

⁵⁴ BVerfGE 122, 210 (230). Siehe weiter BVerfGE 17, 122 (130); 75, 108 (157); 84, 239 (268); 93, 319 (348 f.); 93, 386 (397); 101, 275 (291); 103, 310 (318); 105, 73 (111); 112, 268 (279); 122, 210 (230); 127, 224 (245).

⁵⁵ Allgemein zu der fragmentierten Entwicklung der Dogmatik des allgemeinen Gleichheitssatzes anhand einzelner Teilrechtsordnungen siehe *Michael Sachs*, in HStR VIII, 3. Aufl., § 183. Vgl. weiter etwa *Wolfgang Rüfner*, in BK GG, Art. 3 Abs.1 Rn. 196 ff.; *Paul Kirchhof*, in HStR V, 3. Aufl., § 118 Rn. 195; *Sigrid Boysen*, in von Münch/Kunig GG, Art. 3 Rn. 88; sowie *Stefan Huster*, in Friauf/Höfling GG, C Art. 3 Rn. 147 ff.; *Kyrill-Alexander Schwarz*, in FS Isensee, S. 949, und *Joachim Englisch*, in FS Lang, S. 167 (172): Art. 3 Abs. 1 GG als „kontextrelatives Grundrecht".

⁵⁶ BVerfGE 105, 73 (125). Siehe auch BVerfGE 75, 108 (157); 122, 210 (230); 127, 224 (245).

⁵⁷ Zu den Grundbegriffen des Steuerrechts siehe *Roman Seer*, in Tipke/Lang Steuerrecht, § 6 Rn. 27 ff.

⁵⁸ Siehe BVerfGE 84, 239 (271); 93, 121 (136); 107, 27 (47); 117, 1 (30); 120, 1 (29); 122, 210 (230); 123, 1 (19); 127, 224 (245); 135, 126 (145).

⁵⁹ BVerfGE 84, 239 (268 f.) mit ausführlicher Herleitung des Grundsatzes der Belastungsgleichheit auf S. 268 ff. Vgl. bereits BVerfGE 35, 324 (335).

⁶⁰ Siehe insbesondere BVerfGE 8, 51 (68 f.); 43, 108 (123); 81, 228 (236); 82, 60 (86). Näher *Paul Kirchhof*, in HStR V, 3. Aufl., § 118 Rn. 168 ff.; *Christian Thiemann*, in Linien der Rechtsprechung des Bundesverfassungsgerichts, S. 179 (181 ff.).

Abs. 1 GG „wesentlich gleich" ist. Im Sinne „horizontaler Steuergerechtigkeit" sei es somit geboten, gleich leistungsfähige Steuerpflichtige grundsätzlich gleich hoch zu besteuern. Demgegenüber müsse „in vertikaler Richtung" die Besteuerung leistungsfähigerer Steuerpflichtiger im Verhältnis zur Besteuerung der weniger leistungsfähigen angemessen sein.[61]

2. Abgeleitetes Gebot der Folgerichtigkeit

Nach Auffassung des Gerichts folgt aus diesen beiden steuerverfassungsrechtlichen Grundsätzen die Pflicht zur Folgerichtigkeit in der Steuergesetzgebung.[62] Habe der Gesetzgeber seinen Gestaltungsspielraum genutzt und eine Grundentscheidung für einen Steuergegenstand und einen Steuersatz getroffen, so müsse diese „einmal getroffene Belastungsentscheidung folgerichtig im Sinne der Belastungsgleichheit umgesetzt werden. Ausnahmen von einer solchen folgerichtigen Umsetzung bedürften eines besonderen sachlichen Grundes".[63] Mit der Zeit hat sich eine Konsistenzanforderung herausgebildet, die Abweichungen von einfachgesetzlichen Grundentscheidungen unter den Vorbehalt einer Rechtfertigung stellt.

a) Bezugspunkte der Folgerichtigkeit in der Rechtsprechungspraxis

Zu Beginn der Rechtsprechungslinie handelte es sich – was in der Literatur kaum beachtet wird[64] – bei dem steuerrechtlichen Folgerichtigkeitsgebot allerdings noch nicht um eine echte Konsistenzanforderung im hier untersuchten Sinn.[65] Ursprünglich interessierte sich das Gericht weniger für die Folgerichtig-

---

[61] Siehe BVerfGE 8, 51 (68 f.); 82, 60 (89); 99, 246 (260); 105, 73 (126); 107, 27 (46 f.); 116, 164 (180); 122, 210 (231); 127, 224 (245). Das Prinzip der Besteuerung nach der finanziellen Leistungsfähigkeit dürfte also am ehesten die Funktion eines *tertium comparationis* haben. Näher zur Dogmatik des allgemeinen Gleichheitssatzes unten, S. 140 ff.

[62] Zur Diskussion siehe *Paul Kirchhof*, in HStR V, 3. Aufl., § 118 Rn. 178 ff.; *Uwe Kischel*, in Gleichheit im Verfassungsstaat, S. 175 (183 ff.); *Kyrill-Alexander Schwarz*, in FS Isensee, S. 949 (958 ff.); *Joachim Englisch*, in FS Lang, S. 167 ff.; *Klaus-Dieter Drüen*, in FS Spindler, S. 29 ff.; *Christian Thiemann*, in Linien der Rechtsprechung des Bundesverfassungsgerichts, S. 179 ff.

[63] BVerfGE 122, 210 (230 ff.). Weitere Entscheidungen zum Grundsatz der Folgerichtigkeit sind BVerfGE 84, 239 (271); 93, 121 (136); 99, 88 (95); 99, 280 (289 f.); 105, 73 (126); 107, 27 (47); 116, 165 (180 f.); 117, 1 (31); 120, 1 (29); 123, 111 (120 f.); 124, 282 (295); 126, 268 (280 ff.); 126, 400 (417); 127, 1 (22); 127, 224 (245); 136, 127 (144); 139, 285 (309 f.); 141, 1 (39 ff.).

[64] Angedeutet wird es jedoch bei *Uwe Kischel*, in Epping/Hillgruber GG, Art. 3 Rn. 154.1. Zu dem Gedanken auch *Matthias Cornils*, DVBl 2011, S. 1053 (1056).

[65] Siehe oben, S. 23 ff. Eine solche setzt voraus, dass Abweichungen des einfachen Gesetzgebers von eigenen Entscheidungen die Verfassungswidrigkeit einer Norm herbeiführen können. Muss die Legislative sich dagegen lediglich folgerichtig mit Blick auf den Grundsatz

keit von Steuergesetzen mit Blick auf einfachgesetzliche Grundsatzentscheidungen als für ihre Diskriminierungsfreiheit – also ihre Folgerichtigkeit in Bezug auf den verfassungsrechtlichen Gleichheitssatz. In den Teilen seiner Entscheidungen, in denen das Gericht den Prüfungsmaßstab bestimmt (meistens unter dem Gliederungspunkt „C.I."),[66] war zwar stets von der folgerichtigen Umsetzung der „einmal getroffene(n) Belastungsentscheidung" die Rede.[67] Seit dem ersten einschlägigen Judikat[68] wird aber auch festgestellt, dass die folgerichtige Umsetzung „im Sinne der Belastungsgleichheit" erfolgen müsse. Die tatsächliche Bedeutung des Merkmals der folgerichtigen Umsetzung gesetzgeberischer Belastungsentscheidungen in der Rechtsprechungspraxis lässt sich nur erfassen, wenn man neben den maßstabsbildenden Entscheidungsteilen auch die Abschnitte betrachtet, in denen der Prüfungsmaßstab angewendet wird. Bezieht man die Subsumtionsteile mit ein, so wird erkennbar, dass es dem Gericht – wie aufgrund der verfassungsrechtlichen Herleitung des Grundsatzes zu erwarten – ursprünglich nur darauf ankam, dass sich die verfassungsrechtliche Anforderung der Lastengleichheit im untersuchten Regelungskomplex niederschlug. In letzter Zeit werden aber echte Konsistenzkontrollen vorgenommen, indem die Rechtfertigung reiner Abweichungen von einfachgesetzlichen Grundentscheidungen geprüft wird.

aa) Anfangs reine Kontrolle von Belastungsungleichheiten

Für gleichheitsrechtlich relevant – wenn auch nicht gleichheitssatzwidrig – befand man im ersten Urteil zum Folgerichtigkeitsgebot Regelungen über die Durchsetzung eines Steueranspruchs, die zu einem teilweisen Vollzugsdefizit führten.[69] Die Rechtfertigungsbedürftigkeit des Regelungskomplexes folgte nach Auffassung des Gerichts daraus, dass sich aufgrund des strukturellen Er-

---

der Belastungsgleichheit – eine Ausprägung des allgemeinen Gleichheitssatzes – verhalten, so ist der verfassungsrechtliche Normalfall einer Bindung des einfachen Gesetzgebers an höherrangiges Recht gegeben.

[66] Die Praxis des Bundesverfassungsgerichts, seine Begründetheitsprüfung aufzuteilen in einen Maßstabsteil ohne Fallbezug und in einen Teil, in dem die Maßstäbe auf den konkreten Fall angewendet werden, beschreibt *Oliver Lepsius*, in Das entgrenzte Gericht, S. 159 (168 ff.).

[67] Siehe sämtliche Entscheidungen auf S. 128, Fn. 63, an der jeweils zitierten Stelle.

[68] In BVerfGE 84, 239 (271) beginnt die Entwicklung des heute verwendeten Folgerichtigkeitsgrundsatzes. Erste verwandte Ansätze – auf die später jedoch nur noch vereinzelt bezuggenommen worden ist (vgl. etwa BVerfGE 93, 121 [136]) – finden sich allerdings bereits in BVerfGE 23, 242 (256).

[69] Vgl. BVerfGE 84, 239 (275 ff.). Konkret ging es darum, dass die Besteuerung bestimmter Einkünfte im Rahmen der Einkommensteuer praktisch allein von der Bereitschaft des Steuerpflichtigen zur wahrheitsgemäßen Steuererklärung abhing, ohne dass die Finanzverwaltung über effektive Kontrollmöglichkeiten verfügte.

hebungsmangels eine Ungleichheit bei der Besteuerung des Steuergegenstands ergebe. Auf diese Weise werde „die gebotene Gleichheit im Belastungserfolg" verfehlt.[70] Hier wurde also nicht die Widerspruchsfreiheit des Regelungsgefüges, sondern dessen Vereinbarkeit mit dem Grundsatz der Belastungsgleichheit geprüft.[71]

In der nächsten Entscheidung sah das Gericht die Regelungen über die Vermögenssteuer als teilweise unvereinbar mit Art. 3 Abs. 1 GG an, weil sie das gesamte steuerpflichtige Vermögen mit einem einheitlichen Steuersatz belasteten, sich die Bewertung des Vermögens aber nach zwei unterschiedlichen Grundsätzen richtete.[72] Das Gericht merkte hier zwar an, dass der Gesetzgeber sich für eines der Bewertungsmodelle als Regelfall entschieden hatte, das andere Modell seinem Konzept also fremd war.[73] Die Verfassungswidrigkeit der einschlägigen Regelungen begründete es jedoch damit, dass die unterschiedlichen Methoden zu einer ungleichen Besteuerung der beiden Arten von Vermögensgegenständen führten.[74] Wieder untersuchte es allein eine Ungleichheit im Belastungserfolg auf ihre Rechtfertigung hin.[75]

Ähnlich verhielt es sich in einer Entscheidung betreffend die unterschiedliche Besteuerung von Sozialversicherungsrenten und Beamtenpensionen.[76] Hier sah man im Ergebnis nur die „Frage nach einem hinreichenden sachlichen Grund für unterschiedliche steuerliche Belastungen im Verhältnis der betrachteten Vergleichsgruppen"[77] als maßgeblich für die Verfassungsmäßigkeit des Regelwerks an. Abweichungen von einer grundsätzlichen Belastungsentscheidung thematisierte man nicht.[78] Vor und nach dieser Entscheidung gab es weitere Judikate mit ähnlicher Argumentationsstruktur. In ihnen diagnostizierte

---

[70] Siehe BVerfGE 84, 239 (275, 282 ff.).

[71] Dabei hätte die gesetzgeberische Gestaltung durchaus Raum für eine Konsistenzprüfung gegeben: Entscheidet der Gesetzgeber sich einerseits für eine steuerliche Belastung, konterkariert er diese Entscheidung aber durch ein strukturell defizientes Erhebungsverfahren, so widerspricht er – jedenfalls bei Fiskalzwecksteuern – seinem Ziel, der staatlichen Einnahmenerzielung.

[72] Vgl. BVerfGE 93, 121 (121 f.; 142 ff.). Manche Vermögensgegenstände wurden nach ihrem Gegenwartswert, andere nach Einheitswerten bewertet, die seit vielen Jahren gesetzlich festgeschrieben waren.

[73] Vgl. BVerfGE 93, 121 (145).

[74] Vgl. BVerfGE 93, 121 (142, 146 f.).

[75] Vgl. BVerfGE 93, 121 (146 ff.).

[76] Beamtenpensionen wurden voll, Sozialversicherungsrenten nur in Höhe ihres Ertragsanteils besteuert.

[77] BVerfGE 105, 73 (128).

[78] Vgl. BVerfGE 105, 73 (127 ff.). Thematisiert wird zwar ein Gesetzgeberisches „Leitbild". Dieses wird aber nur daraufhin überprüft, ob es der Realität entspricht, und nicht, ob der Gesetzgeber es eingehalten hat.

das Gericht zwar schon vereinzelt Abweichungen von grundsätzlichen Belastungsentscheidungen.[79] Das Erfordernis einer Rechtfertigung knüpfte es aber nur an zusätzlich festgestellte – also nicht schon aus dem Abweichungscharakter an sich folgende – Ungleichbelastungen.[80]

bb) Heute auch echte Konsistenzprüfung

Von der gesonderten Feststellung von Ungleichbehandlungen als Bedingung für die Rechtfertigungsbedürftigkeit von Belastungsausnahmen aufgrund von Art. 3 Abs. 1 GG entfernte sich das Bundesverfassungsgericht nach und nach allerdings immer weiter. Erste Ansätze einer echten Konsistenzkontrolle von Steuergesetzen wurden offenbar, als das Gericht Abweichungen vom einkommensteuerrechtlichen Nettoprinzip[81] einer Rechtfertigungsprüfung unterzog.[82] Eine differenzierungsunabhängige Kontrolle bei Ausnahmen von diesem Grundsatz war bereits in einer Entscheidung aus dem Jahr 1998 angeklungen,[83] in der das Gericht jedoch, wie eben beschrieben, noch nicht ohne die Prüfung von Ungleichbehandlungen ausgekommen war.[84] Im Jahr 2002 entwickelte es den Gedanken weiter. Den im steuerverfassungsrechtlichen Diskurs geführten Streit, ob das Nettoprinzip nur einfach- oder auch verfassungsrechtlich fundiert ist,[85] ließ es dahinstehen, weil Abweichungen auch bei einfachgesetzlicher Fundierung jedenfalls aufgrund des Prinzips der folgerichtigen Umsetzung gesetzgeberischer Belastungsentscheidungen rechtfertigungsbedürftig seien.[86] Der Gesetzgeber hatte die Abzugsfähigkeit der Kosten für die Führung eines zweiten Haushalts als Werbungskosten durch Steuerpflichtige, deren Arbeitsplatz

---

[79] Vgl. BVerfGE 99, 280 (295); 117, 1 (35 f., 64 f.).
[80] Vgl. BVerfGE 99, 88 (97); 99, 280 (291, 294 f., 297); 116, 164 (181, 183 f.); 117, 1 (37 ff., 45 ff., 59 ff., 66); 120, 1 (32).
[81] Nach dem Nettoprinzip, das eine objektive und eine subjektive Komponente hat, unterliegt der Einkommensteuer nur das Nettoeinkommen. Dabei handelt es sich um den Teil der Erwerbseinkünfte, der verbleibt, wenn man die beruflich veranlassten Erwerbsaufwendungen und die privat veranlassten Aufwendungen, die zur Existenzsicherung erforderlich sind, subtrahiert. Näher zum steuerrechtlichen Nettoprinzip *Johanna Hey*, in Tipke/Lang Steuerrecht, § 8 Rn. 60 ff.; *Dieter Birk/Marc Desens/Henning Tappe*, Steuerrecht, Rn. 189 f.; *Christian Thiemann*, in Linien der Rechtsprechung des Bundesverfassungsgerichts, S. 179 (195 ff.).
[82] Vgl. BVerfGE 107, 27 (49 ff.), vor allem die Erwägungen zur Begründetheit der Verfassungsbeschwerde des Beschwerdeführers zu 2.
[83] Vgl. BVerfGE 99, 280 (290 f., 295). Vgl. zum Nettprinzip auch BVerfGE 101, 297 (310).
[84] Vgl. BVerfGE 99, 280 (291, 294 f., 297).
[85] Eine Übersicht dazu findet sich bei *Klaus-Dieter Drüen*, StuW 2008, S. 3 (4 ff.), der auch die Rechtsprechung des Bundesverfassungsgerichts zu dieser Frage nachzeichnet.
[86] Vgl. BVerfGE 107, 27 (48). Ebenso BVerfGE 81, 228 (237); 122, 210 (234); 123, 111 (121); 127, 224 (248).

nicht am Wohnort lag, auf zwei Jahre begrenzt.[87] Die entsprechende Regelung identifizierten die Richter als Abweichung von der Grundentscheidung für eine Nettobesteuerung.[88] In der anschließenden Rechtfertigungsprüfung fragten sie – mit besonderem Blick auf den Fall einer „Kettenabordnung"[89] – nach „hinreichend tragfähigen"[90] Gründen für diese Abweichung. Zwar erörterten sie im zweiten Teil dieser Prüfung auch eine Ungleichbehandlung mit anderen Gruppen von Steuerpflichtigen.[91] Die diskriminierende Wirkung trat aber nicht mehr als das allein tragende Argument für die Verfassungswidrigkeit der Regelung in Erscheinung.[92] Neben die Belastungsungleichheit als Gegenstand der Rechtfertigungsprüfung war der Tatbestand der Belastungsausnahme getreten.

Diese Entwicklung trieb das Gericht in der Entscheidung zur „Pendlerpauschale" aus dem Jahr 2008 voran.[93] Auch hier führte eine Abweichung vom objektiven Nettoprinzip zu der Verfassungswidrigkeit einer Vorschrift.[94] Der Gesetzgeber hatte entschieden, dass Aufwendungen für Wege zwischen Wohnung und Arbeitsstätte künftig erst ab dem 21. Entfernungskilometer vom Bruttoeinkommen abgezogen werden konnten.[95] Das Bundesverfassungsgericht begründete die Rechtfertigungsbedürftigkeit dieser Entscheidung wiederum nicht mit einer Belastungsungleichheit, sondern mit ihrem Ausnahmecharakter vor dem Hintergrund des ansonsten geltenden Nettoprinzips.[96] Dass im Zentrum der Aufmerksamkeit des Gerichts die Konsistenz des Regelungsgefüges und nicht mehr ein etwaiger Belastungsunterschied im Verhältnis bestimmter Personengruppen stand, trat besonders an einem Prüfungspunkt zutage, der neu in die steuerrechtliche Rechtsprechung eingeführt wurde. Das Gericht untersuchte ausführlich, ob die Rechtfertigungsbedürftigkeit der Ausnahmevorschrift möglicherweise deswegen entfallen war, weil diese einen „grundlegenden System-

---

[87] Nachzeichnung der Gesetzgebungshistorie in BVerfGE 107, 27 (29 ff.).

[88] Vgl. BVerfGE 107, 27 (50).

[89] Damit sind Fälle gemeint, in denen ein Arbeitgeber (in diesem Fall ein Dienstherr) einen Beschäftigten an einen anderen Ort für einen Zeitraum abordnet, den er fortlaufend verlängert. Dadurch verbringt der Beschäftigte insgesamt einen längeren Zeitraum an dem anderen Ort, kann aber immer nur bis zum Ende des gegenwärtigen Abordnungszeitraums planen.

[90] BVerfGE 107, 27 (51).

[91] Vgl. BVerfGE 107, 27 (52).

[92] Diese wurde vielmehr auch damit begründet, dass die Abweichung den realen Bedürfnissen der betroffenen Steuerpflichtigen nicht gerecht werde und ihre wirtschaftliche Leistungsfähigkeit daher nicht folgerichtig erfasst worden sei. BVerfGE 107, 27 (51 f.).

[93] Beispielhaft für die oft kritische Literatur *Oliver Lepsius*, JZ 2009, S. 260 ff.

[94] Vgl. BVerfGE 122, 210 (235 ff.).

[95] Dies geschah in Form einer Kilometerpauschale, die „wie Werbungskosten" in Abzug gebracht werden konnte. Zur Gesetzgebungshistorie vgl. BVerfGE 122, 210 (212 ff.).

[96] Besonders deutlich etwa BVerfGE 122, 210 (237): „(...) kann (...) eine Abkehr vom Veranlassungsprinzip (...) nicht rechtfertigen."

wechsel" oder jedenfalls die Verankerung eines neuen, mit dem Nettoprinzip gleichwertigen Grundsatzes bedeute.[97] Dies lehnte man ab, weil nicht erkennbar gewesen sei, dass der Gesetzgeber sich für ein neues Regelungssystem entschieden hatte.[98] Solche Erwägungen lassen sich nicht mehr als Prüfung auf Ungleichbehandlungen erklären.[99] Für die ursprünglich als allein maßgeblich angesehene faktische „Gleichheit im Belastungserfolg"[100], ist unerheblich, welche Leitprinzipien hinter den im Einzelfall konkret anwendbaren Regelungen stehen. Nur diese konkreten Vorschriften selbst beeinflussen das tatsächliche Belastungsergebnis.[101] Das Nachdenken über einen einfachgesetzlichen Systemwechsel zeigt, dass der Gesetzgeber nach Auffassung des Gerichts selbst über die Grundsätze disponiert, an denen er gemessen wird.

Auch in einer Entscheidung zu den „Jubiläumsrückstellungen" aus dem Jahr 2009 befasste sich das Gericht nur mit Abweichungen von eigenen gesetzgeberischen Entscheidungen und nicht mit Ungleichbehandlungen Steuerpflichtiger.[102] Hier ging es um Ausnahmen von einem Grundsatz des steuerlichen Bilanzierungsrechts, nach dem sich die Bilanzaufstellung nach handelsrechtlichen Rechnungslegungsstandards richtet.[103] Auch diese Ausnahmen unterzog man einer Rechtfertigungsprüfung. Allerdings entschied das Gericht, dass es sich bei den Prinzipien, von denen abgewichen worden war, nicht um „eine strikte, einmal getroffene Belastungsentscheidung" beziehungsweise nicht um „eine grundlegende Entscheidung des Gesetzgebers über eine steuergerechte Lastenverteilung"[104] gehandelt habe. Als Prüfungsmaßstab hielt es daher nur eine Willkürkontrolle für einschlägig.[105] In der Literatur führte das zu der Einschätzung, das Gericht habe die Anforderungen aus dem Urteil zur Pendlerpauschale relativiert.[106] Dass für Abweichungen von grundsätzlichen Belastungsentscheidungen ein erhöhter Rechtfertigungsmaßstab gelten soll, hat das Gericht jedoch

---

[97] Vgl. BVerfGE 122, 210 (241 ff.). Vgl. dazu auch BVerfGE 126, 268 (280 f.).
[98] Vgl. BVerfGE 122, 210 (242 ff.).
[99] Siehe auch *Sigrid Boysen*, in von Münch/Kunig GG, Art. 3 Rn. 89, die ebenfalls beobachtet, dass „das Kriterium der Folgerichtigkeit gänzlich verselbständigt, die konkrete Ungleichbehandlung und ihr Gewicht aber überhaupt nicht mehr erörtert wurde."
[100] BVerfGE 84, 239 (275).
[101] Zum fehlenden Zusammenhang zwischen dem Ausnahmecharakter einer Vorschrift und einer durch sie bewirkten Ungleichbehandlung siehe auch unten, S. 141 ff.
[102] Vgl. BVerfGE 123, 111 (121 ff.).
[103] In Rede standen Ausnahmen von der prinzipiellen Maßgeblichkeit der handelsrechtlichen Grundsätze ordnungsgemäßer Buchführung und speziell des handelsrechtlichen Vorsichtsprinzips für die Gewinnermittlung in der Steuerbilanz.
[104] BVerfGE 123, 111 (124).
[105] Vgl. BVerfGE 123, 111 (122 ff.).
[106] So *Klaus-Dieter Drüen*, JZ 2010, S. 91 (93).

nicht in Frage gestellt.[107] Die Entscheidung verdeutlicht lediglich, wie sehr die Tragweite des steuerrechtlichen Folgerichtigkeitsgebots von der Definition einer grundsätzlichen Belastungsentscheidung und ihrer Abgrenzung von anderen gesetzgeberischen Entscheidungen abhängt (mit Bezug auf die kein erhöhtes Maß an Folgerichtigkeit geschuldet wird).[108] Allgemeine Kriterien hierfür hat die Rechtsprechung bisher kaum entwickelt[109] und sogar die Möglichkeit bezweifelt, solche abstrakten Merkmale überhaupt zu finden.[110] Klar ist vor allem, dass das Prinzip der Nettobesteuerung diese Voraussetzungen erfüllen soll.[111] Das hat sich beispielsweise durch eine Entscheidung zur Abzugsfähigkeit von Kosten für ein häusliches Arbeitszimmer aus dem Jahr 2010 – bei der entsprechend der hier aufgezeigten Tendenz wieder differenzierungsunabhängig argumentiert worden ist[112] – bestätigt.[113] Dass es sich bei den Bilanzierungsgrundsätzen, von denen man im Fall der „Jubiläumsrückstellungen" Ausnahmen vorgesehen hatte, nicht um solche Grundsatzentscheidungen handelte, begründete man vor allem mit deren Zweck. Sie dienten nicht der gerechten Verteilung von Steuerlasten, sondern allein der Praktikabilität, nämlich der Vermeidung einer ansonsten notwendigen zweifachen Rechnungslegung.[114]

Den vorrangig in der Rechtsprechung des zweiten Senats des Bundesverfassungsgerichts entwickelten Folgerichtigkeitsgedanken hat der erste Senat prinzipiell übernommen, hält sich in dessen Anwendung aber tendenziell etwas stärker zurück.[115] Offenbar fehlt bislang eine Entscheidung, in der er ein Steuergesetz wegen (bloßer) mangelnder Konsistenz mit Blick auf grundlegende Belastungsentscheidungen für verfassungswidrig erklärte. Allerdings hat auch der erste Senat reine Ausnahmen von Belastungsentscheidungen für verfassungs-

---

[107] So auch *Peter Dieterich*, Systemgerechtigkeit und Kohärenz, S. 70.

[108] Dazu insbesondere *Joachim Englisch*, in FS Lang, S. 167 (203 ff.). Vgl. dazu auch unten, S. 149 ff.

[109] Vgl. *Christian Thiemann*, in Linien der Rechtsprechung des Bundesverfassungsgerichts, S. 179 (192 f., 202 f.).

[110] Siehe BVerfGE 120, 1 (30). Hier wird allerdings immerhin konstatiert, dass es bei der Abgrenzung darauf ankomme, inwieweit es bei der betreffenden Regelung gerade um den auszugestaltenden Steuergegenstand unter dem Gesichtspunkt des steuerbaren Vorteils gehe.

[111] Siehe *Christian Thiemann*, in Linien der Rechtsprechung des Bundesverfassungsgerichts, S. 179 (195 ff.).

[112] Vgl. BVerfGE 126, 268 (280 f.), wo insbesondere erneut die Auffassung vertreten wird, der Gesetzgeber könne durch einen „grundsätzlichen Systemwechsel" seinen Gestaltungsspielraum vergrößern.

[113] Vgl. BVerfGE 126, 268 (279 f.). Bestätigung der Pflicht zur Folgerichtigkeit auch in 126, 400 (417); 127, 1 (22); 127, 224 (245); 136, 127 (144); BVerfG, Beschluss vom 15.12.2015, 1 BvL 1/12, Rn. 95 f.

[114] Siehe BVerfGE 123, 111 (123 ff.).

[115] Vgl. BVerfGE 117, 1 (31); 120, 1 (29); 127, 224 (245); 137, 350 (366); 138, 136 (181).

rechtlich relevant gehalten. Dies lässt sich jedenfalls aus einer Entscheidung schließen, in der er das Gebot der Folgerichtigkeit als eigenständigen Prüfungspunkt anwendete und dabei nur nach dem Vorliegen einer Systemabweichung, nicht nach einer Ungleichbehandlung fragte.[116]

b) *Rechtfertigungsmaßstab*

Spätestens seit dem Beschluss zum Nettoprinzip aus dem Jahr 1998 stellt das Bundesverfassungsgericht im Maßstabsteil seiner Entscheidungen fest, dass Abweichungen von der folgerichtigen Umsetzung von Belastungsentscheidungen „eines besonderen, sachlich rechtfertigenden Grundes" bedürften.[117] Es will insofern einen Maßstab anlegen, den es auch schon für die Rechtfertigungsprüfung von Belastungsungleichheiten ohne Konsistenzuntersuchungen verwendet hat.[118] Allerdings fehlen bislang abstrakte Kriterien auch für das Vorliegen eines solchen besonderen Grundes. Möglich ist als Rückschluss aus der Entscheidung zu den „Jubiläumsrückstellungen" nur der Befund, dass der Rechtfertigungsmaßstab für relevante Belastungsausnahmen über eine Willkürkontrolle hinausgehen soll.[119] Meist begnügt sich das Gericht mit der Feststellung, dass eine bestimmte Erwägung im konkreten Fall nicht als Rechtfertigungsgrund tauge.[120] Immerhin hat es mittlerweile durch Fallgruppen gewisse Leitlinien erarbeitet. Belastungsausnahmen (wie Belastungsungleichheiten) können demnach jedenfalls nicht durch rein fiskalische Erwägungen gerechtfertigt werden. Dies wird damit begründet, dass jede, auch eine willkürliche, steuerliche Mehrbelastung dem Ziel der Einnahmenerhöhung diene. Fiskalinteressen seien somit kein tauglicher Maßstab für eine am Gesichtspunkt der Leistungsfähigkeit orientierte Verteilung der Steuerlast.[121] Demgegenüber soll eine

---

[116] Vgl. BVerfGE 127, 224 (247, 252 f.). Eher differenzierungsabhängige Argumentation dagegen in BVerfGE 126, 400 (417 ff.), was angesichts des unmittelbar personenbezogenen Gegenstands der Entscheidung – der Ungleichbehandlung von eingetragener Lebenspartnerschaft und Ehe – jedoch nicht verwundert. Kein Rückgriff auf die Folgerichtigkeit auch in BVerfGE 135, 126 (143 ff.). Wieder aufgegriffen jedoch in BVerfGE 137, 350 (366); 138, 136 (180 ff.). Deutlicher wiederum 139, 285 (309 ff.), wo zwar auf das Merkmal der Ungleichbehandlung Bezug genommen wird, jedoch „Umfang und Ausmaß der Abweichung" für maßgeblich für „die Anforderungen an den Rechtfertigungsgrund" gehalten werden.

[117] BVerfGE 99, 280 (290); 105, 73 (126); 107, 27 (47); 116, 164 (180 f.); 122, 230 (231); 123, 111 (121); 127, 224 (245).

[118] Vgl. BVerfGE 84, 348 (363 f.); 99, 88 (95).

[119] Auch in BVerfGE 120, 1 (30), ist in Abgrenzung von einer Willkürkontrolle von der „engeren Bindung des Gesetzgebers an die Grundsätze der Folgerichtigkeit und Belastungsgleichheit" die Rede.

[120] Vgl. etwa BVerfGE 93, 121 (147); 99, 280 (294 ff.); 120, 210 (236 ff.).

[121] Vgl. BVerfGE 122, 210 (231 ff., 237); 126, 268 (281).

Rechtfertigung durch Lenkungszwecke[122] und durch die Notwendigkeit einer Typisierung und Vereinfachung[123] in Betracht kommen.[124]

c) Gesamtschau: Folgerichtigkeitsgebot in der Gleichheitsdogmatik des Gerichts

Insgesamt fällt es noch immer schwer, den steuerrechtlichen Folgerichtigkeitsgrundsatz eindeutig in der Gleichheitsdogmatik des Bundesverfassungsgerichts zu verorten. Es finden sich keine Aussagen zum Verhältnis von Belastungsausnahme und Belastungsungleichbehandlung. Wie das Gericht zur Rechtfertigungsbedürftigkeit von Vorschriften allein aufgrund ihres Charakters als Ausnahmeregelung kommt, erläutert es also nicht ausdrücklich. Naheliegend ist, dass das Gericht meint, von einer Abweichung könne stets auf eine Ungleichbehandlung geschlossen werden. Die gesonderte Feststellung von Ungleichbehandlungen wäre dann überflüssig und man könnte unmittelbar zur Rechtfertigungsprüfung übergehen. Einzelne Textstellen[125] und der Umstand, dass das Gebot der Folgerichtigkeit aus dem Prinzip der Belastungsgleichheit entwickelt worden ist, sprechen für eine solche Lesart.

Welche Tragweite das Folgerichtigkeitsgebot als eigenständiger Maßstab zukünftig entfalten wird, bleibt abzuwarten. Auch wenn die Literatur der Figur viel Beachtung geschenkt hat und manche sie sogar für die „praktisch bedeutsamste steuerliche Wirkung" des Gleichheitssatzes halten,[126] gibt es auch Stimmen, die davor warnen, ihren Einfluss überzubewerten.[127] Feststellen lässt sich

---

[122] Vgl. BVerfGE 120, 210 (231 f.); 127, 224 (245).

[123] Vgl. BVerfGE 81, 228 (237); 122, 210 (232 f.); 127, 224 (245 f.).

[124] Näher *Christian Thiemann*, in Linien der Rechtsprechung des Bundesverfassungsgerichts, S. 179 (203 ff.). In beiden Fällen muss das Regelungskonzept dann wiederum folgerichtig ausgestaltet werden. Weil dabei gesetzgeberische Lenkungszwecke und Leitbilder zur Bewertung der Realität die Bezugspunkte darstellen, werden die jeweiligen Anforderungen in späteren Teilen der Untersuchung behandelt. Siehe unten, S. 182 ff., 217 ff.

[125] Beispielsweise scheint das Gericht in BVerfGE 122, 210 (242), davon auszugehen, dass aus einem „Systemwechsel" in einem schmalen Teilbereich einer Regelungsmaterie immer eine Ungleichbehandlung resultiert. Vgl. auch BVerfGE 126, 268 (280): „benachteiligende Ausnahme von einer Belastungsgrundentscheidung". BVerfGE 139, 285 (309 ff.); 141, 1 (40): „Abweichungen (…) bedürfen (…) eines besonderen sachlichen Grundes (…), der die Ungleichbehandlung zu rechtfertigen vermag."

[126] *Paul Kirchhof*, StuW 2006, S. 3 (14). Vgl. etwa auch *Mehrdad Payandeh*, AöR Bd. 136 (2011), S. 578 (594 f.): „geht damit erheblich über die Rechtsprechung zur allgemeinen Geltung des Folgerichtigkeitsgedankens im Rahmen des Art. 3 Abs. 1 GG hinaus".

[127] Vgl. etwa *Kyrill-Alexander Schwarz*, in FS Isensee, S. 949 (964): Gestaltungsspielraum des Gesetzgebers „bei Lichte besehen durch das regulative Prinzip der Folgerichtigkeit jedenfalls kaum ernsthaft begrenzt"; *Joachim Englisch*, in FS Lang, S. 167 (199): „meist […] ohne erkennbare Auswirkungen auf die weitere Prüfung"; *Uwe Kischel*, in Epping/Hillgru-

jedenfalls, dass das steuerrechtliche Folgerichtigkeitsgebot in letzter Zeit immer stärker unabhängig von einer unterschiedlichen Behandlung von Steuerpflichtigen zur Anwendung gebracht wird. Dadurch entwickelte es sich zu einer echten Konsistenzpflicht für den Gesetzgeber. Unter Bezugnahme auf seine eigene Rechtsprechung kann das Gericht so, ähnlich wie beim allgemeinen Willkürverbot,[128] Gesetze am allgemeinen Gleichheitssatz messen, bei denen eine diskriminierende Wirkung gar nicht im Raum steht oder nur mit beträchtlichem Begründungsaufwand konstruiert werden kann.[129]

Mit der Entwicklung weg von der ausschließlichen Prüfung von Belastungsungleichheiten und hin zur Kontrolle von Ausnahmebestimmungen geht auch eine immer stärkere Eigenständigkeit[130] des Folgerichtigkeitsgebots als dogmatische Figur einher. Der Grundsatz wird immer unabhängiger von den gleichheitsrechtlichen Oberprinzipien der Belastungsgleichheit und der Besteuerung nach der finanziellen Leistungsfähigkeit zur Anwendung gebracht, aus denen er ursprünglich entwickelt worden war. Dies spiegelt sich in der Aussage wider, die gesetzgeberischen Gestaltungsspielräume bei der Ausgestaltung der Steuerrechtsordnung würden „vor allem durch zwei eng miteinander verbundene Leitprinzipien begrenzt: durch das Gebot der Ausrichtung der Steuerlast am Prinzip der finanziellen Leistungsfähigkeit und durch das Gebot der Folgerichtigkeit."[131] Durch diese Eigenständigkeit als verfassungsrechtlicher Grundsatz und durch ihre Differenzierungsunabhängigkeit lässt sich die Folgerichtigkeitspflicht als entscheidende Weiterentwicklung der Dogmatik zu Art. 3 Abs. 1 GG einschätzen. Wenn auch ursprünglich in geringerem Maße als gemeinhin angenommen, verlangt das Bundesverfassungsgericht vom Steuergesetzgeber ein erhöhtes Maß an Abgestimmtheit zwischen Grundentscheidungen und Ausnahmeregeln.

---

ber GG, Art. 3 Rn. 155.1: „Die Folgerichtigkeit weicht so nach der Rechtsprechung im Ergebnis kaum von der üblichen Gleichheitsprüfung ab und bleibt damit inhaltsleer".

[128] Vgl. oben, S. 58 ff.

[129] Vgl. zu diesem Problem auch unten, S. 162 ff. Vgl. auch *Sigrid Boysen*, in von Münch/Kunig GG, Art. 3 Rn. 89, die zum Urteil betreffend die Pendlerpauschale ebenfalls beobachtet, dass „das Kriterium der Folgerichtigkeit gänzlich verselbständigt, die konkrete Ungleichbehandlung und ihr Gewicht aber überhaupt nicht mehr erörtert wurde." Hier lassen sich erst, wenn man die gesamten Werbungskosten – nicht nur die fahrtbezogenen Kosten – in die Betrachtung einbezieht, Belastungsunterschiede konstruieren. Siehe auch unten, S. 144 ff.

[130] Diese Entwicklung beobachtet auch *Mehrdad Payandeh*, AöR Bd. 136 (2011), S. 578 (594 f.).

[131] BVerfGE 105, 73 (125); 107, 27 (46); 110, 412 (433); 116, 164 (180); 117, 1 (30); 122, 210 (230 f.); 127, 224 (245).

IV. Schwächere Ausprägung im Sozialrecht

Gemeinsam mit dem Steuerrecht ist das Sozialrecht eines der wichtigsten Anwendungsgebiete des allgemeinen Gleichheitssatzes in der Verfassungsrechtsprechung.[132] Wie bei der Wahl- und der Steuergesetzgebung sind die Vorgaben des Grundgesetzes auch in diesem Bereich prinzipiell nicht detailliert. Das Bundesverfassungsgericht betont die „weitgehende sozialpolitische Gestaltungsfreiheit des Gesetzgebers."[133] Auch wenn in der Literatur zum Sozialrecht allerdings Forderungen nach Folgerichtigkeitspflichten verbreitet sind,[134] spielen Konsistenzanforderungen im Hinblick auf Grundregeln in der einschlägigen Judikatur bislang keine so bedeutende Rolle, wie es bei der Kontrolle von Steuergesetzen der Fall ist.[135] Gelegentlich wurden zwar am Rande Folgerichtigkeitserwägungen angestellt.[136] Besonders eine dem steuerrechtlichen Grundsatz entsprechende gleichheitsrechtliche Konsistenzpflicht mit Blick auf einfachgesetzliche Grundentscheidungen hat sich bisher aber nicht herausgebildet.

Die verschiedenen Sozialversicherungssysteme des Sozialgesetzbuches[137] sind – mit jeweils unterschiedlicher Gewichtung – insbesondere an zwei Leitprinzipien ausgerichtet, dem Versicherungsprinzip und dem Solidarprinzip.[138]

---

[132] Siehe *Sigrid Boysen*, in von Münch/Kunig GG, Art. 3 Rn. 88. Zum Umfang der Rechtsprechung zu diesem Thema vgl. etwa *Werner Heun*, in Dreier GG, Art. 3, Rn. 80 ff.; *Christian Starck*, in v. Mangoldt/Klein/Starck GG, Art. 3 Abs. 1 Rn. 141 ff.; *Lerke Osterloh/Angelika Nußberger*, in Sachs GG, Art. 3 Rn. 176 ff.; *Hans Jarass*, in Jarass/Pieroth GG, Art. 3 Rn. 54 ff.

[133] BVerfGE 113, 167 (215). Siehe auch *Lerke Osterloh/Angelika Nußberger*, in Sachs GG, Art. 3 Rn. 176, 184. Vgl. weiter etwa BVerfGE 89, 365 (376).

[134] Vgl. etwa *Paul Kirchhof*, in HStR VIII, 3. Aufl., § 181 Rn. 225; *Ulrich Becker*, in FS 50 Jahre BSG, S. 77 (80 ff.); *Peter Axer*, in GS Brugger, S. 335 (346 ff.), teilweise allerdings eher unter Bezugnahme auf Anforderungen der folgerichtigen Realitätserfassung, dazu besonders unten S. 218 ff.

[135] Zu Pflichten folgerichtiger Realitätserfassung siehe aber unten, S. 218 ff.

[136] Vgl. BVerfGE 60, 16 (39 f.); 112, 368 (402 f.). Zu diesen Entscheidungen *Paul Kirchhof*, in HStR VIII, 3. Aufl., § 181 Rn. 225. Das Sozialrecht ist – als weiteres Beispiel für Massenfallrecht – auch ein Anwendungsfeld für gesetzgeberische Typisierungen. Siehe nur *Lerke Osterloh/Angelika Nußberger*, in Sachs GG, Art. 3 Rn. 104. In deren Kontext ergeben sich wiederum eigene Verpflichtungen zur Folgerichtigkeit, siehe unten, S. 182 ff.

[137] Im Einzelnen sind dies die Krankenversicherung, Rentenversicherung, Pflegeversicherung, Unfallversicherung und Arbeitslosenversicherung (mit Arbeitsförderungsrecht). Für einen Überblick siehe *Raimund Waltermann*, Sozialrecht, Rn. 3 ff.; *Eberhard Eichenhofer*, Sozialrecht, Rn. 167 ff. Näher zu den Sozialversicherungssystemen *Bernd Baron von Maydell/Franz Ruland/Ulrich Becker* (Hrsg.), Sozialrechtshandbuch, §§ 13 ff.

[138] Siehe allgemein zu diesen Prinzipien *Werner Heun*, in Dreier GG, Art. 3, Rn. 82; *Christian Starck*, in v. Mangoldt/Klein/Starck GG, Art. 3 Abs. 1 Rn. 144; *Lerke Osterloh/Angelika Nußberger*, in Sachs GG, Art. 3 Rn. 187; *Hans Jarass*, in Jarass/Pieroth GG, Art. 3 Rn. 55. Gerade das Versicherungsprinzip war Gegenstand umfassender wissenschaftlicher

Nach dem Versicherungsprinzip basieren die Sozialsysteme auf Leistung und Gegenleistung.[139] Zwischen Beiträgen und Versicherungsleistungen muss demnach grundsätzlich Äquivalenz herrschen.[140] Auf der anderen Seite kann nach dem Solidarprinzip bei der Beitragshöhe nach individueller Leistungsfähigkeit differenziert werden, während die Leistungen im Versicherungsfall gleich bleiben.[141] Ähnlich wie die Grundsätze der Leistungsfähigkeit und der Belastungsgleichheit im Steuerrecht, sind diese Prinzipien in der Rechtsprechung zum Sozialrecht sehr präsent. Vor allem mit der Frage nach einer folgerichtigen Umsetzung des Versicherungsprinzips hat sich das Bundesverfassungsgericht mehrfach befasst.[142] Da es – in Übereinstimmung mit dem Bundessozialgericht[143] – offenbar davon ausgeht, dass dieser Grundsatz nicht verfassungsrechtlich fundiert ist,[144] liegt besonders hier die Annahme einer Verpflichtung zur Konsistenz mit Blick auf einfachgesetzliche Grundentscheidungen nahe. Ein Verstoß gegen den allgemeinen Gleichheitssatz ist aufgrund eines reinen Konsistenzmangels bislang aber noch nicht festgestellt worden.[145] Zwar wird die Systemkonformität von Regelungen teilweise als Argument für deren Vereinbarkeit mit dem Gleichheitssatz angeführt.[146] Eine Gleichheitswidrigkeit hat das Gericht bislang aber nur angenommen, wenn sich aufgrund der Abweichung vom Versicherungsprinzip eine Ungleichbehandlung ergab.[147] Dass im Bereich des Sozialrechts trotz offenkundiger Parallelen[148] zum Steuerrecht (erhebliche politische Gestaltungsspielräume; vergleichsweise klar abgrenzbare gesetzgeberische Grundentscheidungen) kein vergleichbares Konsistenzgebot aus dem Gleichheitssatz formuliert worden ist, mag auch damit zusammenhängen, dass

---

Untersuchungen. Vgl. etwa *Friedhelm Hase*, Versicherungsprinzip; *Christian Rolfs*, Versicherungsprinzip; *Astrid Wallrabenstein*, Versicherung im Sozialstaat.

[139] Siehe BVerfGE 79, 223 (236).
[140] Siehe BVerfGE 79, 87 (101).
[141] Siehe BVerfGE 79, 223 (236 f.).
[142] Vgl. BVerfGE 59, 36 (49 ff.); 63, 152 (171); 79, 87 (101 f.); 79, 223 (236 f.); 90, 226 (239 f.); 92, 53 (71 ff.).
[143] BSG, Urteil vom 29.1.1998, B 12 KR 35/95 R, juris Rn. 27.
[144] Vgl. BVerfGE 51, 115 (124); 53, 313 (328); 92, 53 (71); sowie Nichtannahmebeschluss zur soeben zitierten Entscheidung des BSG vom 29.12.1999, 1 BvR 679/98, juris. So auch *Anne Lenze*, Staatsbürgerversicherung und Verfassung, S. 222 f.; 431.
[145] Besonders zurückhaltend BVerfGE 59, 36 (48 ff.).
[146] Vgl. BVerfGE 63, 152 (171); 79, 223 (236 ff.); 90, 226 (239 f.). Zur Vereinbarkeit mit Art. 14 GG vgl. etwa BVerfGE 75, 78 (103). Dass das Gericht die Vereinbarkeit von Normen mit dem Versicherungsprinzip als Beleg für deren Verfassungsmäßigkeit wertet, beobachtet auch *Friedhelm Hase*, Versicherungsprinzip, S. 156 f.
[147] Vgl. BVerfGE 79, 87 (99 ff., insbesondere 101); 92, 53 (71 ff.).
[148] Dass beide Gebiete vergleichbar sind, stellt auch *Ulrich Becker*, in FS 50 Jahre BSG, S. 77 (81) fest.

bereits ohne Folgerichtigkeitserwägungen ausreichende Kontrollmöglichkeiten bestanden. Während im Steuerrecht nur bei der Abgabenerhebung zwischen Personen differenziert werden kann, findet sich in den Systemen der Sozialversicherung auch bei der Definition der Leistungshöhe und des Kreises der Leistungsempfänger Raum für die Prüfung von Ungleichbehandlungen.

B. Rechtsstaatliche Fundierung

I. Allgemeiner Gleichheitssatz

Die Rechtsprechungsanalyse verdeutlicht die besondere Bedeutung des allgemeinen Gleichheitssatzes bei der Begründung von Folgerichtigkeitsgeboten mit Blick auf Grundentscheidungen im einfachen Recht. In der Literatur sind solche Gebote ebenfalls oft in Art. 3 Abs. 1 GG verortet worden.[149] Auch wenn eine präzise dogmatische Herleitung häufig fehlt,[150] dürfte es vor allem der gleichheitsrechtliche Selbstbindungsmechanismus[151] sein, der zu dieser Überlegung führt.[152] Die Prüfung auf Verletzungen des allgemeinen Gleichheitssatzes wird gemeinhin zweistufig aufgebaut.[153] Sie besteht aus der Feststellung einer Ungleichbehandlung und der Untersuchung, ob diese Differenzierung gerechtfer-

---

[149] Vgl. etwa *Claus-Wilhelm Canaris*, Systemdenken und Systembegriff in der Jurisprudenz, S. 16 ff., 125 ff.; *Friedrich Schoch*, DVBl 1988, S. 863 (878 f.); *Karl Larenz*, Methodenlehre der Rechtswissenschaft, S. 335 (keine Bezugnahme auf Art. 3 GG, aber auf ein „Prinzip der Gleichbehandlung"); *Paul Kirchhof*, in HStR VIII, 3. Aufl., § 181 Rn. 211: *Ulrich Becker*, in FS 50 Jahre BSG, S. 77 (88 f.); *Gerd Morgenthaler*, in Gleichheit im Verfassungsstaat, S. 51 (54); *Clemens Höpfner*, Die systemkonforme Auslegung, S. 40 ff.; *Christian Starck*, in v. Mangoldt/Klein/Starck GG, Art. 3 Abs. 1 Rn. 44.; *Lerke Osterloh/Angelika Nußberger*, in Sachs GG, Art. 3 Rn. 98; und *Joachim Englisch*, in Stern/Becker Grundrechte-Kommentar, Art. 3 Rn. 33 ff., 137 f., 142 ff.; *ders.*, in FS Lang, S. 167 (179), der betont, dass die „überwältigende Mehrheit der Steuerrechtswissenschaftler" eine gleichheitsrechtliche Verankerung befürwortet.

[150] Siehe auch *Peter Dieterich*, Systemgerechtigkeit und Kohärenz, S. 383 f.

[151] Dazu oben, S. 46 ff.

[152] Eine entsprechende Argumentation klingt etwa an bei *Paul Kirchhof*, in HStR VIII, 3. Aufl., § 181 Rn. 209 ff.: *Ulrich Becker*, in FS 50 Jahre BSG, S. 77 (88 f.); *Joachim Brückner*, Folgerichtige Gesetzgebung im Steuerrecht und Öffentlichen Wirtschaftsrecht, S. 113 ff. Daneben ist ein gleichheitsrechtliches Willkürverbot als Grundlage vorgeschlagen worden, vgl. *Claus-Wilhelm Canaris*, Systemdenken und Systembegriff in der Jurisprudenz, S. 16 ff., 41; *Klaus Lange*, DV Bd. 4 (1971), S. 259 (264 ff.).

[153] Teilweise wird auch versucht, Gleichheitsrechte als Abwehrrechte zu begreifen und ihre Prüfung derjenigen der Freiheitsgrundrechte anzugleichen. Prägend insbesondere *Michael Kloepfer*, Gleichheit als Verfassungsfrage, S. 54 ff.; und *Stefan Huster*, Rechte und Ziele, S. 225 ff. Überblick zur Diskussion bei *Michael Kallina*, Willkürverbot und Neue For-

tigt ist. An eine Konkretisierung mithilfe von Folgerichtigkeitserwägungen lässt sich auf beiden Ebenen denken. Blickt man näher auf die Komponenten des Gleichheitssatzes, wird allerdings schnell deutlich, dass man eine entsprechende Wirkung[154] nicht begründen kann.[155]

1. Kein Rechtfertigungserfordernis aufgrund von Abweichungen

Auf der ersten Prüfungsstufe wäre eine Konkretisierungsleistung erbracht, wenn man schon vom Ausnahmecharakter einer Regelung auf eine rechtfertigungsbedürftige Ungleichbehandlung schließen könnte,[156] ohne dass es dabei auf einen Vergleich einzelner Sachverhalte ankäme. Spiegelbildlich lässt sich fragen, ob die Systemkonformität eines Gesetzes das Bestehen rechtfertigungsbedürftiger Differenzierungen hindern kann.[157] Jedenfalls mit Blick auf den Sinn von Art. 3 Abs. 1 GG, Menschen vor Diskriminierungen zu schützen, wird man beide Fragestellungen jedoch verneinen müssen. Der Gleichheitssatz knüpft an den bloßen Befund des Ausnahmecharakters von Regelungen keine Rechtsfolgen.

a) Kein Zusammenhang zwischen Ausnahme und realer Gleichbehandlung

Ausgangspunkt dieser Überlegung ist die Einsicht, dass Abweichungen von einer Grundentscheidung[158] nicht unbedingt dazu führen müssen, dass die betroffenen Gegenstände tatsächlich unterschiedlich behandelt werden.[159] Die Konse-

---

mel, S. 172 ff.; *Stefan Huster*, in Friauf/Höfling GG, C Art. 3 Rn. 51 ff., 78 ff.; *Sigrid Boysen*, in von Münch/Kunig GG, Art. 3 Rn. 53 ff.

[154] Für eine Konkretisierungswirkung etwa *Friedrich Schoch*, DVBl 1988, S. 863 (878). Für die Eignung des Gedankens der Systemgerechtigkeit zur „weiteren Strukturierung und Rationalisierung" *Christian Starck*, in v. Mangoldt/Klein/Starck GG, Art. 3 Abs. 1 Rn. 44.

[155] Zusammenfassend *Mehrdad Payandeh*, AöR Bd. 136 (2011), S. 578 (610 f.).

[156] Dazu auch *Christoph Degenhart*, Systemgerechtigkeit und Selbstbindung, S. 50; *Rudolf Wendt*, NVwZ 1988, S. 778 (783 f.); *Uwe Kischel*, AöR Bd. 124 (1999), S. 174 (194); *Mehrdad Payandeh*, AöR Bd. 136 (2011), S. 578 (589 ff.).

[157] Dazu *Uwe Kischel*, AöR Bd. 124 (1999), S. 174 (195); *Mehrdad Payandeh*, AöR Bd. 136 (2011), S. 578 (591).

[158] Zu der Kritik, eine Pflicht zur Systemgerechtigkeit scheitere bereits an der Möglichkeit, verlässlich ein maßgebliches System zu bestimmen, siehe unten, S. 151 ff.

[159] Siehe schon *Klaus Lange*, DV Bd. 4 (1971), S. 259 (265): „Systemwidrigkeit bedeutet eben nicht in jedem Falle personelle Diskriminierung." Anderslautende Beurteilung offenbar bei *Christian Thiemann*, in Linien der Rechtsprechung des Bundesverfassungsgerichts, S. 179 (189, 211). Da *Thiemann* Abweichungen und Ungleichbehandlungen tendenziell gleichsetzt, kann sich die besondere Bedeutung des Grundsatzes der Folgerichtigkeit im Steuerrecht seiner Auffassung nach nur auf der Rechtsfolgenseite entfalten. Anders auch *Joachim Brückner*, Folgerichtige Gesetzgebung im Steuerrecht und Öffentlichen Wirt-

quenz kann – abhängig von der Grundentscheidung – ebenso gut in einer Gleichbehandlung der Gegenstände liegen.[160] Auf der anderen Seite kann man für Fälle, in denen alle Gegenstände nach demselben Grundsatz behandelt werden, nicht pauschal sagen, dass eine Gleichbehandlung vorliegen muss.[161] Beide Erwägungen werden besonders plastisch, wenn man sich erneut den eindeutigsten Anwendungsfall des allgemeinen Gleichheitssatzes vergegenwärtigt – hoheitliche Maßnahmen, die gerade auf Diskriminierung gerichtet sind.[162] Hier wird eine Ausnahmebestimmung regelmäßig die Gleichbehandlung der Betroffenen nach sich ziehen. Selbst wenn jedoch feststünde, dass im Fall der ausnahmslosen Verwirklichung einer Grundregel stets alle Normunterworfenen gleichbehandelt werden, wäre ein Rechtfertigungserfordernis wegen des Verbots der Gleichbehandlung von wesentlich Ungleichem nicht ausgeschlossen.[163] Anstatt tatsächlicher Ungleichbehandlungen[164] bringt die bloße Feststellung von Ausnahmebestimmungen grundsätzlich nur hypothetische Ungleichbehandlungen zum Vorschein. Sie deckt nicht Unterschiede in der Behandlung zweier Gegenstände auf. Stattdessen vergleicht sie die Behandlung der von einer Spezialbestimmung erfassten Fälle mit der Behandlung, die diese identischen Fälle erführen, wenn der Gesetzgeber sie unter die Grundregel gefasst hätte.[165]

b) Personale Schutzrichtung des allgemeinen Gleichheitssatzes

Den allgemeinen Gleichheitssatz auch für einschlägig zu halten, wenn es nicht zu tatsächlichen Ungleichbehandlungen kommt, lässt sich jedoch mit der perso-

---

schaftsrecht, S. 115 ff., 157: „Lässt sich bei nicht folgerichtiger Einhaltung gesetzlicher Grundaussagen somit eine Ungleichbehandlung (...) annehmen".

[160] Siehe *Franz-Josef Peine*, Systemgerechtigkeit, S. 287; *Uwe Kischel*, AöR Bd. 124 (1999), S. 174 (194); *Mehrdad Payandeh*, AöR Bd. 136 (2011), S. 578 (592); *Peter Dieterich*, Systemgerechtigkeit und Kohärenz, S. 418 ff.

[161] Siehe *Uwe Kischel*, AöR Bd. 124 (1999), S. 174 (194); *Peter Dieterich*, Systemgerechtigkeit und Kohärenz, S. 451.

[162] Vgl. *Philipp Dann*, Der Staat Bd. 49 (2010), S. 630 (633). Vgl. auch *Franz-Josef Peine*, Systemgerechtigkeit, S. 287; *Stefan Huster*, Rechte und Ziele, S. 395.

[163] Siehe *Mehrdad Payandeh*, AöR Bd. 136 (2011), S. 578 (591).

[164] Der Begriff der tatsächlichen Ungleichbehandlung meint hier nur, dass verschiedene Gegenstände wirklich unterschiedlich behandelt werden. Dabei geht es nicht um „faktische Gleichheit" im Sinne der schon lange geführten Diskussion, ob der Gleichheitssatz akt- oder folgenbezogen interpretiert werden sollte. Aufarbeitung bei *Robert Alexy*, Theorie der Grundrechte, S. 377 ff. Egal ob man aufgrund des allgemeinen Gleichheitssatzes nur rechtliche oder auch faktische Gleichheit fordert, sind als Ungleichbehandlungen immer nur Fälle interessant, in denen sich tatsächlich irgendwelche Unterschiede in der (rechtlichen oder faktischen) Behandlung von Gegenständen ergeben.

[165] Siehe *Uwe Kischel*, AöR Bd. 124 (1999), S. 174 (194); *ders.*, in Epping/Hillgruber GG, Art. 3 Rn. 89.

nalen Schutzrichtung[166] nicht vereinbaren, die er als Grundrecht zwangsläufig verfolgt.[167] Der Gleichheitssatz verbietet „die Diskriminierung von Rechtsgenossen, nicht aber eine Diskriminierung von Grundsätzen, die indes alle Rechtsgenossen gleichmäßig trifft."[168] Auch wenn teilweise von der Gleichbehandlung von „Gegenständen" oder „Sachverhalten" statt von „Personen" die Rede ist, geht es bei der Gleichheitsprüfung daher immer um die von staatlichem Handeln betroffenen Grundrechtsträger.[169] Für das Gleichheitsrecht, dessen Wortlaut lediglich verlangt, dass „alle Menschen" gleich behandelt werden, ist nur von Bedeutung, ob Personen tatsächlich diskriminiert werden. Da eine – sei es personen- oder sachbezogene – Ungleichbehandlung aber gerade keine zwingende Folge einer Ausnahmeregel ist, kann man aus dem Gleichheitssatz für den bloßen Tatbestand einer Systemabweichung kein Rechtfertigungserfordernis herleiten.[170] Durch die Feststellung einer Ausnahme kann man sich also prinzipiell nicht die Prüfung einer Ungleichbehandlung sparen. Entweder die Abweichung oder die Grundentscheidung müssen auf Diskriminierungsfreiheit untersucht werden. Da schon die Ungleichbehandlung selbst gerechtfertigt werden muss, ist die Feststellung des Widerspruchs obsolet.[171]

---

[166] Vgl. *Lerke Osterloh/Angelika Nußberger*, in Sachs GG, Art. 3 Rn. 29. Siehe auch *Konrad Hesse*, AöR Bd. 109 (1984), S. 174 (186): „Sinn des Art. 3 Abs. 1 GG, der die Gleichbehandlung *aller Menschen* gebietet". (Hervorhebung im Original); *Peter Dieterich*, Systemgerechtigkeit und Kohärenz, S. 419.

[167] Ausführlich *Peter Dieterich*, Systemgerechtigkeit und Kohärenz, S. 418 ff.

[168] *Dieter Grimm*, AcP Bd. 171 (1971), S. 266 (269). Siehe auch *Alexander Hanebeck*, Der Staat Bd. 41 (2002), S. 429 (446).

[169] Siehe *Werner Heun*, in Dreier GG, Art. 3, Rn. 21; sowie *Michael Sachs*, in Stern StaatsR Bd. IV/2, S. 1490 ff.: Beim Gleichheitssatz handelt es sich um ein „immaterielles Persönlichkeitsrecht". Es geht „vor allem darum, Ungleichbehandlungen wegen persönlicher Eigenschaften der Grundrechtsträger auszuschließen." „Der Bezug zu den Grundrechtsträgern (...) ist auch bei dem Gebot sachbezogener Gleichbehandlung gegeben, weil auch nicht personenbezogene Differenzierungen gegenüber den (...) Grundrechtsträgern wirksam werden." Vgl. zur Unmöglichkeit einer Trennung zwischen sachverhalts- und personenbezogenen Ungleichbehandlungen bereits *Heinrich Triepel*, VVDStRL Bd. 3 (1927), S. 50 (51).

[170] So auch *Dieter Grimm*, AcP Bd. 171 (1971), S. 266 (269); *Franz-Josef Peine*, Systemgerechtigkeit, S. 180 ff., 291 ff., 299 f.; *Uwe Kischel*, AöR Bd. 124 (1999), S. 174 (194); *Alexander Hanebeck*, Der Staat Bd. 41 (2002), S. 429 (446); *Mehrdad Payandeh*, AöR Bd. 136 (2011), S. 578 (592); *Peter Dieterich*, Systemgerechtigkeit und Kohärenz, S. 418 ff. Siehe auch die Kritik der neuen Folgerichtigkeitsrechtsprechung des Bundesverfassungsgerichts bei *Sigrid Boysen*, in von Münch/Kunig GG, Art. 3 Rn. 89. Die Verselbständigung des Systemkriteriums führe, „etwas überspitzt gesagt, zu einer Eliminierung des Grundrechtsträgers aus dem Maßstab der Gleichheitsprüfung". Siehe auch *dies*, a. a. O. Rn. 90; *Stefan Huster*, in Friauf/Höfling GG, C Art. 3 Rn. 128: keine „eigenständige Bedeutung" des Systemgerechtigkeitsgedankens.

[171] Siehe auch *Peter Dieterich*, Systemgerechtigkeit und Kohärenz, S. 416 f.

c) Identifikation von Ungleichbehandlungen durch systematische Analyse

Allenfalls, wenn im Einzelfall evident ist, dass mit dem Ausnahmecharakter einer Bestimmung eine Ungleichbehandlung einhergeht, kann die eine Diagnose die andere ersetzen. Als Beispielsfall lässt sich etwa an eine Regelung denken, die alle Beamten erfasst. Betrifft nun eine abweichende Sonderbestimmung nur Polizeibeamte, so ist offenkundig, dass sie eine unterschiedliche Behandlung von Polizisten im Vergleich zu anderen Beamten bewirkt. Hier ist es also gleichwertig, wenn statt der Ungleichbehandlung durch systematische Zusammenschau der Normen der Ausnahmecharakter festgestellt wird.[172]

Dieser Ansatz kann auch in komplexeren Fallkonstellationen funktionieren, wie sich am Beispiel der Pendlerpauschale[173] zeigen lässt.[174] Aus der Annahme, dass der allgemeine Gleichheitssatz als prinzipiell einzig legitimes Differenzierungskriterium bei der Verteilung der Steuerlast die Leistungsfähigkeit der Steuerschuldner vorgibt,[175] kann man schließen, dass ein ausnahmslos verwirklichtes objektives Nettoprinzip absolute Diskriminierungsfreiheit garantiert. Es gleicht die unterschiedlich starken Einschränkungen der Leistungsfähigkeit aus, die den Steuerpflichtigen durch unterschiedlich hohe Werbungskosten verschiedener Art entstehen. In der Konsequenz ist sichergestellt, dass nur gleich leistungsfähige Steuerschuldner auch gleich hoch belastet werden. Nimmt man nun mit einem Teil der Fahrtkosten einen einzelnen Posten aus dieser Rechnung heraus, so werden Pflichtige, bei denen dieser Posten zu Buche schlägt, stärker belastet als solche, bei denen er nicht anfällt. Zum Beispiel kann ein Rechtsanwalt, der für seine Wohnzimmerkanzlei einen Drucker anschafft, die Kosten von der Steuer absetzen. Ein Rechtsanwalt, dem durch den Weg zu seiner außer Haus gelegenen Kanzlei Kosten entstehen, erhält keinen entsprechenden Ausgleich.[176]

---

[172] Vgl. auch *Sigrid Boysen*, in von Münch/Kunig GG, Art. 3 Rn. 90: „In Übereinstimmung mit der früheren Rechtsprechung des BVerfG hat der Gesichtspunkt der Systemgerechtigkeit (...) seinen heuristischen Wert allenfalls darin, durch systematische Auslegung des jeweiligen Rechts eine Ungleichbehandlung aufzufinden." Siehe auch *Henning Tappe*, JZ 2016, S. 27 (31). In diese Richtung geht auch die von *Peter Dieterich*, Systemgerechtigkeit und Kohärenz, S. 451 ff., 493 ff., beschriebene „‚Hilfsfunktion' einer Systemwidrigkeit".

[173] Zu der betreffenden Entscheidung siehe oben, S. 131 ff.

[174] Damit ist allerdings nicht gesagt, dass diese Konstellationen – in denen sich eine Diskriminierung nur mithilfe eines komplexen Gedankengebäudes konstruieren lässt – unter Rückgriff auf den allgemeinen Gleichheitssatz gelöst werden sollten. Dazu unten, S. 162 ff.

[175] Zum Leistungsfähigkeitsprinzip siehe oben, S. 127 ff.

[176] Siehe auch das Beispiel bei *Peter Dieterich*, Systemgerechtigkeit und Kohärenz, S. 414. Im Fall der erst ab dem 21. Entfernungskilometer gezahlten Pendlerpauschale wird man allein aufgrund des Umstands, dass manche Erwerbstätige einen Ausgleich für die Fahrtkosten erhalten und andere nicht, keine Ungleichbehandlung feststellen können. In diese Richtung wohl *Mehrdad Payandeh*, AöR Bd. 136 (2011), S. 578 (597). Nach dieser Rege-

In beiden Fällen ist die Leistungsfähigkeit gemindert. Nur im ersten wird diese Minderung jedoch bei der Berechnung des zu versteuernden Einkommens berücksichtigt. Da dieser Effekt bei allen punktuellen Ausnahmen vom objektiven Nettoprinzip eintritt, ist es tatsächlich schlüssig, dass das Bundesverfassungsgericht zur Rechtfertigungsbedürftigkeit bloßer Belastungsausnahmen kommt.

Allerdings sollte der rein rhetorische Wert solcher Prüfungen auf Ausnahmen nicht übersehen werden.[177] Eigenständige gleichheitsrechtliche Bedeutung haben nun einmal nur Ungleichbehandlungen. Den bloßen Ausnahmecharakter von Rechtsnormen – wenn auch nur als sprachliches Mittel – zum Anlass einer Rechtfertigungsprüfung zu machen, kann daher leicht irreführen. Wenn mit einem Folgerichtigkeitsgebot letztlich nur Gleichbehandlung bezweckt wird, sollte man auf seine Prüfung verzichten und sich der Feststellung der tatsächlich maßgeblichen Gleich- und Ungleichbehandlungen widmen.[178]

2. Keine Maßgeblichkeit von Abweichungen auf der Rechtfertigungsebene

Bei der Rechtfertigungsprüfung kann man genauso die Frage nach einer Konkretisierungswirkung stellen. Die Systemkonformität eines Regelungswerkes würde dann die Rechtfertigung festgestellter Ungleichbehandlungen bewirken oder zumindest begünstigen.[179] Systemabweichungen würden die Rechtfertigung entfallen lassen oder jedenfalls erschweren.[180] Mit dem Zweck von Art. 3 Abs. 1 GG, Diskriminierungen aufgrund persönlicher Eigenschaften zu verhindern, ist allerdings auch dieser Gedanke nicht zu vereinbaren.[181]

Die Rechtfertigung von Ungleichbehandlungen hängt vor allem von den tatsächlich bestehenden Gemeinsamkeiten und Unterschieden der betroffenen Gegenstände ab. Wenn sie die wesentliche Ungleichheit der Gegenstände erklären können, ist eine Ungleichbehandlung gerechtfertigt.[182] Wie streng der Kontroll-

---

lung kann kein Steuerpflichtiger die ersten zwanzig, jeder Steuerpflichtige die darüberhinausgehenden Kilometer geltend machen. Anhand der Leistungsfähigkeit verglichen, trifft sie alle Steuerpflichtigen gleich. Anders als der innerhalb des 20-Kilometer-Radius lebende Steuerpflichtige kann der außerhalb lebende zwar Fahrtkosten absetzen. Jedoch ist seine Leistungsfähigkeit entsprechend stärker gemindert. Erst wenn man andere Posten, die als Werbungskosten Berücksichtigung finden, in den Vergleich einbezieht, werden Belastungsunterschiede erkennbar.

[177] So tendenziell auch *Peter Dieterich*, Systemgerechtigkeit und Kohärenz, S. 451 ff.
[178] Siehe auch *Mehrdad Payandeh*, AöR Bd. 136 (2011), S. 578 (596 ff.).
[179] Dazu auch *Christoph Degenhart*, Systemgerechtigkeit und Selbstbindung, S. 21 f.
[180] Zu beiden Gedanken auch *Uwe Kischel*, AöR Bd. 124 (1999), S. 174 (195 ff.); *Mehrdad Payandeh*, AöR Bd. 136 (2011), S. 578 (592 f.).
[181] So auch *Uwe Kischel*, AöR Bd. 124 (1999), S. 174 (195 ff.); *Mehrdad Payandeh*, AöR Bd. 136 (2011), S. 578 (593).
[182] Siehe auch *Uwe Kischel*, in Epping/Hillgruber GG, Art. 3 Rn. 17. In diesem Sinne

maßstab bei dieser Prüfung ausfällt, bemisst sich gemäß der hergebrachten Dogmatik danach, wie sehr eine Ungleichbehandlung an persönliche Eigenschaften des einzelnen Betroffenen anknüpft und wie sehr sie sich auf die Ausübung persönlicher Freiheiten auswirkt. Darauf ist der Ausnahmecharakter der betreffenden Normen bereits ohne Einfluss.[183] Ist aufgrund des variablen Maßstabs eine Willkürprüfung einschlägig, wird nach sachlichen Gründen für die unterschiedliche Behandlung gefragt. Der abstrakte Befund, dass der Gesetzgeber bei der Differenzierung einer Grundwertung widerspricht, ist für die Beantwortung auch dieser Frage unerheblich. Denn Wertungen, von denen abgewichen wird, können ihrerseits sachgerecht oder sachwidrig sein.[184] Umgekehrt taugt die Systemkonformität einer Differenzierung prinzipiell nicht als sachlicher Grund.[185] Das Argument, eine Ungleichbehandlung entspreche einer eigenen Willensentscheidung des Gesetzgebers, trägt sachlich nichts zur Erklärung dieser Ungleichbehandlung bei.[186] Wird eine Verhältnismäßigkeitsprüfung angestellt, so ist zu prüfen, ob Unterschiede oder Differenzierungsgründe „von solcher Art und solchem Gewicht" bestehen, „dass sie die ungleichen Rechtsfolgen rechtfertigen können".[187] Auch hierfür ist der Befund des Ausnahmecharakters ohne Auswirkung. Er hat mit Gemeinsamkeiten und Unterschieden zwi-

---

verstanden, wird auf der Rechtfertigungsebene die „wesentliche" Gleichheit oder Ungleichheit festgestellt, siehe *Uwe Kischel*, ebd.; *Stefan Huster,* in Friauf/Höfling GG, C Art. 3 Rn. 56. Siehe auch *Sigrid Boysen*, in von Münch/Kunig GG, Art. 3 Rn. 53. Anders etwa *Thorsten Kingreen/Ralf Poscher*, Grundrechte, Rn. 485 ff.

[183] Plastisch insbesondere *Uwe Kischel*, AöR Bd. 124 (1999), S. 174 (198): „Ob ein Systembruch vorliegt oder nicht, steht jedoch in keinerlei Beziehung zu der Frage, inwieweit der Mensch in seiner geschützten Individualität betroffen ist." Siehe auch *Mehrdad Payandeh*, AöR Bd. 136 (2011), S. 578 (593).

[184] Siehe *Uwe Kischel*, AöR Bd. 124 (1999), S. 174 (196).

[185] Siehe *Peter Dieterich*, Systemgerechtigkeit und Kohärenz, S. 499. Als Ausnahme mag man die Rechtfertigung von (Un-)Gleichbehandlungen unter Verweis auf Typisierungsbefugnisse des Gesetzgebers sehen. Deren Nachvollziehbarkeit wird durch zusätzliche Konsistenzerfordernisse abgesichert. Näher unten, S. 182 ff.

[186] Vielmehr erinnert es an die Willkürdefinition von *Paul Kirchhof*, in HStR VIII, 3. Aufl., § 181 Rn. 234: „Willkür ist Wahl (Kür) nach Wollen, Entscheiden und Handeln allein nach eigenem Willen." Andenken kann man höchstens, ob sich wenig schwerwiegende Ungleichbehandlungen bereits damit rechtfertigen lassen, dass sie durch unterschiedliche Regelungskomplexe bewirkt werden. An sich ergibt sich aber auch aus einer Regelungsstruktur, die verschiedene Lebenssachverhalte in verschiedenen Normenkonstrukten regelt, keine Erklärung für reale Ungleichbehandlungen. Richtigerweise hat sich auch das Bundesverfassungsgericht daher nach und nach von seinem früheren „Binnendenken" getrennt. Siehe insbesondere *Hans Zacher*, AöR Bd. 93 (1968), S. 341 (357 f.); *Christoph Degenhart*, Systemgerechtigkeit und Selbstbindung, S. 15; *Franz-Josef Peine*, Systemgerechtigkeit, S. 53 ff.; *Lerke Osterloh/Angelika Nußberger*, in Sachs GG, Art. 3 Rn. 101.

[187] BVerfGE 55, 72 (88); 108, 52 (68); 121, 317 (369).

schen den ungleich behandelten Gegenständen ebenso wenig zu tun wie mit dem Gewicht sonstiger Differenzierungsgründe.[188] Will man sich somit nicht von dem hergebrachten Verständnis des Gleichheitssatzes trennen – und auf einen personalen Bezug verzichten[189] –, so wird man auch auf der Rechtfertigungsseite der Gleichheitsprüfung für den Ausnahmecharakter von Regelungen keine Rechtsfolgen deduzieren können.[190]

II. Freiheitsgrundrechte und Verhältnismäßigkeitsprinzip

Ist demnach klar, dass Abweichungen von Grundentscheidungen für die gleichheitsrechtliche Ebene ohne Auswirkungen sind, stellt sich die Frage nach ihrem Einfluss auf die – freiheitsrechtlich ausschlaggebende[191] – individuelle Zumutbarkeit belastender Gesetze. Allerdings wird man allgemein für den Umstand, dass von einer Grundentscheidung abgewichen wird, auch aus dem Verhältnismäßigkeitsprinzip keine Rechtssätze ableiten können. Ebenso wenig wie eine Ungleichbehandlung folgt aus Abweichungen von Grundentscheidungen zwangsläufig eine Rechtsbeeinträchtigung, deren Zumutbarkeit man untersuchen könnte.[192] Es lässt sich also kein Verhältnismäßigkeitserfordernis für reine Konzeptabweichungen formulieren.[193] Auch was die Rechtfertigung einer bereits festgestellten Rechtsbeeinträchtigung anbelangt, hat der bloße Ausnahmecharakter der Belastung grundsätzlich keine Folgen. Er beeinflusst grundsätzlich weder die Intensität der Belastung noch die Förderung des Gemeinwohlziels, mit dem sie gerechtfertigt wird.[194]

---

[188] Siehe auch *Peter Dieterich*, Systemgerechtigkeit und Kohärenz, S. 470 ff.

[189] Vgl. etwa den Ansatz von *Joachim Englisch*, in Stern/Becker Grundrechte-Kommentar, Art. 3 Rn. 142 ff., der eine Verhältnismäßigkeitsprüfung bei Art. 3 Abs. 1 GG nur dann für einschlägig hält, „wenn der Gesetzgeber einen bereichsspezifisch sachgerechten Verteilungsmaßstab punktuell durchbrechen will."

[190] Siehe *Peter Dieterich*, Systemgerechtigkeit und Kohärenz, S. 474 ff., mit einer ausführlichen Darstellung des Forschungsstandes.

[191] Vgl. *Lerke Osterloh/Angelika Nußberger*, in Sachs GG, Art. 3 Rn. 16; *Paul Kirchhof*, in HStR VIII, 3. Aufl., § 181 Rn. 60 ff.

[192] So für den Grundsatz der Erforderlichkeit tendenziell auch *Peter Dieterich*, Systemgerechtigkeit und Kohärenz, S. 520 ff.
Die Anwendbarkeit des Verhältnismäßigkeitsgrundsatzes setzt voraus, dass in eine geschützte Rechtsposition eines Rechtsträgers (meist ein Grundrecht) eingegriffen wird. Siehe nur *Michael Sachs*, in Sachs GG, Art. 20 Rn. 146; *Hans Jarass*, in Jarass/Pieroth GG, Art. 20 Rn. 113. Anders *Dagmar Felix*, Einheit der Rechtsordnung, S, 372 f., die für die Anwendbarkeit des Verhältnismäßigkeitsprinzips keine Belastung einer geschützten Rechtsposition für erforderlich hält. Dazu vgl. auch unten S. 193, Fn. 401.

[193] Siehe auch *Christian Bumke*, Relative Rechtswidrigkeit, S. 86 f.

[194] Siehe jedoch unten, S. 190 ff.

III. Allgemeines Rechtsstaatsprinzip

Damit bleibt die Frage nach der verfassungsrechtlichen Relevanz von Abweichungskonstellationen mit Blick auf das allgemeine Rechtsstaatsprinzip. Da das bloße Vorliegen einer Ausnahme – wie mehrfach gezeigt – für sich genommen ohne Einfluss auf die Rechtssphären einzelner Rechtssubjekte ist, lassen sich entsprechende Vorgaben besonders in dessen objektivrechtlichen Komponenten vermuten.[195] Eine Einordnung des Abgestimmtheitsgebots jenseits des Schutzes von Individualpositionen liegt ohnehin nahe, wenn man sich vergegenwärtigt, welches Interesse eigentlich sinnvollerweise an der Folgerichtigkeit im Hinblick auf legislative Grundentscheidungen bestehen kann. Wer sie fordert – und zwar unabhängig davon, ob es zu Eingriffen oder Diskriminierungen kommt – wird weniger den Schutz des Einzelnen im Blick haben als die Integrität der Rechtsordnung als Ganzes.[196] Geht es bei dem Abgestimmtheitsgebot somit um die Funktionsfähigkeit der Rechtsordnung an sich, so gelangt man zur Ordnungsfunktion des Rechts als möglicher Grundlage einer Verfassungspflicht mit entsprechender Zielrichtung. Im Grundlagenteil ist dieser Rechtsstaatsgehalt abstrakt hergeleitet worden.[197] Im Hinblick auf grundlegende Regelungsentscheidungen als Bezugspunkte legislativer Konsistenz lässt sich sein Regelungsgehalt nun im Detail analysieren.

1. Rechtsstaatliches Interesse an der Strukturiertheit des Rechts

Zentrale Konsequenz der Ordnungsfunktion des Rechts ist ein Erfordernis gedanklicher Ordnung. Die verfassungsrechtlich geforderte Steuerungskraft der Gesetze verlangt deren wertungsmäßige Nachvollziehbarkeit. Die Wirkungen des Rechts sollen erklärbar sein.[198] Da einzelne Normen nicht isoliert wirken, sondern sich ihre Bedeutung immer nur kontextual erfassen lässt[199] – was weit über die systematische Auslegung hinaus für alle Steuerungswirkungen gilt, die jede einzelne Regelung im Endeffekt entfaltet, – muss eine entsprechende Verfassungswertung notwendig das Verhältnis von Rechtswirkungen untereinan-

---

[195] So auch *Oliver Lepsius*, JZ 2009, S. 260 (262): *Peter Dieterich*, Systemgerechtigkeit und Kohärenz, S. 343 ff.

[196] Hingewiesen sei jedoch auf eine gerade in der steuerrechtlichen Literatur zu beobachtende Tendenz, einen Zusammenhang zwischen Systemgerechtigkeit auf der einen sowie Gleichheits- und Gerechtigkeitserwägungen auf der anderen Seite herzustellen. Vgl. etwa *Klaus Tipke*, Die Steuerrechtsordnung Bd. I, S. 281 ff., 354 ff.

[197] Oben, S. 60 ff.

[198] Siehe oben, S. 60 ff.

[199] Siehe etwa *Felix Somló*, Juristische Grundlehre, S. 382; *Clemens Höpfner*, Die systemkonforme Auslegung, S. 142.

der erfassen. Nicht nur jede einzelne legislative Festlegung, sondern auch das Zusammenwirken verschiedener Regelungsgehalte soll demnach geordnet sein. Dieses Zusammenwirken muss, damit Gesetze erklärbar sind, ein gewisses Maß an sinnvoller Struktur ergeben.[200] Mit dem Begriff der Struktur ist dabei grundsätzlich nicht die förmliche Textstruktur gemeint, also etwa die Aufteilung eines Normenkomplexes in wenige lange oder viele kurze Vorschriften. Vielmehr geht es darum, wie sich die Wertungen des einfachen Rechts inhaltlich in ihrer Bedeutung beeinflussen.[201] Mit welchen Vorgaben sieht man sich – infolge des Zusammenwirkens der einschlägigen Bestimmungen – effektiv konfrontiert? Wie reagiert das Recht auf verschiedene alternative Verhaltensweisen? Was sind die Ordnungsgrundsätze, denen die rechtliche Verarbeitung eines Lebensbereichs im Großen und Ganzen folgt? Soll das Recht nicht nur schlicht vollzieh- und befolgbar, sondern inhaltlich in seiner gestaltenden Wirkung erklärbar sein, so muss eine Möglichkeit bestehen, sich auf diese Fragen eine zufriedenstellende Antwort zu erschließen. Nur dann kann der Rechtsstaat im Wege der Überzeugung Autorität gewinnen.[202] Mit dem Interesse an Strukturiertheit rückt also die Stimmigkeit von Rechtsnormen in ihrem Verhältnis untereinander in den Fokus rechtsstaatlicher Rationalitätsgewähr.

Bevor man allerdings den Versuch unternimmt, aus diesem Strukturiertheitsinteresse im Zusammenwirken mit dem Demokratieprinzip ein Verfassungsgebot zu entwickeln, ist ein genauerer Blick auf seinen möglichen Inhalt erforderlich. Was könnte hinreichende Stimmigkeit der Beziehung zwischen einzelnen Rechtsnormen im verfassungsrechtlichen Sinn überhaupt bedeuten und welche Voraussetzungen könnte man an ihr Vorliegen stellen?

2. Verfassungsrechtliche Unerheblichkeit von „Systemen"

Klassischerweise hat man – zwar im gleichheitsrechtlichen Kontext, aber jedenfalls auch abzielend auf Struktur und Stimmigkeit – überlegt, dieses Problem

---

[200] Vgl. auch *Christoph Degenhart*, Systemgerechtigkeit und Selbstbindung, S. 112f., der für ein rechtsstaatliches Verbot eines „Systems der Systemlosigkeit" plädiert. In dieselbe Richtung *Joachim Lang*, Systematisierung der Steuervergünstigungen, S. 73; *Klaus Tipke*, JZ 2009, S. 533 (534 f.); sowie *Joachim Englisch*, in FS Lang, S. 167 (175), für die Prinzipien- und Regellosigkeit zur Willkürlichkeit eines Regelungskonstruktes führen. In eine ähnliche Richtung dürfte es gehen, wenn man wie *Klaus Gärditz*, in Friauf/Höfling GG, C Art. 20 (6. Teil) Rn. 194, meint, ein „Verstoß gegen das Gebot der Widerspruchsfreiheit" ergebe sich im Fall widersprüchlicher Regelungskonzepte aus dem Fehlen einer hinreichend rationalen Begründung.

[201] Zum materiellrechtlichen Charakter von Konsistenzgeboten siehe oben, S. 41 ff.

[202] Zu der Notwendigkeit, zu überzeugen, siehe oben, S. 60 ff.

unter Rückgriff auf die Figur des Systems zu lösen.[203] Wenn man in einem Regelungsbereich ein System ausmachen kann – so die Idee –, dann lässt sich die Stimmigkeit möglicherweise danach beurteilen, ob eine Norm, die sachlich mit dem System im Zusammenhang steht, inhaltlich in das System hineinpasst.

Der immense Einfluss, den das Denken in Systemen auf die dogmatische Erfassung und Deutung des Rechts in der deutschen Rechtstradition ausübt, hat mehrfach Anlass zur Grundlagenforschung über das Thema der Ordnungsbildung gegeben. Dabei ist eine große Bandbreite an Systemverständnissen zutage gefördert und entwickelt worden.[204] Die Erkenntnisinteressen, mit denen man sich der Materie widmet, sind vielschichtig und treten nicht immer eindeutig zutage. Oftmals betreffen sie jedoch die dogmatische Arbeit oder die Rechtsordnung an sich und streifen die Frage der verfassungsrechtlichen Bedeutung von Systemen eher am Rand.[205] Infolge dieser Diversität sowohl der erarbeiteten Systemverständnisse als auch der Hintergründe ihrer Entwicklung hat sich kein einheitlicher Forschungsstand zum Begriff des Systems und seiner Rolle in der Rechtsordnung herausgebildet, an den für die Zwecke dieser Untersuchung angeknüpft werden könnte. Die Begründung einer grundgesetzlichen Verpflichtung zur Systemgerechtigkeit würde vielmehr die Entwicklung eines eigenen, spezifisch verfassungsrechtlichen Systembegriffes voraussetzen.[206] Der Ver-

---

[203] Zum Grundsatz der Systemgerechtigkeit siehe oben, S. 117 ff. Einen solchen Versuch unternimmt auch heute noch *Peter Dieterich*, Systemgerechtigkeit und Kohärenz, S. 85 ff.

[204] Umfassende Aufarbeitung der verschiedenen Ansätze bei *Claus-Wilhelm Canaris*, Systemdenken und Systembegriff in der Jurisprudenz, S. 11 ff.; *Franz-Joseph Peine*, Das Recht als System, S. 11 ff.; *Christian Bumke*, Relative Rechtswidrigkeit, S. 23 ff. und passim; *Clemens Höpfner*, Die systemkonforme Auslegung, S. 71 ff.; *Patrick Hilbert*, Systemdenken in Verwaltungsrecht und Verwaltungsrechtswissenschaft, S. 3 ff., 75 ff. und passim; *Peter Dieterich*, Systemgerechtigkeit und Kohärenz, S. 85 ff. Für einen Einstieg siehe auch *Bernd Rüthers/Christian Fischer/Axel Birk*, Rechtstheorie, Rn. 139 ff.

[205] Stark verkürzt – und sicher unzulänglich – dürften sich die Erkenntnisinteressen insofern zusammenfassend einordnen lassen irgendwo zwischen einer übergreifenden Analyse dessen, was den Charakter eines Großteils der wissenschaftlichen und praktischen Rechtsarbeit ausmacht, und einer Annäherung an die Grundfrage, wie viel handlungsanleitende Kraft das Recht und seine dogmatische Durchdringung überhaupt entfalten können. Vgl. insbesondere *Claus-Wilhelm Canaris*, Systemdenken und Systembegriff in der Jurisprudenz, S. 9 f.; *Christian Bumke*, Relative Rechtswidrigkeit, S. 1 ff.; *Patrick Hilbert*, Systemdenken in Verwaltungsrecht und Verwaltungsrechtswissenschaft, S. 1 f.

[206] Bemühungen, ein System von (zumindest auch) verfassungsrechtlicher Relevanz zu entwickeln finden sich bei *Claus-Wilhelm Canaris*, Systemdenken und Systembegriff in der Jurisprudenz, S. 11 ff., 19 ff. Besonders deutlich auch das Forschungsanliegen von *Franz-Joseph Peine*, Das Recht als System, S. 11 ff.: „Ist oder enthält das Recht ein System, an das verfassungsrechtliche Konsequenzen geknüpft sein können?" Bestrebungen grundgesetzlich relevanter Systembestimmung auch bei *Peter Dieterich*, Systemgerechtigkeit und Kohärenz, S. 85 ff. Wichtige Bestandteile solcher Systematisierungsbestrebungen sind etwa das Denken in

such, ein verfassungsrechtlich relevantes System zu entwickeln – vom Modus der Systembildung bis hin zu den Wirkungen, die das System innerlich und äußerlich entfalten würde, – kann hier jedoch unterbleiben. Denn welchen Gedanken man auch immer bei der dogmatischen Verarbeitung des Rechtsstoffes für hilfreich erachtet: Die Figur des Systems ist zu komplex, um in der Verfassungspraxis als Handlungs- und Kontrollmaßstab zu dienen. Wie sogleich ausgeführt wird, wäre das zu entwickelnde Konstrukt entweder zu vielschichtig für eine verlässliche intersubjektive Handhabung oder so stark vereinfacht, dass seine Bezeichnung als „System" ungenau und unnötig verwirrend wäre.[207] Auch mehr als ein halbes Jahrhundert nach dem erstmaligen Auftauchen des Systemgedankens in der Konsistenzdebatte ist es nicht gelungen, auf seiner Grundlage einen verlässlich handhabbaren Maßstab der Verfassungsmäßigkeitsprüfung zu entwickeln. In der Rechtsprechungspraxis, wo der Begriff letztlich keine Rolle mehr spielt, kommt man offenbar problemlos ohne die unklare Figur aus.[208]

Immerhin muss man allerdings feststellen, dass nicht jede Kritik[209] an der Idee der Systemgerechtigkeit als Verfassungspflicht restlos überzeugt. Das trifft insbesondere für zwei verwandte Gegenargumente zu, deren Tragfähigkeit von übergreifender Bedeutung für die denkbare Reichweite verfassungsrechtlicher Ordnungsansprüche an das Recht ist. Sie werden behandelt, bevor gezeigt wird, warum Systeme letztlich als Konsistenzbezugspunkte ausscheiden.

a) Möglichkeit gedanklicher Hierarchisierung gleichrangiger Wertungen

Erstens wird bereits die Möglichkeit bezweifelt, im Recht überhaupt verlässlich grundlegende Regelungsentscheidungen zu identifizieren. Zwischen „systembegründenden und systemdurchbrechenden Normen" lasse sich nicht sinnvoll

---

„allgemeinen Rechtsprinzipien", die Teile der Rechtsordnung besonders prägen (dazu *Canaris*, a.a.O., S. 46 ff.), und die hierarchische – allerdings nur gedankliche, nicht formal normenhierarchische – Gliederung der Rechtsnormen nach ihren Zwecken. So wird versucht, Normen in „axiomatische Systeme", in denen sich Ziele jeweils vom nächst höheren Ziel ableiten lassen, und in „teleologische Systeme", in denen sich Ziele als Mittel zur Verfolgung jeweils höherer Ziele darstellen, einzuteilen. *Peine*, a.a.O., S. 114 ff., 123 ff. hat für beide Kategorien gezeigt, dass sich die Rechtsordnung insgesamt nicht als einzelnes, zusammenhängendes System konstruieren lässt, wohingegen er die Identifikation von Teilsystemen durchaus für möglich hält.

[207] Siehe unten, S. 155 ff.
[208] Für einen Überblick über Literatur und Rechtsprechung siehe oben, S. 117 ff.
[209] Einen komprimierten Überblick über die wichtigsten Linien der Kritik liefert *Klaus-Dieter Drüen*, in FS Spindler, S. 29 (37 f.). An dieser Stelle muss nicht auf alle Positionen eingegangen werden, weil eine Befassung mit den übrigen an anderen Stellen erfolgt, etwa mit dem Versteinerungsargument, oben S. 35 ff, oder mit dem Erfordernis von Kompromissmöglichkeiten, oben S. 65 ff., 96 ff., 99 ff.

unterscheiden.²¹⁰ Jede Einzelregelung könne immer zu der Systementscheidung hinzugerechnet werden, die als Bezugspunkt herangezogen werden soll. Das schließe die Möglichkeit – oder jedenfalls die sichere Nachweisbarkeit – von Abweichungen aus. Als einfachstes Beispiel lässt sich an das Wahlrecht denken. Hier kann man eine Sperrklausel scheinbar willkürlich als Durchbrechung eines reinen Verhältniswahlsystems oder als Bestandteil eines Verhältniswahlsystems mit Sperrklausel auffassen.²¹¹ Dieser Linie der Kritik ist zuzugeben, dass beim Herstellen von Zusammenhängen zwischen gesetzlichen Wertungsentscheidungen – deren Verhältnis sich insbesondere in formallogischen Dimensionen kaum abbilden lässt²¹² – ein gewisses Maß an konzeptioneller Unschärfe unvermeidbar ist: Mathematische Genauigkeit kann die Strukturierung des wertungsgeladenen Rechtsstoffs nicht leisten. Doch wird man der Position attestieren müssen, dass sie die Problematik, inwieweit Rechtsnormen in ihrem Zusammenwirken eine Ordnung bilden und gesondert erfassbare Rechtswirkungen hervorbringen können, zu stark vereinfacht. Spiegelbildlich unterbewertet sie die Fähigkeit der Gesetzesinterpretation, solche Wirkungen rational wertend verlässlich aufzudecken.²¹³

Weniger als um die begriffliche Klassifikation einer Regelungsmaterie als eine bestimmte Art von System geht es hier um die Identifikation der grundsätzlichen Regelungsentscheidungen, die einen Lebensbereich prägen.²¹⁴ Zwar dürfte es insofern wenig weiterhelfen, sich eigenständig wirkende „Prinzipien" als systemprägende Grundentscheidungen vorzustellen,²¹⁵ weil jede normenhierarchisch gleichrangige Ausnahme als Modifikation oder Einschränkung eines Prinzips seitens des Gesetzgebers gewertet werden müsste und ein Gegen-

---

²¹⁰ Vgl. *Uwe Kischel*, AöR Bd. 124 (1999), S. 174 (206 ff.). So auch *Mehrdad Payandeh*, AöR Bd. 136 (2011), S. 578 (590 f.). *Lerke Osterloh/Angelika Nußberger*, in Sachs GG, Art. 3 Rn. 98, weisen – ohne dass diese ihrer Ansicht nach ein entsprechendes Gebot ausschlössen – auf Schwierigkeiten bei der Bestimmung von „Grund- und Folgewertung" hin.

²¹¹ Vgl. das Beispiel des Wahlrechts auch bei *Uwe Kischel*, AöR Bd. 124 (1999), S. 174 (208 f.); *Alexander Hanebeck*, Der Staat Bd. 41 (2002), S. 429 (448 f.).

²¹² Siehe etwa *Claus-Wilhelm Canaris*, Systemdenken und Systembegriff in der Jurisprudenz, S. 22; *Clemens Höpfner*, Die systemkonforme Auslegung, S. 131 f.

²¹³ In diese Richtung auch *Christian Thiemann*, in Linien der Rechtsprechung des Bundesverfassungsgerichts, S. 179 (191).

²¹⁴ Siehe auch *Joachim Brückner*, Folgerichtige Gesetzgebung im Steuerrecht und Öffentlichen Wirtschaftsrecht, S. 134 f., 140 ff.

²¹⁵ Zum Gedanken derartiger Prinzipien siehe etwa *Clemens Höpfner*, Die systemkonforme Auslegung, S. 91 ff., insbesondere 94 f.; *Bernd Rüthers/Christian Fischer/Axel Birk*, Rechtstheorie, Rn. 144a. Für ein verfassungsrechtlich erhebliches System aus solchen Prinzipien plädiert insbesondere *Claus-Wilhelm Canaris*, Systemdenken und Systembegriff in der Jurisprudenz, S. 46 ff. Dazu auch *Christian Bumke*, Relative Rechtswidrigkeit, S. 29 ff.

satz von System und Durchbrechung ausgeschlossen wäre.²¹⁶ Das bedeutet aber nicht, dass die Erfassung der in einem Regelungskomplex vorhandenen Wertungen und die Charakterisierung ihres Verhältnisses zueinander stets – oder auch nur in der Regel – zu arbiträren Ergebnissen führen. Besonders in Form der klassischen rechtsdogmatischen Unterscheidung zwischen grundsätzlichen legislativen Festlegungen und nur punktuell vorgesehenen Ausnahmen sind Strukturierungsleistungen möglich.²¹⁷ Mit ihrer Hilfe kann man im Recht immer wieder Normengeflechte auffinden, die im Wesentlichen Ausdruck bestimmter Leitgesichtspunkte sind. Niemand wird doch bestreiten wollen, dass das Bundestagswahlrecht im Grundsatz zu einer Sitzverteilung im Verhältnis der Stimmenzahlen führt. Warum soll man es im Hinblick darauf nicht als Abweichung einordnen, wenn vorgesehen ist, dass einige Sitze, die rechnerisch aufgrund des Stimmenverhältnisses zuzuteilen wären, verfallen? Ebenso wenig lässt sich verneinen, dass Werbungskosten im deutschen Einkommenssteuerrecht grundsätzlich absetzbar sind und sich nur ausnahmsweise nicht mindernd auf das zu versteuernde Einkommen auswirken. Insofern lässt sich sicherlich von einer Grundentscheidung für die Nettobesteuerung sprechen, von der sich Ausnahmebestimmungen als Abweichungen darstellen.

Wenn bei entsprechenden Strukturierungsbemühungen Unsicherheiten verbleiben, liegt die Ursache in der strukturellen Unsicherheit, die im Allgemeinen mit der Bestimmung legislativer Wertungen einhergeht.²¹⁸ Letztlich liegt den gerade diskutierten Schwierigkeiten der Systembestimmung insofern ein Auslegungsproblem zugrunde.²¹⁹ Wie in allen Konstellationen gegenläufiger Regelungsentscheidungen auf der Wertungsebene dürfte sich auch die Annahme einer Grundentscheidung und einer ihr zuwiderlaufenden Abweichung theoretisch immer vermeiden lassen. Doch gilt das Interesse an Harmonisierung, das die Auslegung anleitet, eben nicht absolut.²²⁰ Wenn eine Gegenläufigkeit von Grundentscheidung und Abweichung der Bedeutung des auszulegenden Normengebildes am nächsten kommt, ist sie das festzustellende Auslegungsergebnis. Der vorgefundenen Unsicherheit muss der Norminterpret mit einer rationalen wertenden Herangehensweise begegnen. Die dabei auftretenden Mängel an

---

²¹⁶ In diese Richtung auch *Joachim Brückner*, Folgerichtige Gesetzgebung im Steuerrecht und Öffentlichen Wirtschaftsrecht, S. 140 ff.
²¹⁷ So auch *Joachim Brückner*, Folgerichtige Gesetzgebung im Steuerrecht und Öffentlichen Wirtschaftsrecht, S. 140 ff.
²¹⁸ Zu dieser Unsicherheit siehe oben, S. 28 ff. Siehe auch *Christian Thiemann*, in Linien der Rechtsprechung des Bundesverfassungsgerichts, S. 179 (191).
²¹⁹ Siehe auch *Joachim Brückner*, Folgerichtige Gesetzgebung im Steuerrecht und Öffentlichen Wirtschaftsrecht, S. 146; *Peter Dieterich*, Systemgerechtigkeit und Kohärenz, S. 164.
²²⁰ Siehe oben, S. 28 ff.

Determinationskraft und Vorhersehbarkeit des Rechts betreffen die dogmatische Arbeit ständig und sind keine Besonderheit des Konsistenzproblems. Überall begegnet man bei der Auslegung und Anwendung des Rechts Unsicherheiten – etwa bei der Interpretation unbestimmter Rechtsbegriffe oder beim Auseinanderfallen von Handlungs- und Kontrollnormen.

b) Denkbarkeit konkurrierender Systeme

Das zweite zentrale Gegenargument macht geltend, dass – selbst wenn man Systeme anhand von Grundentscheidungen mit hinreichender Sicherheit feststellen könnte – eine Rechtsnorm immer noch als Teil mehrerer unterschiedlich konkreter Systeme eingestuft werden könne. Daher könne nie klar sein, im Hinblick auf welches System sie folgerichtig sein müsse.[221] Als Beispiel wird etwa § 833 Satz 1 BGB angeführt, der Tierhalter einer Gefährdungshaftung unterwirft. Beurteilt sich die Systemkonformität dieser Vorschrift anhand des Systems des BGB-Deliktsrechts – das dem Verschuldensprinzip folgt –, des gesamten BGB-Schuldrechts oder etwa derjenigen Normen, die ebenfalls eine Gefährdungshaftung anordnen?[222]

Wer diese mögliche Konkurrenz von Regelungssystemen als Argument gegen ein Systemgerechtigkeitsgebot gelten lässt, übersieht die Möglichkeit, dass für jede Norm Folgerichtigkeit im Hinblick auf jedes in Betracht kommende System geschuldet sein könnte. Auf den ersten Blick erscheint diese Lösung impraktikabel. Zu viele Vorgaben drohen sich zu ergeben, denen der Gesetzgeber gerecht werden müsste. Diese Vorgaben drohen einander – abhängig von den jeweiligen Systemen – sogar zuwiderzulaufen, sodass sie nicht alle gleichzeitig erfüllbar wären. Allerdings wäre die Vielzahl möglicher Bindungen ein Problem, dem man verfassungsdogmatisch beikommen könnte. Auch beim allgemeinen Gleichheitssatz findet auf der Tatbestandsseite keine Eingrenzung statt, sodass es keine irrelevanten, sondern nur unproblematische Ungleichbehandlungen gibt.[223] Auch dort wird es als handwerkliche Frage betrachtet, diejenigen Ungleichbehandlungen auszuwählen, bei denen sich eine detailliertere Verfassungsmäßigkeitsprüfung wegen der Möglichkeit einer Verfassungswid-

---

[221] Siehe *Mehrdad Payandeh*, AöR Bd. 136 (2011), S. 578 (590). Vgl. auch *Alexander Hanebeck*, Der Staat Bd. 41 (2002), S. 429 (447 ff.).

[222] Das Beispiel stammt von *Mehrdad Payandeh*, AöR Bd. 136 (2011), S. 578 (590).

[223] So für die Vergleichsgruppenbildung bei der Feststellung von Ungleichbehandlungen *Sigrid Boysen*, in von Münch/Kunig GG, Art. 3 Rn. 53. Siehe dazu auch *Uwe Kischel*, in Epping/Hillgruber GG, Art. 3 Rn. 18. Zur Unbeachtlichkeit wertender Betrachtungen auf der Stufe der Ungleichbehandlung siehe bereits oben S. 48 f., Fn. 123.

rigkeit lohnt.²²⁴ Dass sich aufgrund widersprüchlicher Vorgaben eine Pflichtenkollision für den Gesetzgeber ergeben könnte, scheidet wiederum aus, wenn man die Rechtsfolgenseite einer entsprechenden Folgerichtigkeitspflicht angemessen ausgestaltet. Diese müsste lauten, dass Abweichungen nicht per se verfassungswidrig, sondern – wie von Verfechtern des Systemgerechtigkeitsgebots einzig vertreten – lediglich rechtfertigungsbedürftig sind. Warum sollte es nicht möglich sein, dass eine Regelung im Hinblick auf mehrere gegenläufige Systeme jeweils durch hinreichende Gründe gerechtfertigt wird?

c) Mangelnde Erfassbarkeit durch Überkomplexität

Das entscheidende Argument gegen Systeme als Bezugspunkte von Folgerichtigkeitsgeboten liegt in der Komplexität begründet, die jedes wie auch immer gebildete Konstrukt von Rechtsnormen aufgrund der Vielfalt der in ihm Ausdruck findenden Wertungen zwingend aufweist. Durch sie sind Systeme – wie von den soeben geschilderten Linien der Kritik behauptet – in der Tat nicht hinreichend rational bestimmbar, um als Handlungs- und Kontrollmaßstab in der Verfassungspraxis herangezogen zu werden. Die Ursachen hierfür liegen aber auf einer tieferen Ebene als der sinnvollen Trennbarkeit unterschiedlich konkreter Wertungen. Sie sind weniger eine Frage der Zuordnung einer Wertung zu einem oder mehreren Systemen als der Wirkdimensionen, die ein einmal identifiziertes System entfalten müsste. Die rechtsdogmatische systembildende Arbeit fördert eine Vielzahl von Wertungskategorien zutage, die von legislativen Zielen über Begriffsdefinitionen zu der Gewichtung bestimmter Rechtsgüter und dem detailliert abgestimmten Ausgleich zwischen ihnen reichen.²²⁵ Auch wissenschaftliche Theorien²²⁶ und die Entscheidungspraxis der Gerichte²²⁷ lassen sich hinzuzählen. An der Systembildung als dogmatischem Prozess wirken Gesetzgebung, Rechtsprechung und Rechtswissenschaft gemeinsam mit. In einem kontinuierlich stattfindenden, niemals abgeschlossenen Vorgang werden nach und nach die Wertungen offengelegt und geordnet, die in einem Ordnungskreis Ausdruck finden.²²⁸ Diese kollektive Rationalisierungsleistung produziert kein gesondert erfassbares Gesamtergebnis, das zu einem gegebenen Zeitpunkt als Orientierungspunkt einzelner legislativer Entscheidungen oder zu deren Kontrolle eingesetzt werden könnte. Auch wenn – neben

---

[224] Vgl. zur Vorauswahl bei dem Gleichheitssatz *Uwe Kischel*, AöR Bd. 124 (1999), S. 174 (184).
[225] Siehe *Christian Bumke*, Der Staat Bd. 49 (2010), S. 77 (92).
[226] Vgl. *Christian Bumke*, Der Staat Bd. 49 (2010), S. 77 (92).
[227] Vgl. *Clemens Höpfner*, Die systemkonforme Auslegung, S. 89 f.
[228] Siehe *Christian Bumke*, Der Staat Bd. 49 (2010), S. 77 (96).

zahlreichen punktuellen Informationen über das geltende Recht – bestimmte Zusammenhänge zwischen Rechtsnormen verlässlich bestimmbar sind, können sämtliche Wertungsdimensionen eines Regelungsbereichs niemals von einzelnen Entscheidungsträgern erfasst und intersubjektiv nachvollziehbar als „das System" aufgearbeitet werden.[229] Dieser Befund verdeutlicht aus einer neuen Perspektive, warum ausgeschlossen ist, dass das Grundgesetz umfassende legislative Wertungswiderspruchsfreiheit fordert. Sie ist intellektuell gar nicht zu leisten; niemand kann sie erreichen oder auch nur ihr Vorhandensein feststellen.[230] Das Recht ist nicht nur als Ausdruck gesellschaftlicher Wertungskonfusion *incompletely theorized*, sondern infolge der Vielschichtigkeit selbst der begrenzten Anzahl an Wertungen, die es mit Autorität versieht, auch *incompletely theorizable*.[231] Aus diesem Blickwinkel ist die Kritik, ein System sei ein „willkürliches Konstrukt"[232] nicht unberechtigt: Alles, was ein kontrollierendes Gericht einer Systemgerechtigkeitsanalyse als Bezugspunkt zugrunde legen könnte, wäre notwendig ein lückenhaftes, unzureichendes Abbild des eigentlichen Normensystems.[233]

Sicherlich könnte man nun versuchen, das Systemgerechtigkeitsgebot durch Korrekturen am Systembegriff auf ein Maß herunterzustutzen, durch das es weniger nah an ein umfassendes Gebot der Vermeidung von Wertungswidersprüchen heranreichen würde. Dazu scheinen Vertreter des Grundsatzes der Systemgerechtigkeit – wenn auch eher implizit als ausdrücklich – zu tendieren.

---

[229] Zur Schwierigkeit, auch nur den Begriff des Systems präzise zu fassen, siehe *Christian Bumke*, Relative Rechtswidrigkeit, S. 35 f. Die dort eingeführte Metapher der Rechtsordnung als „Geflecht aus losen Stangen, Bändern, Seilen, Ästen und anderem Strickwerk" verdeutlicht, wie schwer es fiele, ein handhabbares Konstrukt zu erarbeiten und zur Kontrolle einzelner Rechtsnormen heranzuziehen.

Man vergleiche zur Verdeutlichung einmal die Konzeptionen legislativer Systeme, die *Peter Dieterich*, Systemgerechtigkeit und Kohärenz, S. 99 ff., darstellt („inneres", „äußeres", „axiologisches", „teleologisches", „mehrdimensionales", „funktionales" System, und so weiter). Sodann stelle man sich vor, jemand wolle eine solche Kategorie tatsächlich für den Maßstab einer bundesverfassungsgerichtlichen Prüfung verwenden oder in einer Verhandlung vor dem Gericht argumentieren, beim zu prüfenden Normenkonstrukt handele es sich um diese oder jene Kategorie des Systems und ein näher beschriebenes „teleologisches, programmatisches und einheitliches Prinzip ausreichenden Schwellenwerts" – vorgeschlagen als „zentrales Tatbestandselement des Postulats der Systemgerechtigkeit" (S. 128) – stelle die maßgebliche Grundentscheidung dar. Zu Unbestimmtheit und Unsicherheiten als Argumenten gegen die Verwendung des Systems als Figur siehe auch *Dieterich*, a. a. O., S. 283 ff.

[230] Siehe für den vergleichbaren Kontext eines „Konzepts" *Christian Bumke*, Der Staat Bd. 49 (2010), S. 77 (96). Zur Unbeachtlichkeit von Konzepten auch unten, S. 211 f.

[231] Zum Begriff des „incompletely theorized agreement" siehe *Cass Sunstein*, Harvard Law Rev. Bd. 108 (1995), S. 1733 ff. Siehe auch oben, S. 33 f.

[232] *Uwe Kischel*, AöR Bd. 124 (1999), S. 174 (206).

[233] In diese Richtung auch *Alexander Hanebeck*, Der Staat Bd. 41 (2002), S. 429 (447 f.).

Denn auch wenn bei der Beschreibung bindender Systemdimensionen mitunter weite Begriffe wie derjenige der Grundentscheidung verwendet werden, unter die sich eine Vielzahl von Wertungskategorien fassen ließe, dürfte in der Regel ein Folgerichtigkeitsgebot im Hinblick auf vergleichsweise spezifische Regelungsmechanismen wie die Nettobesteuerung gemeint sein.[234] Je weiter man sich allerdings vom Gedanken des Gesamtzusammenhangs zwischen Regelungen entfernt, desto unglücklicher ist der Begriff des Systems gewählt.[235] Um sinnvollerweise noch als System gelten zu können, wird ein Gedankenkonstrukt ein Mindestmaß an Umfang und Verflochtenheit aufweisen müssen. Systeme betreffen immer – so viel lässt sich trotz der Vielschichtigkeit der vertretenen Ansätze sagen – das Verhältnis eines Ganzen und seiner Teile[236], Ordnung und Einheit[237] innerhalb einer Menge von Gegenständen. Die bloße Differenzierung zwischen Regel- und Ausnahmefall reicht dafür nicht aus. Dass man zuweilen mehr Verwirrung als Klarheit stiftet, wenn man dennoch mit dem Systembegriff arbeitet, verdeutlicht ein erneuter Blick auf das Beispiel des Wahlrechts. Die Frage, welche der beiden Klassifikationen richtig ist, „Verhältniswahlsystem" oder „Verhältniswahlsystem mit Sperrklausel", ist bei nüchterner Betrachtung müßig: Beide Beschreibungen treffen mehr oder weniger genau auf den Modus der Bundestagswahl zu. Nach dem richtigen Systemtyp zu suchen, versperrt den Blick auf die wirklich entscheidende Frage: welche Ordnungsgrundsätze sich im Zusammenwirken der einzelnen Wahlrechtsnormen als Struktur des Wahlrechts ergeben. Wenn man sich letztlich gar nicht auf ein Gedankengebäude in seiner Gesamtheit und mit allen in ihm Ausdruck findenden Wertungen bezieht, dann wird der Begriff des Systems zu einem unnötig umständlichen Ausdruck für etwas Anderes, das man eigentlich meint. In diesem Fall sollte man auf ihn verzichten und als Folgerichtigkeitsbezugspunkt gleich diejenige Wertungskategorie nennen, die man im Sinn hat. Insofern erscheinen keine Wege naheliegend, um den Begriff des Systems zu verkürzen, ihn gleichzeitig aber nicht obsolet werden zu lassen. Insgesamt sollte man deshalb annehmen, dass die Figur des Systems als Bezugspunkt von Folgerichtigkeitsanforderun-

---

[234] Siehe *Joachim Brückner*, Folgerichtige Gesetzgebung im Steuerrecht und Öffentlichen Wirtschaftsrecht, S. 134 f., 140 ff. zur Rechtsprechung des Bundesverfassungsgerichts.

[235] Ähnlich argumentiert *Joachim Brückner*, Folgerichtige Gesetzgebung im Steuerrecht und Öffentlichen Wirtschaftsrecht, S. 134 f. Es sei entbehrlich, von einem System zu sprechen, wenn man letztlich nur einzelne Grundaussagen eines Regelungszusammenhangs meine.

[236] Siehe etwa *Christian Bumke*, Relative Rechtswidrigkeit, S. 35 f.; *Bernd Rüthers/Christian Fischer/Axel Birk*, Rechtstheorie, Rn. 139.

[237] *Claus-Wilhelm Canaris*, Systemdenken und Systembegriff in der Jurisprudenz, S. 11 ff.; *Patrick Hilbert*, Systemdenken in Verwaltungsrecht und Verwaltungsrechtswissenschaft, S. 3 ff.

gen ausscheidet. Es lassen sich keine grundgesetzlichen Rechtsfolgen begründen, die an den Tatbestand einer Abweichung von Systemen anknüpfen.

3. Fokus auf die tatsächlichen Ordnungswirkungen mithilfe von Grundregeln

a) Figur der Grundregel

Wie kann man der grundgesetzlichen Forderung nach der Strukturiertheit des Rechts gerecht werden ohne die zu weitreichende und nicht hinreichend präzise fassbare Figur des Systems zu bemühen? Eine denkbare Lösung ist bereits implizit in der Verfassungspraxis und in der Literatur zum Grundsatz der Systemgerechtigkeit angelegt. Auch dieser Ansatz beruht auf einer Anknüpfung an legislative Grundentscheidungen als Bezugspunkte einer Konsistenzanforderung. Doch werden die verwendeten Grundentscheidungen unabhängig vom Gedanken eines Systems als eigenständiger Wertungsebene gebildet. Das kann gelingen, wenn man sich der Fragestellung – statt vom System auf der Metaebene – ausschließlich von den konkreten Regelungswirkungen her nähert, die eine Rechtsmaterie prägen.[238] Es bietet sich an, den Bezugspunkt des Folgerichtigkeitsurteils in diesem Sinne als „Grundregel"[239] zu verstehen und zu bezeichnen. Während die Figur des Systems eine Vielzahl von Wertungen unterschiedlicher Art und Abstraktheit erfassen kann, geht es bei der Grundregel allein um die konkrete rechtliche Behandlung, die Sachverhalte aus dem geregelten Lebensbereich prinzipiell erfahren. Sie lässt sich abgrenzen von Spezialbestimmungen, die Spezialfälle erfassen. Spiegelbildlich besteht die Grundregel aus denjenigen Regelungswirkungen, die den jeweiligen Normalfall betreffen.[240] Ein entsprechendes Folgerichtigkeitsgebot hat demnach im Kern die Ausgestaltung von Regel-Ausnahme-Verhältnissen zum Gegenstand.[241]

---

[238] Siehe zum Abstellen auf die realen Rechtswirkungen im Unterschied zu abstrakten Prinzipien auch *Joachim Brückner*, Folgerichtige Gesetzgebung im Steuerrecht und Öffentlichen Wirtschaftsrecht, S. 145 f., der – allerdings unter Verweis auf nur eine einzige Entscheidung – eine entsprechende Praxis des Bundesverfassungsgerichts beobachtet.

[239] Verwendung des Begriffs der Grundregel etwa auch bei BVerfGE 122, 210 (238, 244); *Joachim Englisch*, in Stern/Becker Grundrechte-Kommentar, Art. 3 Rn. 44; *Mehrdad Payandeh*, AöR Bd. 136 (2011), S. 578 (581); *Paul Kirchhof*, Bundessteuergesetzbuch, § 3 Rn. 6.

[240] Vgl. auch *Christian Bumke*, Der Staat Bd. 49 (2010), S. 77 (99), der von „Grundkonstellationen" spricht. Dass dieses formale Kriterium keinen höheren Rang der Grundregel begründen kann (vgl. *Stefan Huster*, Rechte und Ziele, S. 392), ist unerheblich. Denn ohnehin haben alle einfachgesetzlichen Wertungsentscheidungen denselben Rang. Eine Wertung als höherrangig anzusehen, ist verzichtbar. Siehe dazu oben, S. 35 ff.

[241] Fokus auf Regel-Ausnahmeverhältnisse auch bei *Christian Bumke*, Der Staat Bd. 49 (2010), S. 77 (96); *Anna Leisner-Egensperger*, DÖV 2013, S. 533 (537 f.); *Joachim Brückner*, Folgerichtige Gesetzgebung im Steuerrecht und Öffentlichen Wirtschaftsrecht, S. 138 ff.

b) Fundierung im Strukturiertheitsinteresse

Argumente dafür, dass das rechtsstaatlich geforderte Mindestmaß an sinnvoller Struktur ein Interesse an Konsistenz im Hinblick auf Grundregeln einschließt, sind schnell gefunden: Die Grundregeln einer Rechtsmaterie prägen in entscheidender Weise deren Ordnungswirkungen. Sie drücken aus, wie der Gesetzgeber – und damit das gesamte organisierte Gemeinwesen – prinzipiell mit einem sozialen Problem umgeht. Mit den Ausnahmen wiederum werden Problem und Lösung in ihrer Reichweite genauer gefasst und die Feinabstimmung des Normengebildes auf die Vielschichtigkeit der Lebensrealitäten vorgenommen. Insofern bilden Regel-Ausnahme-Verhältnisse einen Grundbaustein jeder Struktur aus Regelungen. Soll diese Struktur nicht irgendwie geartet, sondern sinnhaft geordnet ausgestaltet, sein, so ist ein Konsistenzerfordernis naheliegend. Denn wenn Abweichungen von Grundregeln erklärbar sein müssen, scheiden willkürliche Anordnungen von Rechtswirkungen aus. An die Stelle von Ungeordnetheit tritt ein rational begründbares Normengebilde.

c) Identifizierbarkeit von Grundregeln und Abweichungen

Der entscheidende Vorzug der Anknüpfung an die Figur der Grundregel als Bezugspunkt eines Konsistenzgebots liegt in deren vergleichsweise eindeutiger Identifizierbarkeit. Sie ermöglicht es, eine entsprechende Anforderung als sicher operablen Maßstab zu verwenden. Wie soeben gezeigt, ist eine derartige Maßstabsbildung anhand von Systemen wegen deren Überkomplexität nicht ausreichend verlässlich möglich. Anders verhält es sich, wenn man auf die realen Regelungswirkungen für den Normalfall abstellt.[242] Zur Identifikation des Normalfalls bietet sich eine Kombination wertender inhaltlicher und zahlenmäßiger Betrachtungen an.[243] Inhaltlich lässt sich ein Regelungszusammenhang daraufhin befragen, welche Fallkonstellationen der Gesetzgeber als Standardfälle werten will.[244] In zahlenmäßiger Hinsicht spricht es für den Charakter als Normal-

---

[242] Beim Begriff des Normalfalls handelt es sich zwar um einen wertungsoffenen Begriff. Er dürfte sich aber so weit konkretisieren lassen, dass er jedenfalls nicht unbestimmter ist als im dogmatischen Alltag gewohnt.

[243] Zur Abgrenzung von Regeln und Ausnahmen auch *Joachim Brückner*, Folgerichtige Gesetzgebung im Steuerrecht und Öffentlichen Wirtschaftsrecht, S. 138 ff., der ebenfalls eine Mischung inhaltlicher und zahlenmäßiger Kriterien vorschlägt, insbesondere die Frage, ob eine Regelung die Mehrzahl der Fälle betrifft. Besonders stark will *Brückner* an den „Bedeutungsgrad" einer Regelungsentscheidung anknüpfen, also daran, wie wichtig eine Norm im Vergleich zu anderen Wertungen ist. Allerdings wird man diese Wichtigkeit kaum anders als mit einem Blick auf die Anzahl der betroffenen Fälle und die Entscheidung des Gesetzgebers für eine grundlegende Bedeutung beurteilen können.

[244] Vgl. *Christian Bumke*, Der Staat Bd. 49 (2010), S. 77 (99): „Grundkonstellationen".

fall, wenn eine Fallgruppe die größte Zahl der Fälle erfasst, die zu einem Lebensbereich gehören. Zum Beispiel wird im Bundestagswahlrecht die große Mehrheit der Zweitstimmen anteilig auf die Zusammensetzung des Parlaments angerechnet und so im Erfolgswert gleichbehandelt. Eine Regelung, die für den kleinen Teil der Stimmen für Splitterparteien eine andere Behandlung festlegt, ist demnach eine Spezialbestimmung. Eine Festlegung des Steuerrechts, nach der die große Mehrheit der beruflich veranlassten Kosten das zu versteuernde Einkommen mindert, stellt sich im Verhältnis zu einer unterschiedlichen Regelung für den kleinen Teil der beruflich veranlassten Fahrtkosten als Grundregel dar. Ergänzen lässt sich diese Betrachtung durch die Suche nach eigenen gesetzgeberischen Willensbekundungen, eine Regel als Grundregel ansehen zu wollen – etwa indem sie in der amtlichen Überschrift als solche gekennzeichnet wird.[245]

Mit Grundregeln und Spezialbestimmungen lassen sich im Hinblick auf einen Regelungsgegenstand oder Teile eines Regelungsgegenstands einander entgegenstehende Aussagen im Recht ausmachen. Grundregeln legen für Sachverhalte aus dem Regelungsbereich eine bestimmte Behandlung fest. Spezialbestimmungen treffen für einen Teil dieser Sachverhalte abweichende Festlegungen. Oft ist in Regel-Ausnahme-Konstellationen daher zunächst ein Normenwiderspruch gegeben. Er ist nach der *lex specialis*-Regel prinzipiell eindeutig zugunsten der Ausnahme aufzulösen,[246] sodass das Recht hinsichtlich der anzuwendenden Rechtsfolgen keine widersprüchlichen Festlegungen enthält. Gleichwohl bleibt mit der Grundregel durch deren grundsätzlichen, übergreifenden Charakter eine Aussage im Recht stehen, nach der Sachverhalte aus dem Problembereich eigentlich anders behandelt werden, als es tatsächlich geschieht. Eine Gesamtschau auf einen Reglungszusammenhang ergibt als Standardprogramm für einen Themen- oder Problembereich eine Lösung, von der die tatsächlich anwendbaren Vorgaben abweichen. Zwischen dieser Aussage und der tatsächlichen Behandlung des Falles besteht ein Widerspruch. Insofern von einem Wertungswiderspruch zu sprechen, mag auf Anhieb befremdlich erscheinen – kommen Regel-Ausnahmeverhältnisse doch ständig als Bestandteile legislativer Regelungstechnik vor. Einen Wertungswiderspruch anzunehmen, ist aber unproblematisch, wenn man den Befund ernst nimmt, dass mit dem Vorliegen von Inkonsistenzen allein kein Vorwurf einhergeht und nichts über deren Verfassungsmäßigkeit gesagt ist.[247] Die rechtsstaatlich geforderte Struktur kann sogar erst

---

[245] Vgl. etwa § 1569 BGB: „Grundsatz der Eigenverantwortung" im Scheidungsrecht; § 1697a BGB: „Kindeswohlprinzip" im Recht der elterlichen Sorge.

[246] Zum Begriff des Normenwiderspruchs und zum rechtlichen Schicksal der Normenwidersprüche siehe bereits oben, S. 23 ff.

[247] Siehe oben, S. 33 f. Auf diesen alltäglichen, harmlosen Charakter von Regel-Ausnahmefällen dürfte der Wunsch einiger Autoren zurückzuführen sein, neben den missbilli-

entstehen, wenn zu den Grundregeln Ausnahmen hinzutreten. Gefordert ist dabei nicht, dass Ausnahmebestimmungen unterbleiben, sondern dass Regel-Ausnahme-Verhältnisse erklärbar sind. Ein etwaiges Verfassungsgebot kann als Rechtsfolge einer Abweichung also nicht Verfassungswidrigkeit, sondern bloß Rechtfertigungsbedürftigkeit anordnen. Spätestens wenn sich keine Rechtfertigung für eine Abweichungskonstellation findet, lässt sich von der Wertungswidersprüchlichkeit des Normengefüges sprechen.

d) Konkurrierende Grundregeln

Wer den Umstand, dass eine Norm Teil mehrerer, unterschiedlich konkreter Regelungssysteme sein kann, als Argument gegen eine Verpflichtung zur Systemgerechtigkeit wertet,[248] dürfte sich auch an der Verwendung von Grundregeln als Folgerichtigkeitsbezugspunkten stören. Denn abhängig von der Weite des geregelten Lebensbereiches, den man betrachtet, kann man zu unterschiedlichen Normalfällen gelangen. Somit können unterschiedliche Grundregeln im Raum stehen, die zu einem gespaltenen Urteil über den Abweichungscharakter einer Bestimmung führen. Eine Norm kann sogar ohne Weiteres im Hinblick auf bestimmte Regelungen Teil einer Abweichung, im Hinblick auf andere Teil einer Grundregel sein.[249] Gegen das Bestehen einer Folgerichtigkeitspflicht spräche diese Möglichkeit aber nur, wenn der Charakter von Regelungen als Regeln oder Ausnahmen absolut feststehen müsste. Warum das der Fall sein sollte, ist nicht ersichtlich. Vielmehr kommt es allein darauf an, dass sich die Eigenschaft als Spezialbestimmung im Verhältnis zu jeder anderen einzelnen Rechtswirkung sicher feststellen oder ablehnen lässt. Die Ordnungsfunktion des Rechts streitet dafür, dass alle Grundregeln, Ausnahmen und Gegenausnahmen[250] im Verhältnis zueinander begründbar sein müssen. Die Antwort auf die Frage, welche Grundregeln Folgerichtigkeitspflichten auslösen könnten, ist daher einfach: Es sind alle Grundregeln. Ob damit eine ernstzunehmende Bürde für die Gesetzgebung einherginge, wäre eine Frage des Rechtfertigungsmaßstabs. In den meisten Fällen wird die Zulässigkeit von Abweichungen unproble-

---

ten Wertungswidersprüchen die neutrale Kategorie des bloßen Gegensatzes einzuführen, siehe oben S. 25 f., Fn. 18. Diesem Ansatz wird hier aus Gründen der methodischen Klarheit nicht gefolgt: Er kann außer der Missbilligung der missbilligten Wertungswidersprüche kein Kriterium benennen, mit dessen Hilfe sich sinnvoll zwischen beiden Kategorien unterschieden ließe.

[248] Zu diesem Argument siehe bereits oben, S. 154 f.
[249] Siehe zu dieser Kontextabhängigkeit des Regel- oder Ausnahmecharakters einer Norm auch *Joachim Brückner*, Folgerichtige Gesetzgebung im Steuerrecht und Öffentlichen Wirtschaftsrecht, S. 139 f.
[250] Vgl. auch *Christian Bumke*, Der Staat Bd. 49 (2010), S. 77 (96 ff.).

matisch sein.²⁵¹ Wie für die Prüfung von Ungleichbehandlungen kann man für die der Abgestimmtheit von Grundregeln und Spezialbestimmungen also konstatieren, dass „keine ‚falschen', sondern nur unzweckmäßige Vergleichsgruppen gebildet werden" können, „deren Rechtfertigung keinerlei Probleme bereitet".²⁵² Ebenso wie bei der Anwendung des Gleichheitssatzes muss deswegen zwar eine „juristisch-handwerkliche Vorauswahl" der näher zu untersuchenden Abweichungen erfolgen.²⁵³ Prüfen ließe sich die Abgestimmtheit aber in allen Regel-Ausnahme-Verhältnissen.

e) Begrenzter Eigenständiger Anwendungsbereich

Konsistenzprüfungen überschneiden sich in ihrem Anwendungsbereich mit Gleichheitsprüfungen.²⁵⁴ Im Fall der Abweichung von einer Grundregel wird aufgrund der Anknüpfung an Normal- und Spezialfälle besonders häufig eine Ungleichbehandlung gegeben sein, die bereits an sich zu einem Rechtfertigungserfordernis führt. In diesen Fällen sichert prinzipiell auch eine Prüfung des allgemeinen Gleichheitssatzes die Abgestimmtheit des Regel-Ausnahme-Verhältnisses, weil die Gründe, die für oder gegen die Ungleichbehandlung sprechen, auf das objektivrechtliche Verhältnis von Regel und Ausnahme übertragbar sein dürften. Das Abgestimmtheitsgebot wäre daher subsidiär zum allgemeinen Gleichheitssatz zu konstruieren.

Sicherlich jedoch lässt sich für eine entsprechende Anforderung ein eigenständiger Anwendungsbereich ausmachen. Er liegt zunächst dort, wo Abweichungen von Grundregeln nicht zu tatsächlichen Ungleichbehandlungen von Menschen führen.²⁵⁵ Das ist etwa der Fall, wenn eine Regelungsmaterie keine unmittelbaren oder mittelbaren Rechtswirkungen für Grundrechtsträger entfaltet – also vor allem, wenn allein die Rechtssphäre von Hoheitsträgern betroffen ist. Neugliederungen von Kommunen und Kreisen bieten hierfür ein anschauliches Beispiel. Legt der Gesetzgeber in einem Leitbild²⁵⁶ die Eigenschaften fest, die Gebietskörperschaften künftig haben sollen, so fordert die Ordnungsfunktion des Rechts, dass er sich bei den konkreten Neugliederungen, die er vornimmt, grundsätzlich an diesen Festlegungen orientiert. Wenn er den

---

²⁵¹ Siehe dazu sogleich unten, S. 171 ff.
²⁵² So für die Feststellung von Ungleichbehandlungen *Sigrid Boysen*, in von Münch/Kunig GG, Art. 3 Rn. 53.
²⁵³ Vgl. zur Vorauswahl beim Gleichheitssatz *Uwe Kischel*, AöR Bd. 124 (1999), S. 174 (184).
²⁵⁴ Siehe oben, S. 46 ff.
²⁵⁵ Zum Erfordernis der tatsächlichen Ungleichbehandlung siehe oben, S. 142 f.
²⁵⁶ Zur davon abzugrenzenden Rolle von Leitbildern bei der Erfassung der Wirklichkeit siehe unten, S. 217 f.

Normalfall der Körperschaften auf eine Weise behandelt, ist es rechtfertigungsbedürftig, für Spezialfälle abzuweichen.[257] Doch auch wenn Grundrechtsträger betroffen werden, kann es sein, dass das rechtstaatliche Interesse der Abgestimmtheit nicht bereits durch den Gleichheitssatz abgedeckt wird, und zwar immer dann, wenn keine diskriminierenden Wirkungen im Raum stehen.[258]

Praktisch entscheidender als dieser formale eigenständige Anwendungsbereich ist allerdings, dass das Abgestimmtheitsgebot von seiner Zielrichtung her mitunter auch dort den treffenderen Kontrollmaßstab bildet, wo der Gleichheitssatz aufgrund der von der Rechtsprechung entwickelten Dogmatik angewendet wird. Besonders deutlich wird dieser Zusammenhang am Beispiel des Steuerrechts. Wie oben gezeigt, lässt sich – unter Zuhilfenahme umständlicher und keineswegs zwingender dogmatischer Annahmen wie etwa des Leistungsfähigkeitsprinzips – zwar begründen, dass das Bundesverfassungsgericht Belastungsausnahmen, die jeden Steuerpflichtigen gleichermaßen treffen, an Art. 3 Abs. 1 GG misst.[259] Von der eigentlichen Zielrichtung des Gleichheitssatzes ist

---

[257] Besonders plastisch wird der Charakter des Leitbilds als Grundregel, wenn dieses – wie 2010 bei der Gemeindegebietsreform im Land Sachsen-Anhalt – in einem eigenständigen Grundsätzegesetz festgelegt wird (vgl. § 2 Gemeindeneugliederungs-Grundsätzegesetz – GemNeuglGrG – vom 14. Februar 2008 [GVBl. LSA S. 40]). Entspricht nun ein konkretes Neugliederungsgesetz (vgl. als Beispiel für ein Neugliederungsgesetz das Gesetz über die Neugliederung der Gemeinden im Land Sachsen-Anhalt betreffend den Landkreis Salzlandkreis – GemNeuglG SLK – vom 8. Juli 2010 [GVBl. LSA S. 418]) nicht den Festlegungen des ausdrücklich normierten Leitbilds, so ist ein Wertungswiderspruch offenkundig.

[258] Um ein sehr einfaches Beispiel zu bilden, sei die Höchstgeschwindigkeit für das Autofahren auf Landstraßen herausgegriffen. Sie beträgt grundsätzlich einhundert Kilometer pro Stunde (§ 3 Abs. 3 Nr. 2 lit. c StVO) und trifft alle Autofahrer gleichermaßen. Der Ordnungsfunktion des Rechts wird man entnehmen können, dass der Gesetzgeber nicht jede Landstraße irgendeiner anderen Höchstgeschwindigkeit unterwerfen soll, sondern dass in Abwesenheit von Besonderheiten einheitliche Standards gelten sollen. Hat der Gesetzgeber also einmal festgelegt, dass prinzipiell nicht schneller gefahren werden darf als einhundert Kilometer pro Stunde, so wäre es rechtfertigungsbedürftig, wenn er – etwa für bestimmte Gegenden oder Streckenlängen – andere grundsätzlich geltende Höchstgeschwindigkeiten normieren würde. (Vgl. auch das Beispiel des Rechtsfahrgebots bei *Paul Kirchhof*, in HStR VIII, 3. Aufl., § 181 Rn. 222.) Auch die Freiheitsrechte schaffen hier nicht das nötige Maß an Abgestimmtheit, da sie prinzipiell jede Freiheitsbeschränkung für sich betrachten. So wie Sicherheitsinteressen es vor der allgemeinen Handlungsfreiheit rechtfertigen können, dass man nicht schneller fahren darf als einhundert Kilometer pro Stunde, dürften sie per se auch jede andere Höchstgeschwindigkeit legitimieren, die sich in einem vernünftigen Rahmen hält (etwa 95 oder 105 Kilometer pro Stunde). Jede einzelne Freiheitsbeschränkung könnte bei einem uneinheitlichen Regelungsregime also gerechtfertigt sein. Erst eine Konsistenzkontrolle ermöglicht es, das gesamte Regelungskonstrukt in den Blick zu nehmen. Wie für diesen Beispielsfall kann man das Abgestimmtheitsgebot für alle nichtdiskriminierenden Abweichungen von Grundregeln anwenden.

[259] Siehe oben, S. 144 ff.

eine solche Prüfung – zum Beispiel einer Regelung, nach der kein Steuerpflichtiger die Kosten der ersten zwanzig Kilometer auf dem Weg zur Arbeit absetzen kann, – aber weit entfernt. Der Vorwurf kann letztlich nicht lauten, dass das Steuerrecht diskriminierend sei. Im Kern geht es vielmehr darum, dass das Regelungswerk konfus und scheinbar ohne übergreifende Konzeption ausgestaltet ist. Wenn es letztlich in diesem Sinne die Integrität der Rechtsordnung ist, die das Bundesverfassungsgericht sicherstellen will, so liegt als Kontrollmaßstab ein objektivrechtlich-rechtsstaatliches Kriterium näher als ein Grundrecht, das auf Diskriminierungsschutz gerichtet ist.[260] In der hier diskutierten Form hätte das Abgestimmtheitsgebot also nicht nur einen eigenständigen Anwendungsbereich im Verhältnis zum allgemeinen Gleichheitssatz, sondern wäre für Teile von dessen Anwendungsbereich auch das sachnähere Kontrollinstrument.

C. Einfügen in den Wertungszusammenhang des demokratischen Verfassungsstaats

Mit dem Interesse an der Erklärbarkeit von Regel-Ausnahmeverhältnissen gewinnt die rechtsstaatliche Forderung nach der Geordnetheit und Strukturiertheit des Rechts eine greifbare Form. Bevor dieses Interesse allerdings die Gestalt einer Verfassungsnorm annehmen kann, muss es im Kontext mit der demokratischen Ordnung des Grundgesetzes betrachtet werden, sodass eine einheitliche, integrative Verfassungsauslegung möglich wird.[261] Dieses die rechtsstaatlichen und demokratischen Bezüge der Fragestellung zusammenführende Verständnis wird in drei Schritten erarbeitet. Zuerst wird betrachtet, wie sich das Abgestimmtheitsinteresse mit der demokratischen Ordnung des Grundgesetzes verträgt. Im nächsten Schritt werden die rechtsstaatlichen und demokratischen Aussagen angeglichen. Aufgrund dieser wertungsmäßigen Zusammenführung wird es dann möglich, Tatbestand und Rechtsfolgen eines Konsistenzgebots der Abgestimmtheit auszugestalten.

I. Abgestimmtheit und demokratische Ordnung

1. Souveränitäts- und Politikbeeinträchtigung durch ein etwaiges Gebot

Der Konflikt mit dem Grundsatz der Volkssouveränität, der im Grundlagenteil abstrakt für alle Konsistenzanforderungen beschrieben worden ist, tritt bei ei-

---

[260] Siehe auch *Oliver Lepsius*, JZ 2009, S. 260 (262); *Peter Dieterich*, Systemgerechtigkeit und Kohärenz, S. 343 ff.

[261] Zum Ziel der einheitlichen Verfassungsauslegung siehe oben, S. 18 f., 104 ff., 109 ff.

nem Gebot der Abgestimmtheit von Grundregeln und Spezialbestimmungen in besonderer Schärfe zutage. Denn wenn die Sinnhaftigkeit der Rechtsordnung in ihrer Struktur – das Zuschneiden von Lebensbereichen in Normal- und Spezialfälle sowie die Ausdifferenzierung des Rechts nach diesen Fällen – zum Gegenstand verfassungsrechtlicher Vorgaben für den Gesetzgeber wird, könnte im Extremfall eine komplette Reduktion des legislativen Entscheidungsspielraums die Folge sein.[262] Jede politische Entscheidung könnte auf ihre sinnvolle Vereinbarkeit mit anderen, im sachlichen Zusammenhang stehenden Entscheidungen überprüfbar werden. Da das Demokratieprinzip nicht nur die persönliche und sachliche Legitimation von Entscheidungen und Entscheidungsträgern fordert, sondern auch verlangt, dass in funktionell-institutioneller Hinsicht das richtige Organ entscheidet,[263] drohen normativ insofern gravierende Spannungen zwischen demokratischer und rechtsstaatlicher Ordnung.

Aus Sicht der politischen Praxis – die vermittelt über die politischen Funktionsprinzipien ebenfalls normative Relevanz entfaltet[264] – würde ein Abgestimmtheitsgebot besonders aus zwei Blickwinkeln Probleme verursachen. Erstens führen die natürlichen Grenzen menschlicher Entscheidungsrationalität dazu, dass komplette Abgestimmtheit sich nicht leisten lässt. Selbst der unerreichbare Zustand vollkommener Rationalität liefe nicht darauf hinaus, dass Entscheidungen komplett durchrationalisiert würden.[265] Daher wird es in den Verästelungen eines Gebildes aus Rechtsnormen stets Wirkungen geben müssen, die sich in ihrer Beziehung zueinander nicht vernünftig erklären lassen – unter anderem deswegen, weil man bei ihrem Erlass über ihr Zusammenwirken schlicht nicht umfassend nachgedacht hat. Zweitens müssen bei der Kompromissbildung einander widersprechende Politikentwürfe miteinander arrangiert werden.[266] Angesichts der Schwierigkeiten, denen das Erarbeiten einer mehrheitsfähigen Lösung mitunter begegnet, könnten Stimmigkeitsanforderungen an Kompromisspakete zur endgültigen Blockade politischer Problemlösungs- und Innovationsfähigkeit führen.

2. Grundsatz hinreichender Abstimmung im politischen Prozess

Diese Spannungen mit der demokratischen Ordnung gehen zu einem wesentlichen Anteil auf die Aufgabe des politischen Prozesses zurück, die Rationalität der Gesetze eigenständig sicherzustellen. Rationalitätskontrollen von Politiker-

---

[262] Siehe zur diesbezüglichen Kritik oben, S. 39 ff., 65 ff.
[263] Siehe oben, S. 69 ff.
[264] Siehe oben, S. 103 f.
[265] Siehe oben, S. 93 ff.
[266] Siehe oben, S. 96 ff.

gebnissen führen insofern stets zu Reibungen, weil der demokratische Weg der Rationalitätserzeugung gerade auf die Ergebnisoffenheit des Verfahrens setzt und sich maßgeblich aus der Idee speist, dass die richtige Politik nicht vorgezeichnet und objektiv bestimmbar ist.[267] Da das Kriterium der Abgestimmtheit einer Normenstruktur enge Bezüge zur Frage der politischen Richtigkeit aufweist, ist die Störung der politischen Rationalitätserzeugung durch ein Gebot der Abgestimmtheit tendenziell besonders stark. Zugleich sind die Vorteile eines solchen Gebotes beschränkt, weil man dem politischen Prozess, gerade was die Frage der Abgestimmtheit anbelangt, prinzipiell die Fähigkeit wird zuschreiben können, bereits ohne gerichtliche Intervention zu akzeptablen Ergebnissen zu gelangen.

3. *Möglichkeit von Störungen*

Die Vermutung, dass der demokratische Prozess ohne rechtsstaatliches Eingreifen angemessen abgestimmte Normengefüge produziert, steht und fällt allerdings mit den Prämissen, auf denen sie fußt. Ihre Belastbarkeit hängt also von der Funktionsfähigkeit der zuvor herausgearbeiteten Rationalität fördernden Eigenschaften des politischen Prozesses ab. Diese Funktionsfähigkeit lässt sich – anders als die Rationalität politischer Entscheidungen im Rahmen einer Ergebniskontrolle – grundsätzlich durchaus konkret beurteilen. Stellt man Störungen an zentralen Komponenten des Prozesses fest, so ist die hinreichende Abstimmung von Normengefügen ohne rechtsstaatliches Eingreifen gefährdet.

In welcher Weise muss der Prozess gestört sein, damit man einen solchen Fall annehmen kann? Die Demokratie erzeugt Rationalität im Wege des diskursiven Ideenwettstreits. Also ist die Qualität ihrer Ergebnisse von der Qualität des Diskurses abhängig. Zu deren Bestimmung bieten sich insbesondere zwei Gedanken an. Erstens muss – in Anlehnung an die *Habermas*sche „ideale Sprechsituation" – im weitesten Sinne Chancengleichheit zwischen den Repräsentanten verschiedener Interessen bestehen.[268] So ist die Abstimmung von Politikinhalten auf alle betroffenen Belange sichergestellt und die Übervorteilung einzelner Positionen ausgeschlossen.[269] Zweitens wird auch ein derart ausgewogenes Debattenumfeld nur dann zu einer rationalen Verständigung führen, wenn die Diskursteilnehmer sich überhaupt mit einem Themenkomplex beschäftigen wollen und können. Je spezialisierter und komplexer ein Politikbereich ist und je weni-

---

[267] Siehe zur demokratischen Rationalitätserzeugung oben, S. 79 ff.

[268] Vgl. *Jürgen Habermas*, Vorstudien und Ergänzungen zur Theorie des kommunikativen Handelns, S. 174 ff., 177 ff.

[269] Vgl. *Jürgen Habermas*, Vorstudien und Ergänzungen zur Theorie des kommunikativen Handelns, S. 179.

ger Interesse er weckt, desto weniger intensiv wird der Meinungsaustausch in Bezug auf ihn geführt.

Sicherlich ist der politische Diskurs, der sich weit über die Zivilgesellschaft und die Medienlandschaft erstreckt, zu diffus, um sich insgesamt überzeugend erfassen und bewerten zu lassen – erst Recht im Rahmen einer verfassungsgerichtlichen Normenkontrolle. Denkbar erscheint aber ein engerer Fokus allein auf den innerstaatlichen, parlamentarisch-ministeriellen Abstimmungsprozess, der die größere Debatte im Kleineren modelliert. Erfassbar wäre ein solcher engerer Blickwinkel nicht zuletzt durch zwei Wesensmerkmale des staatlichen Abstimmungsprozesses, die im Grundlagenteil herausgearbeitet worden sind: Verantwortlichkeitsmechanismen und Vetopunkte. Mit ihrer Hilfe wird eine genauere Prozessanalyse möglich. Grob lässt sich davon ausgehen, dass die Ausgewogenheit des Abstimmungsprozesses steigt, je stärker beide Elemente wirken. Durch Rechenschaftspflichten steigt die Tendenz, im Voraus möglichst viele Einwände zu berücksichtigen und die eigenen Vorschläge auf sie abzustimmen.[270] Vetopunkte steigern den Abstimmungsbedarf und erhöhen daher tendenziell die Differenziertheit des Prozesses.[271] Inwieweit die demokratische Willensbildung allein als verlässlicher Garant der Abgestimmtheit eines Gesetzes betrachtet werden kann, hängt also entscheidend davon ab, wie stark beide Dynamiken das Gesetzgebungsverfahren geprägt haben. Handelt es sich beim Regelungsgegenstand um ein kontroverses Thema, das breites populär- und fachöffentliches Interesse erregt, das ausführlich in den jeweiligen Gremien behandelt wird und bei dessen Erarbeitung viel Überzeugungsarbeit geleistet werden muss? Oder ereignet sich die Gesetzgebung jenseits der öffentlichen Aufmerksamkeit, hastig und ohne dass die tragende Mehrheit sich um abweichende Auffassungen scheren muss?[272] Zwischen diesen Extrempolen entscheidet sich die Fähigkeit des Gesetzgebungsverfahrens, angemessen abgestimmte Normengebilde zu produzieren.

Dabei ist allerdings zu beachten, dass perfektionistische Ansprüche an das Funktionieren der Rationalisierungsmechanismen fehl am Platz sind. Demokratie ist kein exaktes Instrument und die „ideale Sprechsituation" lässt sich in der

---

[270] Siehe oben, S. 99 f.

[271] Siehe oben, S. 101 ff. Die imperfekte Natur dieser Funktion (zu dieser auch sogleich) wird daran deutlich, dass der Abstimmung bei der Kompromisssuche die Produktion von Widersprüchen im politischen Prozess vorangeht, siehe oben, S. 96 ff. Zu suchen ist aus diesem Blickwinkel nicht Perfektion, sondern auszugehen ist vom Normalstandard an Rationalität, den die demokratische Ordnung leistet.

[272] Dass Zeitnot im Gesetzgebungsverfahren dem Gesetzgeber jedenfalls nicht zugutekommen soll, hat das Bundesverfassungsgericht für den Kontext der folgerichtigen Realitätsverarbeitung bereits festgestellt, vgl. BVerfGE 106, 62 (152). In der Tat dürfte sie der Verfassungsmäßigkeit von Gesetzen sogar eher schaden.

Realität nicht erzielen.²⁷³ Wichtig ist, auf der erarbeiteten Interpretation des Funktionengefüges aufzubauen, nach der die Funktionsmechanismen des politischen Prozesses in ihrem imperfekten Normalzustand prinzipiell als hinreichende Rationalitätsgaranten zu akzeptieren sind. Bei etwaigen festzustellenden Störungen muss es sich also um erhebliche Unterschreitungen des üblichen Grades an Rationalitätserzeugung handeln.

II. Verbindendes Verständnis der Anforderungen von Rechtsstaat und Demokratie

Aus praktischer Sicht erscheint eindeutig, dass Politikergebnisse eine schwächere Legitimität aufweisen, je schwächer der demokratische Prozess im gerade skizzierten Sinn wirkt. Faktisch-pragmatisch²⁷⁴ dürfte daher klar sein, dass Verfassungsgerichte bei struktureller Schwäche der politischen Rationalitätserzeugung die Kontrollintensität steigern und die Sinnhaftigkeit politischer Entscheidungen stärker in den Blick nehmen müssen und werden. Wenn „ein anderes Organ zur vollen Erfüllung seiner Aufgaben nicht bereit oder in der Lage ist", werden sie „ergänzend oder stützend tätig".²⁷⁵ Die entscheidende Frage ist, ob sich diese staatspolitische Notwendigkeit ausdrücklich in der verfassungsdogmatischen Maßstabsbildung niederschlagen kann, oder ob sie stets nur mittelbar als unausgesprochener Beweggrund auf die Auslegung des Grundgesetzes einwirkt. Die Antwort auf diese Frage hängt davon ab, wie die Anforderungen von rechtsstaatlicher und demokratischer Ordnung zu verbinden sind.

Für den Bereich des Abgestimmtheitsgebots soll hier ein zusammenführendes Verständnis des demokratischen Verfassungsstaats vorgeschlagen werden, das im Grundsatz komplette richterliche Zurückhaltung verlangt, im Fall von schwerwiegenden Mängeln der demokratischen Gesetzeserarbeitung jedoch Abgestimmtheitskontrollen vorsieht.²⁷⁶ Alle zuvor behandelten Konfliktbewältigungsstrategien legen eine solche Interpretation nahe. Ein einheitliches Verständnis von demokratischer und rechtsstaatlicher Ordnung erfordert weitreichende Freiräume für politisches Entscheiden mit punktueller rechtsstaatlicher Korrekturmöglichkeit.²⁷⁷ Dieses Bild bestätigt sich auf der funktionell-rechtli-

---

²⁷³ Zweifel an der Möglichkeit, sie zu verwirklichen, äußert *Habermas* selbst, Vorstudien und Ergänzungen zur Theorie des kommunikativen Handelns, S. 179 f.
²⁷⁴ Vgl. den pragmatischen Ansatz bei *Philipp Dann*, Der Staat Bd. 49 (2010), S. 630 (642 ff.).
²⁷⁵ *Konrad Hesse*, in FS Huber, S. 261 (265).
²⁷⁶ Zum Gedanken verfassungsrechtlicher Rationalitätsgebote, die im Fall schwerwiegender Defizite des politischen Prozesses eingreifen, auch *Francisco Joel Reyes y Ráfales*, Rechtstheorie Bd. 45 (2014), S. 35 (52 ff.).
²⁷⁷ Näher zur Einheit der Verfassung oben, S. 109 f. Vom Einheitsgedanken her wird

chen Ebene für das Zusammenspiel der Staatsgewalten.[278] Aus Sicht des Abwägungsgedankens ist diese Lösung angezeigt, weil sie die Geltung der demokratischen und rechtsstaatlichen Gehalte maximiert, während sie die Beeinträchtigungen für die jeweils andere Seite möglichst gering hält.[279] Schließlich lässt sich ein punktuelles rechtsstaatlich-gerichtliches Eingreifen auch als Kompen-

---

man von dem Befund ausgehen, dass im Grundsatz dem demokratischen Prozess die Aufgabe der Abstimmung von Normengebilden zugewiesen ist. Dem rechtsstaatlichen Bedürfnis nach Abgestimmtheit muss gleichwohl Rechnung getragen werden, was aufgrund der hauptsächlichen Festlegung auf die demokratische Ordnung als Abstimmungsmechanismus jedoch nur in Form ausnahmsweiser Einwirkungen denkbar ist.

[278] Zum funktionell-rechtlichen Ansatz oben, S. 113 f. Im Rahmen eines funktionellrechtlichen Vergleiches wird man feststellen müssen, dass nicht das Bundesverfassungsgericht, sondern der parlamentarisch-ministerielle Gesetzgeber, strukturell erheblich besser für die Abstimmung von Politikinhalten auf eine vielschichtige und sich ständig wandelnde Welt geeignet ist. Während das Gericht mit wenigen Entscheidungsträgern und ausschließlich aus rechtlicher Perspektive in punktuellen Verfahren auf die Anträge einzelner Personen und Organisationen reagiert, aggregiert und verarbeitet der politische Prozess kontinuierlich riesige Mengen an Informationen und Sichtweisen (dazu auch oben, S. 71 ff., 76 ff.). Mit dieser überlegenen Fähigkeit, Problembereiche zu strukturieren und die jeweils angemessenen Lösungen für ihre Bewältigung zu erarbeiten, hat die Verfassungsordnung die Legislativorgane nicht zuletzt deshalb ausgestattet, weil sie ihnen – nicht der Gerichtsbarkeit – im Grundsatz die Aufgabe der politischen Gestaltung zuweisen will. Die Gesetzgebungsorgane sind also institutionell zum Erreichen legislativer Abgestimmtheit ausgestaltet. Korrekturen seitens des Bundesverfassungsgerichts sind mit dieser Funktion nur hilfsweise und punktuell kompatibel. Dem Abgestimmtheitsinteresse als Handlungsnorm kann also nur ein deutlich abgeschwächtes Abgestimmtheitsgebot als Kontrollnorm gegenübergestellt werden.

[279] Zum Gedanken der Optimierungsgebote oben, S. 109 f. Zunächst wird man ein rechtsstaatliches Interesse der Abgestimmtheit bestimmen und ihm die demokratischen Interessen gegenüberstellen, den politischen Prozess handlungsfähig zu halten und Abgestimmtheit eigenständig demokratisch herzustellen. Zur Auflösung des Prinzipienkonflikts wird man sich einerseits an der Wertigkeit der Interessen orientieren und feststellen, dass der offen-diskursive Weg öffentlicher Rationalitätserzeugung von allerhöchster Bedeutung für das Funktionieren der freiheitlichen Demokratie ist, während die rechtsstaatlich geforderte Abgestimmtheit zwar bedeutsam für einen gelingenden Rechtsstaat ist, jedoch nicht an dessen fundamentalste Grundsätze, etwa im Grundrechtsbereich, heranreicht. Andererseits – und im hier betrachteten Kontext entscheidender – wird man versuchen, die Geltung der Prinzipien zu maximieren und Beeinträchtigungen zu minimieren. Insofern dürfte zu konstatieren sein, dass umfangreiche gerichtliche Kontrollen der Sinnhaftigkeit von Normenstrukturen einen überaus tiefgreifenden Einschnitt in den demokratischen Arm der Souveränitätsausübung bewirken würden. Dagegen ist der Rechtsstaat zwar insgesamt und längerfristig auf angemessen abgestimmte Normengefüge angewiesen. Besonders durch punktuelle Abstimmungsfehler wird er jedoch nicht in seiner Substanz bedroht. Gleichwohl können eklatante Mängel sicher zu schwerwiegenden Beeinträchtigungen des Abgestimmtheitsinteresses führen. Zudem sinkt der demokratische Anspruch, die Abgestimmtheit von Normenkonstrukten selbst herzustellen, wenn die ihn tragenden Erwägungen – vor allem seine prinzipiell überlegene Fähigkeit rationaler Gerechtigkeitserzeugung – an Überzeugungskraft einbüßen. Insgesamt

sation eines demokratischen Defizits erklären,[280] weil die verfassungsrechtlichen Wertungen des Rechtsstaats- und des Demokratieprinzips in ihrer auf Abgestimmtheit zielenden Rolle partiell gleichlaufen.[281]

---

gelangt man zu einem Regel-Ausnahme-Verhältnis, das rechtsstaatliche Korrekturen nur in seltenen Ausnahmefällen vorsieht.

[280] Dazu oben, S. 111 ff. Fällt die demokratische Rationalitätserzeugung hinter ihr verfassungsrechtlich vorgesehenes Niveau zurück, so ist ein defizitärer Rechtszustand gegeben. In Form einer entsprechend ausgestalteten rechtsstaatlichen Vorgabe ließe sich dieses Defizit konkret-real ausgleichen, weil die Vorgabe Abstimmungsbestrebungen erfordern würde, die ansonsten unterblieben. Auch bestünde ein enger „Funktionszusammenhang zwischen Kompensationslage und Kompensationsleistung": Was die Abgestimmtheit von Regelungsgefügen anbelangt, weisen Rechtsstaat und Demokratie gleichlaufende Zielrichtungen auf. Eine rechtsstaatliche Anforderung würde also nicht irgendein anderes Gut fördern, das an die Stelle der demokratischen Leistung träte, sondern könnte das ausbleibende Maß demokratischer Rationalität inhaltlich ersetzen. Zu Folgerichtigkeitsgeboten als Defizitkompensation auch *Bernd Grzeszick*, VVDStRL Bd. 71 (2012), S. 49 (70 ff.).

[281] Zum demokratischen Modus der Herstellung von Abgestimmtheit siehe auch oben. S. 76 ff., 104 ff. Diesen teilweisen Gleichlauf der Zielrichtungen der rechtsstaatlichen und demokratischen Entscheidungsregime des Grundgesetzes in die Betrachtung einzubeziehen, ermöglicht auch einen veränderten Blick auf die Diskussion über die Rolle von Abwägungsentscheidungen im Verfassungsrecht und die aus ihr hervorgegangene Kritik an der Verwendung des Übermaßverbots in der verfassungsgerichtlichen Rechtsprechung. Die Kritik geht von der Prämisse aus, dass Abwägungsentscheidungen sich nicht juristisch-rational kontrollieren, sondern nur selbstständig vornehmen lassen. Da der abwägende Ausgleich der politisch-sozialen Interessenkonflikte durch das Grundgesetz dem politischen Entscheidungsregime zugewiesen sei, müsse eine verfassungsgerichtliche Abwägungskontrolle von Gesetzen unterbleiben. Denn letztlich handele es sich dabei nicht um eine Kontrolle der Abwägungsentscheidung des Gesetzgebers, sondern um eine eigene Abwägungsentscheidung seitens des Bundesverfassungsgerichts, mit der die gesetzgeberische Entscheidung ersetzt werde. Vgl. *Bernhard Schlink*, in FS 50 Jahre BVerfG Bd. 2, S. 445 (455 ff., 460 ff.). Der in dieser Untersuchung gezeigte teilweise Gleichlauf in den Zielrichtungen von politischer und rechtsstaatlicher Ordnung relativiert diese Kritik wenigstens zum Teil. Er ruft nämlich Zweifel an der Einschätzung hervor, dass die abwägende Abstimmung des Rechts ausschließlich in der demokratischen Sphäre erfolgen muss und kann. Vielmehr basiert diese Zuordnung der Abstimmung zur demokratischen Sphäre stark auf der Prämisse der Funktionsfähigkeit des politischen Prozesses. Diese jedoch kann gestört sein. Für diesen Fall scheint es nicht ausgeschlossen, die Herstellung von Abgestimmtheit auch der rechtsstaatlichen Seite zuzuweisen.

Dabei ist allerdings zu bedenken, dass Modifikationen der Zuweisung von Entscheidungskompetenzen die Annahme der Höchstpersönlichkeit von Abwägungsentscheidungen und der Unmöglichkeit bloßer Abwägungskontrollen nicht berühren. Wenn man der Annahme folgt, muss man zugleich annehmen, dass das Gericht die Abstimmung durch den Gesetzgeber nicht vollständig funktionsäquivalent ersetzen kann (zu diesem Kriterium oben, S. 111 ff.). Insofern haben Kompensationsleistungen zwischen Verfassungsorganen stets einen fiktiven Charakter.

III. Maßstabsbildung

Auf dieser Grundlage ist es nunmehr möglich, den Inhalt des Gebotes der Abgestimmtheit von Regelungszusammenhängen auszugestalten. Es verlangt als Handlungsnorm, dass Grundregeln und Spezialbestimmungen angemessen aufeinander abgestimmt werden, und zwar indem an den Tatbestand der Abweichung von einer Grundregel als Rechtsfolge dessen Rechtfertigungsbedürftigkeit geknüpft wird.[282] Ist die Abweichung nicht begründbar, ist das Normengebilde insgesamt verfassungswidrig. Der Gesetzgeber kann zur Beseitigung der Verfassungswidrigkeit zwischen mindestens zwei Ansatzpunkten wählen, nämlich der Anpassung der Spezialbestimmung und der Anpassung der Grundregel.[283] Was den Tatbestand der Grundregel und der Spezialbestimmung anbelangt, kann auf die vorangegangenen Ausführungen verwiesen werden: Grundregeln betreffen die vom Gesetzgeber zugeschnittenen Normalfälle, Spezialvorschriften dagegen Spezialfälle.[284] Zu bestimmen bleibt noch der Rechtfertigungsmaßstab auf der Rechtsfolgenseite. Geht es um die Begründbarkeit einer Struktur aus Regelungen, so wird der Inhalt der in Betracht kommenden Gründe sich maßgeblich aus den Gemeinsamkeiten und Unterschieden der geregelten Fälle speisen.[285] Insofern wird die inhaltliche Ausrichtung des Maßstabes derjenigen der Rechtfertigungsprüfung beim allgemeinen Gleichheitssatz entsprechen, die sich ebenfalls hauptsächlich auf die Gleichheit und Unterschiedlichkeit der betrachteten Gegenstände bezieht. Aus diesem Blickwinkel kann man die Rechtfertigungsebene des Abgestimmtheitsgebots auch als Prüfung daraufhin beschreiben, ob der Gesetzgeber Normal- und Spezialfälle realitätsgerecht gebildet hat.[286]

Noch entscheidender als die inhaltliche Zielrichtung des Maßstabs ist für dessen praktische Tragweite allerdings die Intensität, mit der er als Kontrollnorm angewendet wird. Die vorangegangene Analyse hat gezeigt, dass die Strenge der Prüfung variieren muss. Im Regelfall muss das Abgestimmtheitsgebot äußerste verfassungsgerichtliche Zurückhaltung vorsehen, weil von der hinreichenden Abstimmung des Normengefüges im politischen Prozess auszugehen ist. Der Maßstab dürfte hier noch hinter dem der Gleichheitsprüfung in ihrer

---

[282] Vgl. auch *Christian Bumke*, Der Staat Bd. 49 (2010), S. 77 (96 f.); *Bernd Grzeszick*, VVDStRL Bd. 71 (2012), S. 49 (55); *Anna Leisner-Egensperger*, DÖV 2013, S. 533 (537 f.). Zu berücksichtigen ist dabei, dass mit dieser Rechtfertigungsbedürftigkeit nicht notwendig ein Unwerturteil einhergeht, siehe oben, S. 33 f.

[283] Siehe auch oben, S. 35 ff.

[284] Siehe oben, S. 158 ff.

[285] Siehe auch *Christian Bumke*, Der Staat Bd. 49 (2010), S. 77 (96 f.).

[286] Bezugspunkt des Folgerichtigkeitsurteils ist aber die Grundregel. Insoweit zur Abgrenzung von Konsistenz- und Sachgerechtigkeitsgeboten oben, S. 50.

großzügigsten Form zurückbleiben. Statt in Form einer positiven Begründbarkeitskontrolle nach der Denkbarkeit einleuchtender Gründe zu fragen, sollte man sich auf eine negative Prüfung beschränken und Verstöße nur annehmen, wenn vernünftige Erwägungen zugunsten der gewählten Ausgestaltung eines Normengebildes offensichtlich ausscheiden.[287] Normalerweise würde demnach eine verfassungsgerichtliche Konsistenzkontrolle faktisch unterbleiben. Bei tiefgreifenden Störungen der demokratischen Rationalitätserzeugung[288] muss die Kontrollintensität jedoch verschärft werden.[289] In Betracht kommt dazu eine Verhältnismäßigkeitsprüfung, in deren Rahmen man das Ausmaß der Unterschiede zwischen Normal- und Spezialfall mit dem Grad ihrer unterschiedlichen Behandlung im Gesetz und etwaigen externen Zielen abwägen würde.[290] Eine solche Prüfung würde allerdings einen unnötig starken Übergriff in die Sphäre politischer Rationalitätserzeugung bedeuten. Schon wenn das Gericht allein danach fragt, ob einleuchtende Gründe für die gewählte Ausgestaltung erkennbar sind, stellt es sicher, dass die vorgefundene Struktur einen Sinn hat. Dieser Sinn sollte aus Sicht des rechtsstaatlich geforderten Maßes an Steuerungs- und Überzeugungskraft für hinreichend befunden werden. Überlässt man es dem demokratischen Prozess, darüber hinaus die Gewichtigkeit der vorgefundenen Gemeinsamkeiten und Unterschiede – und damit die politische Überzeugungskraft des ermittelten Sinns – zu werten, so ist eine Lösung gefunden, die den politischen Prozess als primären Ort der Herstellung von Abgestimmtheit respektiert, gleichwohl aber ein rechtsstaatlich gefordertes Mindestmaß an Rationalität garantiert. Ein Verstoß gegen das Abgestimmtheitsgebot ist also – auch wenn das Gericht eine verschärfte Prüfung vornimmt – nur anzunehmen, wenn die gewählte Ausgestaltung willkürlich ist.[291]

---

[287] Vgl. auch die Ausführungen zum Willkürmaßstab oben, S. 58 ff.

[288] Anknüpfung dagegen eher an die Wichtigkeit der berührten Fragestellungen bei *Gerd Morgenthaler*, in Gleichheit im Verfassungsstaat, S. 51 (65).

[289] Zur Diskussion über den richtigen Rechtfertigungsmaßstab im Kontext des Steuerrechts siehe *Joachim Englisch*, in FS Lang, S. 167 (196 ff.).

[290] Vgl. BVerfGE 55, 72 (88); 121, 317 (369). Vgl. aus der Literatur – mit der Maßgabe, dass das Gebot der Abgestimmtheit dort oft als Wirkung des allgemeinen Gleichheitssatzes interpretiert wird – *Joachim Lang*, Systematisierung der Steuervergünstigungen, S. 144: „Dies ist eine Frage der Relation: das Gewicht der für die Abweichung von der Sachgesetzlichkeit sprechenden Gründe muss der Intensität der getroffenen Ausnahmeregel entsprechen". Vgl. weiter *Joachim Englisch*, in FS Lang, S. 167 (197). *Klaus-Dieter Drüen*, in FS Spindler, S. 29 (44).

[291] Die vorgeschlagene Willkürkontrolle soll dabei als ernst gemeintes Fragen nach der Denkbarkeit einleuchtender Gründe verstanden werden. Auch wenn dabei keine strenge Abwägung des Ausmaßes der Abweichung und der tatsächlichen Unterschiede angestellt werden sollte, wird eine solche Prüfung sicherlich Elemente einer Verhältnismäßigkeitsprüfung enthalten, siehe *Uwe Kischel*, AöR Bd. 124 (1999), S. 174 (190). Die Willkürprüfung soll hier

Was bedeutet dieser Befund in praktischer Hinsicht für das grundgesetzlich geforderte Maß an Abgestimmtheit im Recht? Die Verfassung fordert vom Gesetzgeber die rationale Nachvollziehbarkeit des Verhältnisses zwischen Grundregeln und Spezialbestimmungen, erklärt diese Forderung jedoch für nur sehr eingeschränkt überprüfbar. Zumindest gegenwärtig kann das Abgestimmtheitsgebot also kaum eine praktische Bedeutung entfalten. Und man kann durchaus bezweifeln, dass es in der bisherigen Geschichte der Bundesrepublik bereits Situationen gegeben hat, in der die politische Ordnung das geforderte Maß an Abgestimmtheit in verfassungsrechtlich signifikanter Weise nicht mehr selbst herstellen konnte. Allerdings zeigt die Geschichte der deutschen Demokratie eindringlich, dass Schieflagen entstehen können, in deren Folge sich das politische System nicht mehr selbst stabilisieren kann – und ohne Intervention auch die Substanz des Rechtsstaats gefährdet. Auch lassen sich für die beiden Paradematerien der Systemgerechtigkeit – das Wahlrecht und das Steuerrecht – jeweils erhebliche Defizite demokratischer Rationalitätsgewährleistung benennen. So urteilen politische Entscheidungsträger bei der Wahlgesetzgebung in eigener Sache. Eine von ihrer Auffassung abweichende öffentliche Meinung wird sich – nicht zuletzt wegen der auf Stabilität im Parteiensystem zielenden Sperrklausel – nur schwer ihren Weg in die Gesetzgebung bahnen können. Die Chancengleichheit kleiner und neuer Mitbewerber ist also strukturell erheblich bedroht.[292] Das deutsche Steuerrecht wiederum ist schon lange dafür bekannt, mit seinen zahlreichen Verästelungen und Ausnahmetatbeständen überaus

---

also nicht mit äußerster gerichtlicher Zurückhaltung gleichgesetzt werden, wie sie etwa bei *Lerke Osterloh/Angelika Nußberger*, in Sachs GG, Art. 3 Rn. 9, zum Ausdruck kommt, die meinen, die Prüfung beschränke sich auf die evidente Unsachlichkeit einer Regelung. Mag es sich dabei um eine mehr oder weniger exakte Beschreibung eines größeren Teils der Verfassungsrechtsprechung handeln, so kann sich der Willkürmaßstab durchaus auch strenger auswirken, wenn man die Frage nach dem sachlichen Grund konsequent stellt. Vgl. auch *Rudolf Wendt*, NVwZ 1988, S. 778 (783 f.); *Michael Sachs*, in Stern StaatsR Bd. IV/2, S. 1523 f.

Vgl. auch den vorgeschlagenen Maßstab bei *Christian Bumke*, Der Staat Bd. 49 (2010), S. 77 (96): „Zu fragen ist nach der inneren Stimmigkeit eines Regelungsgefüges und seiner sachgerechten Ausdifferenzierung. Wurde eine nachvollziehbare Ordnung geschaffen? Lässt sich insbesondere das Zusammenspiel zwischen Regel, Ausnahme und Gegenausnahme plausibel machen?" Siehe auch *Peter Dieterich*, Systemgerechtigkeit und Kohärenz, S. 346 ff., der einer Herleitung eines Abgestimmtheitsgebots zwar grundsätzlich kritisch gegenübersteht, aber gleichwohl meint, dass „in extremen Einzelfällen systemwidriges Vorgehen des Gesetzgebers zugleich willkürlich und damit unmittelbar rechtsstaatswidrig sein kann".

[292] Siehe zu diesen Gedanken auch BVerfGE 120, 82 (113); 130, 212 (229). Die Sperrklausel im Wahlrecht dürfte sich allerdings bereits gleichheitsrechtlich lösen lassen, weil sie eindeutig eine ungleiche Behandlung der Parteien diesseits und jenseits des Schwellenwerts bewirkt. Sogar ein spezieller Gleichheitssatz steht dafür bereit.

kompliziert zu sein.²⁹³ Wenn schon Steuerjuristen bei der Erfassung des Rechtsstoffs an ihre Leistungsgrenzen gelangen, wird es Parlamentsabgeordneten erst Recht unmöglich sein, die rechtlichen und tatsächlichen Konsequenzen ihrer Eingriffe in die Steuerrechtsordnung voll und ganz abzusehen. Noch schwerer wird es der medialen und zivilgesellschaftlichen Debatte fallen, ihre Entscheidungen rational strukturiert zu begleiten. Ob das Steuerrechtssystem bereits gegenwärtig einen Grad an Konfusion erreicht hat, infolge dessen der politische Prozess es nicht mehr hinreichend durchdringen und somit seine Rationalität gewährleistende Rolle ausüben kann, ist unklar. Doch wird man jedenfalls feststellen müssen, dass es einen solchen Grad – ab dem die Gerichtsbarkeit beginnen muss, die Sinnhaftigkeit des Normengefüges zu thematisieren – gibt. Aus diesem Blickwinkel lässt sich das Abgestimmtheitsgebot auch als rechtsstaatliches Bewältigungsinstrument des Grundgesetzes für demokratische Probleme sehen, die sich im Zusammenhang mit Regelungsmaterien von hoher technischer Komplexität und geringer verfassungsrechtlicher Vorprägung ergeben.²⁹⁴

---

[293] Vgl. nur bereits *Joachim Lang*, Systematisierung der Steuervergünstigungen, S. 17 ff.
[294] Siehe auch *Oliver Lepsius*, JZ 2009, S. 260 (261); *Bernd Grzeszick*, VVDStRL Bd. 71 (2012), S. 49 (64).

Zweiter Abschnitt

Konsequente Zielverfolgung

Neben legislativen Grundentscheidungen spielen gesetzgeberische Ziele[295] als Anknüpfungspunkte für Folgerichtigkeitsbetrachtungen die wichtigste Rolle. Im Unterschied zu den im ersten Abschnitt diskutierten Anforderungen geht es hier nicht unbedingt um einen Vergleich zwischen Rechtsnormen. Auch schon die Normierung einer einzelnen Vorschrift kann im Hinblick auf ihr eigenes Regelungsziel inkonsistent sein.[296] Stärker als um die Sinnhaftigkeit einer Regelungsstruktur, also das „Wie" der gesetzgeberischen Problembewältigung, geht es hier um die sachliche Erklärbarkeit einzelner Politikergebnisse mit einem gestalterischen Programm, das „Warum" hinter einer rechtlichen Vorgabe.

A. Rechtsprechung des Bundesverfassungsgerichts

I. Unverhältnismäßigkeit von Belastungen wegen inkonsequenter Zielverfolgung

In der Rechtsprechung des Bundesverfassungsgerichts kommt der konsequenten Verwirklichung legislativer Ziele[297] vor allem im Rahmen der Verhältnismä-

---

[295] Der Gedankengang geht von der Prämisse aus, dass es sich bei der Figur des gesetzgeberischen Ziels um eine erfassbare, in der Rechtsanwendung handhabbare Wertungskategorie handelt. Für die Konzeption und die Feststellung von Zielwertungen gilt allerdings in besonderem Maße, was oben, S. 28 ff. (vor allem in Fn. 48), für die Erfassung des Gesetzgeberwillens insgesamt festgestellt worden ist: Ihre rationale Bestimmung und Verarbeitung bereitet Schwierigkeiten; selbst mit umfangreichen konzeptionellen Bemühungen werden die Wertungen vielfach vage bleiben, vgl. die Ansätze von *Thomas Wischmeyer*, Zwecke im Recht des Verfassungsstaates, S. 179 ff., 225 ff. und passim; *Tino Frieling*, Gesetzesmaterialien und Wille des Gesetzgebers, S. 131 ff. und passim. Gleichwohl hat die Figur des Ziels – besonders in der Verhältnismäßigkeitsdogmatik – ein Maß an Verstetigung und Anerkennung erreicht, das es rechtfertigt, ihre Maßgeblichkeit zu unterstellen und auf der Basis dieser Annahme nach den verfassungsrechtlichen Konsequenzen zu fragen.

[296] Siehe *Peter Dieterich*, Systemgerechtigkeit und Kohärenz, S. 515.

[297] Der Begriff der konsequenten Zielverfolgung wurde übernommen von *Josef Franz Lindner*, ZG Bd. 22 (2007), S. 188 ff.

ßigkeitsprüfung eine Bedeutung zu.²⁹⁸ Hier knüpft das Gericht besonders in letzter Zeit verstärkt Rechtsfolgen an fehlende Folgerichtigkeit in Bezug auf Regelungsziele, die Grundrechtseingriffe rechtfertigen sollen. Bisher ging es dabei stets um Verbote bestimmter Verhaltensweisen, die der Staat an anderer Stelle entweder gestattete oder sogar selbst praktizierte. Der Gesetzgeber handelte also jeweils dem eigenen Schutzziel, mit dem er ein Verbot für bestimmte Fälle rechtfertigte, in anderen Fällen zuwider. Während derartige Fallgestaltungen seit jeher gelegentlich eine – allerdings weniger bedeutende – Rolle auf den Prüfungsstufen der Geeignetheit und Erforderlichkeit gespielt haben, werden Zielwidersprüche heute als Angemessenheitsfrage behandelt.

1. Mindestanforderungen des Gebotes der Geeignetheit

Dass das Gebot der Geeignetheit im Kontext der Gesetzgebung als Konsistenzanforderung wirkt, deren Bezugspunkt legislative Ziele sind, ist bereits festgestellt worden.²⁹⁹ Eine ungeeignete Regelung ist inkonsistent. Sie wird verworfen, weil sie eine unnötige³⁰⁰ Freiheitsbeeinträchtigung bewirkt, der kein rechtfertigendes Interesse gegenübersteht.³⁰¹ Allerdings ist der praktische Stellenwert des Grundsatzes der Geeignetheit gering. Das Gericht hält sich bei der Geeignetheitsprüfung – vor allem bei der Kontrolle des Gesetzgebers³⁰² – seit jeher insgesamt stark zurück.³⁰³ Nur sehr selten hat es die Verfassungsmäßigkeit von Gesetzen wegen mangelnder Zweckeignung verneint.³⁰⁴ Nach Auffassung des Gerichts ist eine Maßnahme bereits dann geeignet, wenn sie den angestrebten Erfolg fördern kann.³⁰⁵ Schon die bloße Möglichkeit der Zweckerreichung wird für ausreichend befunden.³⁰⁶ Insgesamt zeigt sich damit in der Rechtsprechung zum Gebot der Geeignetheit die her-

---

²⁹⁸ Ausführliche Nachzeichnung von Teilen der Verhältnismäßigkeitsrechtsprechung mit Überlegungen zur tatsächlichen und möglichen Rolle von Folgerichtigkeitsbetrachtungen *Joachim Brückner*, Folgerichtige Gesetzgebung im Steuerrecht und Öffentlichen Wirtschaftsrecht, S. 205 ff.

²⁹⁹ Siehe oben, S. 49 f.

³⁰⁰ Siehe auch *Stefan Huster/Johannes Rux*, in Epping/Hillgruber GG, Art. 20 Rn. 194.

³⁰¹ Vgl. etwa BVerfGE 17, 306 (315); 19, 330 (338); sowie den Falknerbeschluss BVerfGE 55, 159 (165), bei dem es der Sache nach ebenfalls um eine Geeignetheitsprüfung ging. Interpretation als Geeignetheitsprüfung auch bei *Robert Alexy*, in FS Schmidt-Jortzig, S. 3 (4 f.); *Michael Sachs*, in Sachs GG, Art. 20 Fn. 660.

³⁰² Vgl. etwa BVerfGE 100, 313 (373); 115, 276 (308); 116, 202 (224).

³⁰³ Siehe zum Maßstab der Geeignetheitsprüfung statt aller *Michael Sachs*, in Sachs GG, Art. 20 Rn. 150 f.; *Hans Jarass*, in Jarass/Pieroth GG, Art. 20 Rn. 118.

³⁰⁴ Siehe nur *Michael Sachs*, in Sachs GG, Art. 20 Rn. 150. Vgl. auch BVerfGE 17, 306 (315); 19, 330 (338); BVerfGE 55, 159 (165).

³⁰⁵ Vgl. etwa BVerfGE 30, 292 (316); 96, 10 (23); 100, 313 (373); 103, 293 (307); 126, 112 (144).

³⁰⁶ Vgl. etwa BVerfGE 96, 10 (23); 100, 313 (373); 103, 293 (307); 116, 202 (224); 126, 112 (144).

kömmliche Neigung des Bundesverfassungsgerichts, sich bei der Konsistenzkontrolle von Gesetzen in Zurückhaltung zu üben. Immerhin kam jedoch innerhalb der Geeignetheitsprüfung erstmals ein Gedanke auf, der heute im Zusammenhang mit verfassungsrechtlichen Konsistenzgeboten immer wieder Erwähnung findet.[307] In einer Entscheidung von 1964 rügte das Gericht eine „der Sachlage zuwiderlaufende Gesetzesgestaltung, die die wahren Absichten des Gesetzgebers verschleiert". Eine solche Verschleierung verstoße gegen das Rechtsstaatsprinzip.[308]

2. Fehlende Erforderlichkeit wegen inkonsequenter Zielverfolgung

Auch im Kontext der Erforderlichkeitsprüfung hat das Bundesverfassungsgericht seit Beginn seiner Rechtsprechung gelegentlich mit dem Topos inkonsequenter Zielverwirklichung argumentiert. Hier wurden in der frühen Rechtsprechung Inkonsistenzen festgestellt und zur Begründung der Verfassungswidrigkeit von Gesetzen zusätzlich herangezogen.[309] So kam das Gericht bereits 1958 im Apothekenurteil, das gemeinhin als Anfangspunkt der bundesverfassungsgerichtlichen Rechtsprechung zum Grundsatz der Verhältnismäßigkeit gilt,[310] auf einen Konsistenzmangel zu sprechen. Der Schutz der „Volksgesundheit" könne eine Bedürfnisklausel als objektive Zulassungsregel zum Apothekerberuf unter anderem deswegen nicht rechtfertigen, weil der Gesetzgeber sich „nicht folgerichtig" verhalten habe.[311] Aus Gesundheitsschutzgründen habe er einerseits die Zahl der Apotheken beschränkt. Durch die Sicherung der Existenz bestehender Apotheken habe er eine verlässliche Versorgung der Bevölkerung mit Medikamenten gewährleisten wollen. Andererseits habe er aber den freien Verkauf von Medikamenten im Einzelhandel in so starkem Umfang gestattet, dass die Existenz vieler Apotheken bedroht sei. Der Gesetzgeber habe „Gefahren (...) dort nicht wirksam bekämpft, wo sie tatsächlich greifbar" waren.[312] Das Gericht wollte offenbar darauf hinaus, dass eine – ohnehin aus Erforderlichkeitsgesichtspunkten angezeigte – Berufsausübungsregel, die den Verkauf einer größeren Anzahl von Arzneien ausschließlich den Apotheken vorbehalten hätte, auch aus Konsistenzgesichtspunkten geboten gewesen wäre.[313]

---

[307] Siehe dazu unten, S. 206 ff.
[308] BVerfGE 17, 306 (318).
[309] Siehe *Mehrdad Payandeh*, AöR Bd. 136 (2011), S. 578 (603 f.). Dort auch zur Verwendung von Folgerichtigkeitsgeboten im Kontext des Verhältnismäßigkeitsprinzips bereits vor der Rauchverbotsentscheidung von 2008 (näher dazu sogleich, S. 178 ff.).
[310] Siehe *Christian Bumke*, Der Staat Bd. 49 (2010), S. 77 (77); *Christian Hillgruber*, in 60 Jahre Bonner Grundgesetz, S. 9 (24).
[311] Siehe BVerfGE 7, 377 (439).
[312] BVerfGE 7, 377 (431 f.).
[313] Vgl. BVerfGE 7, 377 (431 ff., 439).

Ein inkonsequentes Vorgehen des Gesetzgebers in anderen Fällen als dem gerichtlich zu beurteilenden trug auch in einem weiteren Beispielsfall zur Begründung der Verfassungswidrigkeit einer Vorschrift bei. In der Entscheidung wurde das Verbot, lebende Tiere per Nachnahme zu versenden, auf seine Vereinbarkeit mit der Berufsfreiheit hin untersucht und für nicht erforderlich befunden. Das Verbot diente dazu, Tiere vor den Strapazen eines überlangen Transports zu bewahren. „Wenig folgerichtig" habe der Gesetzgeber bestimmte andere Transportarten mit möglicherweise längerer Dauer weiterhin gestattet.[314] Das zeige, dass es jedenfalls nicht erforderlich gewesen sei, das Verbot der Nachnameversendung auch auf Expresslieferungen zu erstrecken.[315]

Die Beispiele belegen, dass das Bundesverfassungsgericht Zielwidersprüche im Gesetz seit seinen Anfangsjahren auch im Kontext des Verhältnismäßigkeitsprinzips moniert hat. Deswegen von der Etablierung eigenständiger Folgerichtigkeitsanforderungen in diesem Bereich zu sprechen, wäre allerdings übertrieben. Die inkonsequenten Regelungskonzepte wirkten sich in beiden Fällen nur als erschwerende Faktoren aus. Dem Gericht ging es jeweils – entsprechend seiner üblichen Herangehensweise – vorrangig darum, zu prüfen, ob es mildere Möglichkeiten eines Eingriffs in die Berufsfreiheit gegeben hätte. Immerhin kam den Unstimmigkeiten im Regelungsgefüge aber schon insofern Relevanz zu, als sie das Bestehen milderer Möglichkeiten bestätigten. Dass der Gesetzgeber in anderen, eindeutigeren Fällen auf eine Regelung verzichtet hatte, zeigte die fehlende Erforderlichkeit im zu prüfenden Fall.

3. Unangemessenheit wegen inkonsequenter Zielverfolgung

a) Erfordernis hinreichender Ausrichtung am Regelungsziel

Heute wird die inkonsequente Zielverfolgung als Problem der Angemessenheit behandelt. So erkannten die Richter 2006 im bayerischen Sportwettenmonopol eine Verletzung der Berufsfreiheit, weil das zugehörige Regelungswerk nicht konsequent am Ziel des Gesetzgebers, der Bekämpfung von Suchtgefahren, ausgerichtet war.[316] Mit der Eindämmung der Wettsucht und der Verhinderung von Kriminalität habe der Gesetzgeber sich grundsätzlich taugliche Ziele für eine

---

[314] BVerfGE 36, 47 (63).
[315] Vgl. BVerfGE 36, 47 (63 f.).
[316] Siehe BVerfGE 115, 276 (277, 309 ff.). Besprochen etwa von *Josef Franz Lindner*, ZG Bd. 22 (2007), S. 188 ff. Siehe auch *Peter Dieterich*, Systemgerechtigkeit und Kohärenz, S. 511 f. Der Gedanke wurde aufgegriffen etwa in BVerfG (K) Beschluss vom 21.1.2008, 1 BvR 2320/00, juris Rn. 10 f. „nur bei einer aktiv an der Begrenzung der Wettleidenschaft und der Bekämpfung der Wettsucht ausgerichteten rechtlichen und tatsächlichen Ausgestaltung des staatlichen Wettwesens zumutbar."

derartige Beschränkung der Berufsfreiheit gesetzt.[317] Auch die Geeignetheit und die Erforderlichkeit der Regelung zur Zielerreichung stellte das Gericht fest.[318] Allerdings folge aus dem Umstand, dass der Staat Privaten das Anbieten von Sportwetten untersage, selbst jedoch Sportwetten anbiete und hierbei keine Vorkehrungen zur Suchtbekämpfung treffe, die Unverhältnismäßigkeit des Monopols im engeren Sinne.[319]

Anstatt sich am Ziel der Suchtbekämpfung zu orientieren, hatte das mit den kontrollierten Vorschriften errichtete Wettwesen vor allem die effektive Vermarktung von Sportwetten als unbedenkliche Freizeitbeschäftigung im Blick gehabt.[320] Unter anderem hatte sich die Staatliche Lotterieverwaltung – was als Folge eines legislativen Defizits, nicht nur eines administrativen Fehlverhaltens, identifiziert wurde – in Informationsmaterialien zu dem Ziel bekannt, „kontinuierlich Lust aufs Mitwetten" zu wecken und besonders die Zielgruppe der 18- bis 40-Jährigen für das Wetten zu gewinnen.[321] Hier lag der Verdacht politischer Unehrlichkeit besonders nahe. Offenbar diente das Monopol tatsächlich nicht auch, sondern hauptsächlich der Sicherung staatlicher Einnahmen. Vor allem weil der Gesetzgeber sich dadurch zu seinem eigenen Ziel der Suchtbekämpfung in Widerspruch gesetzt hatte, nahm das Gericht die Unzumutbarkeit des Verbotes für an einer entsprechenden Berufstätigkeit interessierte Bürger an.[322] Unter Bezugnahme hierauf führte es später in einer Kammerentscheidung aus, dass die Erfüllung des Verhältnismäßigkeitsgebots die „Herstellung eines Mindestmaßes an Konsistenz" verlange.[323]

b) Relativierung gesetzgeberischer Ziele durch Inkonsequenz

Den Zusammenhang zwischen dem Tatbestand des gesetzgeberischen Zielwiderspruchs und der Unverhältnismäßigkeit von Verboten als Rechtsfolge präzisierte das Gericht im Jahr 2008 in der Rauchverbotsentscheidung[324]. Mit den Nichtraucherschutzgesetzen der Länder Berlin und Baden-Württemberg war das Tabakrauchen in Gaststätten prinzipiell verboten worden. Nur noch in ei-

---

[317] Siehe BVerfGE 115, 276 (304 ff.).
[318] Siehe BVerfGE 115, 276 (308 f.).
[319] Siehe BVerfGE 115, 276 (309 ff.).
[320] Siehe BVerfGE 115, 276 (314 ff.).
[321] Siehe BVerfGE 115, 276 (314).
[322] Vgl. BVerfGE 115, 276 (309).
[323] BVerfG (K) Beschluss vom 27.12.2007, 1 BvR 2578/07, juris Rn. 2.
[324] BVerfGE 121, 317. Besprochen unter anderem von *Matthias Bäcker*, DVBl 2008, S. 1180ff.; *Rolf Gröschner*, ZG Bd. 23 (2008), S. 400ff.; *Lothar Michael*, JZ 2008, S. 875 ff. Siehe auch *Joachim Brückner*, Folgerichtige Gesetzgebung im Steuerrecht und Öffentlichen Wirtschaftsrecht, S. 231 ff.; *Peter Dieterich*, Systemgerechtigkeit und Kohärenz, S. 509 ff.

gens dafür vorgesehenen Raucherräumen blieb es ausnahmsweise gestattet, soweit daneben ein ausreichend großer Nichtraucherbereich bereitgestellt wurde. Darin sah das Gericht für Betreiber von Einraumgaststätten, denen die Einrichtung eines Raucherraums aus Platzgründen nicht möglich war, einen unangemessenen Eingriff in die Berufsfreiheit.[325] Zwar habe verfassungsrechtlich die Möglichkeit bestanden, ein ausnahmsloses Rauchverbot für Gaststätten zu verhängen.[326] Indem der Gesetzgeber jedoch ein nur eingeschränktes Verbot vorgesehen habe, habe er sein Gemeinwohlziel des Gesundheitsschutzes relativiert und dessen Gewicht als Abwägungsbelang in der Verhältnismäßigkeitsprüfung gemindert. Es sei der Gesetzgeber selbst, der „darüber bestimmt, mit welcher Wertigkeit die von ihm verfolgten Interessen der Allgemeinheit in die Verhältnismäßigkeitsprüfung eingehen".[327] Unter Zugrundelegung seiner einfachgesetzlich beeinflussten Wertigkeit sei der Gesundheitsschutz nicht mehr tauglich, den erheblich beeinträchtigenden Eingriff in die Berufsausübungsfreiheit zu rechtfertigen.[328]

Dieser Gedanke war erstmals vier Jahre zuvor im Sondervotum der unterliegenden vier Richter bei der Entscheidung zu den Ladenöffnungszeiten in die Prüfung der Verhältnismäßigkeit im engeren Sinne eingeführt worden.[329] Das zur Rechtfertigung eines Grundrechtseingriffes angeführte Ziel könne in der Angemessenheitsprüfung „nur mit dem Gewicht berücksichtigt werden, das der Gesetzgeber ihm nach seinem Konzept erkennbar noch zumisst."[330] Eine gesetzliche

---

[325] Daneben wurde für Diskothekenbetreiber, die gesetzlich von der Möglichkeit ausgeschlossen worden waren, Raucherräume einzurichten, eine Verletzung von Art. 12 Abs. 1 in Verbindung mit Art. 3 Abs. 1 angenommen, wobei es jedoch nicht auf einen Konsistenzmangel ankam, vgl. BVerfGE 121, 317 (318, 368 ff.). Eine vorrangig gleichheitsrechtliche Prüfung nahm man auch 2012 im Verfahren betreffend das Hamburgische absolute Rauchverbot für Speisewirtschaften vor, weshalb auch hier die Frage der Inkonsequenz beim Eingriff in Freiheitsrechte keine Rolle spielte, vgl. BVerfGE 130, 131 (140 ff.).
[326] Siehe BVerfGE 121, 317 (357 ff.).
[327] BVerfGE 121, 317 (360). Bereits in einem vorangegangenen Beschluss hatte es diesbezüglich einen Einschätzungs- und Gestaltungsspielraum angenommen, vgl. BVerfGE 115, 205 (234).
[328] Siehe BVerfGE 121, 317 (359 ff.).
[329] Siehe *Christian Bumke*, Der Staat Bd. 49 (2010), S. 77 (89). Gewisse Ansätze finden sich allerdings bereits in BVerfGE 107, 186 (197, 200 ff.), dort jedoch eher unter Bezugnahme auf tatsachenbezogene Wertungen in Form von Gefahreinschätzungen. Dazu auch *Peter Dieterich*, Systemgerechtigkeit und Kohärenz, S. 513. Siehe insofern auch BVerfG (K) Beschluss vom 29.9.2010, 1 BvR 1789/10, NVwZ 2011, 355 (357 f.). Dort spielt auch der Topos eines folgerichtig umgesetzten Schutzkonzepts eine Rolle. Siehe zum Beurteilungs- und Gestaltungsspielraum des Gesetzgebers beim Ausgleich betroffener Interessen im Kontext des Art. 12 Abs. 1 GG auch BVerfGE 134, 204 (223 f.).
[330] BVerfGE 111, 10 (43).

Beschränkung von Ladenöffnungszeiten aus Gründen des Arbeitszeitschutzes sei daher besonders dann unangemessen, wenn der Gesetzgeber dieses Ziel in bestimmten Fällen (etwa an Bahnhöfen) zurücktreten lasse.[331] Insgesamt waren „viele Unstimmigkeiten" im System des Ladenschlussrechts moniert worden.[332]

Auch diese Rechtsprechungslinie läuft auf eine gesetzgeberische Selbstbindung hinaus,[333] die allerdings nur mittelbar bewirkt wird.[334] „Hat sich der Gesetzgeber aufgrund des ihm zukommenden Spielraums zu einer bestimmten Einschätzung des Gefahrenpotenzials entschlossen, auf dieser Grundlage die betroffenen Interessen bewertet und ein Regelungskonzept gewählt, so muss er diese Entscheidung auch folgerichtig weiterverfolgen."[335] Ein inkonsequent durchgesetztes Verbot, also eine Abweichung vom eigenen Schutzziel in bestimmten Fällen, ist danach zwar nicht unmittelbar rechtfertigungsbedürftig oder gar automatisch verfassungswidrig. Dass der Gesetzgeber sein Ziel nicht durchweg folgerichtig verfolgt, führt jedoch zu der Einschätzung, der Gemeinwohlbelang sei für ihn von eingeschränkter Wichtigkeit. Somit beeinträchtigt die Inkonsequenz bei der Durchsetzung eines Verbots den Stellenwert des von ihm geschützten öffentlichen Interesses, der wiederum bei der Frage der Zumutbarkeit aus Sicht des einzelnen Bürgers für maßgeblich befunden wird.[336]

---

[331] BVerfGE 111, 10 (45 ff.).
[332] BVerfGE 111, 10 (47).
[333] Weniger bedeutend, als man auf den ersten Blick denken mag (vgl. etwa *Lothar Michael*, JZ 2008, S. 875 [878]), ist dafür die Aussage, die Landesgesetzgeber blieben „an ihre Entscheidung, mit welcher Intensität sie den Nichtraucherschutz (...) verfolgen wollen, (...) gebunden" (BVerfGE 121, 317 [362]). Sie betrifft nur die Frage, welche Konsequenzen eine gegebene Abwertung des verfolgten Gemeinwohlinteresses hat. Wenn man mit dem Bundesverfassungsgericht davon ausgeht, dass der Gesetzgeber einen Gestaltungsspielraum hinsichtlich der Wertigkeit seines Ziels bei der Angemessenheitsprüfung hat, dann muss diese Wertigkeit auch der Abwägungsentscheidung zugrunde gelegt werden. Dies ist vor allem eine Ausprägung der Verfassungsbindung des Gesetzgebers (nämlich an den Verhältnismäßigkeitsgrundsatz; zur Abgrenzung von verfassungsrechtlich angeordneter Selbstbindung und Verfassungsbindung im Allgemeinen oben, S. 45 ff.). Eine tatsächliche Prüfung auf Folgerichtigkeit mit Blick auf eigene gesetzgeberische Entscheidungen nahm das Bundesverfassungsgericht vielmehr auf vorgelagerter Stufe vor, also bei der Feststellung, welche Wertigkeit das verfolgte Gemeinwohlinteresse hatte. Indem es den Ausnahmecharakter der Zulässigkeit von Raucherräumen feststellte und an diesen Befund der Inkonsequenz die Abwertung des Gesundheitsschutzes als Gemeinwohlbelang knüpfte, verpflichtete es den Gesetzgeber zur Konsistenz. Vgl. auch *Christian Bumke*, Der Staat Bd. 49 (2010), S. 77 (89). Die Abwertung des Gemeinwohlziels als Abwägungsbelang steht in diesem Sinne nicht auf der Tatbestands- sondern auf der Rechtsfolgenseite einer entsprechenden Konsistenzanforderung.
[334] Siehe *Mehrdad Payandeh*, AöR Bd. 136 (2011), S. 578 (605).
[335] BVerfGE 121, 317 (362).
[336] Siehe auch BVerfGE (K) Beschluss vom 23.08.2010, 1 BvR 1632/10, NJW 2010, 3291

II. Konsequenzerfordernisse bei der Rechtfertigung von Ungleichbehandlungen

Auch in der gleichheitsrechtlichen Verfassungsrechtsprechung spielt die Folgerichtigkeit von Regelungen im Hinblick auf Zielvorstellungen des Gesetzgebers eine Rolle. Dabei geht es jeweils um die Rechtfertigung bereits festgestellter Ungleichbehandlungen. Für zwei Arten von Zielen, die prinzipiell als legitime Gründe für Gleich- und Ungleichbehandlungen anerkannt werden, sind hier spezifische Anforderungen formuliert worden.[337] Ein sachbereichsunabhängiges Konsequenzgebot betrifft gesetzliche Typisierungen. Speziell im Steuerrecht wird darüber hinaus die Verfolgung von Lenkungszielen besonders kontrolliert.

1. Pflicht zur zielgerichteten Ausgestaltung von Typisierungen

Dass bei jeder Gesetzgebungsaktivität generalisiert und typisiert werden darf, ist – besonders für Rechtsmaterien, die eine Vielzahl von Einzelfällen betreffen – anerkannt.[338] Wie weit diese gesetzgeberischen Verallgemeinerungsbefugnisse reichen, ist verschiedenen gleichheitsrechtlichen Konstellationen diskutiert worden. Besonders im Sozialrecht und Steuerrecht kam das Gericht auf diese Frage zu sprechen.[339] Soweit sie für den hier behandelten Kontext relevant ist, hängt die Rechtfertigung durch Typisierungserfordernisse vor allem von zwei verwandten Gesichtspunkten ab. Erstens verlangt das Bundesverfassungsgericht, dass der Gesetzgeber ein Leitbild definiert, anhand dessen er typisiert. Bei dieser Leitbilddefinition muss er sich an der Realität orientieren. Das Leitbild darf kein atypischer Fall sein, sondern muss möglichst den Normalfall erfassen.[340] Bereits hierin liegt ein Konsistenzerfordernis begründet: Die gewählte Regelung darf

---

(3292): „im Rahmen der Verhältnismäßigkeitsprüfung zu berücksichtigen, wenn der Gesetzgeber im Rahmen seines Einschätzungs-, Wertungs- und Gestaltungsspielraums die von ihm verfolgten Zwecke selbst relativiert".

[337] Zu beiden auch *Christian Thiemann*, in Linien der Rechtsprechung des Bundesverfassungsgerichts, S. 179 (204 ff., 206 ff.).

[338] Vgl. aus der auch insoweit ständigen Rechtsprechung nur BVerfGE 11, 245 (254); 78, 214 (227); 84, 348 (359); 122, 210 (232); 126, 268 (278); 127, 224 (245 f.).

[339] Für einen Überblick vgl. *Lerke Osterloh/Angelika Nußberger*, in Sachs GG, Art. 3 Rn. 104 ff.; *Sigrid Boysen*, in von Münch/Kunig GG, Art. 3 Rn. 111 f.; *Hans Jarass*, in Jarass/Pieroth GG, Art. 3 Rn. 30 f.

[340] Siehe etwa BVerfGE, 112, 268 (280 f.); 116, 164 (182 f.); 122, 210 (233); 126, 268 (279); 127, 224, (246, 257). Atypische Konstellationen auszuschließen wird allerdings für nur begrenzt möglich gehalten und an Verhältnismäßigkeitsgesichtspunkten gemessen. So darf eine „wirtschaftlich ungleiche Wirkung auf die Steuerzahler (...) ein gewisses Maß nicht übersteigen. Vielmehr müssen die steuerlichen Vorteile der Typisierung im rechten Verhältnis zu der mit der Typisierung notwendig verbundenen Ungleichheit der steuerlichen Belastung stehen." BVerfGE 127, 224 (246) m. w. N.

dem Leitbild nicht widersprechen.[341] Vor allem jedoch untersucht das Gericht, ob die gefundene Regelung „objektiv am Ziel der Vereinfachung orientiert ist."[342] Die „Entlastung des Rechtsanwenders im Massenfallrecht" sei die „wesentliche Funktion der Typisierung".[343] Das Gericht macht die Möglichkeit der Rechtfertigung von Belastungsausnahmen durch Typisierungserfordernisse davon abhängig, dass sich tatsächlich ein vereinfachender Effekt feststellen lässt.[344]

Am Erfordernis einer hinreichend realitätsgerechten Leitbilddefinition und -orientierung scheiterte beispielsweise die Rechtfertigung aufgrund von Typisierungsbefugnissen in der Entscheidung zur Pendlerpauschale. Zwar könne der Gesetzgeber prinzipiell davon ausgehen, dass die Wohnortwahl und somit auch der Weg zur Arbeitsstätte „typischerweise" nur teilweise beruflich veranlasst sei. Dies könne es auch rechtfertigen, Aufwendungen für den Weg zur Arbeit für allgemein nur teilweise abzugsfähig von Bruttolohn zu erklären.[345] Eine Rechtfertigung setze jedoch voraus, dass empirisch ermittelt werde, welcher Anteil der Kosten im Regelfall beruflich und welcher privat veranlasst sei. Das Verhältnis dieser Verursachungsbeiträge müsse im Typisierungstatbestand aufgegriffen werden.[346] Weil die Neuregelung der Abzugsfähigkeit von Fahrtkosten in Form der Nichtberücksichtigung der ersten 21. Kilometer indes nur an dem Ziel ausgerichtet worden sei, Mehreinnahmen in einer bestimmten Größenordnung zu erzielen[347], sei sie nicht gerechtfertigt.

2. Pflicht zur zielgerichteten Ausgestaltung von Lenkungssteuern

Die Verfolgung außerfiskalischer Zwecke durch den Steuergesetzgeber wird in ständiger Rechtsprechung für grundsätzlich verfassungsrechtlich unbedenklich gehalten.[348] Allerdings macht das Gericht die Rechtfertigung von Belastungsaus-

---

[341] Siehe dazu auch unten, S. 217 f.

[342] BVerfGE 126, 268 (283).

[343] BVerfGE 127, 224 (254).

[344] Vgl. zum Beispiel die Prüfung in der Entscheidung zur Pauschalierung des Betriebsausgabenabzugsverbots aus dem Jahr 2010, BVerfGE 127, 224 (254 ff.). Vgl. weiter BVerfGE 135, 126 (148 ff.); 139, 285 (313 f.). Zur Folgerichtigkeit im Kontext legislativer Typisierungsbefugnisse auch *Christian Thiemann*, in Linien der Rechtsprechung des Bundesverfassungsgerichts, S. 179 (206 ff.).

[345] Siehe BVerfGE 122, 210 (238 ff.).

[346] Siehe BVerfGE 122, 210 (240).

[347] Siehe BVerfGE 122, 210 (241).

[348] Vgl. etwa BVerfGE 6, 55 (81); 16, 147 (161); 38, 61 (79 ff.); 93, 121 (146 ff.); 105, 73 (112 ff.); 122, 210 (231 f.); 138, 136 (181 ff.). Das Gericht erblickt in dem Umstand, dass der an sich gewünschte Effekt staatlicher Einnahmenerzielung unter Umständen von einem unerwünschten Verhalten der Steuerpflichtigen abhängig gemacht wird, also keinen rechtserheblichen Mangel an gesetzgeberischer Folgerichtigkeit.

nahmen von bestimmten Voraussetzungen abhängig, die ihrerseits auf das Erfordernis einer konsistenten Ausgestaltung des Lenkungstatbestands hinauslaufen.[349] Gefordert wird im ersten Schritt, eine „erkennbare Entscheidung des Gesetzgebers (...), mit dem Instrument der Steuer auch andere als bloße Ertragswirkungen erzielen zu wollen".[350] Damit soll verhindert werden, dass Belastungsunterschiede, insbesondere wenn sie bei gleichbleibender Rechtslage durch tatsächliche Veränderungen auftreten, mit der Erwägung gerechtfertigt werden können, es seien potentiell auch legitime Lenkungsabsichten als Hintergrund der Rechtslage vorstellbar.[351] Die Forderung nach einer konsistenten Ausgestaltung des Lenkungstatbestands wird im zweiten Schritt formuliert. Dieser müsse über ein „Mindestmaß an zweckgerechter Ausgestaltung"[352] verfügen. Der Lenkungszweck müsse „mit hinreichender Bestimmtheit tatbestandlich vorgezeichnet sein".[353] Eine Begünstigungswirkung müsse „sich direkt von der Entlastungsentscheidung des Gesetzgebers ableiten lassen".[354] Setzt sich der Gesetzgeber also im ersten Schritt ein Lenkungsziel, so ist er im nächsten Schritt daran gebunden. Lenkungsziele können nicht beliebig zur Rechtfertigung von Belastungsunterschieden herangezogen werden, sondern müssen sich im Lenkungstatbestand niederschlagen. Auch wenn das Gericht bei der Verhaltenslenkung durch Steuerrecht in Kauf nimmt, dass das Lenkungsziel nicht vollständig erreicht wird,[355] sieht es also offenbar ein Erfordernis, das Ziel jedenfalls tatsächlich zu fördern.

Am deutlichsten kam diese Anforderung bislang in einer Entscheidung zur unterschiedlichen Besteuerung von Sozialversicherungsrenten und Beamtenpensionen zur Sprache. Das Gericht erörterte die Frage, ob das außersteuerliche Ziel, versorgungsrechtliche Nachteile von Sozialversicherungsrentnern im Verhältnis zu Ruhestandsbeamten auszugleichen, eine unterschiedliche Besteuerung beider Arten von Altersbezügen rechtfertigen könne. Das erforderliche Mindestmaß an zweckgerechter Tatbestandsgestaltung verlange dafür, dass die

---

[349] Siehe auch *Christian Thiemann*, in Linien der Rechtsprechung des Bundesverfassungsgerichts, S. 179 (204 ff.).

[350] BVerfGE 93, 121 (147). Siehe auch BVerfGE 110, 274 (293); 105, 73 (112 f.); 122, 210 (232); 135, 126 (151 f.).

[351] Vgl. dazu BVerfGE 93, 121 (146 ff.).

[352] BVerfGE 105, 73 (113). Der erste Senat hat zunächst nicht auf diese Anforderung zurückgegriffen, vgl. BVerfGE 110, 274 (292 ff.), sie später aber übernommen, vgl. BVerfGE 117, 1 (33). Auch der zweite Senat hält offenbar an dem Kriterium fest, vgl. BVerfGE 122, 210 (232). Siehe zu der Thematik auch *Uwe Kischel*, in Gleichheit im Verfassungsstaat, S. 175 (190 ff.); *Rainer Wernsmann*, Verhaltenslenkung in einem rationalen Steuersystem, S. 240 f.; *Joachim Englisch*, in FS Lang, S. 167 (206 ff.).

[353] BVerfGE 93, 121 (148).

[354] BVerfGE 117, 1 (32 f.).

[355] Vgl. BVerfGE 98, 106 (121); 117, 1 (32).

Nachteile tatsächlich festgestellt würden und die Vergünstigungstatbestände auf die Nachteile abgestimmt würden.[356] Letztlich untersuchte es, ob die geprüften Regelungen wenigstens geeignet waren, das Lenkungsziel zu erreichen.[357]

III. Rechtsstaatliches Gebot der „Widerspruchsfreiheit der Rechtsordnung"

Schließlich ist ein Folgerichtigkeitsgebot mit legislativen Zielen als Bezugspunkt aus dem allgemeinen Rechtsstaatsprinzip hergleitet worden. Es sanktioniert im Verhältnis von Bundes- und Landesgesetzgeber Widersprüche im Hinblick auf legislative Ziele des jeweils anderen Kompetenzträgers. Meist ging es in dieser Entscheidungslinie um widerstreitende Steuerungswirkungen, die den Normunterworfenen unvereinbare Verhaltensweisen nahelegten. Hierauf dürfte zurückzuführen sein, dass die entwickelte Folgerichtigkeitspflicht unter dem Begriff des Grundsatzes der „Widerspruchsfreiheit der Rechtsordnung" diskutiert wird.[358]

Unter den Anforderungen, die in dieser Arbeit behandelt werden, nimmt diese Vorgabe eine Sonderstellung ein. Der Bezugspunkt der von ihr verlangten Folgerichtigkeit liegt nicht in eigenen Entscheidungen des kontrollierten Gesetzgebers, sondern in äußerlich vorgegebenen Entscheidungen eines anderen Gesetzgebers. Es geht also nicht um Selbstwidersprüche,[359] die für Konsistenzuntersuchungen jedoch gerade prägend sind.[360] Dennoch ist es notwendig, das Gebot der Widerspruchsfreiheit der Rechtsordnung in die Betrachtung mit einzubeziehen.[361] Auch bei ihm geht es um Wertungswidersprüche zwischen gleichrangigen Rechtsnormen, die prinzipiell nebeneinander Geltung beanspruchen.[362] Wie sich sogleich zeigen wird, hat das Gericht zudem begonnen, das Gebot auf Zielwidersprüche desselben Gesetzgebers zu übertragen.

---

[356] Vgl. BVerfGE 105, 73 (113 ff.).
[357] Siehe *Joachim Englisch*, in FS Lang, S. 167 (206). Geeignetheits- und Erforderlichkeitsprüfung auch in BVerfGE 135, 126 (153 f.).
[358] Da nur punktuell Entscheidungen vorliegen, kann man allerdings mit guten Gründen daran zweifeln, dass es sich bei dem Gebot um einen „gesicherten Grundsatz der Kompetenzausübung" handelt, siehe *Christoph Degenhart*, in Sachs GG, Art. 70 Rn. 68.
[359] Siehe auch *Peter Dieterich*, Systemgerechtigkeit und Kohärenz, S. 195.
[360] Siehe oben, S. 23 ff.
[361] Etwa auch *Christian Bumke*, Der Staat Bd. 49 (2010), S. 77 (88 f.); *Matthias Cornils*, DVBl 2011, S. 1053 (1154 f.) und *Bernd Grzeszick*, VVDStRL Bd. 71 (2012), S. 49 (52); *Joachim Brückner*, Folgerichtige Gesetzgebung im Steuerrecht und Öffentlichen Wirtschaftsrecht, S. 195 ff., behandeln ihn in diesem Kontext.
[362] Dazu auch *Christian Bumke*, ZG Bd. 14 (1999), S. 376 (377 ff.); *Hans Jarass*, AöR Bd. 126 (2001), S. 588 (592 f.).

1. Entwicklung am Verhältnis von Sach- und Abgabengesetzgeber

Erstmals wendete das Bundesverfassungsgericht den Grundsatz der Widerspruchsfreiheit in seinen Entscheidungen zu den Landesabfallabgaben und der kommunalen Verpackungssteuer an.[363] In diesen beiden Leitentscheidungen ging es um das Verhältnis zwischen Sach- und Abgabengesetzgeber. Einzelne Bundesländer (beziehungsweise aufgrund landesrechtlicher Ermächtigung einzelne Kommunen) hatten versucht, durch Lenkungsabgaben umweltrechtliche Ziele des Bundesrechts zu konterkarieren, indem sie bestimmte, nach den bundesrechtlichen Konzepten zulässige, Verhaltensweisen mit finanziellen Nachteilen belegten.[364] Hierin sah das Bundesverfassungsgericht verfassungswidrige Widersprüche in der Rechtsordnung.[365] Die Gesetzgeber seien durch das Rechtsstaatsprinzip verpflichtet, ihre „Regelungen jeweils so aufeinander abzustimmen, daß den Normadressaten nicht gegenläufige Regelungen erreichen, die die Rechtsordnung widersprüchlich machen."[366] Im Regelfall verhindere bereits die Verteilung der Gesetzgebungskompetenzen im Grundgesetz – insbesondere der Vorrang bundesgesetzlicher Regelungen bei der konkurrierenden Gesetzgebung –, dass konfligierende Regelungen erlassen werden.[367] Wo jedoch ausnahmsweise Bundes- und Landesgesetzgeber regelungsbefugt seien, trete dieses Prinzip zu den Pflichten der Beachtung bundesstaatlicher Kompetenzgrenzen und der wechselseitigen Rücksichtnahme hinzu.[368]

---

[363] BVerfGE 98, 83 (97 f.) und BVerfGE 98, 106, (118 f.). Näher *Christian Bumke*, ZG Bd. 14 (1999), S. 376 ff.; *Hans Jarass*, AöR Bd. 126 (2001), S. 588 (589 ff.); *Michael Kloepfer/ Klaus Bröcker*, DÖV 2001, S. 1 ff.; *Stefan Haack*, Widersprüchliche Regelungskonzeptionen im Bundesstaat, S. 22 ff.

[364] Im Streit um die Verpackungssteuer hatte der Bundesgesetzgeber sich im Grundsatz für ein Konzept der regulierten Selbstregulierung entschieden, das lediglich das Ziel der Abfallmengenverminderung vorgab, aber den Weg seiner Umsetzung prinzipiell den beteiligten Kreisen aus Industrie und Handel anheimstellte (Kooperationsprinzip). Die landesrechtliche Verpackungssteuer machte bestimmte Wege der Entsorgung ökonomisch unattraktiver als andere und schränkte das Kooperationsprinzip somit ein, vgl. BVerfGE 98, 106 (120 ff.; insbesondere 130 ff.). Ebenso verhielt es sich bei den Landesabfallabgaben, bei denen das Gericht in der steuerlichen Einschränkung von Handlungsalternativen bei der Beseitigung Industrieabfällen ebenfalls einen unzulässigen Widerspruch zum Kooperationsprinzip annahm, vgl. BVerfGE 98, 83 (100 ff.). Ausführliche Analyse der gegenläufigen Regelungswerke und ihrer Konflikte mit Aufarbeitung der Literatur bei *Stefan Haack*, Widersprüchliche Regelungskonzeptionen im Bundesstaat, S. 22 ff.

[365] Vgl. BVerfGE 98, 83 (100 ff.); 98, 106 (125 ff.).

[366] BVerfGE 98, 106 (118 f.).

[367] Siehe BVerfGE 98, 83 (97 f.).

[368] Siehe BVerfGE 98, 106 (118). Vgl. auch BVerfGE 98, 265 (301), wo zur Begründung des Grundsatzes ausdrücklich allerdings nur auf die Kompetenzordnung des Grundgesetzes verwiesen wird.

2. Übertragung auf andere Rechtsgebiete

Wenig später erklärte man die bundesstaatliche Verpflichtung zur Kohärenz über das Verhältnis von Sach- und Steuerrecht hinaus bei der Kontrolle anderer Gesetzgebungsmaterien für anwendbar.[369] Dies geschah zunächst bei der Überprüfung von bayerischen Regelungen zum Berufsrecht der Ärzte, die mit Blick auf das Abtreibungsrecht des Bundes untersucht wurden. Habe der an sich zuständige Bundesgesetzgeber ein bestimmtes Konzept errichtet, so seien widersprüchliche Steuerungswirkungen durch Einzelentscheidungen des Landesgesetzgebers auf Grund von Spezialzuständigkeiten zu vermeiden.[370] Auf den Grundsatz der Widerspruchsfreiheit nahm man weiterhin Bezug, als es um die Ausgestaltung von Verwaltungszuständigkeiten zwischen Bund und Ländern ging.[371] In keiner der Entscheidungen ging das Gericht auf Rechtfertigungsmöglichkeiten ein. Offenbar soll schon der Tatbestand des Widerspruchs die Verfassungswidrigkeit von Normen herbeiführen.[372]

3. Übertragung auf Gesetze desselben Gesetzgebers

Da dieser Tatbestand lediglich gegenläufige Steuerungswirkungen voraussetzt, ist der Anwendungsbereich des Grundsatzes der Widerspruchsfreiheit potentiell sehr weit. Praktische Grenzen erfährt er nur aufgrund seiner Entwicklung im bundesstaatlichen Kontext, die ihm ein kompetenzrechtliches Gepräge gibt. Allerdings ist die Herleitung des Gebots aus dem Rechtsstaatsprinzip auch auf Entscheidungen desselben Gesetzgebers übertragbar.[373] Bei ihnen scheint nicht weniger problematisch, wenn den Bürger „gegenläufige Regelungen erreichen, die die Rechtsordnung widersprüchlich machen."[374] Es verwundert daher nicht, dass bereits Entscheidungen vorliegen, in deren Rahmen der Grundsatz außerhalb des bundesstaatlichen Kontextes Verwendung gefunden hat,[375] wenn das Gericht auch insofern noch keine Verfassungswidrigkeit angenommen hat.

---

[369] Siehe auch *Christian Bumke*, Der Staat Bd. 49 (2010), S. 77 (88 f.).

[370] Vgl. BVerfGE 98, 265 (301).

[371] Vgl. BVerfG (K) Beschluss vom 14.5.2007, 1 BvR 2036/07, Rn. 16 f., juris; BVerfGE 108, 169 (181 f.); 119, 331 (378).

[372] Vergleichsweise strenge Rechtsfolgen beschreibt auch *Peter Dieterich*, Systemgerechtigkeit und Kohärenz, S. 369.

[373] *Herbert Bethge*, in Maunz/Schmidt-Bleibtreu/Klein/Bethge BVerfGG, § 91 Rn. 67, meint sogar, das Gebot müsse erst recht für Gebote desselben Normgebers gelten. Siehe zur Übertragbarkeit auch *Joachim Brückner*, Folgerichtige Gesetzgebung im Steuerrecht und Öffentlichen Wirtschaftsrecht, S. 195 ff.; *Peter Dieterich*, Systemgerechtigkeit und Kohärenz, S. 354 ff.

[374] BVerfGE 98, 106 (118 f.).

[375] Vgl. BVerfG (K) Beschluss vom 27.1.2011, 1 BvR 3222/09, NJW 2011, 1578 (1580), wo

B. Rechtsstaatliche Fundierung

I. Freiheitsgrundrechte und Verhältnismäßigkeitsprinzip

Bei der dogmatischen Aufarbeitung der grundgesetzlichen Anforderungen an legislative Konsequenz stellt sich zunächst die Frage eines Konsistenzerfordernisses als Ausprägung des Grundsatzes der Verhältnismäßigkeit. Fest steht, dass es sich bei dem Gebot der Geeignetheit um eine solche Folgerichtigkeitspflicht handelt.[376] Darüber hinaus verspricht eine Konkretisierung des Grundsatzes der Verhältnismäßigkeit im engeren Sinne den größten dogmatischen und praktischen Mehrwert.[377]

Der Verhältnismäßigkeitsgrundsatz hat die Funktion, einen Ausgleich zwischen subjektiven Rechtspositionen und Gemeinwohlinteressen herzustellen.[378] Indem man die Beeinträchtigung, die der Inhaber einer Rechtsposition durch ein eingesetztes Mittel erfährt, ins Verhältnis zum verfolgten Zweck setzt,[379] wird die relative Bedeutung der betroffenen Interessen erfassbar.[380] Dadurch

---

allerdings von echten Normwidersprüchen die Rede ist, um die es in der dort zitierten Entscheidung zur Verpackungssteuer aber nicht ging. Vgl. weiter BVerfGE 136, 69 (118). Vgl. auch bereits BVerfGE 1, 14 (45); 25, 216 (227).

[376] Siehe oben, S. 49 f.
[377] Siehe zum Grundsatz der Erforderlichkeit im Anschluss, S. 197 f.
[378] Zum Gedanken des Ausgleichs vgl. *Peter Lerche*, Übermass und Verfassungsrecht, S. 153; dens., in HStR V, 2. Aufl., § 122 Rn. 3 ff.; *Helmuth Schulze-Fielitz*, in Dreier GG, Art. 20 (Rechtsstaat), Rn. 184; *Michael Sachs*, in Sachs GG, Vor Art. 1 Rn. 124. Insbesondere zu dem Ziel der Herstellung „praktischer Konkordanz" vgl. *Konrad Hesse*, Grundzüge des Verfassungsrechts, Rn. 72. Siehe auch BVerfGE 81, 278 (292): „verhältnismäßiger Ausgleich der gegenläufigen, gleichermaßen verfassungsrechtlich geschützten Interessen mit dem Ziele ihrer Optimierung".
[379] Vgl. *Peter Lerche*, Übermass und Verfassungsrecht, S. 19; *Michael Sachs*, in Sachs GG, Art. 20 Rn. 154. Vgl. etwa auch BVerfGE 76, 1 (51); 100, 313 (375 f.), wonach das „Maß der (…) Belastung noch in einem vernünftigen Verhältnis" zu den bewirkten Gemeinwohlvorteilen stehen muss.
[380] Ein zur Förderung des Belangs geeignetes und erforderliches Gesetz kann immer noch eines nachvollziehbaren Verhältnisses zwischen dem Eingriff und dem Belang entbehren. Ob dem geschützten Rechtsinhaber der Eingriff angesichts seiner Schwere zugemutet werden kann, lässt sich zufriedenstellend nur unter Einbeziehung dieses Verhältnisses beantworten – jedenfalls wenn die hinreichende Geltung des betroffenen Rechts sichergestellt werden soll. Bei allen Gefahren und Unsicherheiten, die mit der Prüfung der Verhältnismäßigkeit im engeren Sinne verbunden sind, reicht es deshalb nicht aus, wenn Gesetze bloß geeignet und erforderlich sind. Siehe etwa *Horst Dreier*, in Dreier GG, Vorb. vor Art. 1 Rn. 149; *Helmuth Schulze-Fielitz*, in Dreier GG, Art. 20 (Rechtsstaat), Rn. 185 f.; *Stefan Huster/Johannes Rux*, in Epping/Hillgruber GG, Art. 20 Rn. 197.1. Prinzipiell gegen die Verwendung des Kriteriums der Angemessenheit etwa *Bernhard Schlink*, in FS 50 Jahre BVerfG Bd. 2, S. 445 (458 ff.); *Thorsten Kingreen/Ralf Poscher*, Grundrechte, Rn. 307 ff. Siehe bereits *Schlink*, Ab-

wird es möglich, die rechtliche Beurteilung, ob der geförderte Gemeinwohlbelang oder das beeinträchtigte Recht sich durchsetzen soll, rational zu strukturieren.[381] Entsprechend dem gemeinhin angelegten zurückhaltenden Maßstab ist die Angemessenheit einer Regelung nur abzulehnen, wenn die Belastung für den Betroffenen unzumutbar ist.[382] Die Zumutbarkeit wird mit einer Abwägung untersucht, in die das Ausmaß der Rechtsverkürzung und die Wichtigkeit der Gemeinwohlziele sowie gegebenenfalls weiterer betroffener Interessen einzustellen sind.[383] Eine Folgerichtigkeitsanforderung folgt aus dieser Struktur, soweit der Befund einer inkonsequenten Zielverfolgung das Abwägungsergebnis zulasten der Angemessenheit einer kontrollierten Norm beeinflusst. Denn dann kann eine Inkonsistenz mittelbar die Unzumutbarkeit und infolgedessen die Verfassungswidrigkeit einer Belastung herbeiführen. Demnach muss, um festzustellen, ob der Grundsatz der Angemessenheit die Wirkungen eines Folgerichtigkeitsgebots entfalten kann, untersucht werden, ob der Tatbestand einer gesetzgeberischen Inkonsequenz die Wichtigkeit von Gemeinwohlzielen schmälert oder Rechtsverkürzungen in ihrer Intensität verschärft.

wägung im Verfassungsrecht, S. 127 ff. Kritisch auch *Christian Hillgruber*, in HStR IX, 3. Aufl., § 201 Rn. 79 ff.

[381] Siehe auch *Niels Petersen*, Verhältnismäßigkeit als Rationalitätskontrolle, S. 269 und passim.

[382] Meist heißt es, dass die Beeinträchtigung „nicht außer Verhältnis" (vgl. etwa BVerfGE 118, 168 [195]) zum Zweck stehen dürfe oder für die Betroffenen zumutbar sein müsse (vgl. etwa BVerfGE 9, 338 [345 f.]; 13, 97 [113]; 115, 166 [192]; 126, 112 [152 f.]). Näher *Horst Dreier*, in Dreier GG, Vorb. vor Art. 1 Rn. 149; *Helmuth Schulze-Fielitz*, in Dreier GG, Art. 20 (Rechtsstaat), Rn. 184; *Karl-Peter Sommermann*, in v. Mangoldt/Klein/Starck GG, Art. 20 Abs. 3 Rn. 314; *Klaus Stern*, in Stern/Becker Grundrechte-Kommentar, Einl. Rn. 140; *Michael Sachs*, in Sachs GG, Art. 20 Rn. 154 ff.; *Hans Jarass*, in Jarass/Pieroth GG, Art. 20 Rn. 120 f.

[383] Siehe *Horst Dreier*, in Dreier GG, Vorb. vor Art. 1 Rn. 149; *Karl-Peter Sommermann*, in v. Mangoldt/Klein/Starck GG, Art. 20 Abs. 3 Rn. 314; *Klaus Stern*, in Stern/Becker Grundrechte-Kommentar, Einl. Rn. 141; *Michael Sachs*, in Sachs GG, Art. 20 Rn. 154; *Hans Jarass*, in Jarass/Pieroth GG, Art. 20 Rn. 121. Prägend für das Verständnis von Abwägungsentscheidungen war insbesondere das „Abwägungsgesetz" von *Robert Alexy*, Theorie der Grundrechte, S. 146: „Je höher der Grad der Nichterfüllung oder Beeinträchtigung des einen Prinzips ist, um so größer muss die Wichtigkeit der Erfüllung des anderen sein". Allgemein zu dem darin zum Ausdruck kommenden Verständnis der Grundrechte als „Prinzipien" im Sinne von Optimierungsgeboten, siehe ebd., S. 71 ff. und speziell zum Zusammenhang mit dem Verhältnismäßigkeitsprinzip S. 100 ff. Dazu auch *ders.*, in FS Schmidt-Jortzig, S. 3 ff. Stellvertretend für die Kritik am Abwägungsdenken in der Rechtsprechung des Bundesverfassungsgerichts und dem Großteil der Literatur vgl. *Bernhard Schlink*, in FS 50 Jahre BVerfG Bd. 2, S. 445 (455 ff.); *Thorsten Kingreen/Ralf Poscher*, Grundrechte, Rn. 307 ff.; *Christian Hillgruber*, in HStR IX, 3. Aufl., § 201 Rn. 79 ff. Für einen Überblick über die Kritik am Verständnis von Grundrechten als „Prinzipien" siehe *Matthias Jestaedt*, Grundrechtsentfaltung im Gesetz, S. 222 ff.; 241 ff.

1. Inkonsequenz als Minderung bewirkter Gemeinwohlvorteile

a) Gewicht des Gemeinwohlbelangs nach Maßgabe der bewirkten Vorteile

Führt das inkonsequente Verfolgen eines Ziels durch den Gesetzgeber also zu dessen Abwertung als Abwägungsbelang? Die Antwort auf diese Frage hängt von den Kriterien ab, nach denen man das Gewicht des Ziels bemisst. Zu diesen Kriterien wird man zunächst objektive Gesichtspunkte im Sinne der „Wichtigkeit"[384] des Ziels für die Gesellschaft und die betroffenen Individuen zählen müssen.[385] Wie sehr sind die jeweils tangierten Personen und Personengruppen auf die Förderung des Interesses angewiesen? Von welcher Tragweite sind die Belange, denen die Zielförderung zugutekommen soll? Auf die in diesem Sinne verstandene objektive Bedeutung eines Ziels ist die Intensität, mit der die Legislative das Ziel verfolgt, ohne Einfluss. Sie fußt entscheidend auf empirischen Faktoren und wird durch die normativen Festlegungen des Gesetzgebers grundsätzlich nicht berührt. Eher erscheint auf Anhieb eine Abwertung legislativer Ziele durch Inkonsequenzen denkbar, wenn man die Wertigkeit des Ziels – wie in der Rauchverbotsentscheidung von 2008 angedeutet[386] – jedenfalls teilweise in der Entscheidungssphäre des Gesetzgebers verortet und Inkonsequenzen als Entscheidung für ein geringeres Gewicht wertet. Doch wird man dem Gesetzgeber schwerlich unterstellen können, dass er die Wertigkeiten der berührten verfassungsrechtlichen Belange implizit mitregeln und – erst Recht, wenn er dadurch die Verfassungswidrigkeit des Gesetzes riskiert, – das geförderte Interesse im Vergleich zu anderen als geringerwertig einordnen will.[387] Vor allem jedoch erscheint ein Spielraum des Gesetzgebers unmittelbar im Hinblick auf das Gewicht der Abwägungsbelange kaum vorstellbar. Dieses Gewicht ist gerade Teil der verfassungsrechtlichen Vorgaben für die Gesetzgebung, die erst im Umkehrschluss den strukturellen Spielraum[388] zur Ausgestaltung der Rechtsordnung durch die Auswahl und Kombination von Zielen und Mitteln definieren.[389]

---

[384] *Robert Alexy*, Theorie der Grundrechte, S. 146. Vgl. außerdem *Karl-Peter Sommermann*, in v. Mangoldt/Klein/Starck GG, Art. 20 Abs. 3 Rn. 308, der die Grundwertung des Verhältnismäßigkeitsprinzips dahingehend zusammenfasst, dass Freiheitsbeeinträchtigungen unterbleiben sollen, solange sie nicht durch „wichtigere Gemeinwohlbelange" gerechtfertigt sind.

[385] Vgl. nur *Horst Dreier*, in Dreier GG, Vorb. vor Art. 1 Rn. 149; *Helmuth Schulze-Fielitz*, in Dreier GG, Art. 20 (Rechtsstaat), Rn. 184; *Karl-Peter Sommermann*, in v. Mangoldt/Klein/Starck GG, Art. 20 Abs. 3 Rn. 314; *Klaus Stern*, in Stern/Becker Grundrechte-Kommentar, Einl. Rn. 140; *Hans Jarass*, in Jarass/Pieroth GG, Art. 20 Rn. 121.

[386] Vgl. BVerfGE 121, 317 (359 ff.). Siehe dazu auch oben, S. 179 ff.

[387] Siehe das Sondervotum des Richters *Johannes Masing*, BVerfGE 121, 317 (382).

[388] Siehe zur Figur des strukturellen Spielraums *Robert Alexy*, VVDStRL Bd. 61 (2002), S. 7 (16 ff.).

[389] Siehe das Sondervotum des Richters *Johannes Masing*, BVerfGE 121, 317 (382).

Allerdings wird man gleichwohl feststellen – und eine auf die Gewährleistung von Konsequenz gerichtete Wirkung damit begründen – müssen, dass das Ziel in der Angemessenheitsprüfung „nur mit dem Gewicht berücksichtigt werden" kann, „das der Gesetzgeber ihm (…) zumisst."[390] Der Schlüssel zu diesem Ergebnis liegt jedoch weniger in einem Spielraum in Bezug auf das Gewicht als in weiteren objektiv-empirischen Kriterien für seine Bestimmung. Ein näherer Blick auf den Zweck der Verhältnismäßigkeitsprüfung verrät nämlich, dass bei der Bemessung des Gewichts neben der Bedeutung des geförderten Interesses für die Gesellschaft und die Betroffenen das Maß an Förderung berücksichtigt werden muss, die ihm im einschlägigen Regelungskomplex zuteilwird.[391] Zufriedenstellend kann man das Gewicht des Gemeinwohlbelangs nur bestimmen, indem man auf diese faktischen „Nutzeffekte der konkreten Regelung"[392] abstellt und nach deren tatsächlichen „Vorteilen für das Gemeinwohl"[393] fragt.[394] Denn der Staat rechtfertigt dem Einzelnen gegenüber eine Belastung damit, dass der Einschnitt zu Vorteilen für die Gemeinschaft oder für Dritte führt. In der Schaffung der Vorteile liegt der Zweck, den er für jede Inanspruchnahme der Grundrechtsträger liefern muss.[395] Die relative Beurteilung, ob der Nachteil dem Betroffenen zugemutet werden kann, muss also sinnvollerweise das Ausmaß dieser Vorteile einbeziehen.[396] Erst dieses Ausmaß bildet auf der Seite des verfolgten

---

[390] BVerfGE 111, 10 (43).

[391] Vgl. zum Gedanken der Berücksichtigung tatsächlicher Effekte statt bloß abstrakter Wertigkeiten von Abwägungsbelangen auch *Mehrdad Payandeh*, AöR Bd. 136 (2011), S. 578 (606 f.); *Peter Dieterich*, Systemgerechtigkeit und Kohärenz, S. 533 ff.

[392] *Michael Sachs*, in Sachs GG, Art. 20 Rn. 157.

[393] *Karl-Peter Sommermann*, in v. Mangoldt/Klein/Starck GG, Art. 20 Abs. 3 Rn. 314.

[394] Vgl. *Mehrdad Payandeh*, AöR Bd. 136 (2011), S. 578 (606 f.); *Peter Dieterich*, Systemgerechtigkeit und Kohärenz, S. 533 ff.

[395] Vgl. auch *Bernd Grzeszick*, in Maunz/Dürig GG, Art 20 Abschnitt VII Rn. 107: Dem Grundsatz der Verhältnismäßigkeit „liegt der Gedanke zugrunde, daß staatliche Maßnahmen nicht prinzipiell unbegrenzt und unbegründet sein dürfen, sondern ihre Rechtfertigung in einem benennbaren Zweck haben müssen und an diesem Zweck in ihrem Umfang und Ausmaß auch gemessen werden müssen."

[396] So auch *Horst Dreier*, in Dreier GG, Vorb. vor Art. 1 Rn. 149; *Karl-Peter Sommermann*, in v. Mangoldt/Klein/Starck GG, Art. 20 Abs. 3 Rn. 314; *Gerhard Robbers*, in BK GG, Art. 20 Abs.1 Rn. 1901; *Klaus Stern*, in Stern/Becker Grundrechte-Kommentar, Einl. Rn. 140; *Michael Sachs*, in Sachs GG, Art. 20 Rn. 157; *Hans Jarass*, in Jarass/Pieroth GG, Art. 20 Rn. 120 f.; *Mehrdad Payandeh*, AöR Bd. 136 (2011), S. 578 (606). In der Rechtsprechung ist dieser Gedanke nicht immer sauber herausgearbeitet worden. Vgl. etwa BVerfGE 13, 97 (113 ff.); 50, 217 (227); 100, 313 (375 f.), wo nur vom Verhältnis zum Zweck an sich, beziehungsweise dessen Gewicht, die Rede ist. Allerdings finden sich gerade in jüngerer Zeit viele Stellen, an denen das Gericht auf den Vorteil für das Gemeinwohl abstellt, der mithilfe der Beeinträchtigung erzielt wird. Vgl. etwa BVerfGE 76, 1 (51); 102, 197 (221); 115, 320 (345 f.); 130, 372 (392).

Ziels das Gegenstück zum Grad der Beeinträchtigung auf der Seite des Betroffenen. Erst seine relative Größe kann das Überwiegen des Gemeinwohlziels gegenüber dem eingeschränkten Recht begründen. Läuft nun die gesetzliche Ausgestaltung einem legislativen Gemeinwohlziel zumindest auch zuwider und schmälert dadurch die Nutzeneffekte der Belastung, so steigt der Begründungsaufwand für die Freiheitsbeeinträchtigung. Aus dieser Maßgeblichkeit der tatsächlich erzielten Nettovorteile der geprüften Belastung als Abwägungsbelang folgt eine Wirkung des Angemessenheitsgebots als Konsistenzanforderung.

b) Beeinflussung der Vorteile auch durch Regelungen jenseits der Eingriffsnorm

Bei der Bemessung des Vorteils wird man nicht an der einzelnen Regelung stehenbleiben können, die konkret zur Beeinträchtigung führt. Der Nutzen, den sie für das Gemeinschaftsgut zeitigen kann, hängt auch davon ab, inwiefern der Gesetzgeber das verfolgte Ziel im Übrigen fördert oder konterkariert. Ein Rauchverbot, das durch weitreichende Ausnahmebestimmungen die Fortsetzung des Tabakkonsums in den meisten Gaststätten ermöglicht, nützt dem Gesundheitsschutz nur eingeschränkt.[397] Ein Verbot privater Sportwetten, neben dem problemlos auf ein attraktives staatliches Wettangebot zurückgegriffen werden kann, hilft der Bekämpfung von Suchtkrankheiten kaum.[398] Es macht aus Sicht der Zielverfolgung keinen Unterschied, ob eine Maßnahme bereits an sich nur geringfügige Vorteile bringt, oder ob potentiell erhebliche Effekte durch andere Maßnahmen gemindert werden. Bei der Feststellung der bewirkten Vorteile wird man daher alle Vorschriften mit Bezug zu dem geprüften Regelungsziel berücksichtigen müssen. Sind auch Regelungen zu finden, die dem positiven Effekt der Beeinträchtigung auf das Gemeinwohlinteresse zuwiderlaufen, so muss dieser Befund bei der Beurteilung von dessen Gewicht als Abwägungsbelang negativ berücksichtigt werden.

Damit spielt es durchaus eine entscheidende Rolle für die Verhältnismäßigkeit belastender Normen, ob das Recht konsequent an den Zwecken der Belastungen ausgerichtet wird.[399] Insofern kann eine Ursache für die Verfassungs-

---

[397] Siehe auch BVerfGE 121, 317 (361): „Einbußen an Gesundheitsschutz".

[398] Vgl. nur die Argumentation des Bundesverfassungsgerichts in, BVerfGE 115, 276 (310 ff.), wo das Gesetz für verfassungswidrig erklärt wird, weil es nicht ausreicht, um die „Gemeinwohlbelange zu verwirklichen".

[399] Diesen Effekt beschreibt auch *Mehrdad Payandeh*, AöR Bd. 136 (2011), S. 578 (606 f.), allerdings ohne Differenzierung zwischen der belastenden Norm und anderen Vorschriften, die die Nutzeffekte der Belastung beeinträchtigen. Für eine Berücksichtigung der Konsequenz gesetzgeberischer Zielverfolgung durch eine Stärkung der Prüfungsstufe der Geeignetheit *Simon Bulla*, ZJS 2008, S. 585 (594).

widrigkeit einer Norm darin liegen, dass der Gesetzgeber hinsichtlich eines Regelungsgegenstands – nämlich der Förderungswürdigkeit des Gemeinwohlziels oder auch der Unerwünschtheit einer bekämpften Gefahr[400] – nicht einheitlich gewertet hat. Erforderlich dafür ist allerdings, dass der Gemeinwohlnutzen der Belastung durch die gesetzgeberische Ausgestaltung tatsächlich beeinträchtigt wird.[401] Der Einsatz des Einzelnen für das gesetzgeberische Ziel muss infolge der gegenläufigen Regelungseffekte einen geringeren Vorteil bringen. Für solche Fälle bewirkt das Verhältnismäßigkeitsprinzip – vorbehaltlich widerstreitender Verfassungswertungen – eine indirekte Konsistenzanforderung.

2. Höhere Belastungsintensität allenfalls in Konkurrenzsituationen

Was den Abwägungsbelang der Belastungsintensität auf der Seite des Rechtsinhabers anbelangt, wird man dagegen grundsätzlich keinen maßgeblichen Effekt einer inkonsequenten Zielverfolgung feststellen können. Für das Maß der Rechtsverkürzung, die der Einzelne erleidet, ist sie prinzipiell ohne Auswirkung. Immerhin kann sich allerdings ein gewisser Einfluss ergeben, wenn der Rechtsinhaber mit anderen Personen um ein bestimmtes Gut konkurriert.[402]

Mit diesem Fokus auf die – normkontextual festzustellenden – tatsächlichen Nutzen- und Belastungswirkungen einer Regelung fügen sich Konsequenzargumente weitgehend unproblematisch in die anerkannte Verhältnismäßigkeitsdogmatik ein. Die Figur eines Systems oder Konzepts zu bemühen, ist dabei nicht notwendig. Wegen ihrer Abhängigkeit von einer solchen Kategorie und den daraus folgenden Problemen kann man eine entsprechende Konsequenzanforderung also nicht überzeugend kritisieren. Vgl. zur diesbezüglichen Kritik zusammenfassend *Peter Dieterich*, Systemgerechtigkeit und Kohärenz, S. 522 ff., 527 ff., der ein Konsequenzerfordernis nur unter der Bedingung einer Weiterentwicklung der Angemessenheitsprüfung für möglich hält.

[400] Aus einem faktischen Blickwinkel kann man auch auf die unterschiedliche Gewichtung von Gefährdungspotentialen abstellen, vgl. BVerfGE 121, 317 (362 f.).

[401] Das setzt – anders als *Dagmar Felix*, Einheit der Rechtsordnung, S. 371 ff., meint – zunächst voraus, dass überhaupt ein Eingriff in eine geschützte Rechtsposition (meist ein Grundrecht) besteht, dessen Nutzen geschmälert werden kann. *Felix* hält den Verhältnismäßigkeitsgrundsatz schon dann für anwendbar, wenn nur irgendein Rechtsgut nachteilig beeinflusst wird. Sie kommt dadurch zu der Prüfung, ob der Eingriff einer Steuernorm in das Regelungsziel einer Bußgeldvorschrift angemessen ist, vgl. S. 380, ohne auf eine Beeinträchtigung eines Rechtsinhabers einzugehen. Ihr Versuch, eine Folgerichtigkeitspflicht mit Blick auf die Ziele anderer Normkomplexe aus dem Verhältnismäßigkeitsgrundsatz abzuleiten, muss daher scheitern. Siehe auch *Christian Bumke*, Relative Rechtswidrigkeit, S. 86 f. Das hier vorgeschlagene Konzept wird dem Erfordernis einer Rechtsbeeinträchtigung dagegen gerecht. Eine etwaige Verpflichtung zur Folgerichtigkeit kann nur greifen, wenn überhaupt eine solche Beeinträchtigung vorliegt.

[402] Zum freiheitsrechtlichen Folgerichtigkeitsgebot mit besonderem Fokus auf die Frage der Wettbewerbsgleichheit im Kontext der Berufsfreiheit siehe auch *Lothar Michael*, JZ 2008, S. 875 ff.

Gilt ein Rauchverbot faktisch nur für manche Gastwirte, so tritt zu der Beschränkung von deren Möglichkeit, am Markt angebotene Leistungen selbst zu bestimmen und damit Umsatz zu erwirtschaften,[403] die Auferlegung eines Wettbewerbsnachteils im Vergleich zu anderen Gastwirten hinzu.[404] Unabhängig von der Frage, inwiefern gesetzgeberische Beeinträchtigungen speziell des wirtschaftlichen Wettbewerbs eigene Eingriffe in die Berufsfreiheit darstellen können,[405] wird man daher jedenfalls konstatieren müssen, dass ein bestehender Eingriff verschlimmert wird. Vergleichbares ist nicht nur für den wirtschaftlichen Wettbewerb denkbar, sondern auch für ideelle Konkurrenzkämpfe, etwa zwischen politischen Parteien. In Konkurrenzverhältnissen kann eine inkonsequente Verwirklichung gesetzgeberischer Ziele somit auch zu einer Intensivierung von Belastungen als Abwägungsbelang führen.

3. Widersinnige Ergebnisse?

Wenn im Rahmen der Angemessenheitsprüfung aber berücksichtigt wird, wie konsequent der Gesetzgeber Gemeinwohlinteressen fördert, so heißt das auch, dass ein Regelungskonzept eher gerechtfertigt sein kann, je mehr Grundrechtsträger es belastet. Ein absolutes Verbot kann eher verfassungsgemäß sein als ein eingeschränkt geltendes Verbot. Passt dieses Ergebnis mit der Idee eines möglichst weitreichenden Grundrechtsschutzes zusammen? Verträgt es sich mit der auf Interessenausgleich angelegten Struktur des Verhältnismäßigkeitsgrundsatzes? Auf den ersten Blick lassen sich daran Zweifel hegen.[406] Der Verhältnismäßigkeitsgrundsatz scheint tendenziell differenzierende Lösungen zu begünstigen.

Die Zweifel sind aber unbegründet. Der Verhältnismäßigkeitsgrundsatz fordert oder verbietet nicht pauschal Ausnahmebestimmungen, sondern verlangt die richtige Ausgestaltung von Regelungskomplexen anhand der bewirkten Vor- und Nachteile. Schon, wenn nur die Nutzen- und Belastungseffekte der einzel-

---

[403] Hierin wird der Eingriff in die Berufsfreiheit gesehen, vgl. BVerfGE 121, 317 (345, 355 f., 363 f.).

[404] Vgl. BVerfGE 121, 317 (364 f.). Siehe auch *Mehrdad Payandeh*, AöR Bd. 136 (2011), S. 578 (607).

[405] Vgl. dazu etwa *Hans Jarass*, in Jarass/Pieroth GG, Art. 12 Rn. 20 ff.; *Thomas Mann*, in Sachs GG, Art. 12 Rn. 94 ff.; *Lothar Michael*, JZ 2008, S. 875 (876).

[406] Aus diesem Grund gegen eine Verankerung eines Konsequenzerfordernisses im Verhältnismäßigkeitsprinzip etwa *Lothar Michael*, JZ 2008, S. 875 (877); *Matthias Bäcker*, DVBl 2008, S. 1180 (1183); *Rolf Gröschner*, ZG Bd. 23 (2008), S. 400 (405 f.); *Oliver Lepsius*, JZ 2009, S. 260 (262). In diese Richtung auch *Veith Mehde/Stefanie Hanke*, ZG Bd. 25 (2010), S. 381 (394 f.); *Philipp Dann*, Der Staat Bd. 49 (2010), S. 630 (635); *Peter Dieterich*, Systemgerechtigkeit und Kohärenz, S. 528 ff. Siehe auch das Sondervotum des Richters *Johannes Masing* in BVerfGE 121, 317 (382).

nen kontrollierten Norm verglichen werden, ist es möglich, dass eine eingriffsintensivere Regelung eher gerechtfertigt ist als eine weniger intensive.[407] Bietet nämlich die stärker beeinträchtigende Regelung einen besonders großen Vorteil, während die eingriffsschwächere Vorschrift unverhältnismäßig wenig nützt, dann kann die erste zumutbar und die zweite unzumutbar sein. Vor allem aber müssen sich Grundrechtseingriffe vor jedem einzelnen Grundrechtsträger rechtfertigen. Für den Einzelnen muss – wie soeben für die Wettbewerbssituation festgestellt – ein mit Ausnahmen versehenes Verbot aber überhaupt nicht schonender wirken als ein absolutes.[408] Eine Regelung kann für einzelne Grundrechtsträger sogar gerade deswegen unzumutbar sein, weil die meisten Grundrechtsträger in der Gesamtbilanz geschont werden. Bei der Angemessenheitsprüfung werden Wirkungen auf mehreren Seiten ins Verhältnis gesetzt. Man kann nicht von vorn herein Aussagen für eine Seite treffen, ohne die andere Seite zu kennen. Die geprüfte Regelung für eine Minderheit – auch aufgrund der Schonung der Mehrheit – für unzumutbar zu halten, ist schließlich auch nicht gleichbedeutend damit, den Gesetzgeber auf eine „Radikallösung" zu verweisen.[409] Eine verfassungskonforme Zielverfolgung setzt nicht voraus, dass die Mehrheit ebenfalls belastet wird. Genauso zulässig ist es, der Minderheit die Schonung zu gewähren.

4. Unzulässige Vermischung von Freiheitsrecht und Gleichheitsrecht?

Kann es allerdings angehen, dass sich die persönliche Zumutbarkeit von Belastungen für den einzelnen Grundrechtsträger auch danach bestimmt, wie andere Grundrechtsträger behandelt werden? Während die Freiheitsgrundrechte von ihrer Grundkonzeption her der Abwehr übermäßiger Beschränkungen dienen, ist die angemessene Ausgestaltung privater Kräfteverhältnisse durch den Staat das Kernanliegen der Gleichheitsrechte.[410] Zweifel an der Beachtlichkeit gesetz-

---

[407] Siehe auch *Mehrdad Payandeh*, AöR Bd. 136 (2011), S. 578 (606 f.), mit einem Beispiel.

[408] Dies ignorieren *Rolf Gröschner*, ZG Bd. 23 (2008), S. 400 (405); *Philipp Dann*, Der Staat Bd. 49 (2010), S. 630 (635); sowie das Sondervotum des Richters *Johannes Masing*, BVerfGE 121, 317 (382). Offenbar gehen sie davon aus, dass eingeschränkt geltende Verbote stets milder sind. In diese Richtung auch *Bernd Grzeszick*, VVDStRL Bd. 71 (2012), S. 49 (57 ff.), der eine mögliche Schwächung des Grundrechtsschutzes feststellt.

[409] In diese Richtung aber *Matthias Bäcker*, DVBl 2008, S. 1180 (1183); *Bernd Grzeszick*, VVDStRL Bd. 71 (2012), S. 49 (59); sowie das Sondervotum des Richters *Brun-Otto Bryde*, BVerfGE 121, 317 (381), der allerdings anerkennt, dass einzelne Gruppen nicht unverhältnismäßig getroffen werden dürfen, wenn der Gesetzgeber Ausnahmen vorsieht (S. 379). Vgl. auch das Sondervotum des Richters *Johannes Masing*, BVerfGE 121, 317 (384 f.).

[410] Siehe *Lerke Osterloh/Angelika Nußberger*, in Sachs GG, Art. 3 Rn. 16; *Paul Kirchhof*, in HStR VIII, 3. Aufl., § 181 Rn. 63.

geberischer Inkonsequenz für die freiheitsrechtliche Angemessenheitsprüfung lassen sich also auch aus verfassungssystematischer Perspektive formulieren.[411]

Da die Härte persönlicher Beeinträchtigungen durch die Besserstellung Dritter allerdings erheblich verstärkt werden kann, darf man sie bei der Beurteilung von deren Angemessenheit nicht ausblenden. Freiheits- und gleichheitsrechtlicher Grundrechtsschutz lassen sich nicht trennscharf abgrenzen.[412] Bei einem Verstoß gegen Freiheitsgrundrechte liegt regelmäßig parallel ein Gleichheitsverstoß vor.[413] Auf der anderen Seite haben die Freiheitsrechte, indem sie allen Berechtigten den gleichen Grad an Freiheit gewähren, „selbstverständlich" immer gleichheitsrechtlichen Bezug. Sie regeln die „Gleichheit in der Freiheit, die Konkurrenzlage der freiheitlich Betroffenen."[414] Dass die Auswirkungen der geprüften Belastung auf andere Grundrechtsträger also auch eine gleichheitsrechtliche Relevanz entfalten, schadet für ihren Einfluss auf die Verhältnismäßigkeitsprüfung nicht.

Wie die Sportwettenentscheidung des Bundesverfassungsgerichts verdeutlicht, kann eine inkonsequente Zielverfolgung sich außerdem nicht nur aus der ungleichen Verwirklichung eines Verbots ergeben. Im dort entschiedenen Fall war allen Grundrechtsberechtigten das Anbieten von Sportwetten untersagt worden. Doch ist für eine im Rahmen der Angemessenheitsprüfung maßgebliche Relativierung von Gemeinwohlvorteilen noch nicht einmal erforderlich, dass – wie bei den Sportwetten – staatlichen Stellen ein verbotenes Verhalten gestattet wird. Der Gesetzgeber kann den Nutzen von Belastungen auf vielfache andere Weise schmälern. Denken lässt sich zum Beispiel an umständliche Verfahrensanforderungen, die den Nutzen eines umfassenden Verbots konterkarieren. Man kann die Maßgeblichkeit gesetzgeberischer Inkonsequenz für die Frage der Angemessenheit also auch nicht unter Verweis darauf ablehnen, dass das Thema durch den Gleichheitssatz bereits vollständig abgedeckt sei.

---

[411] Solche Zweifel äußern etwa *Lothar Michael*, JZ 2008, S. 875 (878); *Matthias Bäcker*, DVBl 2008, S. 1180 (1182); *Matthias Cornils*, ZJS 2008, S. 660 (663); *Joachim Brückner*, Folgerichtige Gesetzgebung im Steuerrecht und Öffentlichen Wirtschaftsrecht, S. 242 ff.; *Peter Dieterich*, Systemgerechtigkeit und Kohärenz, S. 540 ff.

[412] Siehe auch *Mehrdad Payandeh*, AöR Bd. 136 (2011), S. 578 (609). Aus diesem Blickwinkel verwundert nicht, dass Freiheits- und Gleichheitsschutz auch in der Rechtsprechung des Bundesverfassungsgerichts immer enger verschränkt werden. Dazu *Lerke Osterloh/Angelika Nußberger*, in Sachs GG, Art. 3 Rn. 17 ff.

[413] Siehe *Uwe Kischel*, in Epping/Hillgruber GG, Art. 3 Rn. 5.

[414] *Paul Kirchhof*, in HStR VIII, 3. Aufl., § 181 Rn. 61 ff.

5. Fazit: Angemessenheitsgebot als Konsequenzerfordernis

Insgesamt ist dem Bundesverfassungsgericht also zuzustimmen: Das Gewicht des geförderten Interesses bei der Prüfung der Angemessenheit ist auch „Folge gesetzlicher Wertungen".[415] Auch der Gesetzgeber bestimmt darüber, „mit welcher Wertigkeit die von ihm verfolgten Interessen der Allgemeinheit in die Verhältnismäßigkeitsprüfung eingehen."[416] Er legt diese Wertigkeit zwar nicht unmittelbar fest, beeinflusst sie aber mittelbar. Inkonsequenzen begünstigen die Verfassungswidrigkeit von Beeinträchtigungen. Es lässt sich ein – wenn auch indirektes[417] – Konsistenzerfordernis aus dem Gebot der Angemessenheit ableiten. Wie weit es reichen kann, lässt sich allerdings wiederum erst in einer Zusammenschau der mit der demokratischen Ordnung feststellen.

6. Eingegrenzte Übertragbarkeit auf den Grundsatz der Erforderlichkeit

Prinzipiell kann man den Konsequenzgedanken auch auf den Grundsatz der Erforderlichkeit übertragen. Vor diesem Gebot hat eine Belastung nur Bestand, wenn unter den gleich effektiven Regelungen die schonendste gewählt worden ist. Beeinflusst eine inkonsequente Zielverfolgung also in Gestalt der bewirkten Nutzeffekte die Effektivität der geprüften Belastung, so ist denkbar, dass deswegen eine mildere Maßnahme gewählt werden muss. Dieser Fall tritt dann ein, wenn die mildere Maßnahme dasselbe Maß an Effektivität gewährleisten kann wie die intensivere infolge der Inkonsistenz. Mit dieser Argumentation lassen die Rückgriffe auf den Folgerichtigkeitsgedanken in der frühen Erforderlichkeitsrechtsprechung erklären.[418] Dass Konsistenzerwägungen mittlerweile eher auf der Prüfungsstufe der Angemessenheit angestellt werden, mag sich – neben der Tatsache, dass hier ohnehin häufig der Schwerpunkt der verfassungsgerichtlichen Prüfung liegt – auch aus der stärkeren Wertungsoffenheit der Verhältnismäßigkeit im engeren Sinne erklären. Nach dem Grundsatz der Erforderlichkeit

---

[415] Dagegen der Richter *Johannes Masing* in seinem Sondervorum, BVerfGE 121, 317 (382).
[416] BVerfGE 121, 317 (360).
[417] Siehe *Mehrdad Payandeh*, AöR Bd. 136 (2011), S. 578 (605), der dem Gebot allerdings den Charakter als eigenständigen Prüfungsmaßstab abspricht (S. 611 f.). Da es sich bei dem Konsequenzgebot um ein aus dem Verhältnismäßigkeitsgrundsatz deduziertes Erfordernis handelt, ist klar, dass es in seiner Wirkung nicht über diese Norm hinausgehen kann. Dennoch ist es sinnvoll, die Frage nach der Konsequenz gesetzgeberischer Zielverfolgung zu stellen. Sie kann den Blick von der einzelnen beeinträchtigenden Norm erweitern und helfen, konkrete Belastungs- und vor allem Nutzeneffekte verlässlicher zu bestimmen. Dass der Verhältnismäßigkeitsgrundsatz dieses Erfordernis enthält, zeigt jedoch vor allem dem Gesetzgeber, dass eine verhältnismäßige Ausgestaltung von Belastungen ein gewisses Maß an Stimmigkeit erfordert.
[418] Siehe dazu oben, S. 177 ff.

ist das mildere Mittel grundsätzlich nur dann vorrangig, wenn es genau denselben Intensitätsgrad an Zielförderung wie das schwerer wiegende bieten kann.[419] Dass das mildere Mittel gleich wirksam ist, muss „eindeutig feststehen".[420] Diese faktische Frage wird sich jedoch in vielen Fällen kaum oder nur unter erheblichem Aufwand klären lassen. Weniger Schwierigkeiten verursacht die Frage der inkonsequenten Zielverfolgung bei der Angemessenheitsprüfung, wo sie sich leicht in den Abwägungsprozess integrieren lässt.

II. Allgemeiner Gleichheitssatz

Für die gleichheitsrechtliche Relevanz inkonsequenter Zielverfolgung ergeben sich auf der Tatbestandsebene grundsätzlich keine Unterschiede zur Situation bei Abweichungen von Grundregeln. Dass die Bedeutung desselben Regelungsziels an unterschiedlichen Stellen der Rechtsordnung unterschiedlich hoch eingeschätzt und daher dasselbe Verhalten unterschiedlich bewertet wird, kann – wie eine Spezialbestimmung – zwar zu einer Ungleichbehandlung führen. Ein notwendiger Zusammenhang besteht aber nicht. Beispielsweise ist es wertungsmäßig unvereinbar, den privaten Sportwettenhandel unter Verweis auf seine Gefährlichkeit zu verbieten, während den Bürgern durch Werbung die Teilnahme an staatlich veranstalteten Wetten nahegelegt wird. Solange ein solches Verbot jedoch umfassend gilt, kann kein Normunterworfener eine Benachteiligung geltend machen.

Unterschiede zu reinen Abweichungskonstellationen ergeben sich jedoch bei der gleichheitsrechtlichen Rechtfertigung. Zunächst einmal kommt es hier zwar entscheidend auf die Gemeinsamkeiten und Unterschiede der ungleich behandelten Fälle an,[421] für die Inkonsequenzen wiederum ohne Einfluss sind. Soweit daneben allerdings externe, nicht unmittelbar an die Unterschiedlichkeit des Vergleichspaars anknüpfende, Zwecke für die Rechtfertigung maßgeblich sind,[422] bestehen Anknüpfungspunkte für Konsequenzprüfungen. Ist als Rechtfertigungsmaßstab eine Verhältnismäßigkeitsprüfung einschlägig, so werden die Auswirkungen von Inkonsequenzen den soeben beschriebenen entsprechen.[423] Gilt ein weniger strenger Maßstab, so wird der Gleichheitssatz – wie in den

---

[419] Siehe *Michael Sachs*, in Sachs GG, Art. 20 Rn. 152; *Hans Jarass*, in Jarass/Pieroth GG, Art. 20 Rn. 119.
[420] BVerfGE 81, 70 (91).
[421] Siehe auch oben, S. 46 ff., 145 f.
[422] Zur möglichen Maßgeblichkeit solcher Zwecke vgl. nur *Hans Jarass*, in Jarass/Pieroth GG, Art. 3 Rn. 15; *Lerke Osterloh/Angelika Nußberger*, in Sachs GG, Art. 3 Rn. 8 ff.
[423] Insofern kann also nach oben verwiesen werden, S. 188 ff.

Fällen der Typisierungen und der Lenkungssteuern – dennoch jedenfalls die Geeignetheit der Differenzierung zur Zweckförderung verlangen.[424]

III. Allgemeines Rechtstaatsprinzip

Schließlich stellt sich die Frage nach Anforderungen legislativer Konsequenz aus dem allgemeinen Rechtsstaatsprinzip. Die verfassungsgerichtliche Begründung des Grundsatzes der Widerspruchsfreiheit mit dem Ziel, die Normadressaten vor Orientierungsschwierigkeiten infolge gegenläufiger Regelungen zu schützen, legt zunächst nahe, über ein Konsequenzerfordernis aus dem Gebot der Rechtssicherheit nachzudenken. Darüber hinaus kommt erneut die Ordnungsfunktion des Rechts als Grundlage einer Folgerichtigkeitspflicht in Betracht.

1. Gebot der Rechtssicherheit

Die Rechtssicherheit als Anforderung an Gesetze folgt aus der rechtsstaatlichen Funktion der Rechtsordnung, hoheitliches Handeln für die von ihm betroffenen Individuen verlässlich und berechenbar zu machen.[425] Dadurch wird die Selbstbestimmung des Einzelnen gewährleistet.[426] Die Betroffenen müssen erkennen und sich darauf einstellen können, welche rechtlichen Pflichten sie treffen und welche Rechtsfolgen darüber hinaus gelten, die Bezug zu ihrer Person haben. Diese Möglichkeit der Normunterworfenen, ihr Verhalten auf die Rechtslage abzustimmen, wird beeinträchtigt, wenn das Recht widersprüchliche Aussagen über Verhaltensweisen enthält, die sie vornehmen oder unterlassen sollen. Eindeutig bilden echte Normwidersprüche zwischen Ge- und Verbotsnormen einen solchen Fall. Hierin liegt ein zentraler Grund für deren Unvereinbarkeit mit dem Rechtsstaatsprinzip.[427]

Sollte jedoch auch schon für Zielwidersprüche unterhalb der Schwelle eines Normenwiderspruchs eine solche signifikante Beeinträchtigung der Orientierungssicherheit angenommen werden? Dafür mag sprechen, dass ein auf Normenwidersprüche begrenztes Gebot der Rechtssicherheit kaum mehr erfassen könnte als kollidierende Verhaltenspflichten aufgrund strikter Ge- und Verbotsnormen. Mit dem schrittweisen Aussterben des traditionellen Obrigkeitsstaats

---

[424] Siehe für den Kontext der Lenkungssteuern *Joachim Englisch*, in FS Lang, S. 167 (206).
[425] Grundlegend *Hermann Heller*, Gesammelte Schriften Bd. 2, S. 443 (446 ff.). Siehe auch *Konrad Hesse*, in Rechtsstaatlichkeit und Sozialstaatlichkeit, S. 557 (572); *Karl-Peter Sommermann*, in v. Mangoldt/Klein/Starck GG, Art. 20 Abs. 3 Rn. 288 ff.
[426] Siehe *Eberhard Schmidt-Aßmann*, Verwaltungsrecht als Ordnungsidee, Zweites Kapitel Rn. 2.
[427] Dazu etwa *Christian Bumke*, ZG Bd. 14 (1999), S. 376 (377 ff.); *ders.*, Relative Rechtswidrigkeit, S. 48 ff.; sowie oben, S. 23 ff., 65.

geht der Stellenwert solcher klassischen Methoden der Verhaltenslenkung jedoch zurück. Weichere Methoden politischer Steuerung gewinnen an Bedeutung, die zwar nicht auf Befehl und Zwang setzen, die Normunterworfenen aber dennoch durch gegenläufige Verhaltensbewertungen im Unklaren lassen können. Schon wenn das Recht ein Verhalten jenseits der traditionellen Regelungstechniken gleichzeitig für erwünscht und unerwünscht erklärt, kann der Einzelne nicht mehr alle Erwartungen der Rechtsgemeinschaft erfüllen.[428] Spätestens sobald diese Divergenz zu rechtlichen Nachteilen sowohl der Vornahme als auch der Nichtvornahme eines Verhaltens führt, wird er in eine Zwickmühle gelenkt.

Bevor man das Verbot widersprüchlicher Verhaltensnormen jedoch auf derartige Dilemmata erweitert, sollte man sich die Frage der Schutzbedürftigkeit des Einzelnen aus der Perspektive der Rechtssicherheit stellen. Grundsätzlich muss das Gemeinwesen seinen Mitgliedern zumuten, eigenverantwortlich die rechtlichen und anderweitigen Konsequenzen ihres Handelns abzuwägen. Der Umstand allein, dass der Bürger eine eigene Entscheidung treffen muss, weil die Rechtsordnung keine klare Präferenz formuliert, kann also kaum als problematisch gelten. Dass das Recht an ein Verhalten sowohl Vor- als auch Nachteile knüpft, ist normal. Auch dass die Rechtsordnung einen Schritt weitergeht und sogar Anreize zu einem Verhalten liefert, mit dem sie auch negative Konsequenzen verbindet, ist gängige Praxis. So wird man eine Subvention, die zum Kauf von Kraftfahrzeugen ermutigt, nicht deshalb für rechtsstaatswidrig befinden wollen, weil das Halten von Fahrzeugen der Kraftfahrzeugsteuer unterliegt. Selbst wenn das Recht jedoch ein Verhalten einerseits billigt und andererseits missbilligt und zusätzlich erhebliche Nachteile gleichzeitig an dessen Vornahme und Nichtvornahme knüpft, kann der Einzelne prinzipiell frei entscheiden, welche der negativen Folgen er in Kauf nehmen will. Im Vergleich zu einem vollstreckbaren Verbot wird ihm sogar eine zusätzliche Handlungsoption gewährt. Jedenfalls behält er trotz der Zwickmühle die Möglichkeit, sein Verhalten auf das Recht einzustellen: Es besteht keine Unsicherheit über das rechtlich Verlangte.[429]

---

[428] Aus diesen Gründen für eine derartige erweiternde Anwendung des Gebotes der Rechtssicherheit (in Form des „rechtsstaatlichen Rechtsklarheitsgebots") *Stefan Haack*, Widersprüchliche Regelungskonzeptionen im Bundesstaat, S. 141 ff., 158 ff. Ausdrücklich gegen eine Beschränkung rechtsstaatlicher Folgerichtigkeitsanforderungen auf Normwidersprüche (allerdings ohne Bezug zur Rechtssicherheit) auch *Klaus Gärditz*, in Friauf/Höfling GG, C Art. 20 (6. Teil) Rn. 194. Auch *Claus-Wilhelm Canaris*, Systemdenken und Systembegriff in der Jurisprudenz, S. 17, sieht bei Wertungswidersprüchen unter Umständen das Gebot der Rechtssicherheit berührt.

[429] Siehe *Christian Bumke*, ZG Bd. 14 (1999), S. 376 (380); *Michael Kloepfer//Klaus Bröcker*, DÖV 2011, S. 1 (11).

Allenfalls kann man sich fragen, ob eine einzelne Rechtsnorm bereits für sich genommen einen Vertrauenstatbestand schaffen kann.[430] Die Förderung eines Verhaltens durch eine Vorschrift könnte die berechtigte Erwartung begründen, dass das geförderte Verhalten nicht zu Nachteilen aufgrund anderer Rechtsnormen führt.[431] Mit Blick darauf, dass sich Gesetzestexte nur bedingt unmittelbar an juristische Laien richten,[432] wird man jedoch auch eine solche Wirkung prinzipiell ablehnen müssen. Wer ohne Kenntnisse einer Rechtsmaterie einzelne Regelungen betrachtet, kann nicht erwarten, dass es keine weiteren, gegenläufigen Regelungen gibt. Gemeinhin wird nur das Vertrauen des Einzelnen in die gesamte Rechtslage als schutzwürdig angesehen und unter Umständen aufgrund einer intertemporalen Betrachtung gegen Gesetzesänderungen in Stellung gebracht.[433] Wer sich nur auf einen Teil der Rechtslage verlässt, ist nicht in gleichem Maße schutzwürdig.[434]

Aus diesen Gründen sollte man eine beachtliche Beeinträchtigung der Rechtssicherheit infolge einer widersprüchlichen Verhaltensbewertung tatsächlich erst bei einem Normenwiderspruch annehmen.[435] Die Verfassungswidrigkeit der widersprüchlichen Steuerungsziele, die das Bundesverfassungsgericht bei der Entwicklung des Grundsatzes der Widerspruchsfreiheit der Rechtsordnung gerügt hat, lässt sich allein mit Blick auf den Grundsatz der Rechtssicherheit also nicht begründen.

---

[430] Näher *Stefan Haack*, Widersprüchliche Regelungskonzeptionen im Bundesstaat, S. 158 f., 163 ff.

[431] In diese Richtung argumentiert (allerdings ohne den Vertrauensschutzgedanken ausdrücklich anzusprechen) *Joachim Brückner*, Folgerichtige Gesetzgebung im Steuerrecht und Öffentlichen Wirtschaftsrecht, S. 186 ff. Er stellt insofern eine Verbindung zum Grundsatz der Normenwahrheit her. Näher zu diesem unten, S. 221 ff.

[432] Siehe nur *Emanuel Vahid Towfigh*, Der Staat Bd. 48 (2009), S. 29 (46 ff.).

[433] Siehe nur *Karl-Peter Sommermann*, in v. Mangoldt/Klein/Starck GG, Art. 20 Abs. 3 Rn. 292 ff.; *Michael Sachs*, in Sachs GG, Art. 20 Rn. 131 ff. Zur Abgrenzung von Folgerichtigkeit und Vertrauensschutz siehe bereits oben, S. 51 f.

[434] Anderes kann man sich allerdings für beschreibende Normbestandteile vorstellen. Weckt eine Vorschrift selbst den Eindruck, dass andere Gesetze keine Benachteiligungen eines bestimmten Verhaltens bewirken, etwa weil sie den Sachverhalt bereits abschließend regelt, so erscheint denkbar, dass gegenläufige Regelungen zu einem Verstoß gegen den Grundsatz der Normenwahrheit führen. Näher dazu unten, S. 221 ff., 235 f.

[435] So auch *Christian Bumke*, ZG Bd. 14 (1999), S. 376 (381 ff.); *ders.*, Relative Rechtswidrigkeit, S. 81; *Michael Kloepfer//Klaus Bröcker*, DÖV 2001, S. 1 (7 ff.); *Bernd Grzeszick*, in Maunz/Dürig GG, Art 20 Abschnitt VII Rn. 56 f.; *Hans Jarass*, in Jarass/Pieroth GG, Art. 20 Rn. 89.

2. Ordnungsfunktion des Rechts

Für die Ordnungsfunktion des Rechts haben gesetzgeberische Ziele und die Werturteile, die mit ihrer Verfolgung einhergehen, gleich in zweierlei Hinsicht eine zentrale Bedeutung. Erstens folgt aus der Ordnungsfunktion ein rechtsstaatliches Interesse an der Steuerungsfähigkeit der Gesetze.[436] Steuernde Wirkungen hängen unmittelbar mit den Steuerungszielen zusammen, denen sie dienen. Die Ziele determinieren, welche Maßnahmen als Regelungsinhalte in Betracht kommen, und bilden zugleich den Orientierungsrahmen, um die Effektivität der Regelungen zu beurteilen. Zweitens verlangt die Funktion des Rechts, dem menschlichen Zusammenleben auch inhaltlich eine gerechte Ordnung zu geben, dass gesetzliche Vorgaben nachvollziehbar sind.[437] Noch wichtiger als die gesetzgeberische Regelungstechnik – wie sie sich etwa in der Regelungsstruktur niederschlägt – sind aus dieser Sicht die Gründe, aus denen heraus das Recht eine Anordnung trifft. Gründe, im Kontext von Normen also zuerst einmal Zwecke, bilden den Kernbaustein der Erklärbarkeit von Entscheidungen jeder Art.

Inkonsequenzen – Situationen also, in denen das Recht die eigenen Ziele nicht fördert oder gar schädigt, – laufen der Ordnungsfunktion des Rechts auf diesen beiden Ebenen zuwider. Denn zum einen schmälern sie die Steuerungswirkungen von Regelungen zugunsten des verfolgten Ziels.[438] Zum anderen schaden sie der Überzeugungskraft des Rechts, weil sie dessen Rechtfertigung aus dem Ziel heraus entkräften.[439] Wer wird sich von der Sinnhaftigkeit der Rechtslage durch den Verweis auf einen Zweck überzeugen lassen, den die Rechtsordnung selbst offenbar gar nicht für förderungswürdig erachtet – oder gar bekämpft?

a) Allgemeines Geeignetheitsinteresse

Nähert man sich von dieser Ausgangslage her der Entwicklung verfassungsrechtlicher Pflichten für den Gesetzgeber an, Ziele konsequent zu verfolgen, so liegt im ersten Schritt eine Differenzierung zwischen zwei Arten von Zielen nahe: den Zielen der betrachteten Rechtsnorm und den Zielen anderer Rechtsnormen. Aus dem gerade geschilderten Zusammenhang von Zielverfolgung und Ordnungsfunktion wird man eindeutig eine Verfassungswertung folgern müssen, nach der jede Rechtsnorm ihren eigenen Zweck fördern soll. Eine Norm, die ihrem eigenen Ziel überhaupt nicht nutzt, kann keinen ordnenden Effekt entfalten. Sie ist bestenfalls sinnlos, schlechtestenfalls vereitelt sie die gesetz-

---

[436] Siehe oben, S. 60 ff.
[437] Siehe oben, S. 60 ff.
[438] In diese Richtung auch *Lerke Osterloh*, in FS Bryde, S. 429 (432).
[439] Zum Zusammenhang des Gebots der Widerspruchsfreiheit mit dem Gedanken der Überzeugungskraft siehe auch *Helge Sodan*, JZ 1999, S. 864 (865 f. und passim).

liche Zielverfolgung an anderen Stellen. Eine Verfassungswertung zulasten derartiger Situationen läuft auf einen allgemeinen, von Belastungen oder Ungleichbehandlungen unabhängigen, Grundsatz der Geeignetheit hinaus.[440]

b) Beachtlichkeit von Zielkonflikten nur bei bezweckter Widersprüchlichkeit

Weniger eindeutig liegt der Fall, wenn Rechtsnormen die Ziele anderer Rechtsnormen konterkarieren. Denn die soeben beschriebene Sinnlosigkeit besteht hier nicht zwangsläufig. Jede einzelne Regelung kann zunächst einmal durch ihren eigenen Zweck erklärbar sein. Zudem erscheint bereits ohne eine Betrach-

---

[440] Ein solches allgemeines Gebot der Geeignetheit will *Stephan Meyer*, Der Staat Bd. 48 (2009), S. 278 (298 ff.), aus dem Demokratieprinzip ableiten. Dieses verlange, dass sich der objektive Gesetzeszweck, den der demokratisch legitimierte Gesetzgeber sich als Willen gebildet habe, auch im Gesetz niederschlage. Abgesehen davon, dass das Arbeiten mit einem rein objektiven Gesetzeszweck allerdings methodische Probleme aufwirft (zur Diskussion oben S. 31 f., Fn. 48), sollte das Hauptproblem, das *Meyer* lösen will – nämlich das Problem „unwahren" Rechts, dazu unten S. 221 ff. –, weniger als Frage der Geeignetheit und stärker als regelungstechnische Frage der Anforderungen an deskriptive Normbestandteile verstanden werden. Im Übrigen dürfte sich das Steuerungsdefizit, das mit ungeeignetem Recht einhergeht, durchaus auch als demokratisches Defizit deuten lassen. Eher dürfte sich jedoch empfehlen, die Steuerungskraft des Rechts vorwiegend als rechtsstaatliche Kategorie einzuordnen, weil sie besonders eng mit der rechtsstaatlichen Grundidee der Ordnung durch Recht verbunden ist, dazu oben S. 4 f., 60 ff. Ein allgemeines Gebot der Geeignetheit klingt auch bei *Anna Leisner*, DÖV 1999, S. 807 (812), an: „Sämtliche hoheitlichen Staatsakte, [...] auch Gesetze, müssen [...] geeignet sein, den erstrebten Zweck zu erreichen." Aufgrund des von ihr behandelten Kontextes der – stets freiheitsbeeinträchtigenden – Verkehrsregeln ist allerdings nicht ganz klar, ob sie vorschlägt das Gebot auch getrennt vom Verhältnismäßigkeitsprinzip zur Anwendung zu bringen.

Eine ausdrückliche Diskussion zur Frage eines allgemeinen Geeignetheitsgebots lässt sich bislang nicht beobachten, sodass man über das Meinungsbild nur mutmaßen kann. Ein unbefangener Blick auf die Kommentarliteratur zum Grundsatz der Verhältnismäßigkeit (siehe exemplarisch *Stefan Huster/Johannes Rux*, in Epping/Hillgruber GG, Art. 20 Rn. 191.1; sowie *Bernd Grzeszick*, in Maunz/Dürig GG, Art 20 Abschnitt VII Rn. 108 f.) spricht zunächst gegen die Begründung einer entsprechenden Vorgabe. Denn der Anwendungsbereich des Verhältnismäßigkeitsprinzips, zu dem das Gebot der Geeignetheit anerkanntermaßen zählt, setzt nach ganz herrschender Meinung einen Eingriff in eine geschützte Rechtsposition voraus. (Anders wohl *Dagmar Felix*, Einheit der Rechtsordnung, S. 371 ff. Dazu auch *Christian Bumke*, Relative Rechtswidrigkeit, S. 86 f.) Während sich die Grundsätze der Erforderlichkeit und Angemessenheit jedoch nicht sinnvoll ohne eine beeinträchtigte Rechtsposition denken lassen, misst die Geeignetheitsprüfung eine Maßnahme allein an ihrem Zweck, ohne Berücksichtigung anderer Interessen. Das Gebot der Geeignetheit lässt sich daher ohne weiteres verselbstständigen. Ein entsprechendes allgemeines Gebot hätte zwar nur einen kleinen praktischen Anwendungsbereich, weil das Verhältnismäßigkeitsprinzip tatbestandlich sehr weit reicht. Doch ist schwer einzusehen, warum irgendeine Art von ungeeigneter Norm Bestand haben sollte. Mangels betroffener subjektiver Rechtsposition ist als normative Grundlage auf das allgemeine Rechtsstaatsprinzip abzustellen.

tung der demokratischen Seite des Problems offensichtlich, dass eine Rechtsordnung, die konkurrierende Interessen einem Ausgleich zuführen will, stellenweise auch widerstreitende Ziele verfolgen oder jedenfalls einzelnen Zielen zuwiderlaufende Steuerungseffekte vorsehen muss.[441] Auf der anderen Seite wird es aus Sicht der Normunterworfenen allerdings kaum einen Unterschied machen, ob Brüche der Begründbarkeit des Rechts bereits aufgrund einer einzelnen Vorschrift oder erst in einer Zusammenschau mehrerer Bestimmungen erkennbar werden.[442] Ebenso sind schwerwiegende Einbußen an Steuerungsfähigkeit infolge gegenläufiger Rechtsvorschriften möglich.

Um einerseits dem Bedürfnis Rechnung zu tragen, widersprüchliche Interessen rechtlich zu verarbeiten, andererseits jedoch Erklärbarkeit und Steuerungskraft der Rechtsordnung zu gewährleisten, ist für Zielkonflikte zwischen Rechtsnormen weiter zu differenzieren. Damit ein Zielkonflikt überhaupt den Tatbestand einer Inkonsistenz erfüllt, ist erforderlich, dass die Verfolgung eines Ziels oder die aus einer Regelungswirkung sprechende Bewertung eines Lebensbereichs mit der Verfolgung eines (anderen) Ziels unvereinbar ist.[443] Aus einer Regelung muss hervorgehen, dass ein Ziel verfolgt werden soll; eine andere muss zum Ausdruck bringen, dass es nicht verfolgt werden soll. Dabei sind zwei Grade der Unvereinbarkeit unterscheidbar. Eine Regelung kann schlicht unverträglich mit der Förderung eines Zweckes sein. Oder sie kann ein gezieltes Gegenprogramm gegen den Zweck darstellen, indem sie dessen Förderung final entgegenwirkt.[444] Als Beispiel für eine bloße Unverträglichkeit betrachte man etwa eine Energiepolitik, die durch einen Strauß an Maßnahmen den Rückgriff sowohl auf klassische fossile Brennstoffe als auch auf erneuerbare Energiequellen fördert. Unweigerlich werden etwa, weil Kohle- und Windenergie teilweise substituierbare Güter sind, Steuerungseffekte zugunsten der Nutzung einer

---

[441] Siehe etwa *Hans Jarass*, AöR Bd. 126 (2001), S. 588 (601 f.); *Christian Bumke*, Der Staat Bd. 49 (2010), S. 77 (96); *Peter Dieterich*, Systemgerechtigkeit und Kohärenz, S. 538 ff.; *Henning Tappe*, JZ 2016, S. 27 (32).

[442] So für den Kontext der Rechtssicherheit auch *Joachim Brückner*, Folgerichtige Gesetzgebung im Steuerrecht und Öffentlichen Wirtschaftsrecht, S. 183.

[443] Zum Begriff der Inkonsistenz siehe oben, S. 23 ff.

[444] Solche Evidenzfälle „missbrauchsähnliche[n] Verhaltens" will auch *Peter Dieterich*, Systemgerechtigkeit und Kohärenz, S. 536 ff., von einem Konsistenzgebot umfasst sehen, das er allerdings innerhalb der Verhältnismäßigkeitsprüfung entfalten will. Siehe auch *Hans Jarass*, AöR Bd. 126 (2001), S. 588 (601), der ein qualitatives Kriterium fordert, um einen maßgeblichen Wertungswiderspruch zu definieren: Notwendig sei „eine gewichtige Behinderung der verfolgten Ziele. Und diese Behinderung muss belegbar sein." Zum Gedanken, dass es für die Feststellung eines maßgeblichen Fehlers auf die Intention des Gesetzgebers ankomme – die sich allerdings schwer nachweisen lasse – *Niels Petersen*, AöR Bd. 138 (2013), S. 108 (117 ff.), unter Verweis auf *John Hart Ely*, Democracy and Distrust, S. 136 ff.

Energiequelle zu Einschränkungen der Nutzung der anderen führen.[445] Mit der Förderung der einen Energiequelle bekämpft der Gesetzgeber jedoch nicht gezielt die andere. Eher lässt sich die Energiepolitik als parallele Förderung zweier konkurrierender Konzepte der Energiegewinnung zur Herstellung einer gewissen Bandbreite erklären. Anders verhielt es sich etwa in den Fällen der kommunalen Verpackungssteuer und der Landesabfallabgaben.[446] Hier sollte die Rechtsordnung einerseits durch die Induktion einer regulierten Selbstregulierung Effizienzvorteile generieren. Andererseits enthielt sie Vorgaben, die genau dazu dienen sollten, eine regulierte Selbstregulierung zu verhindern. Die Rechtsordnung enthielt zugleich Programm und Gegenprogramm.[447] Während die Förderung konkurrierender Ziele unvermeidbar ist, lässt sich keine Situation erkennen, in der eine solche gleichzeitige Förderung und Bekämpfung eines Ziels erforderlich wäre. Was solche bezweckten Widersprüche anbelangt, wird man daher ein rechtsstaatliches Interesse annehmen müssen, das auf ihre Vermeidung gerichtet ist. Dieses Interesse sollte unabhängig vom bundesstaatlichen Kontext anerkannt werden. Denn es ist Ausfluss der Ordnungsfunktion des Rechts, deren Geltungsanspruch sich nicht auf das föderale Kompetenzgefüge beschränkt. Es lässt sich sogar argumentieren, dass im Bund-Länder-Verhältnis schwächere Rationalitätsmaßstäbe gelten müssten, weil Bundes- und Landesregierungen legitimer Weise gegenläufige Politikansätze verfolgen können.[448] Wären dagegen im Verpackungssteuerfall sowohl das Programm der regulierten Selbstregulierung als auch das Programm der Verhinderung einer regulierten Selbstregulierung Teil des Bundesrechts, so liefe die Rechtslage erst recht dem Interesse an der Vermeidung gezielter Zielkonflikte entgegen.[449] Haupt-

---

[445] Für einen knappen Überblick über die Zusammenhänge zwischen den Preiselastizitäten substituierbarer Güter siehe Springer Kompakt-Lexikon Wirtschaftspolitik, S. 388. Dort auch näher zur Energiepolitik, S. 104 ff.

[446] Vgl. Vgl. BVerfGE 98, 83 (100 ff.); 98, 106 (125 ff.); sowie oben, S. 185 ff.

[447] Das war jedenfalls gemäß der Einschätzung der Fall, die das Bundesverfassungsgericht seinen Entscheidungen zugrunde legte. Wie die anderslautende Auffassung von *Hans Jarass*, AöR Bd. 126 (2001), S. 588 (601 f.), zeigt, lässt sich im Einzelnen durchaus über die richtige Auslegung der zu kontrollierenden Normen streiten. Worauf es hier jedoch vor allem ankommt ist, dass eine gezielte Verankerung von Programm und Gegenprogramm – wenn man sie einmal festgestellt hat – dem Rechtsstaatsprinzip zuwiderläuft. Die Möglichkeit dazu bejaht auch *Jarass*.

[448] Siehe auch *Christian Bumke*, ZG Bd. 14 (1999), S. 376 (377): „Einander widersprechende Regelungswirkungen" als „allgemeines Phänomen der bundesstaatlichen Kompetenzordnung." Das bundesstaatliche Gefüge wird infolge der vorrangigen Ausräumung von Wertungswidersprüchen im Wege der Auslegung dennoch der wesentliche Anwendungsbereich eines entsprechenden Gebotes bleiben.

[449] Siehe auch *Herbert Bethge*, in Maunz/Schmidt-Bleibtreu/Klein/Bethge BVerfGG, § 91 Rn. 67.

sächlich werden sich derartige Wertungswidersprüche desselben Gesetzgebers zwar im Wege der Auslegung beseitigen lassen – etwa indem man die Herstellung einer regulierten Selbstregulierung eben nicht als Teil des legislativen Programms betrachtet.[450] Doch lässt sich aufgrund der nur begrenzten einheitsstiftenden Wirkung der Gesetzesinterpretation nicht ausschließen, dass für ein entsprechendes rechtsstaatliches Gebot Anwendungsfälle verblieben.

C. Einfügen in den Wertungszusammenhang des demokratischen Verfassungsstaats

I. Konsequenz und demokratische Ordnung

Auf der demokratischen Seite des Problems sind zunächst wiederum Schwierigkeiten festzustellen, Konsistenzinteressen mit dem politischen System des Grundgesetzes zu vereinbaren. Dass die Gesetzgebungsorgane die Ziele der Rechtsordnung frei bestimmen können, dürfte für eine selbstbestimmte politische Gestaltung durch das Volk noch entscheidender sein als Freiheit bei der Abstimmung von Grundregeln und Spezialbestimmungen.[451] Daher wird man die Beurteilung der Sinnhaftigkeit politischer Zielverfolgung funktionell noch weniger im Einflussbereich eines Verfassungsgerichts sehen können als die Untersuchung der Sinnhaftigkeit von Normengebilden in ihrer Ausgestaltung.[452] Andererseits ermöglichen Konsequenzerfordernisse – mögen sie auch auf die Sinnhaftigkeit legislativer Zielverwirklichung Bezug nehmen – grundsätzlich keine gerichtliche Auseinandersetzung mit der Frage, ob ein Ziel an sich verfolgt werden sollte oder nicht.[453] Damit droht anders als bei der Bewertung einer Regelungsstruktur und ihrer Abstimmung auf praktische Bedürfnisse keine komplette Übernahme legislativer Funktionen durch die Gerichtsbarkeit. Wenngleich sie diffus und schwer greifbar bleiben mag, handelt es sich bei der Zielrichtung einer Rechtsnorm zudem um eine eingegrenzte Kategorie, im Umgang mit der

---

[450] Zum Grundsatz der Ausräumung von Wertungswidersprüchen durch Auslegung siehe oben, S. 28 ff.

[451] Zur Freiheit des Gesetzgebers, die Ziele der Gesetze festzulegen siehe auch *Christian Bumke*, Der Staat Bd. 49 (2010), S. 77 (97). Die Zielauswahl lässt sich als Kern der Gemeinwohlbestimmung auffassen, weil sie determiniert, welche Interessen das Gemeinwesen fördert und welche es bekämpft. Zur Funktion des demokratischen Prozesses, das Gemeinwohl zu artikulieren, siehe oben S. 76 ff.

[452] Zum funktionell-rechtlichen Ansatz siehe oben, S. 113 f.

[453] Siehe auch *Veith Mehde/Stefanie Hanke*, ZG Bd. 25 (2010), S. 381 (393); *Uwe Kischel*, in FS Kirchhof Bd. I, S. 371 (378 f.).

die Rechtspraxis erfahren ist.[454] Die Zwecktauglichkeit und Zweckvereinbarkeit von Gesetzen kann daher in die Gerichtspraxis integriert werden, ohne den legislativen Arm der Volkssouveränität in seiner Substanz zu gefährden.

Aus verwandten Gründen führen gerichtliche Konsequenzkontrollen auch auf der politisch-praktischen Ebene signifikante Reibungen herbei, die abhängig von der jeweiligen Anforderung jedoch schwächer ausfallen können als beim Abgestimmtheitsgebot. Wiederum sorgen erstens die allgemeinen Rationalitätsbarrieren menschlichen Entscheidens dafür, dass sich bei der Gesetzgebung keine umfassende Zweckrationalität leisten lässt.[455] Zweitens – und vor allem – ist die politische Praxis durch ihre Abhängigkeit von Kompromissen darauf angewiesen, dass Ziele partiell, nach und nach, sowie im Widerstreit mit anderen Zielen verwirklicht werden dürfen.[456] Andererseits sollte man jedoch nicht über den Umstand hinwegsehen, dass eine widerspruchsfreie Zielverfolgung regelmäßig im Interesse der Entscheidungsträger liegen wird. Sie bestimmen die Zwecke der Rechtsnormen und werden diesen Zwecken zuwiderlaufende Wirkungen zunächst einmal vermeiden wollen – es sei denn die Wirkungen dienen der Verfolgung weiterer Zwecke. Von ihrer Zielrichtung her laufen entsprechende verfassungsrechtliche Vorgaben im Grundsatz also prinzipiell mit den Interessen der politisch Verantwortlichen gleich. Dieses prinzipielle Interesse der politischen Entscheidungsträger, bereits ohne rechtsstaatlich dazu verpflichtet zu sein eine widerspruchsfreie Politik zu verfolgen, ist Ausdruck der Rationalität gewährleistenden Wirkung des politischen Systems des Grundgesetzes. Sowohl in ihren normativen Grundlagen als auch in ihrer praktischen Funktionsweise hat man Gesetzgebungsorgane so ausgestaltet, dass man von ihnen – auch was die Auflösung von Interessenkonflikten in Gestalt von Zielkonflikten anbelangt – eine möglichst rationale Gemeinwohlartikulation erwarten kann.[457]

---

[454] Verwiesen sei insofern vor allem auf die Rechtsprechung zum Grundsatz der Verhältnismäßigkeit. Dazu die Nachweise oben auf S. 188 f.

[455] Besonders demokratischen Kollektiven wird es strukturell schwerfallen, flächendeckend Gesetzesausgestaltungen zu wählen, die alle politischen Absichten optimal umsetzen. Zu den entsprechenden Barrieren siehe oben, S. 93 ff.

[456] Politische Kompromisse in Form von Gesetzesvorhaben fügen sich stets in ein bestehendes Wertungsgebilde ein, das sie oftmals nicht auf einmal werden anpassen können. Vielmehr liegt in graduellen Veränderungen – mit Übergangsphasen wertungsmäßiger Unklarheit – oftmals der einzige systeminhärente Weg für freiheitliche Demokratien, um sich weiterzuentwickeln und an Umwälzungen anzupassen. Strenge Konsequenzerfordernisse könnten dazu führen, dass Veränderungen sich nur in großen Schritten vornehmen ließen – und mangels politischer Durchsetzungskraft gänzlich unterblieben. Siehe stellvertretend für die Kritik insofern das Sondervotum des Richters *Brun-Otto Bryde*, BVerfGE 121, 317 (380 f.). Siehe ausführlich zur Diskussion mit diesen Argumenten oben, S. 96 ff.

[457] Siehe oben, S. 104 ff.

Aus den getroffenen Annahmen folgt jedoch auch für den Bereich der Zielverfolgung die Möglichkeit einer unzureichenden Rationalisierung im politischen Prozess. Qualitätsgarant ist hauptsächlich der politische Diskurs, sodass dessen Qualität ausschlaggebend für eine hinreichende politische Abstimmung ohne rechtsstaatliche Intervention ist.[458] Die beiden Gesichtspunkte, von denen die Rationalität fördernde Kraft der öffentlichen Debatte innerhalb der eingegrenzten staatlichen Sphäre vorwiegend abhängt, sind die Verantwortlichkeits- und die Vetostrukturen des demokratischen Systems.[459] Gerade was die Gewährleistung einer folgerichtigen Verwirklichung der im politischen Prozess entwickelten Ziele anbelangt, ist die Wirkkraft dieser Mechanismen strukturell begrenzt. Denn öffentlich hinterfragen lassen sich nur Absichten, die öffentlich vorgebracht werden oder wenigstens offen zutage treten. Ein wesentlicher Teil der Willensbildung ereignet sich jedoch informell, also ohne unmittelbar im Verfahren disziplinierbar zu sein.[460] Aus diesem Grund drohen bei der Gesetzgebung stets politische Unehrlichkeiten und Täuschungen, in deren Folge als Gesetzeszwecke Erwägungen verankert werden, die nicht den tatsächlichen Beweggründen der Entscheidungsträger entsprechen.[461] Statt des eigentlichen Ziels, Apotheker vor Wettbewerb zu schützen, wird etwa kurzerhand der Gesundheitsschutz als legislativer Zweck wettbewerbsbeeinträchtigender Regelungen benannt; ein Wettmonopol, das der staatlichen Einnahmenerzielung dient, wird mit dem Ziel der Suchtprävention begründet.[462] Insofern versieht der politische Prozess Rechtsnormen mit einem Ziel, richtet ihre Wirkungen jedoch nach einem anderen Ziel aus – mit möglichen Einbußen für die Steuerungs- und Überzeugungskraft des Rechts.

II. Verbindendes Verständnis der Anforderungen von Rechtsstaat und Demokratie

Bei der Zusammenführung der rechtsstaatlichen und demokratischen Verfassungsaussagen ergeben sich Unterschiede in Abhängigkeit von den Gehalten des Rechtsstaatsprinzips, an die angeknüpft wird. Im Fall der subjektivrechtli-

---

[458] Siehe zu diesem Diskurs – aber auch zur Nachprüfbarkeit seiner Qualität – bereits oben, S. 76 ff., 104 ff.

[459] Zu diesen Mechanismen siehe oben, S. 99 ff., 101 ff.

[460] *John Hart Ely*, Democracy and Distrust, S. 136 ff.; *Niels Petersen*, AöR Bd. 138 (2013), S. 108 (118).

[461] Zum Gedanken der Verschleierung politischer Absichten und der Verwendung von Konsistenzgeboten als Gegenmittel siehe *Niels Petersen*, AöR Bd. 138 (2013), S. 108 (117 ff. und passim). Das Problem politischer Unehrlichkeit ist auch im Kontext des Gebots der „Normenwahrheit" immer wieder diskutiert worden. Siehe dazu *Stephan Meyer*, Der Staat Bd. 48 (2009), S. 278 ff., sowie unten, S. 221 ff., 235 f.

[462] Zu beiden Beispielen *Niels Petersen*, AöR Bd. 138 (2013), S. 108 (129 f.).

chen Begründung tritt mit der geschützten Rechtsposition ein Gesichtspunkt zur Problemlage hinzu, dem bei der Auslegung Rechnung getragen werden muss. Was den Ausgleich zwischen dem politischen Mehrheitswillen und solchen Rechtsgütern einzelner Rechtssubjekte anbelangt, steht in Form der Grundrechtsdogmatik – und insbesondere des Grundsatzes der Verhältnismäßigkeit – schon ein bewährter Konfliktlösungsmechanismus bereit. Da das Verhältnismäßigkeitsprinzip weithin als zentrale Rationalität gewährleistende Grenze der Politik für diesen Bereich anerkannt ist,[463] kann und sollte die subjektivrechtliche Lösung des Problems folgerichtiger Zielverfolgung in seinem Rahmen entfaltet werden. Die wichtigste Auswirkung legislativer Inkonsequenz auf die Verhältnismäßigkeit ist bereits deutlich geworden: Inkonsequenzen mindern die Nettovorteile von Belastungen, die wiederum den maßgeblichen Abwägungsbelang auf der Seite des geförderten Interesses bilden.[464] Die Erfordernisse der demokratischen Ordnung lassen sich spiegelbildlich bei der Bemessung der abzuwägenden Nachteile einbeziehen.[465] Während die Konsequenz der Zielverfolgung das Ausmaß des Nutzens einer Beeinträchtigung betrifft, kön-

---

[463] Eingehend zum Charakter als Rationalitätskontrolle *Niels Petersen*, Verhältnismäßigkeit als Rationalitätskontrolle, S. 269 ff. und passim. Umstritten ist das Verhältnismäßigkeitsprinzip – und besonders die Verhältnismäßigkeit im engeren Sinne – gleichwohl. Siehe insoweit die Nachweise auf S. 188 f., Fn. 380 und sogleich.

[464] Siehe oben, S. 190 ff. Zum Einfluss von Inkonsequenzen auf die Verhältnismäßigkeit auch *Mehrdad Payandeh*, AöR Bd. 136 (2011), S. 578 (605 ff.).

Den Bedürfnissen des politischen Prozesses und den Wertungen des Demokratieprinzips ist insofern hinreichend Rechnung getragen, wenn man ausschließlich den Gemeinwohlnutzen (sowie die Nachteile des Rechtsinhabers) betrachtet und den Fokus nicht darüberhinausgehend auf die Ebene des legislativen „Konzepts" richtet (siehe auch sogleich, S. 211 f.). Eine in dieser Weise eingeschränkte Vorgabe beschränkt zwar die politische Freiheit signifikant, dürfte für das politische System jedoch besonders deshalb noch verkraftbar sein, weil die Politik sich bereits gegenwärtig im Großen und Ganzen erfolgreich mit dem Übermaßverbot arrangiert, das den Gesetzgeber auch ohne den Gesichtspunkt der Folgerichtigkeit einer Zumutbarkeitsgrenze unterwirft. Durch die Einbeziehung des Gesichtspunkts verschiebt sich diese Grenze lediglich. Die Berücksichtigung des Konsistenzinteresses führt also nicht dazu, dass „die Chancen politischer Kompromissbildung [...] grundsätzlich in Frage gestellt werden", siehe *Christian Bumke*, Der Staat Bd. 49 (2010), S. 77 (95). Wer in der Linie der diesbezüglichen Kritik – wie sie beispielhaft im Sondervotum des Richters *Brun-Otto Bryde*, BVerfGE 121, 317 (380 f.), zum Ausdruck kommt – übermäßige Beschneidungen der politischen Willensbildung befürchtet, muss, um selbst folgerichtig zu argumentieren, eigentlich auf einer vorgelagerten Stufe ansetzen und die Angemessenheitsprüfung von Gesetzen an sich ablehnen, wie etwa *Bernhard Schlink*, in FS 50 Jahre BVerfG Bd. 2, S. 445 (455 ff., 460 ff.), es tut.

[465] Dagegen dürfte es verfehlt sein, aus dem demokratischen Interesse an einer politischen Rationalitätserzeugung einen eigenständigen Abwägungsbelang zu bilden. Unmittelbar ins Verhältnis zu setzen sind nur die Beeinträchtigung des Betroffenen und die Nutzeneffekte, die infolge der Beeinträchtigung realisiert werden können.

nen die Erfordernisse demokratischen Entscheidens deren Zumutbarkeit beeinflussen.[466]

Die rein objektivrechtliche Herleitung verfassungsrechtlicher Konsequenzanforderungen kann sich gedanklich an der Methodik orientieren, auf die bereits bei der Begründung des Abgestimmtheitsgebots zurückgegriffen worden ist.[467] Als Ausprägungen der Ordnungsfunktion des Rechts sind zwei Verfassungsaussagen identifiziert worden, die legislative Konsequenz fordern: ein allgemeines Geeignetheitsinteresse, nach dem jede Norm ihren eigenen Zweck fördern soll, und eine Wertung, die auf die Vermeidung beabsichtigter Zielwidersprüche gerichtet ist. In beiden Fällen dürfte eindeutig sein, dass man überhaupt ein entsprechendes Verfassungsgebot im Einklang mit dem Demokratieprinzip begründen kann. Welches schutzwürdige demokratische Interesse sollte an einer gänzlich unsinnigen Norm oder an einer gänzlich unnötigen Widersprüchlichkeit legislativer Zielverfolgung bestehen? Stärker müssen die normativen und praktischen Erfordernisse demokratischen Entscheidens auf die nähere Ausgestaltung der Verfassungsgebote einwirken. Ein zu streng gehandhabtes Geeignetheitsgebot könnte eine massive Verkürzung der Möglichkeiten demokratischer Souveränitätsausübung zur Folge haben, etwa wenn es tiefgreifende Prüfungen der Effektivität legislativer Zielverfolgung einschlösse. Mit einem Verbot bezweckter Zielwidersprüche gingen nicht weniger schwerwiegende Konsequenzen für die Politik einher, wenn die Schwelle für ein bezwecktes Gegenprogramm im Gesetz zu gering ausfiele. In beiden Fällen muss der Maßstab also begrenzt werden.

III. Maßstabsbildung

1. Grundrechtliches und allgemeines Gebot der Geeignetheit

Damit ist das Fundament geschaffen, um die Anforderungen des Grundgesetzes an die Folgerichtigkeit legislativer Zielverfolgung auszugestalten. Das grundrechtliche und das allgemeine Geeignetheitsgebot werden inhaltlich, wie von ihrer Zielrichtung her, gleichlaufen. Was ihre Ausgestaltung anbelangt, kann auf die allgemeine Dogmatik verwiesen werden. Die Gebote verlangen, dass

---

[466] Läuft die Rechtslage einem Interesse zuwider, das sie eigentlich fördern soll, so wird es schwerer fallen, die Normunterworfenen von ihrer Notwendigkeit und Angemessenheit zu überzeugen. Dieser Effekt wird jedoch bis zu einem gewissen Grad ausgleichbar sein, wenn man die Kapazitätsgrenzen demokratischer Politik einkalkuliert. Der Einzelne kann zwar erwarten, dass er nicht über Gebühr für minderwichtige Ziele in Anspruch genommen wird. Doch werden ihm Belastungen eher zumutbar sein, je weniger den Entscheidungsträgern – auch angesichts der Grenzen demokratischer Politik – Alternativen offenstanden.

[467] Vgl. oben, S. 148 ff.

Rechtsnormen die Fähigkeit aufweisen, ihren Zweck zu fördern.[468] Die Erfordernisse des Demokratieprinzips bleiben gewahrt, wenn man insofern keinen bestimmten Grad an Effektivität fordert, sondern lediglich verlangt, dass überhaupt fördernde Wirkungen feststellbar sind.[469] Was die Geeignetheit anbelangt, dürfte den rechtsstaatlichen Konsistenzinteressen dadurch bereits genüge getan sein, weil überhaupt ein Steuerungs- und erklärender Effekt vorhanden ist. Im Anwendungsbereich des Grundsatzes der Verhältnismäßigkeit wird die Tragfähigkeit einer Rechtfertigung aus dem Zweck heraus anschließend – unter Einbeziehung des Ausmaßes des Nutzens für den Zweck – im Rahmen der Angemessenheitsprüfung genauer untersucht.

2. Konsequenzanforderung des Gebotes der Verhältnismäßigkeit im engeren Sinn

Die Ausgestaltung der Konsistenzanforderung aus dem Grundsatz der Angemessenheit[470] folgt größtenteils zwangsläufig aus den vorangegangenen Überlegungen. Legislative Inkonsequenzen schmälern den Gemeinwohlnutzen von Freiheits- und Gleichheitsbeeinträchtigungen und erhöhen damit die Wahrscheinlichkeit, dass die geprüfte Regelung verfassungswidrig ist. Für die Zumutbarkeit einer Belastung sind die Erfordernisse demokratischer Politik mit zu berücksichtigen.

Als Bezugspunkt des Folgerichtigkeitsgebots sollte das legislative Gemeinwohlziel, nicht etwa die Figur des Regelungskonzeptes, aufgefasst werden.[471] Denn während sich die geförderten Belange und die ihnen zugute kommenden (beziehungsweise entgegenwirkenden) Effekte hinreichend sicher bestimmen lassen, sähe man sich bei der Klassifikation des Normenkonstruktes als eine bestimmte Art von Konzept ähnlichen Schwierigkeiten ausgesetzt wie bei der Systembestimmung im Kontext des Abgestimmtheitsgebots.[472] Folgten die verfassungsgerichtlich untersuchten Rauchverbote beispielsweise einem Konzept

---

[468] Dazu auch oben, S. 176.

[469] Dieses Urteil wird oftmals von tatsachenbezogenen Annahmen abhängen, im Hinblick auf die dem Gesetzgeber Beurteilungsspielräume zukommen können. Zu diesen Spielräumen *Klaus Meßerschmidt*, Gesetzgebungsermessen, S. 994 ff. Bestehen solche Freiräume, so ergeben sich zusätzliche Folgerichtigkeitsanforderungen. Näher zu diesen unten, S. 213 ff.

[470] Aus den zuvor angestellten Überlegungen folgt, dass auch der Grundsatz der Erforderlichkeit eine Wirkdimension aufweist, die auf Konsistenz zielt. Aufgrund der oben beschriebenen Schwierigkeiten bei der Entfaltung des Konsistenzgedankens in seinem Kontext (S. 197 f.) ist er als Folgerichtigkeitspflicht praktisch allerdings kaum brauchbar. Eine nähere Befassung mit der Erforderlichkeit unterbleibt hier deshalb.

[471] Gegen eine Anknüpfung an den Gedanken des Konzepts als Bezugspunkt auch *Christian Bumke*, Der Staat Bd. 49 (2010), S. 77 (96).

[472] Siehe oben, S. 155 ff.

des eingeschränkten Nichtraucherschutzes oder einem, nach dem ein Gast in jeder Gaststätte zumindest auch rauchfreie Plätze vorfinden sollte?[473] Wiederum handelt es sich bei beiden Klassifikationen um vertretbare Beschreibungen der untersuchten Rechtslagen. Während eine Festlegung insoweit willkürlich erscheint, lässt sich sehr wohl eindeutig herausarbeiten, dass die Nichtraucherschutzgesetze weiterhin erhebliche Gesundheitsbeeinträchtigungen durch das Tabakrauchen in Gaststätten ermöglichten. Ihre gesundheitsfördernden Effekte waren also infolge der legislativen Ausgestaltung erheblich verkürzt.

3. Rechtsstaatliches Verbot bezweckter Zielkonflikte

Weniger konkrete Anhaltspunkte stehen für die Ausgestaltung des aus der Ordnungsfunktion des Rechts folgenden Gebotes zur Verfügung, bezweckte Zielkonflikte zu vermeiden. Um ein Ausufern dieser Vorgabe zulasten der Integrität demokratischer Rationalitätsgewährleistung zu vermeiden, sollte sie jedoch möglichst eng gefasst werden. Diesem Ziel entsprechend ist die Vorgabe so auszugestalten, dass sie nur Situationen erfasst, in denen Vereitelungswirkungen für ein anderswo verfolgtes Ziel den wesentlichen Zweck von Rechtsvorschriften bilden. Der Anwendungsbereich des Gebotes kann damit praktisch kaum über den bundesstaatlichen Kontext hinausreichen. Denn dass derselbe Kompetenzträger gezielt widersprüchlich entscheidet, wird kaum jemals vorkommen – wobei eine derartige Rechtslage allerdings unbedingt als rechtsstaatswidrig einzustufen wäre. Im Bund-Länder-Verhältnis erscheinen zukünftige Anwendungsfälle wahrscheinlicher. Selbst wenn man in Rechnung stellt, dass die Verfassung widerstreitende Politikentwürfe zwischen Bundes- und Landesregierungen sowie -parlamenten als legitim einordnet, wird insofern – auch im Respekt vor den Legislativbefugnissen des jeweils anderen Kompetenzträgers – ein rechtsstaatlicher Mindeststandard herzustellen sein.

---

[473] Letzteres Alternativkonzept wird diskutiert in den Sondervoten der Richter *Brun-Otto Bryde*, BVerfGE 121, 317 (379); und *Johannes Masing*, BVerfGE 121, 317 (381 f.). Siehe auch *Rolf Gröschner*, ZG Bd. 23 (2008), S. 400 (405 f.).

Dritter Abschnitt

Methodengerechte Erfassung und Beurteilung der Wirklichkeit

Bei der dritten Gruppe verfassungsrechtlicher Folgerichtigkeitsgebote geht es um die gesetzgeberische Verarbeitung der Realität. Nachdem in den ersten beiden Abschnitten Fragen der Struktur von Regelungen und der sie tragenden Gründe erörtert worden sind, geht es nunmehr um die Begründbarkeit des Rechts in Gestalt der Schlüssigkeit legislativer Vorstellungen von den geregelten Gegenständen. Selbstbindungen ergeben sich insofern meist im Hinblick auf legislative Entscheidungen, tatsächliche Umstände nach bestimmten Grundsätzen erfassen und bewerten zu wollen. Zur Entwicklung solcher Bewertungskonzepte kann der Gesetzgeber gezwungen sein, um verfassungsrechtlichen Handlungspflichten nachzukommen; und zwar, wenn ein tatsächlicher Zustand hergestellt werden muss, dessen Vorliegen sich jedoch nicht ohne konkretisierende Wertungsentscheidungen feststellen lässt. Allerdings stellt sich in allen Situationen, in denen Gesetze in Ausübung von Einschätzungsprärogativen auf Vorstellungen von der Wirklichkeit aufbauen, die Frage nach einer legislativen Konzeptgebundenheit. Schließlich hat sich eine verfassungsrechtliche Vorgabe entwickelt, nach der deskriptive Bestandteile der Rechtsordnung die Regelungswirklichkeit widerspiegeln müssen.

A. Rechtsprechung des Bundesverfassungsgerichts

I. Grundanforderungen der Schlüssigkeit von Einschätzungen und Prognosen

Ein Minimalstandard geschuldeter Schlüssigkeit dürfte – auch wenn sich insoweit bislang keine ausführlichen Konsistenzprüfungen beobachten lassen – bereits aus der hergebrachten Rechtsprechung des Bundesverfassungsgerichts zu gesetzgeberischen Einschätzungs- und Prognosespielräumen folgen.[474] Wie

---

[474] Siehe als Leitentscheidung das Mitbestimmungsurteil von 1979, das die bis dahin entwickelten Linien der Rechtsprechung zusammenfasst und systematisiert, BVerfGE 50, 290

streng das Gericht die Einschätzungen und Prognosen des Gesetzgebers kontrolliert, macht es „von Faktoren verschiedener Art" abhängig, „im besonderen von der Eigenart des in Rede stehenden Sachbereichs, den Möglichkeiten, sich ein hinreichend sicheres Urteil zu bilden, und der Bedeutung der auf dem Spiele stehenden Rechtsgüter."[475] Auf der Basis dieser Kriterien wählt es zwischen drei Kontrollintensitäten aus: einer Prüfung, ob die gesetzgeberischen Vorstellungen evident unhaltbar sind, einer Vertretbarkeitskontrolle, sowie einer intensiven inhaltlichen Nachprüfung.[476] Zwar lässt sich – weil sie tendenziell ohne größere definitorische Bemühungen geprüft werden[477] – wenig Genaues über den Inhalt dieser Maßstäbe sagen. Doch dürften selbst im Rahmen der Evidenzkontrolle als großzügigstem Maßstab widersprüchliche Konzeptionen der Realität zur Annahme eines gesetzgeberischen Fehlers[478] führen. Denn wie kann die Fehlerhaftigkeit von realitätsbezogenen Vorstellungen offensichtlicher sein als im Fall von unvereinbaren Annahmen über die in einem Lebensbereich wirkenden Fakten und Kausalbeziehungen?

Die detailliertesten Anhaltspunkte im Hinblick auf den Maßstabsinhalt finden sich für die mittlere Stufe der Vertretbarkeitskontrolle. „Dieser Maßstab verlangt, daß der Gesetzgeber sich an einer sachgerechten und vertretbaren Beurteilung des erreichbaren Materials orientiert hat. Er muß die ihm zugänglichen Erkenntnisquellen ausgeschöpft haben, um die voraussichtlichen Auswirkungen seiner Regelung so zuverlässig wie möglich abschätzen zu können und

---

(331 ff.). Aus der neueren Rechtsprechung etwa BVerfGE 106, 62 (150 ff.). Detaillierte Auseinandersetzung mit legislativen Einschätzungen der Wirklichkeit auch in BVerfGE 120, 82 (113 ff. und passim), allerdings ohne eine ausdrückliche Maßstabsbildung. Wissenschaftliche Aufarbeitung bei *Klaus Meßerschmidt*, Gesetzgebungsermessen, S. 926 ff., besonders 964, 990 ff.; *Klaus Schlaich/Stefan Korioth*, Bundesverfassungsgericht, Rn. 532 ff.; *Christian Bumke*, Der Staat Bd. 49 (2010), S. 77 (97 ff.); *Christian Bickenbach*, Die Einschätzungsprärogative des Gesetzgebers, S. 17 ff.; *Armin Steinbach*, Der Staat Bd. 54 (2015), S. 267 (270 ff.). Zur älteren Rechtsprechung siehe *Fritz Ossenbühl*, in FG BVerfG I, S. 458 ff.

Dass dem Gesetzgeber bei der Beurteilung der Realität ein Spielraum zusteht, ist Voraussetzung für ein diesbezügliches Konsistenzurteil. Vom Gericht selbst festgestellte Fakten und auf ihrer Grundlage formulierte Vorgaben der Verfassung haben grundsätzlich keinen Bezug zur Frage der Folgerichtigkeit, siehe oben S. 39 ff., 45 ff., 50 f. Hat der Gesetzgeber demgegenüber Einfluss auf die Sachverhalte, die seinen Entscheidungen als Tatsachen zugrunde liegen, so ergeben sich Bezugspunkte für Konsistenzurteile in Form eigenständiger legislativer Entscheidungen.

[475] BVerfGE 50, 290 (332 f.).
[476] BVerfGE 50, 290 (333). Von einer „Drei-Stufen-Lehre" sprechen *Klaus Schlaich/Stefan Korioth*, Bundesverfassungsgericht, Rn. 532.
[477] Vgl. aus der aktuellen Rechtsprechung etwa BVerfGE 103, 293 (307); 110, 141 (157 f.); 117, 163 (189); 120, 82 (113 f.); 129, 124 (182 f.); 132, 195 (242 f.).
[478] Zu den kontextabhängigen Fehlerfolgen siehe *Christian Bumke*, Der Staat Bd. 49 (2010), S. 77 (97 f.).

einen Verstoß gegen Verfassungsrecht zu vermeiden. Es handelt sich also eher um Anforderungen des Verfahrens."[479] Vor allem in dieser prozeduralen Einordnung – die allerdings nicht mit einem formellen Verfassungsmäßigkeitskriterium verwechselt werden sollte[480] – liegt ein Erfordernis legislativer Konsistenz begründet: Je mehr man der Legislative den Freiraum lässt, den Weg der Realitätseinschätzung selbst zu wählen und je mehr man sich bei der Inhaltskontrolle der von ihr gewonnenen Informationen zurückhält, desto mehr wird man die Vertretbarkeit ihres Urteils davon abhängig machen müssen, dass sie ihre Erfassungs- und Bewertungsmethoden auch einhält. In den Worten des Bundesverfassungsgerichts müssen sich die realitätsbezogenen Einschätzungen des Gesetzgebers „methodisch auf ein angemessenes Prognoseverfahren stützen lassen, und dieses muss konsequent verfolgt worden sein".[481] Ein Verzicht auf materielle Vorgaben verlangt als formelles Mindestkriterium die Schlüssigkeit der Argumentation, auf die der Gesetzgeber seine Vorstellungen und Entscheidungen stützt.[482] Wie die folgenden Ausführungen zeigen werden, lassen sich die meisten Anforderungen folgerichtiger Verarbeitung der Wirklichkeit, die das Bundesverfassungsgericht formuliert hat, als in dieser Weise verfahrensbezogen einordnen.

II. Maßstabsgerechter Ausgleich der Länderfinanzen

Eine solche Konsistenzpflicht im Zusammenhang mit der Erfassung der Wirklichkeit ist zunächst für das Recht des Länderfinanzausgleiches entwickelt worden, der im Hinblick auf die tatsächliche Finanzkraft der Gebietskörperschaften „angemessen"[483] sein muss. Wie auch in den anderen Bereichen geschuldeter Folgerichtigkeit werden in der diesbezüglichen Rechtsprechung traditionell gesetzgeberische Entscheidungsspielräume betont. Innerhalb des verfassungsrechtlich vorgegebenen Rahmens könne „der politische Prozess sich nach seinen eigenen Regeln und Bedingungen" entfalten.[484] Bereits 1992 hatte das Bundesverfassungsgericht jedoch das rechtsstaatliche Willkürverbot verletzt gesehen, weil „der Gesetzgeber selbstgesetzte Maßstäbe für die (...) Bewirkung des angemessenen Ausgleichs ohne irgendwie einleuchtenden Grund" verlassen hatte.

---

[479] BVerfGE 50, 290 (333 f.).
[480] Siehe oben, S. 41 ff.
[481] BVerfGE 106, 62 (152).
[482] Siehe zum Zusammenhang von Verfahrenskontrolle und Anforderungen der „Prognosestimmigkeit: Rationalität, Plausibilität, Schlüssigkeit" bereits *Fritz Ossenbühl*, in FG BVerfGE I, S. 458 (513 f.).
[483] Vgl. insbesondere Art. 107 Abs. 2 Satz 1 GG.
[484] BVerfGE 72, 330 (390). Siehe auch *Fritz Ossenbühl*, in FS Vogel, S. 227 (228).

Es dürften keine Ergebnisse hervorgerufen werden, „die zu den selbstgesetzten Maßstäben und Ausgleichsschritten in Widerspruch stehen."[485] 1999 verpflichtete das Gericht den Gesetzgeber in einer viel beachteten[486] Entscheidung sogar, mithilfe eines ihn „selbst bindenden maßstabgebenden Gesetzes (Maßstäbegesetz)"[487] die Ordnungsprinzipien des Länderfinanzausgleiches zu klären.[488] Erst danach dürfe jeweils im Finanzausgleichsgesetz festgelegt werden, welche Anteile am Aufkommen bestimmter Steuern Bund und Ländern für ein konkretes Jahr zukommen. So ergäben sich mit Verfassung, Maßstäbegesetz und Finanzausgleichsgesetz „drei aufeinander aufbauende Rechtserkenntnisquellen".[489] Bezugspunkt für die verlangte Folgerichtigkeit der einzelnen Verteilungsentscheidung im Finanzausgleichsgesetz ist also die grundsätzliche Entscheidung für einen Verteilungsmechanismus im Maßstäbegesetz. Abweichungen sollen offenbar unzulässig sein. Verhindert werden soll, dass die jeweiligen Zuweisungen ausschließlich Ergebnis politischer Kompromisse sind, ohne am verfassungsrechtlichen Sinn des Finanzausgleiches – der Kompensation von Unterschieden in der Finanzkraft der betroffenen Gebietskörperschaften[490] – orientiert zu sein.[491] Indem das Gericht ausdrücklich ein „Erfordernis einer systemprägenden Maßstabsbildung"[492] und eine gesetzgeberische Selbstbindung[493] annimmt, geht es sprachlich weiter als bei der Entwicklung der meisten übrigen Konsistenzanforderungen. Weitgehend unklar bleibt dabei die dogmatische Herleitung der Verpflichtung zum Erlass des selbstbindenden Maßstäbegesetzes. Dass der einfache Gesetzgeber eine konkretisierende Maßstabsbildung vornehmen muss, erklärt das Gericht offenbar mit der geringen Regelungsdichte des Grundgesetzes.[494] Warum hierfür ausnahmsweise die Form

---

[485] BVerfGE 86, 148 (252 ff.).

[486] Näher zu der Entscheidung *Fritz Ossenbühl*, in FS Vogel, S. 227 ff.; *Christoph Degenhart*, ZG 15 (2000), S. 79 ff.; *Stefan Korioth*, ZG Bd. 17 (2002), S. 335 ff.; *Otto-Erich Geske*, Der Staat Bd. 46 (2007), S. 203 (217 f.); *Helmut Siekmann*, in Sachs GG, Vor Art. 104a Rn. 61 ff., mit zahlreichen weiteren Nachweisen. Grundsätzlich zur Gesetzgebung beim Länderfinanzausgleich *Adrian Jung*, Maßstäbegerechtigkeit im Länderfinanzausgleich, S. 13 ff.; *Vanessa Heinz*, Der Schleier des Nichtwissens im Gesetzgebungsverfahren, S. 276 ff.

[487] BVerfGE 101, 158 (217).

[488] Der Gesetzgeber ist der Verpflichtung nachgekommen durch den Erlass des Maßstäbegesetzes – MaßstG vom 9. September 2001 (BGBl. I S. 2302).

[489] BVerfGE 101, 158 (216 f.).

[490] Vgl. insbesondere Art. 107 Abs. 2 S. 1 GG.

[491] Durch die Verhinderung einer „rein interessenbestimmte(n) Verständigung über Geldsummen" soll eine „institutionelle Verfassungsorientierung" gewährleistet werden, BVerfGE 101, 158 (217 f.). Siehe auch *Fritz Ossenbühl*, in FS Vogel, S. 227 (228 ff.).

[492] BVerfGE 101, 158 (232).

[493] Siehe BVerfGE 101, 158 (215, 217, 219).

[494] Vgl. BVerfGE 101, 158 (214 f.): „Die Finanzverfassung enthält somit keine unmittel-

eines eigenständigen Gesetzes verpflichtend sein soll, wird aus seiner Argumentation nicht deutlich.[495] Bereits ohne dieses förmliche Erfordernis ist jedoch ein Gebot folgerichtiger Erfassung der Realität begründet.

III. Leitbildgerechte Typisierung

Konsistenzerfordernisse klingen auch im Zusammenhang mit gesetzgeberischen Typisierungen an, die Ungleichbehandlungen vor dem allgemeinen Gleichheitssatz rechtfertigen sollen.[496] Im Zusammenhang mit Typisierungen kreist ein wesentlicher Teil der Ausführungen des Gerichts um das Arbeiten mit gesetzgeberischen Leitbildern.[497] Diese legislativen Konzeptionen müssen auf der Grundlage tatsächlicher Umstände gebildet werden. Denn als Voraussetzung für eine verfassungsgemäße Vereinfachung verlangt das Gericht, dass sich die geprüften Regelungen tatsächlich am typischen Fall orientieren. Einem Leitbild darf kein atypischer Fall, sondern muss der Normalfall zugrunde liegen.[498] In der Verpflichtung, das entwickelte Leitbild des typischen Falls zu beachten, geht im zweiten Schritt eine Pflicht zur folgerichtigen Einschätzung der Wirklichkeit einher. Denn das gewonnene Leitbild muss die „Grundlage" der generalisierenden Regelung liefern.[499] Wiederum ist also eine Proceduralisierung zu beobachten, mit der im Austausch gegen die Gewährung politischen Freiraums eine Verpflichtung zur Beachtung der selbst gesetzten Maßstäbe einhergeht.

---

bar vollziehbaren Maßstäbe, sondern verpflichtet den Gesetzgeber, das verfassungsrechtlich nur in unbestimmten Begriffen festgelegte Steuerverteilungs- und Ausgleichssystem (...) zu konkretisieren und zu ergänzen."

[495] So auch *Helmut Siekmann*, in Sachs GG, Vor Art. 104a Rn. 64. Um die durch das Gericht für maßgeblich befundenen Ziele, insbesondere die Schaffung von Distanz zu den Betroffenen (siehe BVerfGE 101, 158 [217]) herzustellen, scheint die Form eines eigenständigen Gesetzes jedenfalls nicht zwingend.

[496] Siehe zu diesen bereits oben, S. 182 ff.

[497] Vgl. BVerfGE, 112, 268 (280 f.); 116, 164 (182 f.); 122, 210 (233); 126, 268 (279); 127, 224, (246, 257). Siehe zum Folgenden auch *Christian Thiemann*, in Linien der Rechtsprechung des Bundesverfassungsgerichts, S. 179 (207 ff.).

[498] Siehe etwa BVerfGE, 112, 268 (280 f.); 116, 164 (182 f.); 122, 210 (233); 126, 268 (279); 127, 224, (246, 257); 132, 39 (49); 137, 1 (21); 137, 350 (375 f.); 139, 285 (313 f.).

[499] BVerfGE 116, 164 (182); 133, 377 (412).

IV. Konzeptgeleitete Ermittlung des menschenwürdigen Existenzminimums

1. Konkretisierungsbedürftigkeit des Grundrechts

Ein weiteres Beispiel für eine Pflicht zur konsistenten Erfassung der Realität findet sich in der sozialverfassungsrechtlichen Rechtsprechung. Aus den Verfassungsprinzipien der Menschenwürde und der Sozialstaatlichkeit leitet das Bundesverfassungsgericht schon lange ein „Grundrecht auf Gewährleistung eines menschenwürdigen Existenzminimums"[500] ab. Dieses Gebot verpflichte den Gesetzgeber zur Normierung eines Leistungsanspruches, der „stets den gesamten existenznotwendigen Bedarf jedes individuellen Grundrechtsträgers deckt".[501] Allerdings ist das Gericht der Auffassung, dass der Umfang des zu gewährenden Anspruches nicht unmittelbar aus der Verfassung abgeleitet werden könne.[502] Was zum Leben tatsächlich erforderlich sei, bestimme sich vielmehr nach den jeweils aktuell in der Gesellschaft vorherrschenden Anschauungen. Die diesbezügliche Erfassung der Wirklichkeit sei deshalb ein wertender Vorgang, den nur der Gesetzgeber selbst vornehmen könne.[503] Ihm stehe ein Gestaltungsspielraum zu.[504] Das Gericht habe in materieller Hinsicht nur zu prüfen, ob die gewählten Sätze „evident unzureichend"[505] seien.

2. Konsistenzprüfung als Folge

Bei der Prüfung des Grundrechts auf das menschenwürdige Existenzminimum muss das Gericht demnach eigentlich sicherstellen, dass jeder Bedürftige tatsächlich menschenwürdig von den gewährten Leistungen leben kann. Es darf selbst aber grundsätzlich nicht bestimmen, wie hoch dieser tatsächliche Bedarf ist – hier hält es die Einschätzung des Gesetzgebers für maßgeblich. Diesem Problem begegnete das Gericht 2010 in seinem Urteil zu der Berechnung der

---

[500] Ursprünglich verneinte das Gericht einen „Schutz vor materieller Not" aus Art. 1 Abs. 1 GG noch, vgl. BVerfGE 1, 97 (104). Später knüpfte man nur an das Sozialstaatsprinzip an, vgl. BVerfGE 40, 121 (133). Herleitung aus der Verbindung von Menschenwürde und Sozialstaatsprinzip spätestens seit BVerfGE 45, 187 (228). Zur weiteren Entwicklung vgl. BVerfGE 82, 60 (85); 113, 88 (108 f.); 125, 175 (222); 132, 134 (159 ff.). Nachzeichnung der Rechtsprechung bei *Paul Tiedemann*, NVwZ 2012, S. 1031 (1032).

[501] BVerfGE 125, 175 (224). Siehe auch BVerfGE 87, 153, (172); 99, 246 (261).

[502] Siehe BVerfGE 125, 175 (224).

[503] Siehe BVerfGE 125, 175 (224 f.), mit weiteren Gründen für die Erforderlichkeit einer parlamentsgesetzlichen Regelung – insbesondere Wesentlichkeitsgesichtspunkten und der parlamentarischen Budgethoheit – auf S. 223 f.

[504] Siehe BVerfGE 125, 175 (224 f.).

[505] BVerfGE 125, 175 (226 f.; 229 ff.); 132, 134 (165); 137, 34 (73). Vgl. auch BVerfGE 82, 60 (91 f.).

Regelsätze des „Arbeitslosengeldes II" („Hartz IV"),[506] indem es einen prozedural geprägten Prüfungsansatz entwickelte, der 2012 im Urteil zu den Leistungssätzen des Asylbewerberleistungsgesetzes[507] und 2014 in einer weiteren Entscheidung zur Leistungsgestaltung in der Grundsicherung[508] weiterverwendet worden ist.[509] Weil angesichts des Fehlens von „quantifizierbaren Vorgaben" der Verfassung eine „Ergebniskontrolle am Maßstab des Grundrechts nur begrenzt möglich" sei, hält das Gericht eine verstärkte Kontrolle „des Verfahrens zur Ermittlung des Existenzminimums" für geboten.[510]

Teil dieser strengeren Verfahrenskontrolle ist eine Prüfung auf einfachgesetzliche Konsistenz. Den Gesetzgeber treffe ein Gebot, „alle existenznotwendigen Aufwendungen folgerichtig (...) nach dem tatsächlichen Bedarf (...) zu bemessen".[511] Zunächst müsse er eine taugliche Methode zur Berechnung der Sätze entwickeln, wobei das Grundgesetz ihm wiederum Freiräume lasse.[512] „Abweichungen von der gewählten Methode" bedürften dann „der sachlichen Rechtfertigung."[513] Das Bundesverfassungsgericht prüfe, ob der Gesetzgeber „sich in allen Berechnungsschritten mit einem nachvollziehbaren Zahlenwerk innerhalb dieses gewählten Verfahrens und dessen Strukturprinzipien im Rahmen des Vertretbaren bewegt hat."[514]

In der Hartz IV-Entscheidung führte ein Verstoß gegen dieses Gebot der Folgerichtigkeit zur Verfassungswidrigkeit der Regelsätze. Zunächst prüfte das Gericht ausführlich, ob der Gesetzgeber sich für eine taugliche Methode ent-

---

[506] BVerfGE 125, 175. Siehe aus der Literatur zu der Entscheidung etwa *Timo Hebeler*, DÖV 2010, S. 754 ff.; *Philipp Dann*, Der Staat Bd. 49 (2010), S. 630 (636 ff); *Paul Kirchhof*, in HStR VIII, 3. Aufl., § 181 Rn. 225; *Ingwer Ebsen*, in Arbeitsmarktpolitik und Sozialrecht, S. 17 ff.; *Michael Brenner*, ZG Bd. 26 (2011), S. 394 ff.; *Stephan Rixen*, JöR Bd. 61 (2013), S. 525 ff.

[507] BVerfGE 132, 134 (162 ff.).

[508] BVerfGE 137, 34 (74 ff.).

[509] Die Erweiterung des gerichtlichen Prüfungsspektrums auf prozedurale Aspekte ist kürzlich ebenfalls auf den Bereich der Prüfung der Beamtenversorgung anhand des verfassungsrechtlichen Alimentationsprinzips (hier im Kontext der Professorenbesoldung) übertragen worden, vgl. BVerfGE 130, 263 (301 f.). Auch hier waren es die fehlenden „quantifizierbaren Vorgaben" der Verfassung, die das Gericht zu einer intensiveren Prüfung von Verfahrensaspekten veranlassten. Konsistenzuntersuchungen fanden allerdings in keiner der beiden Entscheidungen statt. Ohnehin wurden die vom Gesetzgeber vorgesehenen Leistungen in beiden Fällen bereits für evident unzureichend befunden, vgl. BVerfGE 130, 263 (303 ff.); 132, 134 (166 ff.).

[510] BVerfGE 125, 175 (226).

[511] BVerfGE 125, 175 (225); 132, 134 (162).

[512] Siehe BVerfGE 125, 175 (225).

[513] BVerfGE 125, 175 (225).

[514] BVerfGE 125, 175 (226).

schieden hatte, das Existenzminimum zu berechnen. Diesem Erfordernis sei er gerecht geworden, indem er prinzipiell ein statistisches Modell gewählt habe, das den Durchschnittsverbrauch bestimmter Bevölkerungsteile hinsichtlich bestimmter Güter als Vergleichswert verwendete.[515] Jedoch sei er ohne sachliche Rechtfertigung – also ohne dass Gründe vorlagen, die in sachlichem Zusammenhang mit dem Ziel der Erfassung des tatsächlichen Bedarfs eines hilfsbedürftigen Menschen standen – von seinen Berechnungsgrundsätzen abgewichen.[516] Insbesondere habe er bei bestimmten Ausgabepositionen Abschläge von den eigenen Berechnungsergebnissen vorgenommen, ohne dass insofern ein geringerer Bedarf empirisch belegt gewesen sei.[517] Moniert wurden etwa „freihändige Schätzungen" „ins Blaue hinein".[518] Auch seien die Leistungen für Kinder ohne Orientierung an deren tatsächlichem Bedarf pauschal auf 60 Prozent der Leistungen für alleinstehende Erwachsene festgelegt worden.[519] Im Ergebnis führte nicht die absolute Höhe der vorgesehenen Leistungen, sondern ein Widerspruch zur selbst gewählten Berechnungsmethode zur Verfassungswidrigkeit der geprüften Vorschriften.

3. Maßgeblichkeit des sozialrechtlichen Existenzminimums für andere Gebiete

Das Bundesverfassungsgericht verlangt, dass der Gesetzgeber die Wertungen, die er bei der Bestimmung des Existenzminimums im Sozialrecht getroffen hat, seinen Regelungen auch dort zugrunde legt, wo er außerhalb des Sozialrechts das Existenzminimum beachten muss.[520] Jedenfalls für die Steuergesetzgebung ist ein solcher Grundsatz,[521] der ebenfalls aus dem Sozialstaatsprinzip und der Menschenwürdegarantie abgeleitet wird, in die gefestigte Rechtsprechung des Gerichts übergegangen. Danach bietet das Sozialhilferecht „eine das Existenzminimum quantifizierende Vergleichsebene: Das von der Einkommensteuer zu verschonende Existenzminimum darf den Betrag, den der Staat einem Bedürftigen im Rahmen staatlicher Fürsorge gewährt, jedenfalls nicht unterschreiten."[522] Insofern wird der Gesetzgeber an seine eigene Auffassung der Realität gebunden. In der Literatur geht man davon aus, dass diese Wertungen in weite-

---

[515] Vgl. BVerfGE 125, 175 (227, 232 ff.).
[516] Vgl. BVerfGE 125, 175 (227, 238 ff.).
[517] Siehe BVerfGE 125, 175 (239 ff.).
[518] BVerfGE 125, 175 (239).
[519] BVerfGE 125, 175 (245 ff.).
[520] Das ist insbesondere im Steuerrecht der Fall. Vgl. nur BVerfGE 101, 412 (433): „Verfassungsgebot der steuerlichen Verschonung des Existenzminimums".
[521] Siehe auch *Horst Dreier*, in Dreier GG, Art. 1 Rn. 148; *Wolfram Höfling*, in Sachs GG, Art. 1 Rn. 32; *Hans Jarass*, in Jarass/Pieroth GG, Art. 1 Rn. 24.
[522] BVerfGE 99, 246 (259). Siehe etwa auch BVerfGE 87, 153 (170 f.); 120, 125 (166).

ren Rechtsmaterien bindend sind. Genannt wird insbesondere das Recht der zivilprozessualen Zwangsvollstreckung.[523] Bei der Bestimmung der dortigen Pfändungsfreigrenzen[524] dürfe das sozialversicherungsrechtliche Existenzminimum ebenfalls nicht unterschritten werden. Das Bundesverfassungsgericht hat sich zu dieser Frage bislang zwar noch nicht geäußert. Immerhin meint es jedoch, dass „diejenigen Mittel", deren Gewährung der Gesetzgeber bei der Definition des Existenzminimums im Sozialrecht beschließt, „für ein menschenwürdiges Leben unbedingt erforderlich sind"[525]. Es dürfte also auch in anderen Bereichen ihre Freiheit vor staatlichem Zugriff verlangen. Jedenfalls der Bundesgerichtshof hält die Rechtsprechung zum steuerrechtlichen Existenzminimum auch im Zivilprozessrecht für maßgeblich.[526]

V. Abfassung deklaratorischen Normtextes gemäß der Regelungswirklichkeit

Den letzten Baustein der Folgerichtigkeitsrechtsprechung bildet eine Verpflichtung zur Konsistenz im Hinblick auf einen Anteil der sozialen Wirklichkeit, den die Gesetze selbst herstellen: nämlich die Geltung der in ihnen angeordneten Rechtswirkungen. Nach dem Gebot der „Normenwahrheit"[527], das aus dem rechtsstaatlichen Grundsatz der Normenklarheit abgeleitet wird,[528] muss sich der Gesetzgeber bei der Formulierung von Regelungen „an dem für den Normadressaten ersichtlichen Regelungsgehalt der Norm festhalten lassen".[529] Die geweckte „Normerwartung" muss mit dem „Normgehalt" übereinstimmen.[530] Aus dem Fehlen von Ausführungen zu einer Rechtfertigungsmöglichkeit kann man dabei annehmen, dass eine rechtserhebliche Abweichung von Normerwartung und Normgehalt stets die Verfassungswidrigkeit der kontrollierten Vorschrift herbeiführen soll.

Eine Verletzung des Gebots der Normenwahrheit sah das Gericht etwa in einer Vorschrift, nach der für eine Verwaltungsleistung eine Gebühr zu entrichten

---

[523] Vgl. etwa *Horst Dreier*, in Dreier GG, Art. 1 Rn. 148; *Wolfram Höfling*, in Sachs GG, Art. 1 Rn. 32; *Hans Jarass*, in Jarass/Pieroth GG, Art. 1 Rn. 24a.

[524] Vgl. § 850c ZPO.

[525] BVerfGE 125, 175 (223).

[526] Vgl. BGHZ 161, 73 (78 f.). Siehe auch *Hans Jarass*, in Jarass/Pieroth GG, Art. 1 Rn. 24a.

[527] Dazu *Klaus-Dieter Drüen*, ZG Bd. 24 (2009), S. 60 ff.; *Stephan Meyer*, Der Staat Bd. 48 (2009), S. 278 ff.

[528] „Zur Normenklarheit gehört auch die Normenwahrheit." BVerfGE 108, 1 (20). Allerdings ist die Herleitung aus diesem rechtsstaatlichen Grundsatz nicht ganz eindeutig. So wird dem Grundsatz an derselben Stelle auch eine „demokratische Funktion" zugeschrieben.

[529] BVerfGE 107, 218 (256).

[530] *Klaus-Dieter Drüen*, ZG Bd. 24 (2009), S. 60 (66).

war, die den tatsächlichen Kostenaufwand der Leistungserbringung um ein Vielfaches überschritt.[531] Entgegen der geweckten Erwartung kamen die Zahlungen der Betroffenen hauptsächlich dem allgemeinen Verwaltungsetat zugute und glichen nicht lediglich den von ihnen in Anspruch genommenen Arbeitsaufwand aus.[532] Ein Verstoß gegen das Gebot der Normenwahrheit liegt nach Auffassung des Gerichts auch dann vor,[533] wenn eine dauerhaft geltende Regelung in ihrer Überschrift als Übergangsregelung ausgewiesen wird.[534] Als weitere Folge des Grundsatzes sieht das Gericht, dass durch Parlamentsgesetz geänderte Bestandteile von Rechtsverordnungen im Verordnungsrang verbleiben, sodass „Überschrift und Einleitung eines Regelungswerkes (...) auch nach zahlreichen Änderungen noch halten, was sie versprechen."[535]

Das Gebot der Normenwahrheit als Anforderung folgerichtiger Realitätserfassung einzuordnen, mag zunächst befremdlich erscheinen, ist der Normgehalt

---

[531] Das Baden-Württembergische Universitätsgesetz hatte „Für die Bearbeitung (...) jeder Rückmeldung" zum Studium eine Gebühr vorgesehen, die weitaus höher war als der tatsächliche Kostenaufwand der Hochschulverwaltungen bei der Bearbeitung von Rückmeldungen. Das Gericht hielt die betreffende Vorschrift auch deswegen für verfassungswidrig, weil der Gebührentatbestand seinem Wortlaut nach eng gefasst war, während offensichtlich weitere Gebührenzwecke verfolgt wurden. Siehe BVerfGE 108, 1 (2, 20 ff.). Näher *Klaus-Dieter Drüen*, ZG Bd. 24 (2009), S. 60 (69). Hinter diesem augenscheinlichen Auseinanderklaffen von Wortlaut und Finanzierungszweck lässt sich auch eine politische Unehrlichkeit vermuten. Tatsächlich versteht das Gericht den Grundsatz der Normwahrheit offenbar als weitere Grenze für die Verschleierung tatsächlicher gesetzgeberischer Absichten. Insofern ist er mit dem Gebot konsequenter Zielverfolgung verwandt. Das ist kürzlich in seiner Entscheidung zu den Rückmeldungsgebühren an Berliner Hochschulen – der ein weitgehend gleich gelagerter Fall zugrunde lag – besonders deutlich geworden. Hier führte das Gericht aus, Rechtsnormen dürften „nicht zum Mittel der Desinformation über das politisch Entschiedene und zu Verantwortende werden" und betitelte diesen Rechtssatz mit „Normenwahrheit". Siehe BVerfGE 132, 334 (350). Näher zum Thema gesetzgeberischer Unehrlichkeit *Stephan Meyer*, Der Staat Bd. 48 (2009), S. 278 ff. *Meyer* zeigt auch, dass vergleichbare Argumentationsmuster sich bereits in der frühen Rechtsprechung zum Rechtsstaatsprinzip finden. So führt das Bundesverfassungsgericht, BVerfGE 17, 306 (318), aus: „Jedenfalls verstößt eine (...) Gesetzesgestaltung, die die wahren Absichten des Gesetzgebers verschleiert, gegen das Rechtsstaatsprinzip". Dort geht es auch um einen „Missbrauch" gesetzgeberischer Gestaltungsbefugnisse.

[532] Siehe BVerfGE 108, 1 (20 ff.).

[533] Über die hier benannten Themenfelder hinaus ist der Grundsatz mittlerweile auch im Abgeordneten- (BVerfGE 118, 277 [366 f.]) und Bauplanungsrecht (BVerfG [K] Beschluss vom 2.6.2008, NVwZ 2008, 1229 [1230 f.]) eine Rolle gespielt. Andere Gerichte haben den Grundsatz übernommen. Näher *Klaus-Dieter Drüen*, ZG Bd. 24 (2009), S. 60 (60 f.).

[534] Siehe BVerfGE 107, 218 (256).

[535] BVerfGE 114, 196 (237); 114, 303 (312). Näher *Christopher Lenz*, NVwZ 2006, S. 296 ff.; *Klaus-Dieter Drüen*, ZG Bd. 24 (2009), S. 60 (67 f.).

doch der normativen Sphäre des Rechts zuzuordnen.[536] Jedoch passt die Anforderung in den Kontext der Wirklichkeitsverarbeitung, weil sie nicht auf folgerichtiges Regeln, sondern auf das folgerichtige Abbilden eines als bestehend hingenommenen Faktums gerichtet ist.[537] Bei näherem Hinsehen wird nämlich erkennbar, dass sie nur an den wenigen Stellen überhaupt eingreifen kann, an denen der Rechtstext Lebenssachverhalte nicht selbst autoritativ regelt, sondern lediglich die Wirkungen anderer Textbestandteile beschreibt. Denn nur an solchen Stellen ohne eigenen Regelungsgehalt ist denkbar, dass Erwartungen geweckt werden, die mit den tatsächlichen Wirkungen auseinanderfallen – an allen anderen Stellen bestimmt der Text den Normgehalt unmittelbar und kann im Hinblick auf diesen nicht falsch sein. Rein deklaratorische Rechtsbestandteile – wie etwa Überschriften, amtliche Inhaltsübersichten oder legaldefinierte Begriffe[538] – beeinflussen die Wirkungen eines Gesetzes dagegen selbst nicht. Nur sie lassen sich sinnvoll als „wahr" oder „falsch" einordnen, wohingegen regelnde Entscheidungen als reine Wertungsentscheidungen keinen Wahrheitswert aufweisen.[539]

B. Rechtsstaatliche Fundierung

Für Verfassungsgebote folgerichtiger Realitätserfassung kann man als mögliche normative Grundlage prinzipiell nicht eine einzelne oder wenige spezifische Verfassungsbestimmungen ausmachen. Denn jede Verfassungsnorm wird irgendwelche Bezüge zur tatsächlichen Sphäre aufweisen. Ist eine maßgebliche Vorstellung des Gesetzgebers insoweit fehlerhaft, so betrifft ein daraus folgen-

---

[536] Siehe zur Unterscheidung der Ebenen auch Siehe *Hans Kelsen*, Reine Rechtslehre, S. 4 ff., 9 ff.

[537] Einordnung eher als Gebot, das auf die Geeignetheit von Rechtsnormen abzielt, bei *Stephan Meyer*, Der Staat Bd. 48 (2009), S. 278 (294 ff.). Dafür mag auf den ersten Blick sprechen, dass das Gericht in seiner Argumentation wenigstens teilweise auch an legislative Zwecke (Gebührenzweck) anknüpft und deren Erkennbarkeit verlangt. Allerdings dürfte es als Bezugspunkt des Konsistenzurteils auch insofern eher um die Rechtswirkungen insgesamt gehen, die den Zwecken lediglich Ausdruck verleihen. Bei der Normenwahrheit geht es am ehesten um die Richtigkeit von Beschreibungen der Regelungswirklichkeit.

[538] Vgl. zum Beispiel die Worte „begünstigender Verwaltungsakt" in § 48 Abs. 1 Satz 2 VwVfG.

[539] Siehe *Klaus-Dieter Drüen*, ZG Bd. 24 (2009), S. 60 (65 f.), m.w.N. zum Verhältnis von Wahrheit und Recht aus rechtstheoretischer Sicht. Absoluter Richtigkeit sind Rechtsnormen als Werturteile nicht zugänglich, siehe *Bernd Rüthers/Christian Fischer/Axel Birk*, Rechtstheorie, Rn. 117 ff, 584. Zusammenfassung der Diskussion zu Wahrheit und Recht – die weit über die Wahrheitsfähigkeit von Rechtsnormen hinausgeht – bei *Ralf Poscher*, ARSP Bd. 89 (2003), S. 200 ff. (besonders zur Wahrheitsfähigkeit von Normen, siehe S. 211).

der Verfassungsverstoß die jeweilige Verfassungsnorm: ein Grundrechtseingriff ist ungeeignet und daher grundrechtsverletzend;[540] der vorgenommene Länderfinanzausgleich ist nicht im Sinne von Art. 107 Abs. 2 Satz 1 GG „angemessen"; eine bundesgesetzliche Regelung ist nicht im Sinne von Art. 72 Abs. 2 GG „erforderlich";[541] und so weiter. Forderungen nach der Konsistenz legislativer Wirklichkeitsverarbeitung folgen daher möglicherweise aus jeder die Gesetzgebung betreffenden Vorschrift, deren Wirkungen von einer gesetzgeberischen Einschätzung oder Prognose abhängen. Inwiefern das Grundgesetz eine folgerichtige Realitätserfassung fordert, hängt also vor allem davon ab, im welchem Umfang der Legislative entsprechende Spielräume zuzugestehen sind. Diese Frage betrifft das Zusammenwirken von Rechtsstaat und Demokratie im demokratischen Verfassungsstaat und lässt sich erst in der Zusammenschau mit den Aussagen des Demokratieprinzips beantworten.[542] An dieser Stelle wird lediglich ausgeführt, warum im Fall eines bestehenden Spielraums aus rechtsstaatlicher Sicht konsistentes Entscheiden gefordert ist. Zudem wird die rechtsstaatliche Verankerung des Gebots der Normenwahrheit erörtert.

I. Rechtsstaatliches Interesse an einer methodengeleiteten Wirklichkeitserfassung

1. Interesse an der Entwicklung einer Methode

Steht dem Gesetzgeber ein Spielraum bei der Erfassung oder Beurteilung von Tatsachen zu, so tritt seine Einschätzung im Rahmen der Verfassungsmäßigkeitsprüfung an die Stelle der Wirklichkeit. Anstatt der üblichen Vorgehensweise eines Gerichts zu folgen und sich – insbesondere durch Beweiserhebung, gegebenenfalls unter Hinzuziehung Sachverständiger, – ein eigenes Bild vom Vorliegen oder Nichtvorliegen der entscheidungserheblichen Tatsachen zu machen, nimmt das Bundesverfassungsgericht die gesetzgeberische Vorstellung prinzipiell als gegeben hin.[543] Im Hinblick auf den Inhalt und die Befolgung der grundgesetzlichen Vorgaben gilt die legislative Vorstellung von der Realität als richtig. Damit droht ein Vollzugsdefizit: Eine Pflicht, über deren Beachtung allein der Verpflichtete befinden darf, kann leicht leerlaufen.[544] Der Geltungs-

---

[540] Im Detail zur Rolle von Prognoseentscheidungen bei der Geeignetheitsprüfung *Klaus Meßerschmidt*, Gesetzgebungsermessen, S. 994 ff. Zum Geeignetheitsgebot als Konsistenzanforderung oben, S. 49 f., 176 ff.
[541] Zum diesbezüglichen Spielraum etwa BVerfGE 135, 155 (204); 138, 136 (176 f.).
[542] Siehe unten, S. 229 ff.
[543] Siehe auch *Fritz Ossenbühl*, in FG BVerfGE I, S. 458 (467); *Uwe Kischel*, in FS Kirchhof Bd. I, S. 371 (378 f.).
[544] Siehe zum Wirken entsprechender Spielräume insgesamt *Fritz Ossenbühl*, in FG

Dritter Abschnitt: Methodengerechte Erfassung und Beurteilung der Wirklichkeit 225

anspruch der jeweiligen Verfassungsnorm, die eine Pflicht für den Gesetzgeber aufstellt, gebietet daher, dass man die legislative Wirklichkeitserfassung diszipliniert.[545] Als einzig zufriedenstellender Weg erscheint insofern eine Verpflichtung zu – im weitesten Sinne verstandenem – methodischem Vorgehen.[546] Damit

---

BVerfGE I, S. 458 (467 ff.), dort allerdings eher kompetenz- als materiellrechtliche Einordnung der Problematik. Siehe zur Möglichkeit, Verfassungsverletzungen infolge von Spielräumen zu übersehen, auch *Robert Alexy*, VVDStRL Bd. 61 (2002), S. 7 (27, siehe dort auch S. 29 zum Selbstentscheiden über die eigene Bindung).

[545] Besonders deutlich zeigt sich diese Wirkung, wenn der Gesetzgeber verfassungsrechtlich dazu verpflichtet ist, einen tatsächlichen Zustand zu schaffen, für dessen Vorliegen ihm jedoch ein Beurteilungsspielraum zusteht – also etwa beim Existenzminimum, das ein menschenwürdiges Leben ermöglichen muss; beim Länderfinanzausgleich; oder auch bei der Verpflichtung, die Beamten angemessen zu alimentieren. Zur Konkretisierungsbedürftigkeit der jeweiligen verfassungsrechtlichen Anforderungen durch den Gesetzgeber siehe nur hinsichtlich des Existenzminimums BVerfGE 125, 175 (224 f.); hinsichtlich der Beamtenalimentierung BVerfGE 130, 263 (294); hinsichtlich des Länderfinanzausgleiches BVerfGE 101, 158 (214 ff.). Siehe auch das Beispiel der Staatsverschuldung bei *Bernd Grzeszick*, VVDStRL Bd. 71 (2012), S. 49 (73 f.). In all diesen Fällen muss das kontrollierende Gericht eigentlich das Vorhandensein des verlangten Zustands feststellen, um zur Verfassungsmäßigkeit der Rechtslage zu gelangen. Doch das Bestehen eines Spielraums schließt eine solche Prüfung aus. Dennoch kann das Gericht die Geltung der Pflicht zu Schaffung des Zustands nicht ignorieren.

Dasselbe Dilemma besteht letztlich im Fall jedes Beurteilungsspielraums der Legislative im Hinblick auf verfassungsrechtliche Anforderungen an Gesetze, etwa beim Erarbeiten eines „Leitbilds" für eine Typisierung. Durch die Verfassungsmäßigkeitsprüfung muss einerseits sichergestellt werden, dass die Verfassungspflicht eingehalten wird. Andererseits ist „eine Ergebniskontrolle (…) nur begrenzt möglich" (BVerfGE 125, 175 [226]).

[546] Die bloße Beschränkung auf eine inhaltliche Evidenzkontrolle kann das Problem nicht überzeugend lösen. Welcher Grad an Nichtbefolgung der Verfassungspflicht ist evident? Setzt man den entsprechenden Wert zu niedrig an, so ist unzureichend gewährleistet, dass „die verfassungsrechtliche Gestaltungsdirektive (…) tatsächlich eingehalten wird" (BVerfGE 130, 263 [301]). Wählt man einen zu hohen Wert, so wird faktisch doch das eigene Ermittlungsergebnis des kontrollierenden Gerichts maßgeblich. Bei der parallelen Figur des Beurteilungsspielraums im Verwaltungsrecht kann gegebenenfalls – etwa bei Prüfungsentscheidungen – immerhin auf relativ detaillierte Verfahrensbestimmungen und anerkannte Bewertungsmaßstäbe zurückgegriffen werden, um eine hinreichende Normorientierung zu gewährleisten. (Zusammenfassend zum verwaltungsgerichtlichen Kontrollmaßstab bei Beurteilungsspielräumen siehe BVerwGE 128, 329 [332 f.]; sowie *Hartmut Maurer*, Allgemeines Verwaltungsrecht, § 7 Rn. 31 ff.) Für den Bereich der Gesetzgebung bestehen jenseits der Verfahrensregelungen über die Verabschiedung von Gesetzen aber kaum tragfähige Vorgaben. Dennoch kann nicht ausreichen, dass im Gesetz irgendeine Lösung vorgesehen wird. Um mit hinreichender Sicherheit sagen zu können, dass der geschaffene Zustand verfassungskonform ist, wird man vielmehr verlangen müssen, dass der Gesetzgeber eigene Methoden der Ermittlung und Bewertung entwickelt. Anhand dieser Grundsätze muss er die tatsächlichen Gegebenheiten einschätzen, den Handlungsbedarf identifizieren und mit Blick auf ihn die notwendigen Maßnahmen ergreifen. Der so ermöglichte Rationalisierungserfolg mag begrenzt sein, weil die politischen Akteure durch Manipulation der Maßstäbe das Er-

muss nicht gemeint sein, dass komplexeste Bewertungsverfahren auf dem neuesten Stand der Wissenschaft verwendet werden, wie man es etwa in die vom Gericht formulierte Anforderung, die Wirklichkeit „so zuverlässig wie möglich" abzuschätzen,[547] hineinlesen kann. Zumindest jedoch wird man verlangen müssen, dass die Akteure im Gesetzgebungsverfahren sachliche Kriterien entwickeln, von denen sie ihr Bild von der Wirklichkeit abhängig machen wollen.[548] Ergänzend zu einer jeweiligen Verfassungsmäßigkeitsvoraussetzung lässt sich eine solche Verpflichtung mit der Ordnungsfunktion des Rechts begründen. Denn dem Bedürfnis nach Steuerungskraft kann man nur gerecht werden, wenn die verwendete Tatsachengrundlage angesichts der bestehenden Unsicherheit wenigstens eine gewisse Wahrscheinlichkeit bietet, die wirklichen Umstände und Kausalzusammenhänge widerzuspiegeln. Ein ernsthaftes Bemühen, sich an die Realität immerhin anzunähern, wird man auch als Mindestvoraussetzung für eine auf Überzeugung ausgerichtete Ordnungsarbeit ansehen müssen.[549]

---

gebnis beeinflussen können. So etwa *Stefan Korioth*, ZG Bd. 17 (2002), S. 335 (344 ff., 352 f.). Immerhin jedoch wird erklärbar (und hierin besteht die rationalisierende Wirkung) warum das Gesetz den Anforderungen des Grundgesetzes gerecht wird und diese zum Ausdruck bringt. Wohlwollend gegenüber einer entsprechenden Verpflichtung auch *Michael Brenner*, ZG Bd. 26 (2011), S. 394 (398 ff.).

Das hier vertretene Interesse an methodischem Vorgehen folgt unter anderem aus dem Geltungsanspruch der jeweils betroffenen Verfassungsnorm. Das bedeutet – anders als *Christoph Degenhart*, ZG 15 (2000), S. 79 (86 ff.) meint – aber nicht, dass die einfachrechtlichen Beurteilungsmaßstäbe gegenüber der konkreten gesetzlichen Ausgestaltung einen normhierarchisch überlegenen Rang einnehmen können oder müssen. Alle Konsistenzanforderungen ziehen eine legislative Selbstbindung nach sich, ohne jedoch die strikte formelle Normenhierarchie zu berühren, siehe oben, S. 35 ff. Auch durch Anforderungen konsistenter Wirklichkeitserfassung bleiben alle einfachrechtlichen Wertungen gleichrangig. Es ergibt sich allenfalls eine verfassungsrechtliche Wertung, die ihr gleichzeitiges Vorhandensein in der Rechtsordnung untersagt. Daher ist es zur Begründung einer entsprechenden Verfassungspflicht nicht erforderlich, zu konstruieren, dass einer der beiden Vergleichspunkte des Konsistenzurteils höherrangiges Recht konkretisiert. Davon aber geht *Degenhart*, a. a. O., aus.

Die Frage nach einer grundgesetzlichen Verpflichtung zu methodischem Vorgehen erörtert bereits *Gunther Schwerdtfeger*, in FS Ipsen, S. 173 ff. Siehe auch *Christian Bickenbach*, Die Einschätzungsprärogative des Gesetzgebers, S. 413 ff., zum Gedanken einer „Pflicht des Gesetzgebers nachzudenken und zu überdenken".

[547] BVerfGE 50, 290 (333 f.).

[548] In diesem Sinne zurückhaltender auch BVerfGE 137, 34 (75): Das Bundesverfassungsgericht prüfe „ob Leistungen jeweils aktuell auf der Grundlage verlässlicher Zahlen und schlüssiger Berechnungsverfahren im Ergebnis zu rechtfertigen sind. Das Bundesverfassungsgericht setzt sich dabei nicht mit eigener Sachkompetenz an die Stelle des Gesetzgebers, sondern überprüft lediglich die gesetzgeberischen Festlegungen zur Berechnung von grundgesetzlich nicht exakt bezifferbaren, aber grundrechtlich garantierten Leistungen."

[549] Zu Steuerungs- und Überzeugungskraft als Anforderungen der Ordnungsfunktion des Rechts siehe oben, S. 60 ff.

2. Interesse an der Einhaltung einer gewählten Methode

Das Erfordernis methodischen Vorgehens beinhaltet notwendig eine Konsistenzanforderung. Denn wenn die Verfassung schon die Entwicklung von Bewertungskriterien fordert und es gerade nicht ausreichen lässt, dass irgendeine Vorstellung von der Realität zur Tatsachengrundlage von Gesetzen wird, wird sie auch die Einhaltung der entwickelten Kriterien verlangen müssen. Selbst wenn man eine Verpflichtung zu methodischem Vorgehen ablehnt, wird man ein Konsistenzerfordernis jedenfalls im Fall einer (insoweit freiwillig) gewählten Methode annehmen müssen. Niemand wird dem Gesetzgeber wohl eine Möglichkeit zugestehen wollen, seine Vorstellungen von der Wirklichkeit auf ein Bewertungsverfahren zu stützen, dass er selbst gar nicht beachtet.

II. Rechtsstaatliches Interesse an der Richtigkeit deskriptiven Normtextes

Was die rechtsstaatliche Verankerung des Grundsatzes der Normenwahrheit anbelangt, ist aufgrund der Entwicklung im Zusammenhang mit dem Prinzip der Normenklarheit zunächst auf Gesichtspunkte der Rechtssicherheit zu denken.[550] Soll der Einzelne in die Lage versetzt werden, sein Verhalten am Recht auszurichten,[551] dann müssen Rechtsnormen möglichst klar und bestimmt formuliert werden, sodass ihre Lektüre es möglichst leichtmacht, ihren Inhalt zu erfassen. Zwar ist eindeutig, dass dieses Erfordernis nicht bis zu einem Gebot vollkommener Laienverständlichkeit[552] reichen kann. Denn Gesetze sind Fachtexte. Damit sie handhabbar bleiben, lässt es sich vielfach nicht vermeiden, die Normunterworfenen für das Verständnis der Rechtslage auf erläuternde Literatur und den Rat von Experten zu verweisen.[553] Dennoch muss man ein verfassungsrechtliches Interesse an der Verständlichkeit von Rechtsnormen anerkennen und dogmatisch verarbeiten. Einen Verfassungsverstoß wird man spätestens in Erwägung ziehen müssen, wenn es nicht nur schwierig ist, aufgrund des Textes

---

[550] Dazu auch *Klaus-Dieter Drüen*, ZG Bd. 24 (2009), S. 60 (62 ff., 71 ff.); *Stephan Meyer*, Der Staat Bd. 48 (2009), S. 278 (295 ff.).

[551] Siehe zu dieser im Zusammenhang mit dem Grundsatz der Normenklarheit gebräuchlichen Formulierung etwa BVerfGE 45, 400 (420); 83, 130 (145); 108, 52 (75). Siehe zum Grundsatz der Rechtssicherheit auch oben, S. 199 ff.

[552] Ein Gebot der Laienverständlichkeit klingt etwa bei *Helmuth Schulze-Fielitz*, in Dreier GG, Art. 20 (Rechtsstaat), Rn. 141, an, wenn er meint, ein Normadressat müsse „den Inhalt der rechtlichen Regelungen auch ohne spezielle Kenntnisse mit hinreichender Sicherheit feststellen können". In diese Richtung auch *Roman Herzog*, NJW 1999, S. 25 (25).

[553] Ausführlich zur fehlenden Vereinbarkeit der Forderung nach der Laienverständlichkeit des Rechts mit den Erfordernissen der Rechtswirklichkeit, siehe *Emanuel Vahid Towfigh*, Der Staat Bd. 48 (2009), S. 29 (46 ff.).

einer Regelung deren Effekt einzuschätzen, sondern wenn ihr Wortlaut sogar unrichtige Informationen über die Rechtslage enthält. In diesem Augenblick kommt zur unvermeidlichen Komplexität der Rechtssprache ein vermeidliches Moment der Irreführung hinzu. Bei dem Versuch, die Wirkungen eines Gesetzes zu erfassen, wird der Betroffene in eine falsche Richtung gelenkt.

Damit ein falsches Bild von den Wirkungen eines Gesetzes allerdings für die Frage der Rechtssicherheit relevant wird, ist eine Beeinträchtigung der Normunterworfenen oder Normanwender bei der inhaltlichen Erfassung der Rechtslage notwendig. Solange sich die rechtlichen Verhältnisse einer Person trotz eines unrichtigen Wortlauts eindeutig aus dem Gesetz ergeben, lässt sich argumentieren, dass dieses Interesse nicht beeinträchtigt ist.[554] Legt eine Regelung etwa fest, dass unter bestimmten Umständen eine Gebühr in einer bestimmten Höhe entrichtet werden muss, so ist für die Gebührenschuldner klar, welche finanzielle Belastung sie erwartet. Wenn in demselben Gesetz als Gebührenzweck die Deckung eines Aufwands genannt wird, der viel geringer als die Höhe der Gebühr ist, so wird zwar der erzielte Finanzierungseffekt falsch beschrieben. Dadurch ändert sich aber nichts an der Möglichkeit, die hinzunehmende Belastung einzuschätzen.[555] Anders liegt der Fall etwa, wenn aus der Überschrift einer beeinträchtigenden Regelung deutlich wird, dass die Beeinträchtigung nur übergangsweise gelten soll.[556] Die Betroffenen leben dann in der Erwartung, demnächst von ihr befreit zu werden. Lässt sich nach einer gewissen Zeit nicht mehr von einer übergangsweisen Geltungsdauer sprechen, so hat eine Fehlinformation über rechtliche Wirkungen stattgefunden, die den Einzelnen konkret betreffen. Selbst wenn man jedoch annimmt, dass das Gebot der Rechtssicherheit den Grundsatz der Normenwahrheit nur zum Teil erklären kann, lässt er sich im Übrigen auf die Ordnungsfunktion des Rechts stützen.[557] Denn das Erfordernis gedanklicher Ordnung wird ohne weiteres ein Interesse beinhalten, dass die Wirkungen des Rechts nicht ohne Not falsch beschrieben werden. Das Recht soll geordnet sein und muss sich der Richtigkeit verpflichtet sehen. Insbesondere darf es „nicht zum Mittel der Desinformation über das politisch Entschiedene und zu Verantwortende werden"[558].

---

[554] Zur vergleichbaren Situation bei gegenläufigen Steuerungseffekten siehe oben S. 199 ff.

[555] In den Fällen der Rückmeldegebühren war die Dispositionssicherheit der Studenten also nicht berührt. Dazu oben, S. 221 ff. Kritisch zur Begründung mit Gesichtspunkten der Rechtssicherheit *Stephan Meyer*, Der Staat Bd. 48 (2009), S. 278 (295 ff.).

[556] Zum Fall der Beamtenbesoldung siehe oben, S. 221 ff.

[557] Diese rechtsstaatliche Begründung dürfte auch unter Rückgriff auf die von *Stephan Meyer*, Der Staat Bd. 48 (2009), S. 278 (298 ff.), angeführten Argumente näherliegen als die bei *Meyer* vorgeschlagene Herleitung aus dem Demokratieprinzip. Für eine rechtsstaatliche Begründung auch *Klaus-Dieter Drüen*, ZG Bd. 24 (2009), S. 60 (71 ff.).

[558] BVerfGE 132, 334 (350). Dazu passt die Ablehnung einer gesetzgeberischen Befugnis

C. Einfügen in den Wertungszusammenhang des demokratischen Verfassungsstaats

I. Realitätsverarbeitung und demokratische Ordnung

Aus Sicht des Demokratieprinzips rufen Anforderungen folgerichtiger Realitätsverarbeitung weitaus geringere Reibungen hervor als die zuvor betrachteten Gebote.[559] Unabhängig von ihren politischen Zielen muss es im Interesse von Entscheidungsträgern liegen, von einem richtigen Bild der Wirklichkeit auszugehen. – Jedenfalls wird man auch aus demokratischen Gründen kein legitimes Interesse daran begründen wollen, sich an falschen Tatsachen zu orientieren. Zwar betreffen Gebote methodengerechter Erfassung der Realität nicht nur die Tatsachengrundlage an sich, sondern auch deren Bewertung. Und das Beispiel der Sozialleistungen zeigt, dass diese Interpretation der Wirklichkeit – hier die konkrete Höhe des Leistungsumfangs, den man für ein menschenwürdiges Leben braucht, – die Wirkungen einer Verfassungspflicht fast vollständig determinieren kann.[560] Doch knüpfen entsprechende Folgerichtigkeitsanforderungen ausschließlich an Bewertungsmethoden an, die der Gesetzgeber selbst entwickelt hat. Welche Faktoren er als maßgeblich ansehen will und wie er diese Gesichtspunkte im Verhältnis zueinander gewichtet, bleibt – jedenfalls aus der Perspektive der Konsistenz – vollkommen ihm selbst überlassen. Die Souveränitäts- und Politikbeeinträchtigung, die Verfassungspflichten folgerichtiger Realitätsbewertung auslösen, beschränkt sich also größtenteils auf die Notwendigkeit, überhaupt eine Bewertungsmethode zu entwickeln.[561] Sie liegt höchstens in einer Erhöhung der Entscheidungskosten und betrifft das Entscheidungsergebnis aufgrund ihres prozeduralen Ansatzes in geringerem Umfang, als es beim Abgestimmtheitsgebot oder bei Anforderungen folgerichtiger Zielverfolgung der Fall ist. Auch die Freiheit zur Ausgestaltung deskriptiven Normtextes

---

zur „authentischen Interpretation" von Gesetzen, BVerfGE 126, 369 (392); 135, 1 (15). Danach reicht es, um den Gerichten ein bestimmtes Auslegungsergebnis vorzugeben, nicht aus, wenn in einer Gesetzesbegründung schlicht behauptet wird, eine Norm habe eine bestimmte Wirkung (hier: eine bloß deklaratorische Wirkung).

[559] In diese Richtung auch *Peter Axer*, in GS Brugger, S. 335 (347f.).

[560] Siehe zur oft urteilsentscheidenden Rolle der Korrektheit von Sachverhaltsannahmen auch *Klaus Schlaich/Stefan Korioth*, Bundesverfassungsgericht, Rn. 534.

[561] Bedenkt man, dass die Alternative zu einer Konsistenzprüfung praktisch oftmals nicht in einem Verzicht auf eine verfassungsgerichtliche Prüfung, sondern in einer Verwendung inhaltlicher Maßstäbe aus den betroffenen Verfassungsnormen liegen wird, so erscheinen entsprechende Vorgaben gar als „Stärkung des Gesetzgebers". So für den Länderfinanzausgleich *Fritz Ossenbühl*, in FS Vogel, S. 227 (237f.). Zur Schonung legislativer Spielräume durch Konsistenzgebote siehe auch oben, S. 39ff.

ist aus demokratischer Sicht zwar nicht irrelevant, weil die Begrifflichkeiten, unter denen politische Maßnahmen diskutiert werden, die öffentliche Meinung erheblich beeinflussen können.[562] Doch die Beeinträchtigung, die von einer Pflicht zur Normenwahrheit für die demokratische Souveränitätsausübung und die politische Mehrheitsbildung ausgeht, dürfte gleichwohl nicht schwer ins Gewicht fallen.

Zugleich wird man die strukturelle Fähigkeit des politischen Prozesses, bereits ohne rechtsstaatlich-gerichtliche Kontrolle angemessen abgestimmte Ergebnisse zu produzieren, im Bereich der Wirklichkeitsbewertung deutlich geringer einschätzen müssen als bei der Abstimmung auf Grundregeln oder Ziele. Spiegelbildlich ist die Wahrscheinlichkeit von Störungen der Fähigkeit des politischen Systems zur Rationalitätsgewährleistung relativ erhöht. Denn wirklichkeitsbezogene Bewertungsmethoden sind – gerade wenn es sich um Berechnungsverfahren handelt – in der politischen Debatte schwer handhabbar und nachvollziehbar.[563] Oft wird sich für politische Akteure aus Abgrenzungsgesichtspunkten ein Anreiz bieten, öffentlich mit konkreten Zahlen zu argumentieren. Die öffentliche Debatte wird sich dann eher mit der absoluten Höhe der Werte befassen als mit der Frage, ob die Zahlen das Resultat eines richtig angewendeten Berechnungsverfahrens sind. Gerade auch was den informellen Charakter der Kompromissbildung anbelangt, wird es bei der Festlegung konkreter Werte einen Anreiz zum „reinen Feilschen" mit konkreten Zahlen, nicht zum „deliberativen Verhandeln" geben.[564] Um eine voraussichtlich unpopuläre Maßnahme zu kaschieren, kann es zudem vorteilhaft sein, Vorschriften so zu gestalten, dass sie nicht „normenwahr" sind.

II. Verbindendes Verständnis der Anforderungen von Rechtsstaat und Demokratie

1. Methodengerechtes Erarbeiten von Sachverhaltsannahmen und -bewertungen

In einer Zusammenschau der rechtsstaatlichen und der demokratischen Verfassungsaussagen ergibt sich eine verfassungsrechtliche Pflicht für den Gesetzgeber, bei der Ausübung von Einschätzungs- und Prognosespielräumen metho-

---

[562] Für eine praktische Perspektive mit Beispielen aus der US-amerikanischen Politik siehe *Frank Luntz*, Words that Work, S. 149 ff. und passim.

[563] Zur Funktionsfähigkeit des Diskurses als Maßstab für das Funktionieren der demokratischen Mechanismen der Rationalitätserzeugung siehe oben, S. 86 ff., 104 ff.

[564] Zu den beiden Kategorien siehe oben S. 102 f., Fn. 386. Zur Gefahr einer „rein interessenbestimmten Verständigung über Geldsummen" auch *Stefan Korioth*, ZG Bd. 17 (2002), S. 335 ff.

dengeleitet vorzugehen, also Beurteilungskriterien erst zu entwickeln und dann auf den maßgeblichen Sachverhalt anzuwenden. Bevor diese Pflicht unter Verweis auf die Gesichtspunkte begründet wird, die einführend als Leitgedanken für den Ausgleich der betroffenen Verfassungsnormen entwickelt worden sind, lohnt sich eine Befassung mit den legislativen Spielräumen selbst. Indem herausgearbeitet wird, wie weit sie reichen, wird der Rahmen für entsprechende Konsistenzanforderungen abgesteckt.

a) Wirklichkeitsbezogene Spielräume des Gesetzgebers

Generell verlaufen legislative Spielräume spiegelbildlich zu den Anforderungen der Verfassung: Sie ergeben sich in allen Regelungsbereichen, jeweils soweit das Grundgesetz keine Vorgaben für Gesetze enthält.[565] Daraus folgen als zentrale Kriterien für die Reichweite der allgemeinen regelungsbezogenen Gestaltungsspielräume, vermöge derer der Gesetzgeber die Rechtsordnung ausgestaltet,[566] die Gewichtigkeit der betroffenen Rechtsgüter und die Intensität etwaiger Eingriffe.[567] Denn von diesen Gesichtspunkten hängt ab, wie streng die Grundrechte, und insbesondere der Grundsatz der Verhältnismäßigkeit, auf die gesetzgeberische Regelungstätigkeit einwirken.

Auch das Ausmaß politischer Freiheit zu tatsachenbezogenen Einschätzungen und Prognosen wird von Fragen der betroffenen Rechte und der Eingriffsintensität beeinflusst. Je beeinträchtigender eine Maßnahme ist, desto höher wird die für ihre Rechtfertigung zu fordernde Erfolgswahrscheinlichkeit sein, desto eher also wird das kontrollierende Gericht prüfen müssen, ob die gesetzgeberischen Vorstellungen von den maßgeblichen Tatsachen und Kausalbeziehungen fundiert sind.[568] Obwohl diese grundrechtsfokussierte Perspektive insofern Anhaltspunkte liefert, bietet sie für sich genommen allerdings keinen überzeugenden Maßstab, um legislative Beurteilungsspielräume abschließend zu bestimmen. Denn jedenfalls sofern der gesamte relevante Sachverhalt sicher feststeht, wird man dem Gesetzgeber auch bei kaum oder nicht beeinträchtigenden Maßnahmen keinen Spielraum gewähren wollen, Rechtsvorschriften abweichende Annahmen zugrunde zu legen. Vor diesem Hintergrund erklärt sich eine

---

[565] Siehe *Robert Alexy*, VVDStRL Bd. 61 (2002), S. 7 (16 ff.); *Klaus Schlaich/Stefan Korioth*, Bundesverfassungsgericht, Rn. 530.

[566] Zu diesen Spielräumen etwa *Christian Bumke*, Der Staat Bd. 49 (2010), S. 77 (97). Zu Spielräumen auch oben, S. 39 ff.

[567] Siehe *Gunnar Folke Schuppert*, DVBl 1988, S. 1191 (1193 f.); *Robert Alexy*, VVDStRL Bd. 61 (2002), S. 7 (17 ff.); *Klaus Schlaich/Stefan Korioth*, Bundesverfassungsgericht, Rn. 530.

[568] Siehe das „epistemische Abwägungsgesetz" bei *Robert Alexy*, VVDStRL Bd. 61 (2002), S. 7 (28): „Je schwerer ein Eingriff in ein Grundrecht wiegt, desto größer muss die Gewissheit der den Eingriff tragenden Prämissen sein."

klassischerweise vorgenommene Differenzierung zwischen objektiver Tatsachenfeststellung auf der einen Seite und Tatsachenwürdigung sowie Prognose auf der anderen. Während in den letzten beiden Fällen Spielräume bestünden, sei im ersten Fall keine Einschätzungsprärogative gegeben.[569] Letztendlich lösen kann jedoch auch diese Unterscheidung das Problem der Bestimmung von Beurteilungsspielräumen nicht. Denn eine Sachverhaltsentwicklung mag – weil sie in der Zukunft liegt – nur prognostizierbar, gleichwohl aber mit an Sicherheit grenzender Wahrscheinlichkeit zu erwarten sein. Dann werden auch insoweit Spielräume ausscheiden. Beispielsweise lässt sich nur prognostizieren (und nicht mit letzter Sicherheit feststellen), dass in Deutschland in den kommenden zehn Jahren jeweils tausende Kandidaten sich einer juristischen Staatsprüfung unterziehen werden. Gleichwohl müsste man es als abwegig und intolerabel betrachten, Juristenausbildungsgesetze auf einer anderslautenden Einschätzung aufzubauen.

Die aufgezeigten Unwägbarkeiten machen deutlich, dass sich als präziseste und sachnächste Maßstäbe für das Abstecken legislativer Spielräume der Wirklichkeitsverarbeitung zwei Kriterien anbieten: Einerseits tatsächliche und andererseits politisch-normative Unklarheit.[570] Unabhängig von der betroffenen Sachmaterie wird man dem Gesetzgeber keine Freiheit zu Einschätzungen und Prognosen gewähren wollen, soweit die maßgeblichen Umstände und Kausalbeziehungen sicher feststehen oder mit zumutbarem Aufwand feststellbar sind. In diesem Fall lassen der Geltungsanspruch der betroffenen Verfassungsnormen und die Ordnungsfunktion des Rechts nichts Anderes zu, als die Vorgaben des Grundgesetzes auf der Grundlage des wahren Sachverhalts zu ermitteln. Besteht dagegen Unsicherheit im Hinblick auf die Wirklichkeit und ihre voraussichtliche Entwicklung, so muss bei der Gesetzgebung eine Einschätzung erarbeitet werden. Dazu braucht der Gesetzgeber Freiraum. Zwar erscheint es nicht zwingend, seine gewonnene Einschätzung auch einer verfassungsgerichtlichen Prüfung zugrunde zu legen. Denn immerhin kann auch ein Gericht – etwa mithilfe von

---

[569] Mit dieser Einteilung klassifiziert *Fritz Ossenbühl*, in FG BVerfGE I, S. 458 (479 ff.), die verfassungsgerichtliche Praxis. Dazu auch *Klaus Meßerschmidt*, Gesetzgebungsermessen, S. 948 ff., der insoweit von einem „Trennungsdenken in der Rechtsprechung" spricht.

[570] Diese Kriterien gehen zurück auf die Einteilung der epistemischen Spielräume bei *Robert Alexy*, VVDStRL Bd. 61 (2002), S. 7 (27 ff.). *Alexy* unterscheidet empirische und normative Erkenntnisspielräume. In beiden Fällen sei unklar, was die Verfassung gebiete, wobei die Ursachen „in der Unsicherheit empirischer oder normativer Prämissen" liegen könnten. Die empirische Unklarheit betreffe den tatsächlichen Sachverhalt. Die normative Unklarheit betreffe unmittelbar „was die Verfassung gebietet, verbietet und freistellt". Hier wird der Einteilung mit der weiterreichenden Differenzierung gefolgt, dass ein legislativer Spielraum nicht einfach normative Unklarheit voraussetzt, sondern eine spezifisch politische normative Unklarheit zu fordern ist.

Sachverständigen – eine komplexe Situation einschätzen.[571] In Abwesenheit von erkennbaren Verfahrensfehlern spricht infolge der umfangreicheren Kapazitäten von Bundestags- und Ministerialverwaltung in Verbindung mit der gerichtlichen Verfahrensökonomie jedoch einiges dafür, sich an den Einschätzungen, die im Gesetzgebungsverfahren gewonnen worden sind, zu orientieren.[572]

Der zweite Fall wirklichkeitsbezogener Spielräume ist gegeben, wenn in politisch-normativer Hinsicht unklar ist, wie die Verfassung auf die Wirklichkeit reagiert. Nach der klassischen Einteilung[573] würde man diese Unsicherheit im Bereich der Würdigung des Sachverhalts verorten (die sich sowohl auf gegenwärtige als auch auf prognostizierte Sachverhalte beziehen kann). Der Begriff „politisch-normativ" soll hier in Abgrenzung von der allgemeinen Normativität der Verfassung verstanden werden. Unklarheiten treten bei den vagen Normen des Grundgesetzes ständig auf und es ist grundsätzlich Aufgabe des Bundesverfassungsgerichts, sie im Wege der Auslegung zu klären. Das gilt auch für die rechtliche Würdigung von Tatsachen, also die Fragen etwa, wann eine Tätigkeit im Sinne von Art. 12 Abs. 1 GG einen Beruf darstellt oder welche Maßnahmenformen im Sinne von Art. 14 Abs. 3 Satz 1 GG Enteignungen sind. Politisch-normativ sind diejenigen normativen Unklarheiten, deren Beseitigung aus funktionell-rechtlichen Gründen nicht in der Sphäre der Justiz, sondern in der Zuständigkeit der Politik verortet werden muss.[574] Der richtige Mechanismus für ihre Klärung ist aus verfassungssystematischer Sicht der politische Diskurs.[575] Naturgemäß fällt eine trennscharfe Abgrenzung hier schwer. Doch bieten sich die Bemessungen von finanziellen Leistungen an Erwerbslose und Beamte als explizierende Beispiele für politisch-normative Fragestellungen an. Aus dem Grundgesetz geht hervor, dass entsprechende Leistungen in angemessener Höhe gewährt werden müssen. Anhaltspunkte in Bezug auf diese Höhe fehlen jedoch.[576] Abgesehen von der notwendigen Allgemeinheit des Verfassungsrechts lässt sich als Grund für dieses Fehlen die verfassungspolitische Einsicht sehen, dass menschliche Gesellschaften ihr soziales und öffentliches Miteinander immer wieder neu verhandeln müssen und sollen.[577] Zu gegebenen Zeitpunkten

---

[571] Siehe auch *Uwe Kischel*, in FS Kirchhof Bd. I, S. 371 (378 f.).

[572] Siehe zur Diagnose- und Prognosekapazität von Bundesverfassungsgericht und Gesetzgebungsorganen als Argument in der Debatte über Spielräume *Klaus Meßerschmidt*, Gesetzgebungsermessen, S. 942 ff.

[573] Siehe die Nachweise auf S. 232, Fn. 569.

[574] Funktionell-rechtliche Einordnung des Problems der Erkenntnisspielräume auch bei *Robert Alexy*, VVDStRL Bd. 61 (2002), S. 7 (16 f., 27 ff.).

[575] Zum Diskurs als zentralem Rationalitätsmechanismus der Demokratie siehe oben, S. 79 ff.

[576] Siehe BVerfGE 125, 175 (224 f.); 130, 263 (301 f.).

[577] Ein Gegenbeispiel bieten etwa Art. 109 Abs. 3, 115 GG, die die Staatsverschuldung in

muss das Volk vermittelt über gewählte Repräsentanten evaluieren können, wie es aus sozial- und wirtschaftspolitischen Gründen, aber auch vor dem Hintergrund sich wandelnder Vorstellungen von einem würdigen Leben, die Position der Erwerbslosen ausgestalten will. Entsprechendes gilt für die Rolle, die es dem öffentlichen Dienst zuschreiben will, und den sozialen Status, der für die Beamten angemessen ist. Zusätzlich zu ihrer prägenden Rolle für das Zusammenleben der Menschen sind beide Themenkomplexe von großem Einfluss auf die Budgethoheit des Parlaments und damit die Handlungsfähigkeit des Staates. Die Beispiele stellen als entscheidendes Charakteristikum von politisch-normativen Fragestellungen die gestalterische Natur ihrer Beantwortung heraus. Politisch-normative Unklarheit muss durch diskursive Verständigung,[578] sie kann nicht durch Rechtserkenntnis beseitigt werden.

b) Anforderung methodenkonsistenten Regelns

Innerhalb der wirklichkeitsbezogenen Spielräume, die sich aufgrund von tatsächlicher oder politisch-normativer Unklarheit ergeben können, muss der Gesetzgeber seine Ermittlungs- und Beurteilungsmethoden folgerichtig anwenden. Alle Leitgedanken des Ausgleichs zwischen den Verfassungswertungen führen zu diesem Auslegungsergebnis.[579] Aus Sicht des Einheitsgedankens muss man eine Lesart anstreben, nach der die verschiedenen Verfassungsaussagen vereinbar sind. Zusammenzuführen ist also das Bedürfnis des Gesetzgebers, in den gerade eingegrenzten Situationen der Unsicherheit selbständig zu urteilen, mit den rechtsstaatlichen Forderungen nach der Durchsetzung des Verfassungsrechts und der Geordnetheit des einfachen Rechts. Beide Seiten vereint ein Verständnis des Grundgesetzes, nach dem der Gesetzgeber seine Bewertungsgrundsätze selbstständig bestimmt, Verfassungsbindung und Ordnung des Rechts aber in Form eines Gebotes sichergestellt werden, den Grundsätzen zu folgen. Funktionell-rechtlich liegt dieses Ergebnis nahe, weil die Gesetzgebungsorgane aus Kapazitätsgründen eher zum Ausräumen tatsächlicher Unklarheiten und als politische Akteure eher zum Erzielen politischer Verständigung ausgelegt sind als das Verfassungsgericht. Dieses wiederum kann strukturell eher im Rahmen der nachträglichen Rechtskontrolle die Einhaltung von Verfahrensschritten überprüfen. Aus Optimierungssicht erscheint die vorge-

---

Bund und Ländern begrenzen. Hier will man eine Frage des staatlichen Miteinanders und der Generationengerechtigkeit dem politischen Diskurs gerade entziehen. Es wird mit den 0,35 % des nominellen Bruttoinlandsprodukts sogar eine konkrete Größe für das Ausmaß der zulässigen Neuverschuldung des Bundes angegeben.

[578] Zum Gedanken der Verständigung als Zielrichtung kommunikativen Handelns und zur Notwendigkeit, Verständigung in einem Diskurs zu erzielen, siehe oben, S. 84 ff.

[579] Zu diesen Leitgedanken siehe oben, S. 109 ff.

schlagene Lösung als Weg, der alle betroffenen Interessen zu größtmöglicher Geltung bei geringstmöglicher Beeinträchtigung der anderen Seite führt. Schließlich kann eine rechtsstaatlich-gerichtliche Kontrolle auch das strukturelle Defizit des politischen Prozesses kompensieren, die Rationalität von Entscheidungen in Form ihrer Begründbarkeit mit Erfassungs- und Bewertungsverfahren sicherzustellen.[580]

2. Wahrheitsgemäße Beschreibung der Regelungswirklichkeit

Beim Erarbeiten eines verbindenden Verfassungsverständnisses im Hinblick auf den Grundsatz der Normenwahrheit geht es vor allem um die Bedingungen, die an die Wahrheit deskriptiver Textbestandteile zu stellen sind. Denn ist die Unwahrheit einmal festgestellt, so wird eine verfassungsrechtliche Rechtfertigung ausscheiden: Eine verwirrende Normgestaltung mag zuweilen politisch opportun sein; legitimierbar ist sie auch unter Verweis auf Interessen demokratischer Souveränitätsausübung nicht, die den Gesetzgebungsorganen schließlich zum Zweck der politischen Gemeinwohlbestimmung eingeräumt worden sind.[581]

Konkretisiert werden sollte das Interesse an der Normenwahrheit zu einem Verbot nur solcher legislativen Beschreibungen, die mit der Regelungswirklichkeit unvereinbar sind. Zwar wären auch strengere Anforderungen denkbar, etwa ein Gebot, Rechtswirkungen möglichst genau zu beschreiben. Das Verbot der Unvereinbarkeit ermöglicht jedoch diejenige Zusammenführung der demokratischen und rechtsstaatlichen Verfassungswertungen, bei der die größtmögliche Wirksamkeit jeder Seite sichergestellt ist. Die Freiheit der politischen Entscheidungsträger zu einer überzeugenden Bezeichnung ihrer Maßnahmen bleibt gewahrt, während grobe Verstöße gegen Rechtssicherheit und Ordnungsfunktion des Rechts ausgeschlossen sind.

---

[580] Besonders deutlich wird diese kompensatorische Wirkung beim Maßstäbegesetz im Rahmen des Länderfinanzausgleichs, das ein Element der Distanz in den Rechtssetzungsprozess einführt, siehe *Christoph Degenhart*, ZG 15 (2000), S. 79 (83 f.). Sie stellt im oben beschriebenen Sinn einen Funktionszusammenhang (siehe S. 111 ff.) zwischen Defizit und Kompensationsleistung her, weil einer der Rationalität gewährleistenden Mechanismen des politischen Prozesses gerade die Distanz ist. Dazu oben, S. 91 f., 104 ff.
[581] *Stephan Meyer*, Der Staat Bd. 48 (2009), S. 278 (298 ff.), argumentiert sogar für eine Herleitung des Gebots der Normenwahrheit aus dem Demokratieprinzip.

III. Maßstabsbildung

1. Methodengerechtes Erarbeiten von Sachverhaltsannahmen und Bewertungen

Tatbestand und Rechtsfolge des Konsistenzgebots für Einschätzungen und Prognosen lassen sich leicht bestimmen. Den Bezugspunkt des Folgerichtigkeitsurteils bilden die Erfassungs- und Bewertungsmethoden des Gesetzgebers. Die Sachverhaltsannahmen und -bewertungen, die den überprüften Regelungen zugrunde liegen, müssen sich als Ergebnisse aus diesen Methoden herleiten lassen. Ergeben sie sich aus einer folgerichtigen Anwendung der Grundsätze nicht, so ist ein Verstoß gegeben. Dieser kann nicht gerechtfertigt werden, denn ein legitimer Grund, bestimmte Parameter bei der Realitätserfassung zunächst für maßgeblich zu befinden, sie dem Erarbeiten konkreter Maßnahmen aber nicht zugrunde zu legen, ist nicht vorstellbar. Stellt man also einen Bruch mit einem Bewertungsmodell fest, ist das tatsächliche Merkmal, über dessen Vorliegen der Gesetzgeber zu entscheiden hat, nicht gegeben. In der Terminologie des Bundesverfassungsgerichts bei der eingeschränkten Überprüfung von Einschätzungen und Prognosen ist das Ergebnis evident unhaltbar. Setzt die Verfassungskonformität einer Regelung das Vorliegen des Merkmals voraus, fehlt es auch an ihr.

2. Wahrheitsgemäße Beschreibung der Regelungswirklichkeit

Ausgehend von den angestellten Überlegungen fällt auch die Konturierung des Gebotes der Normenwahrheit nicht schwer. Es gilt für deskriptive Bestandteile von Normtexten. Sind diese Elemente unvereinbar mit den Wirkungen, die sie beschreiben, so verstößt die gesetzliche Ausgestaltung gegen das Gebot. Eine solche Unvereinbarkeit kann nicht gerechtfertigt werden. Sie führt unmittelbar die Verfassungswidrigkeit der überprüften Vorschriften herbei.

Fazit

Der demokratische Verfassungsstaat erzeugt im Zusammenwirken seiner Komponenten eine spezifische Form der öffentlichen Rationalität. Um seine rationalisierende Wirkung zu erfassen, darf man das komplexe Verhältnis der demokratischen und rechtsstaatlichen Institutionen nicht, wie traditionell üblich, auf einen Widerstreit reduzieren. Man muss die Strukturprinzipien integrativ, als gegenseitige Ergänzungen innerhalb einer einheitlichen Konzeption begreifen. Auf dem so verstandenen Zusammenwirken von Rechtsstaat und Demokratie beruhen die Anforderungen des Grundgesetzes an die Folgerichtigkeit der Gesetze.

Die heutige staatliche Institutionenordnung muss einerseits in Form von Rechtsnormen eine rationale Ordnung für das soziale Leben bereitstellen. Andererseits ist sie zur Erzeugung der Gesetze auf den unkontrollierbaren, verfahrens- und ergebnisoffenen Mechanismus der freiheitlichen Demokratie verwiesen. Der moderne Staat kann im Hinblick auf die Rationalität politischen Entscheidens nicht indifferent sein; sie ist Voraussetzung für seine Legitimität. Zugleich kann er den politischen Akteuren aber keine umfassenden Rationalitätsmaßstäbe als Entscheidungsregeln vorgeben. Diesem Problem begegnet die Verfassungspraxis des Grundgesetzes vorwiegend mit einer Bewältigungsstrategie der punktuellen verfassungsgerichtlichen Inhaltskontrolle. Die Verfassungsgerichtsbarkeit stellt sicher, dass die Gesetze mit einzelnen vorgegebenen Inhalten, die als unerlässlich für ein rationales Gemeinwesen angesehen werden, strikt in Einklang stehen; im Übrigen ist die Normenkontrolle den demokratischen Mechanismen der Rationalitätsgewährleistung überlassen. Dieses Standardprogramm ergänzt das Grundgesetz durch einige inhaltsoffene Anforderungen an den materiellen Gehalt der Rechtsordnung, indem es Widersprüche zwischen gesetzlichen Wertungen sanktioniert. Insofern kombiniert es demokratische Spielräume mit rechtsstaatlicher Kontrolle. Die Kombination erfolgt nicht in Form einer ausdrücklichen, umfassenden Pflicht zur Folgerichtigkeit im Hinblick auf jede erdenkliche Wertung. Vielmehr verlangt die Verfassung durch tatbestandlich begrenzte Konsistenzanforderungen, die jeweils allgemeinere Verfassungsgrundsätze konkretisieren, Widerspruchsfreiheit im Hinblick auf einzelne Kategorien von Wertungsentscheidungen. Mit diesen Anforderungen fordert das Grundgesetz auf drei unterschiedlichen Ebenen die rationale Begründbarkeit der Gesetze. Gestalt und Intensität der Vorgaben unterscheiden sich zwischen den Ebenen gravierend.

Auf der ersten Ebene geht es um die Erklärbarkeit des Rechtsstoffes selbst – die gedankliche Durchdringbarkeit der Regelungsstruktur, die sich im Zusammenwirken der Rechtsnormen ergibt. Diese Dimension der Nachvollziehbarkeit gesetzgeberischen Entscheidens sicherzustellen hat das Grundgesetz nahezu vollständig der demokratischen Ordnung überantwortet. Zwar lässt sich als Wertung des Rechtsstaatsprinzips nachweisen, dass das Recht sinnvoll strukturiert sein soll. Besonders wie die Legislative Normal- und Spezialkonstellationen zuschneidet und den Unterschieden zwischen ihnen im Verhältnis von Regeln und Ausnahmen begegnet, soll vernünftig begründbar sein. Über ihre gleichheitsrechtlichen Anforderungen hinaus – die allein auf den Schutz von Menschen vor Diskriminierung gerichtet sind und keinen unmittelbaren Bezug zum Thema der Folgerichtigkeit aufweisen – stellt die Verfassung jedoch nur eine schwache Kontrollnorm für die Prüfung der Sinnhaftigkeit von Regel-Ausnahme-Verhältnissen bereit. Der Grund für diese Zurückhaltung liegt weniger in der Schutzbedürftigkeit parlamentarischer Souveränitätsansprüche als in der historischen Erfahrung, dass die Demokratie schlicht am besten geeignet ist, um in komplexen Gesellschaften rational abgestimmte Gemeinwohllösungen zu erzielen. Erst wenn dieser Prozess strukturell versagt – was unter anderem aufgrund der Komplexität der betroffenen Regelungsmaterie denkbar ist – hat das Bundesverfassungsgericht anhand des rechtsstaatlichen Abgestimmtheitsgebots zu überprüfen, ob sich für die gesetzliche Ausgestaltung, wie sie sich in den Regel-Ausnahme-Verhältnissen des einfachen Rechts niederschlägt, sachliche Gründe finden lassen.

Erheblich stärkeren Einfluss entfaltet das Kriterium der Folgerichtigkeit bereits auf der zweiten Ebene der Begründbarkeit des Rechts. Hier geht es um die Ziele, denen Rechtsnormen dienen, und damit unmittelbar um die Gründe, die sich zugunsten gesetzgeberischer Maßnahmen anführen lassen. Auch in dieser Hinsicht hat die Verfassung die Rationalität politischen Entscheidens, besonders was die Auswahl und Kombination von Zielen anbelangt, prinzipiell der Demokratie überantwortet. Doch ist der Zusammenhang zwischen denkbaren Gründen und überzeugender Begründbarkeit so eng – und die Bedeutung dieser Kategorien für eine rationale Ordnung durch Recht so groß –, dass das Rechtsstaatsprinzip in diesem Bereich ein substanzielles, wenn auch zurückhaltendes, Kontrollregime etablieren muss. Als umfassenden Mindeststandard fordert es daher – auch wo das Verhältnismäßigkeitsprinzip nicht anwendbar ist –, dass jede Rechtsnorm geeignet zur Förderung ihres eigenen Zweckes ist. Im Übrigen hängen die Konsistenzanforderungen davon ab, ob auf eine legislative Entscheidung das Übermaßverbot Anwendung findet. Wenn eine Norm eine Rechtsverkürzung bewirkt, steigert sich – im Interesse des Rechtsinhabers – das rechtsstaatliche Bedürfnis nach ihrer Begründbarkeit. Das dann zu fordernde angemessene Verhältnis der Beeinträchtigung zur Zielverfolgung hängt ganz erheblich davon ab, wie stark infolge der Beeinträchtigung das Ziel gefördert werden kann. Bei dieser Nützlichkeitsbeurteilung kommt es auf die Nutzeneffekte der gesetzlichen Ausgestaltung ebenso an wie auf Rechtswirkungen, die dem angestrebten Ziel zuwiderlaufen. Je nach Fallkonstellation kann die Folgerichtigkeit gesetzgeberischer Zielverfolgung damit zum entscheidenden Verfassungsmäßigkeitskriterium werden. Wenn demgegenüber keine geschützte Rechtsposition verkürzt wird, sodass eine Verhältnismäßigkeitsprüfung unterbleibt, sind die Begründbarkeitsanforderungen deutlich schwächer. Sie beschränken sich letztlich auf ein Missbrauchsverbot, nach dem Normen nicht zu dem alleinigen Zweck ergehen dürfen, die Erreichung der Zwecke anderer Bestimmungen zu vereiteln.

Strikte Folgerichtigkeitsanforderungen gelten für die dritte Ebene der Begründbarkeit der Gesetze. Hier geht es um die Vorstellungen von der Wirklichkeit, die Rechtsnormen zugrunde liegen. Ist in tatsächlicher Hinsicht unklar, wie die Realität beschaffen ist oder sich entwickeln wird, oder muss die normative Beurteilung der Realität aus funktionell-rechtlichen Gründen im demokratischen Prozess erfolgen, so steht dem Gesetzgeber ein Spielraum zu. Die politisch erarbeitete Einschätzung oder Beurteilung gilt dann bei der Verfassungsmäßigkeitsprüfung als richtig. Damit diese Vermutung jedoch greifen und die verfassungsrechtliche Vorgabe als gewahrt angesehen werden kann, muss innerhalb des Spielraums widerspruchsfrei gewertet werden. Der Geltungsanspruch der einschlägigen Verfassungsnorm gebietet, dass statt irgendwelcher willkürlicher Annahmen ein methodengeleiteter Wirklichkeitsentwurf die Tatsachengrundlage von Rechtsnormen und ihrer verfassungsrechtlichen Überprüfung bildet. Die Einschätzungs-, Prognose-, und Beurteilungsmaßstäbe des Gesetzgebers müssen folgerichtig angewendet werden. Nur so wird begründbar, warum die gewählte und nicht irgendeine andere Vorstellung als richtig zu akzeptieren sein soll. Die Vorgaben folgerichtiger Realitätserfassung erstrecken sich über die empirisch-faktische Sphäre hinaus auf die Regelungswirklichkeit. Insofern gebietet das Rechtsstaatsprinzip, dass deklaratorische Normbestandteile die tatsächlichen Regelungswirkungen, die sie beschreiben, richtig wiedergeben.

Literaturverzeichnis

Acemoglu, Daron/Robinson, James: Economic Origins of Dictatorship and Democracy, Cambridge u.a. 2006.
Achterberg, Norbert/Schulte, Martin: Artikel 38, in von *Mangoldt, Hermann/Klein, Friedrich/ Starck, Christian* (Hrsg.), Kommentar zum Grundgesetz, 6. Auflage, München 2010.
Alexy, Robert: Grundrechte und Verhältnismäßigkeit, in *Schliesky, Utz/Ernst, Christian/ Schulz, Sönke* (Hrsg.), Die Freiheit des Menschen in Kommune, Staat und Europa. Festschrift für Edzard Schmidt-Jortzig, Heidelberg u.a. 2011, S. 3–15.
–: Theorie der Grundrechte, Frankfurt am Main 2006.
–: Verfassungsrecht und einfaches Recht – Verfassungsgerichtsbarkeit und Fachgerichtsbarkeit, VVDStRL Band 61 (2002), S. 7–33.
Aristoteles: Politik, in *Grumach, Ernst* (Begr.)/*Flashar, Hellmut* (Hrsg.), Aristoteles. Werke in deutscher Übersetzung, Bände 9/II und 9/III, Berlin 1991 und 1996.
Arrow, Kenneth J.: A Difficulty in the Concept of Social Welfare, The Journal of Political Economy Band 58 (1950), S. 328–346.
–: Social Choice and Individual Values, 2. Auflage, New Haven u.a. 1963.
Axer, Peter: Das Grundrecht auf Gewährleistung eines menschenwürdigen Existenzminimums und die Sicherung sozialer Grundrechtsvoraussetzungen, in *Anderheiden, Michael/ Keil, Rainer/Kirste, Stephan/Schaefer, Jan Philipp* (Hrsg.), Verfassungsvoraussetzungen. Gedächtnisschrift für Winfried Brugger, Tübingen 2013, S. 335–353.
Bäcker, Matthias: Anmerkung zum Urteil des BVerfG in Sachen Rauchverbot vom 30.7.2008 – 1 BvR 3262/07 u.a., abgedruckt in DVBl 2008, 1110 ff., DVBl 2008, S. 1180–1184.
Badura, Peter: Die parlamentarische Demokratie, in *Isensee, Josef/Kirchhof, Paul* (Hrsg.), Handbuch des Staatsrechts der Bundesrepublik Deutschland. Band II. Verfassungsstaat, 3. Auflage, Heidelberg 2004, § 25, S. 497–540.
Bagehot, Walter: Die englische Verfassung, Neuwied u.a. 1971.
Battis, Ulrich: Systemgerechtigkeit, in *Stödter, Rolf/Thieme, Werner* (Hrsg.), Hamburg Deutschland Europa. Beiträge zum deutschen und europäischen Verfassungs-, Verwaltungs- und Wirtschaftsrecht. Festschrift für Hans Peter Ipsen zum siebzigsten Geburtstag, Tübingen 1977, S. 11–30.
Becker, Michael: Demokratie und politische Legitimität, in *ders./Schmidt, Johannes/Zintl, Reinhard*, Politische Philosophie, 2. Auflage, Paderborn 2009, S. 257–306.
Becker, Ulrich: Selbstbindung des Gesetzgebers im Sozialrecht. Zur Bedeutung von Konsistenz bei der Ausgestaltung von Sozialversicherungssystemen, in *von Wulffen, Matthias/ Krasney, Otto Ernst* (Hrsg.), Festschrift 50 Jahre Bundessozialgericht, Köln u.a. 2004, S. 77–96.
Benda, Ernst: Konsens und Mehrheitsprinzip im Grundgesetz und in der Rechtsprechung des Bundesverfassungsgerichts, in *Hattenhauer, Hans/Kaltefleiter, Werner* (Hrsg.), Mehrheitsprinzip, Konsens und Verfassung. Kieler Symposium vom 14.–16. Juni 1984, Heidelberg 1986, S. 61–77.

Benz, Arthur: Konstruktive Vetospieler in Mehrebenensystemen, in *Mayntz, Renate/Streeck, Wolfgang* (Hrsg.), Die Reformierbarkeit der Demokratie. Innovationen und Blockaden. Festschrift für Fritz W. Scharpf, Frankfurt am Main u. a. 2003, S. 205–236.

–: Politik in Mehrebenensystemen, Wiesbaden 2009.

Berins Collier, Ruth/Mahoney, James: Adding Collective Actors to Collective Outcomes. Labor and Recent Democratization in South America and Southern Europe, Comparative Politics Band 29 (1997), S. 285–303.

Bethge, Herbert: § 91, in *Maunz, Theodor/Schmidt-Bleibtreu, Bruno/Klein, Franz/Bethge, Herbert* (Begr./Hrsg.) Bundesverfassungsgerichtsgesetz. Kommentar, Stand 49. Ergänzungslieferung, München 2016.

Bickenbach, Christian: Die Einschätzungsprärogative des Gesetzgebers. Analyse einer Argumentationsfigur in der (Grundrechts-)Rechtsprechung des Bundesverfassungsgerichts, Tübingen 2014.

Bienert, Michael C./Creuzberger, Stefan/Hübener, Kristina/Oppermann, Matthias: Die Berliner Republik und die zeithistorische Forschung. Eine Einführung, in *dies.* (Hrsg.), Die Berliner Republik. Beiträge zur deutschen Zeitgeschichte seit 1990, Berlin 2013, S. 7–34.

Birk, Dieter/Desens, Marc/Tappe, Henning: Steuerrecht, 17. Auflage, Heidelberg u. a. 2014.

Böckenförde, Ernst-Wolfgang: Demokratie als Verfassungsprinzip, in *Isensee, Josef/Kirchhof, Paul* (Hrsg.), Handbuch des Staatsrechts der Bundesrepublik Deutschland. Band II. Verfassungsstaat, 3. Auflage, Heidelberg 2004, § 24, S. 429–496.

–: Demokratische Willensbildung und Repräsentation, in *Isensee, Josef/Kirchhof, Paul* (Hrsg.), Handbuch des Staatsrechts der Bundesrepublik Deutschland. Band III. Demokratie – Bundesorgane, 3. Auflage, Heidelberg 2005, § 34, S. 31–53.

–: Die verfassungstheoretische Unterscheidung von Staat und Gesellschaft als Bedingung der individuellen Freiheit, Opladen 1973.

–: Entstehung und Wandel des Rechtsstaatsbegriffs, in *Ehmke, Horst/Schmid, Carlo/Scharoun, Hans* (Hrsg.), Festschrift für Adolf Arndt zum 65. Geburtstag, Frankfurt am Main 1969, S. 53–76.

–: Grundrechte als Grundsatznormen. Zum gegenwärtigen Stand der Grundrechtsdogmatik, Der Staat Band 29 (1990), S. 1–31.

Boix, Charles: Setting the Rules of the Game: The Choice of Electoral Systems in Advanced Democracies, American Political Science Review Band 93 (1999), S. 609–624.

Boysen, Sigrid: Art. 3, in *von Münch, Ingo/Kunig, Philip* (Hrsg.), Grundgesetz Kommentar, 6. Auflage, München 2012.

Bratton, Michael/Van de Walle, Nicolas: Neopatrimonial Regimes and Political Transitions in Africa, World Politics Band 46 (1994), S. 453–489.

Brenner, Michael: Das innere Gesetzgebungsverfahren im Lichte der Hartz IV-Entscheidung des Bundesverfassungsgerichts, ZG Band 26 (2011), S. 394–404.

–: Das Prinzip Parlamentarismus, in *Isensee, Josef/Kirchhof, Paul* (Hrsg.), Handbuch des Staatsrechts der Bundesrepublik Deutschland. Band III. Demokratie – Bundesorgane, 3. Auflage, Heidelberg 2005, § 44, S. 477–519.

Brewer, Scott: Law, Logic, and Leibniz. A Contemporary Perspective, in *Artosi, Alberto/Pieri, Bernardo/Sartor, Giovanni* (Hrsg.), Leibniz: Logico-Philosophical Puzzles in the Law. Philosophical Questions and Perplexing Cases in the Law, Dordrecht u. a. 2013, S. 199–226.

Bronsteen, John/Buccafusco, Christopher/Masur, Jonathan S.: Happiness and the Law, Chicago u. a. 2015.

Brückner, Joachim Daniel: Folgerichtige Gesetzgebung im Steuerrecht und Öffentlichen Wirtschaftsrecht. Verfassungsrechtliche Grundlagen der Forderungen nach Folgerichtigkeit in der Rechtsprechung des Bundesverfassungsgerichts, Baden-Baden 2014.
Brugger, Winfried: Grundrechte und Verfassungsgerichtsbarkeit in den Vereinigten Staaten von Amerika, Tübingen 1987.
Bryde, Brun-Otto: Art. 14, in *von Münch, Ingo/Kunig, Philip* (Hrsg.), Grundgesetz Kommentar, 6. Auflage, München 2012.
–: Verfassungsentwicklung. Stabilität und Dynamik im Verfassungsrecht der Bundesrepublik Deutschland, Baden-Baden 1982.
Bull, Hans Peter: Kommunale Selbstverwaltung heute – Idee, Ideologie und Wirklichkeit. Zugleich eine Anmerkung zur juristischen Methodenlehre, DVBl 2008, S. 1–11.
Bulla, Simon: Das Verfassungsprinzip der Folgerichtigkeit und seine Auswirkungen auf die Grundrechtsdogmatik. Zugleich eine Besprechung der Nichtraucherschutz-Entscheidung des BVerfG vom 30.7.2008, ZJS 2008, S. 585–596.
Bumke, Christian: Die Pflicht zur konsistenten Gesetzgebung. Am Beispiel des Ausschlusses der privaten Vermittlung staatlicher Lotterien und ihrer bundesverfassungsgerichtlichen Kontrolle, Der Staat Band 49 (2010), S. 77–105.
–: Einführung in das Forschungsgespräch über die richterliche Rechtsarbeit, in *ders.* (Hrsg.), Richterrecht zwischen Gesetzesrecht und Rechtsgestaltung, Tübingen 2012, S. 1–31.
–: Gesetzgebungskompetenz unter bundesstaatlichem Kohärenzzwang, ZG Band 14 (1999), S. 376–384.
–: Relative Rechtswidrigkeit. Systembildung und Binnendifferenzierungen im Öffentlichen Recht, Tübingen 2004.
–: Richterrecht, in *Kube, Hanno/Mellinghoff, Rudolf/Morgenthaler, Gerd/Palm, Ulrich/Puhl, Thomas/Seiler, Christian* (Hrsg.), Leitgedanken des Rechts. Paul Kirchhof zum 70. Geburtstag. Band I. Staat und Verfassung, Heidelberg u. a. 2013 (zitiert: FS Kirchhof Bd. I), § 92, S. 985–996.
–: Verfassungsrechtliche Grenzen fachrichterlicher Rechtserzeugung, in *ders.* (Hrsg.), Richterrecht zwischen Gesetzesrecht und Rechtsgestaltung, Tübingen 2012, S. 33–47.
Burghart, Axel: Die Pflicht zum guten Gesetz, Berlin 1996.
Burke, Edmund: Speech to the Electors of Bristol, in *Edward John Payne* (Hrsg.), Select Works of Edmund Burke. Volume 4, Nachdruck Indianapolis 1990, Rn. 4.1.0–4.1.27.
Canaris, Claus-Wilhelm: Systemdenken und Systembegriff in der Jurisprudenz. Entwickelt am Beispiel des deutschen Privatrechts, 2. Auflage, Berlin 1983.
Chong, Dennis: Degrees of Rationality in Politics, in *Huddy, Leonie/Sears, David O./Levy, Jack S.* (Hrsg.), The Oxford Handbook of Political Psychology, 2. Auflage, Oxford u. a. 2013, S. 96–129.
Christiansen, Flemming Juul/Damgaard Erik: Parliamentary Opposition under Minority Parliamentarism: Scandinavia, The Journal of Legislative Studies Band 14 (2008), S. 46–76.
Coase, Ronald H.: The Nature of the Firm, Economica, New Series, Band 4 (1937), S. 386–405.
Coppedge, Michael/Gerring, John: Conceptualizing and Measuring Democracy: A New Approach, Perspectives on Politics Band 9 (2011), S. 247–267.
Cornils, Matthias: Allgemeine Handlungsfreiheit, in *Isensee, Josef/Kirchhof, Paul* (Hrsg.), Handbuch des Staatsrechts der Bundesrepublik Deutschland. Band VII. Freiheitsrechte, 3. Auflage, Heidelberg 2009, § 168, S. 1155–1224.
–: Folgerichtiger Nichtraucherschutz: Von Verfassungs wegen keine halben Sachen?, ZJS 2008, S. 660–663.

–: Rationalitätsanforderungen an die parlamentarische Rechtsetzung im demokratischen Rechtsstaat, DVBl 2011, S. 1053–1061.
Craig, Paul: Grounds for judicial review: Substantive control over discretion, in *Feldman, David* (Hrsg.), English Public Law, Oxford 2004, S. 831–869.
Czada, Roland: Der Begriff der Verhandlungsdemokratie und die vergleichende Policy-Forschung, in *Mayntz, Renate/Streeck, Wolfgang* (Hrsg.), Die Reformierbarkeit der Demokratie. Innovationen und Blockaden. Festschrift für Fritz W. Scharpf, Frankfurt am Main u. a. 2003, S. 173–204.
–: Konkordanz, Korporatismus und Politikverflechtung: Dimensionen der Verhandlungsdemokratie, in *Holtmann, Everhard/Voelzkow, Helmut* (Hrsg.), Zwischen Wettbewerbs- und Verhandlungsdemokratie. Anaylsen zum Regierungssystem der Bundesrepublik Deutschland, Wiesbaden 2000, S. 23–49.
Dahl, Robert Alan: Who Governs? Democracy and Power in the American City, 2. Auflage, New Haven 2005.
Dann, Philipp: Verfassungsgerichtliche Kontrolle gesetzgeberischer Rationalität, Der Staat Band 49 (2010), S. 630–646.
Dawes, Robyin M.: Rational choice in an uncertain world, San Diego u. a. 1988.
Degenhart, Christoph: Art. 70 [Gesetzgebung des Bundes und der Länder], in Sachs, Michael (Hrsg.), Grundgesetz Kommentar, 7. Auflage, München 2014.
–: Gesetzgebung im Rechtsstaat, DÖV 1981, S. 477–486.
–: Maßstabsbildung und Selbstbindung des Gesetzgebers als Postulat der Finanzverfassung des Grundgesetzes. Die Entscheidung des Bundesverfassungsgerichts zum Länderfinanzausgleich, ZG Band 15 (2000), S. 79–90.
–: Systemgerechtigkeit und Selbstbindung des Gesetzgebers als Verfassungspostulat, München 1976.
Dewey, John: Logical Method and Law, Cornell Law Quarterly Band 10 (1914–1925), S. 17–27.
Diekmann, Andreas/Voss, Thomas: Die Theorie des rationalen Handelns. Stand und Perspektiven, in *dies.* (Hrsg.), Rational-Choice-Theorie in den Sozialwissenschaften. Anwendungen und Probleme, München 2004, S. 13–32.
Dieterich, Peter: Systemgerechtigkeit und Kohärenz. Legislative Einheit und Vielheit durch Verfassungs- und Unionsrecht, Berlin 2014.
Dolzer, Rudolf: Die staatstheoretische und staatsrechtliche Stellung des Bundesverfassungsgerichts, Berlin 1972.
Downs, Anthony: Ökonomische Theorie der Demokratie, Tübingen 1968.
Drath, Martin: Die Entwicklung der Volksrepräsentation, in *Rausch, Heinz* (Hrsg.), Zur Theorie und Geschichte der Repräsentation und Repräsentativverfassung, Darmstadt 1968, S. 260–329.
Dreier, Horst: Artikel 1, in *ders.* (Hrsg.), Grundgesetz. Kommentar, 2. Auflage, Tübingen 2006.
Drüen, Klaus-Dieter: Anmerkung, JZ 2010, S. 91–94.
–: Die Bruttobesteuerung von Einkommen als verfassungsrechtliches Vabanquespiel, StuW 2008, S. 3–14.
–: Normenwahrheit als Verfassungspflicht?, ZG Band 24 (2009), S. 60–75.
–: Systembildung und Systembindung im Steuerrecht, in *Mellinghoff, Rudolf/Schön, Wolfgang/Viskorf, Hermann-Ulrich* (Hrsg.), Steuerrecht im Rechtsstaat. Festschrift für Wolfgang Spindler zum 65. Geburtstag, Köln 2011, S. 29–50.
Duverger, Maurice: Party Politics and Pressure Groups. A Comparative Introduction, New York 1972.

Ebsen, Ingwer: Verfassungsgerichtliche Begründungs- oder Verfahrensanforderungen an den Gesetzgeber. Einige Anmerkungen zur Rechtsprechung des Bundesverfassungsgerichts aus Anlass des Hartz IV-Urteils vom 9.2.2010, in *Bieback, Karl-Jürgen/Fuchsloch, Christine/Kohte, Wolfhard* (Hrsg.), Arbeitsmarktpolitik und Sozialrecht. Zu Ehren von Alexander Gagel, München 2011, S. 17–30.

Eichenhofer, Eberhard: Sozialrecht, 8. Auflage, Tübingen 2012.

Ely, John Hart: Democracy and Distrust. A Theory of Judicial Review, Cambridge (Mass.) u.a. 1980.

Engisch, Karl: Die Einheit der Rechtsordnung, Heidelberg 1935.

–: Einführung in das juristische Denken, 10. Auflage, Stuttgart 2005.

Englisch, Joachim: Art. 3 [Gleichheitssatz – Gleichberechtigung], in *Stern, Klaus/Becker, Florian* (Hrsg.), Grundrechte-Kommentar, Köln 2010.

–: Folgerichtiges Steuerrecht als Verfassungsgebot, in *Tipke, Klaus/Seer, Roman/Hey, Johanna/ders.* (Hrsg.), Festschrift für Joachim Lang zum 70. Geburtstag. Gestaltung der Steuerrechtsordnung, Köln 2011, S. 167–220.

Etzioni, Amitai: The Active Society. A Theory of Social and Political Processes, London u.a. 1968.

Eulau, Heinz/Wahlke, John Charles/Buchanan, Wiliam /Ferguson, LeRoy: The Role of the Representative: some empirical observations of the theory of Edmund Burke, American Political Science Review Band 53 (1959), S. 742–756.

Felix, Dagmar: Einheit der Rechtsordnung, Tübingen 1998.

Fischer, Michael: Rationalität in der Gesetzgebung? Wissenschaftsgeschichtliche Bemerkungen mit einem erkenntnistheoretischen Kommentar, in *Schäffer, Heinz/Triffterer, Otto* (Hrsg.), Rationalisierung der Gesetzgebung. Jürgen Rodig Gedächtinissymposium, Baden-Baden u.a. 1984, S. 251–275.

Fleischer, Holger: Gesetzesmaterialien im Spiegel der Rechtsvergleichung, in *ders.* (Hrsg.), Mysterium „Gesetzesmaterialien". Bedeutung und Gestaltung der Gesetzesbegründung in Vergangenheit, Gegenwart und Zukunft, Tübingen 2013, S. 1–44.

Forsthoff, Ernst: Über Maßnahme-Gesetze, in *Bachof, Otto/Drath, Martin/Gönnenwein, Otto/Walz, Ernst* (Hrsg.), Forschungen und Berichte aus dem öffentlichen Recht. Gedächtnisschrift für Walter Jellinek, München 1955, S. 221–236.

Foster, Chase/Mansbridge, Jane/Martin, Cathie Jo: Negotiation Myopia, in *Mansbridge, Jane/Martin, Cathie Jo* (Hrsg.), Negotiating Agreement in Politics. Report of the Task Force on Negotiating Agreement in Politics, Washington 2013, S. 73–85.

Fraenkel, Ernst: Der Pluralismus als Strukturelement der freiheitlich-rechtsstaatlichen Demokratie, in *ders.*, Deutschland und die westlichen Demokratien, 4. Auflage, Stuttgart u.a. 1968, S. 165–189.

–: Die repräsentative und die plebiszitäre Komponente im demokratischen Verfassungsstaat, in *ders.*, Deutschland und die westlichen Demokratien, 4. Auflage, Stuttgart u.a. 1968, S. 81–119.

Franzius, Claudio: Modalitäten und Wirkungsfaktoren der Steuerung durch Recht, in *Hoffmann-Riem, Wolfgang/Schmidt-Aßmann, Eberhard/Voßkuhle, Andreas* (Hrsg.), Grundlagen des Verwaltungsrechts. Band I. Methoden Maßstäbe Aufgaben Organisation, 2. Auflage, München 2012, § 4, S. 179–257.

Fritsch, Michel: Marktversagen und Wirtschaftspolitik. Mikroökonomische Grundlagen staatlichen Handelns, 9. Auflage, München 2014.

Frieling, Tino: Gesetzesmaterialien und Wille des Gesetzgebers. Fallgruppen verbindlicher Willensäußerungen, Tübingen 2017.

Fuller, Lon: Reason and fiat in case law, Harvard Law Review Band 59 (1945–1946), S. 376–395.
Fukuyama, Francis: The Origins of Political Order. From Prehuman Times to the French Revolution, New York 2011.
–: Political Order and Political Decay. From the Industrial Revolution to the Globalization of Democracy, New York 2014.
Gärditz, Klaus: Artikel 20 (6.Teil). Rechtsstaatsprinzip, in *Friauf, Karl Heinrich/Höfling, Wolfram* (Hrsg.), Berliner Kommentar zum Grundgesetz, Stand 52. Ergänzungslieferung, Berlin 2016.
Ganderath, Reinhard: Die kommunale Gebietsreform in der Praxis des Bundesverfassungsgerichts, DÖV 1973, S. 332–336.
Geiger, Rolf: Die Einrichtung von Demokratien und Oligarchien (VI 1–8), in *Höffe, Otfried* (Hrsg.), Aristoteles Politik, 2. Auflage, Berlin 2011, S. 131–145.
Geske, Otto-Erich: Der bundesstaatliche Finanzausgleich in der Rechtsprechung des Bundesverfassungsgerichts, Der Staat Band 46 (2007), S. 202–228).
Gilovich, Thomas D./Griffin, Dale W.: Judgment and Decision Making, in *Fiske, Susan T./ Gilbert, Daniel T./Gardner, Lindzey* (Hrsg.), Handbook of Social Psychology. Volume 1, 5. Auflage, Hoboken 2010.
Goldfrank, Benjamin: The Politics of Deepening Local Democracy. Decentralization, Party Institutionalization, and Participation, Comparative Politics Band 39 (2007), S. 147–168.
Gordon, Michael: Parliamentary Sovereignty in the UK Constitution. Process, Politics and Democracy, Oxford u. a. 2015.
Greve, Jens: Rationalität und Vernunft bei Habermas, in *Maurer, Andrea/Schimank, Uwe* (Hrsg.), Die Rationalitäten des Sozialen, Wiesbaden 2011, S. 79–97.
Grimm, Dieter: Besprechung von Claus-Wilhelm Canaris: Systemdenken und Systembegriff in der Jurisprudenz, AcP Band 171 (1971), S. 266–269.
Grolig, Christine Antonia: Folgerichtigkeit und Erbschaftssteuer, Hamburg 2013.
Gröschner, Rolf: Vom Ersatzgesetzgeber zum Ersatzerzieher. Warum das Bundesverfassungsgericht zu einem „absoluten Rauchverbot" besser geschwiegen hätte, ZG Band 23 (2008), S. 400–412.
Gross, Johannes: Begründung der Berliner Republik. Deutschland am Ende des 20. Jahrhunderts, 2. Auflage, Stuttgart 1995.
Groß, Thomas: Die Verwaltungsorganisation als Teil organisierter Staatlichkeit, in *Hoffmann-Riem, Wolfgang/Schmidt-Aßmann, Eberhard/Voßkuhle, Andreas* (Hrsg.), Grundlagen des Verwaltungsrechts. Band I. Methoden Maßstäbe Aufgaben Organisation, 2. Auflage, München 2012, § 13, S. 905–952.
Grzeszick, Bernd: Art. 20 Abschnitt II. Die Verfassungsentscheidung für die Demokratie, in *Maunz, Theodor/Dürig, Günter* (Begr.), Grundgesetz Kommentar, Stand 79. Ergänzungslieferung, München 2016.
–: Rationalitätsanforderungen an die parlamentarische Rechtsetzung im demokratischen Rechtsstaat, VVDStRL Band 71 (2012), S. 49–81.
Gusy, Christoph: Das Grundgesetz als normative Gesetzgebungslehre?, ZRP 1985, S. 291–299.
–: Der Gleichheitssatz, NJW 1988, S. 2505–2512.
Haack, Stefan: Widersprüchliche Regelungskonzeptionen im Bundesstaat, Berlin 2002.
Häberle, Peter: Demokratische Verfassungstheorie im Lichte des Möglichkeitsdenkens, AöR Band 102 (1977), S. 27–68.

Habermas, Jürgen: Faktizität und Geltung. Beiträge zur Diskurstheorie des Rechts und des demokratischen Rechtsstaats, 4. Auflage, Frankfurt am Main 1994.

–: Strukturwandel der Öffentlichkeit. Untersuchungen zu einer Kategorie der bürgerlichen Gesellschaft, 13. Auflage, Frankfurt am Main 2013.

–: Theorie des kommunikativen Handelns. Band 1. Handlungsrationalität und gesellschaftliche Rationalisierung, 4. Auflage, Frankfurt am Main 1987.

–: Vorstudien und Ergänzungen zur Theorie des kommunikativen Handelns, Frankfurt am Main 1995.

Hagen, Horst: Funktionale und dogmatische Zusammenhänge zwischen Schadens- und Bereicherungsrecht, in *Gotthard Paulus/Uwe Diederichsen/Claus-Wilhelm Canaris* (Hrsg.), Festschrift für Karl Larenz zum 70. Geburtstag, München 1973, S. 867–884.

Hanebeck, Alexander: Die Einheit der Rechtsordnung als Anforderung an den Gesetzgeber? Zu verfassungsrechtlichen Anforderungen wie „Systemgerechtigkeit" und „Widerspruchsfreiheit" der Rechtsetzung als Maßstab verfassungsgerichtlicher Kontrolle, Der Staat Band 41 (2002), S. 429–451.

Hart, H. L. A.: The Concept of Law, 2. Auflage, Oxford 1961.

Hartmann, Bernd: Eigeninteresse und Gemeinwohl bei Wahlen und Abstimmungen, AöR Band 134 (2009), S. 1–34.

Hase, Friedhelm: Versicherungsprinzip und sozialer Ausgleich. Eine Studie zu den verfassungsrechtlichen Grundlagen des deutschen Sozialversicherungsrechts, Tübingen 2000.

Hattenhauer, Hans: Zur Geschichte von Konsens- und Mehrheitsprinzip, in *ders./Kaltefleiter, Werner* (Hrsg.), Mehrheitsprinzip, Konsens und Verfassung. Kieler Symposium vom 14.–16. Juni 1984, Heidelberg 1986, S. 1–22.

Haverkate, Görg: Rechtsfragen des Leistungsstaats.Verhältnismäßigkeitsgebot und Freiheitsschutz im leistenden Staatshandeln, Tübingen 1983.

Hebeler, Timo: Ist der Gesetzgeber verfassungsrechtlich verpflichtet, Gesetze zu begründen? – Grundsätzliche Überlegungen anlässlich des Bundesverfassungsgerichtsurteils zur Leistungsgestaltung im SGB II, DÖV 2010, S. 754–762.

Heinz, Vanessa: Der Schleier des Nichtwissens im Gesetzgebungsverfahren, Baden-Baden 2009.

Heller, Hermann: Rechtsstaat oder Diktatur? in *Drath, Martin/Stammer, Otto/Niemeyer, Gerhart/Borinski, Fritz* (Hrsg.), Hermann Heller: Gesammelte Schriften, Zweiter Band. Recht, Staat, Macht, Leiden 1971, S. 443–462.

–: Staatslehre, Leiden 1934.

Hennis, Wilhelm: Amtsgedanke und Demokratiebegriff, in *Hesse, Konrad/Reicke, Siegfried/Scheuner, Ulrich* (Hrsg.), Staatsverfassung und Kirchenordnung. Festgabe für Rudolf Smend zum 80. Geburtstag am 15. Januar 1962, Tübingen 1962, S. 51–70.

Hermes, Georg: Verfassungsrecht und einfaches Recht – Verfassungsgerichtsbarkeit und Fachgerichtsbarkeit, VVDStRL Band 61 (2002), S. 119–154.

Herzog, Roman: Art. 20 Abschnitt I. Art. 20 im Gefüge des GG, in *Maunz, Theodor/Dürig, Günter* (Begr.), Grundgesetz Kommentar, Stand 79. Ergänzungslieferung, München 2016.

–: Gesetzgebung und Einzelfallgerechtigkeit, NJW 1999, S. 25–28.

Hesse, Konrad: Der Gleichheitssatz in der neueren deutschen Verfassungsentwicklung, AöR Band 109 (1984), S. 174–198.

–: Der Rechtsstaat im Verfassungssystem des Grundgesetzes, in *Forsthoff, Ernst* (Hrsg.), Rechtsstaatlichkeit und Sozialstaatlichkeit. Aufsätze und Essays, Darmstadt 1968, S. 557–588.

–: Funktionelle Grenzen der Verfassungsgerichtsbarkeit, in *Müller, Jörg Paul* (Hrsg.), Recht als Prozeß und Gefüge. Festschrift für Hans Huber zum 80. Geburtstag, Bern 1981, S. 261–272.

–: Grundzüge des Verfassungsrechts der Bundesrepublik Deutschland, 20. Auflage, Neudruck Heidelberg 1999.

Heun, Werner: Art. 3 [Gleichheit], in *Dreier, Horst* (Hrsg.), Grundgesetz. Kommentar, 2. Auflage, Tübingen 2004.

Hey, Johanna: Einkommensteuer, in *Tipke, Klaus/Lang, Joachim* (Begr.), Steuerrecht, 22. Auflage, Köln 2015, § 8, S. 283–484.

Hilbert, Patrick: Systemdenken in Verwaltungsrecht und Verwaltungsrechtswissenschaft, Tübingen 2015.

Hildebrand, Daniel: Die volonté générale: Funktionale Harmonisierung von Staat und Demokratie?, in *Hidalgo, Oliver* (Hrsg.), Der lange Schatten des Contrat social. Demokratie und Volkssouveränität bei Jean-Jacques Rousseau, Wiesbaden 2013, S. 53–65.

Hillgruber, Christian: Grundrechte als Verfassungsfundament – Die Grundrechtskonzeption des Parlamentarischen Rates, in *ders./Waldhoff, Christian* (Hrsg.), 60 Jahre Bonner Grundgesetz – eine geglückte Verfassung?, Bonn 2010, S. 9–28.

Höffe, Otfried: Aristoteles' Politik: Vorgriff auf eine liberale Demokratie?, in *ders.* (Hrsg.), Aristoteles Politik, 2. Auflage, Berlin 2011, S. 163–178.

Hoffmann, Gerhard: Das verfassungsrechtliche Gebot der Rationalität im Gesetzgebungsverfahren. Zum „inneren Gesetzgebungsverfahren" im bundesdeutschen Recht, ZG Band 5 (1990), S. 97–116.

Höfling, Wolfram: Art. 1 [Schutz der Menschenwürde, Menschenrechte, Grundrechtsbindung], in *Sachs, Michael* (Hrsg.), Grundgesetz Kommentar, 7. Auflage, München 2014.

Hofmann, Hasso: Repräsentation. Studien zur Wort- und Begriffsgeschichte von der Antike bis ins 19. Jahrhundert, 4. Auflage, Berlin 2003.

Holmes, Oliver Wendell: The Path of the Law Today, Boston University Law Review Band 78 (1998), S. 699–715.

Holtmann, Everhard/Voelzkow, Helmut: Das Regierungssystem der Bundesrepublik Deutschland zwischen Wettbewerbs- und Verhandlungsdemokratie: Eine Einführung, in *dies.* (Hrsg.), Zwischen Wettbewerbs- und Verhandlungsdemokratie. Anaylsen zum Regierungssystem der Bundesrepublik Deutschland, Wiesbaden 2000, S. 9–21.

Homann, Karl: Rationalität und Demokratie, Tübingen 1988.

Höpfner, Clemens: Die systemkonforme Auslegung. Zur Auflösung einfachgesetzlicher, verfassungsrechtlicher und europarechtlicher Widersprüche im Recht, Tübingen 2008.

Hoppe, Werner/Rengeling, Hans-Werner: Rechtsschutz bei der kommunalen Gebietsreform. Verfassungsrechtliche Maßstäbe zur Überprüfung von Neugliederungsgesetzen, Frankfurt 1973.

Huntington, Samuel P.: Political Order in Changing Societies, New Haven u. a. 1968.

Huster, Stefan: Artikel 3. Gleichheit vor dem Gesetz, in *Friauf, Karl Heinrich/Höfling, Wolfram* (Hrsg.), Berliner Kommentar zum Grundgesetz, Stand 52. Ergänzungslieferung, Berlin 2016.

–: Rechte und Ziele. Zur Dogmatik des allgemeinen Gleichheitssatzes, Berlin 1993.

Huster, Stefan/Rux, Johannes: Art. 20 [Bundesstaatliche Verfassung; Widerstandsrecht], in Epping, Volker/Hillgruber, Christian (Hrsg.), Beck'scher Online-Kommentar GG, Edition 33, München 2017.

Ingber, Stanley: The marketplace of ideas: A legitimizing myth, Duke Law Journal 1984, S. 1–91.

Isensee, Josef: Gemeinwohl im Verfassungsstaat, in *ders./Kirchhof, Paul* (Hrsg.), Handbuch des Staatsrechts der Bundesrepublik Deutschland. Band IV. Aufgaben des Staates, 3. Auflage, Heidelberg 2006, § 71, S. 3–79.

Jarass, Hans D.: Die Widerspruchsfreiheit der Rechtsordnung als verfassungsrechtliche Vorgabe. Zugleich ein Beitrag zum Verhältnis von Sachgesetzgeber und Abgabengesetzgeber, AöR Band 126 (2001), S. 588–607.

Jarass, Hans D./Pieroth, Bodo: Grundgesetz für die Bundesrepublik Deutschland. Kommentar, 14. Auflage, München 2016.

Jestaedt, Matthias: Grundrechtsentfaltung im Gesetz. Studien zur Interdependenz von Grundrechtsdogmatik und Rechtsgewinnungstheorie, Tübingen 1999.

–: Phänomen Bundesverfassungsgericht. Was das Gericht zu dem macht, was es ist, in *ders./Lepsius, Oliver/Möllers, Christoph/Schönberger, Christoph* (Hrsg.), Das entgrenzte Gericht. Eine kritische Bilanz nach sechzig Jahren Bundesverfassungsgericht, Berlin 2011, S. 77–158.

–: Richterliche Rechtsetzung statt richterliche Rechtsfortbildung. Methodische Betrachtungen zum sog. Richterrecht, in *Bumke, Christian* (Hrsg.), Richterrecht zwischen Gesetzesrecht und Rechtsgestaltung, Tübingen 2012, S. 49–69.

Jung, Adrian: Maßstäbegerechtigkeit im Länderfinanzausgleich. Die Länderfinanzen zwischen Autonomie und Nivellierung, Berlin 2008.

Kahneman, Daniel: Maps of Bounded Rationality: Psychology for Behavioral Economics, The American Economic Review Band 93 (2003), S. 1449–1475.

Kallina, Michael: Willkürverbot und Neue Formel. Der Wandel der Rechtsprechung des Bundesverfassungsgerichts zu Art. 3 I GG, Tübingen 2001.

Kant, Immanuel: Der Streit der Fakultäten, in Kants Werke. Band VII, Berlin 1917.

–: Die Metaphysik der Sitten. Erster Theil, metaphysische Anfangsgründe der Rechtslehre, 2. Auflage, Königsberg 1798.

–: Zum ewigen Frieden. Ein philosophischer Entwurf, Neue vermehrte Auflage, Königsberg 1796.

Karpen, Ulrich: Gesetzgebungslehre – neu evaluiert. Legistics – freshly evaluated, 2. Auflage, Baden-Baden 2008.

–: Zum gegenwärtigen Stand der Gesetzgebungslehre in der Bundesrepublik Deutschland, ZG Band 1 (1986) S. 5–32.

Kaufmann, Erich: Zur Problematik des Volkswillens, in *Matz, Ulrich* (Hrsg.), Grundprobleme der Demokratie, Darmstadt 1973, S. 20–34.

Kelsen, Hans: Hauptprobleme der Staatsrechtslehre. Entwickelt aus der Lehre vom Rechtssatze, Tübingen 1923, Neudruck, Aalen 1960.

–: Reine Rechtslehre, 2. Auflage, Wien 1960.

–: Vom Wesen und Wert der Demokratie, 2. Auflage, 2. Neudruck, Aalen 1981.

Kingreen, Thorsten/Poscher, Ralf: Grundrechte. Staatsrecht II, 32. Auflage, Heidelberg 2016.

Kirchgässner, Gebhard: Gemeinwohl in der Spannung von Wirtschaft und politischer Organisation: Bemerkungen aus ökonomischer Perspektive, in *Brugger, Winfried/Kirste, Stephan/Anderheiden, Michael* (Hrsg.), Gemeinwohl in Deutschland, Europa und der Welt, Baden-Baden 2002, S. 289–326.

Kirchhof, Paul: Allgemeiner Gleichheitssatz, in *Isensee, Josef/Kirchhof, Paul* (Hrsg.), Handbuch des Staatsrechts der Bundesrepublik Deutschland. Band VIII. Grundrechte: Wirtschaft, Verfahren, Gleichheit, 3. Auflage, Heidelberg 2010, § 181, S. 697–838.

–: Bundessteuergesetzbuch. Ein Reformentwurf zur Erneuerung des Steuerrechts, Heidelberg u. a. 2011.

–: Der Grundrechtsschutz des Steuerpflichtigen. Zur Rechtsprechung des Bundesverfassungsgerichts im vergangenen Jahrzehnt, AöR Band 128 (2003), S. 1–51.
–: Die freiheitsrechtliche Struktur der Steuerrechtsordnung. Ein Verfassungstest für Steuerreformen, StuW 2006, S. 3–21.
–: Die Steuern, in *Isensee, Josef/Kirchhof, Paul* (Hrsg.), Handbuch des Staatsrechts der Bundesrepublik Deutschland. Band V. Rechtsquellen, Organisation, Finanzen, 3. Auflage, Heidelberg 2007, § 118, S. 959–1099.
–: Gleichheit in der Funktionenordnung, in *Isensee, Josef/Kirchhof, Paul* (Hrsg.), Handbuch des Staatsrechts der Bundesrepublik Deutschland. Band V. Allgemeine Grundrechtslehren, 2. Auflage, Heidelberg 2000, § 125, S. 973–1016.
Kischel, Uwe: Art. 3 [Gleichheit vor dem Gesetz], in *Epping, Volker/Hillgruber, Christian* (Hrsg.), Beck'scher Online-Kommentar GG, Edition 33, München 2017.
–: Gleichheitssatz und Steuerrecht. Gefahren eines deogmatischen Sonderwegs, in *Mellinghoff, Rudolf/Palm, Ulrich* (Hrsg.), Gleichheit im Verfassungsstaat. Symposium aus Anlass des 65. Geburtstages von Paul Kirchhof, Heidelberg 2005, S. 175–193.
–: Rationalität und Begründung, in *Kube, Hanno/Mellinghoff, Rudolf/Morgenthaler, Gerd/ Palm, Ulrich/Puhl, Thomas/Seiler, Christian* (Hrsg.), Leitgedanken des Rechts. Paul Kirchhof zum 70. Geburtstag. Band I. Staat und Verfassung, Heidelberg u. a. 2013 (zitiert: FS Kirchhof Bd. I), § 34, S. 371–384.
–: Systembindung des Gesetzgebers und Gleichheitssatz, AöR Band 124 (1999), S. 174–211.
Klein, Eckart: Die Kompetenz- und Rechtskompensation. Überlegungen zu einer Argumentationsfigur, DVBl 1981, S. 661–667.
Klein, Hans H.: Zur Öffentlichkeitsarbeit der Parlamentsfraktionen, in *Brenner, Michael/ Huber, Peter M./Möstl, Markus* (Hrsg.), Der Staat des Grundgesetzes – Kontinuität und Wandel. Festschrift für Peter Badura zum siebzigsten Geburtstag, Tübingen 2004, S. 263–287.
Kloepfer, Michael: Gesetzgebung im Rechtsstaat. Berichte und Diskussionen auf der Tagung der Vereinigung der Deutschen Staatsrechtslehrer in Trier vom 30. September – 3. Oktober 1981, VVDStRL Band 40 (1982), S. 63–98.
–: Gleichheit als Verfassungsfrage, Berlin 1980.
–: Öffentliche Meinung, Massenmedien, in *Isensee, Josef/Kirchhof, Paul* (Hrsg.), Handbuch des Staatsrechts der Bundesrepublik Deutschland. Band III. Demokratie – Bundesorgane, 3. Auflage, Heidelberg 2005, § 42, S. 389–424.
Kloepfer, Michael/Bröcker, Klaus T.: Das Gebot der widerspruchsfreien Normgebung als Schranke der Ausübung einer Steuergesetzgebungskompetenz nach Art. 105 GG, DÖV 2001, S. 1–12.
Kluth, Winfried: § 1. Entwicklung und Perspektiven der Gesetzgebungswissenschaft, in *ders./Krings, Günter* (Hrsg.), Gesetzgebung. Rechtsetzung durch Parlamente und Verwaltungen sowie ihre gerichtliche Kontrolle, Heidelberg u. a. 2014.
Kneip, Sascha: Konfliktlagen des Bundesverfassungsgerichts mit den Regierungen Schröder und Merkel, 1998–2013, in *van Ooyen, Robert Chr./Möllers, Martin H. W.* (Hrsg.), Handbuch Bundesverfassungsgericht im politischen System, 2. Auflage, Wiesbaden 2015, S. 281–295.
Koch, Claus/Senghaas, Dieter (Hrsg.): Texte zur Technokratiediskussion, 2. Auflage, Frankfurt am Main 1971.
Kohl, Marc Matthias: Das Prinzip der widerspruchsfreien Normsetzung. Untersucht am Beispiel von Lenkungssteuern und Lenkungssonderabgaben, Hamburg 2007.

Korioth, Stefan: Maßstabsgesetzgebung im bundesstaatlichen Finanzausgleich. – Abschied von der „rein interessenbestimmten Verständigung über Geldsummen"?, ZG Band 17 (2002), S. 335–352.
Krawietz, Werner: Juridisch-institutionelle Rationalität des Rechts versus Rationalität der Wissenschaften? Zu Konkurrenz divergierender Rationalitätskonzepte in der modernen Rechtstheorie, Rechtstheorie Band 15 (1984), S. 423–452.
Kriele, Martin: Recht und Politik in der Verfassungsrechtsprechung. Zum Problem des judicial self-restraint, NJW 1976, S. 777–783.
Krüger, Herbert: Allgemeine Staatslehre, 2. Auflage, Stuttgart u. a. 1966.
Kunig, Philip: Das Rechtsstaatsprinzip. Überlegungen zu seiner Bedeutung für das Verfassungsrecht der Bundesrepublik Deutschland, Tübingen 1986.
Landemore, Hélène: Democratic Reason: The Mechanisms of Collective Intelligence in Politics, in *dies/Elster, Jon* (Hrsg.), Collective Wisdom. Principles and Mechanisms, Cambridge u. a. (2012), S. 251–289.
Lang, Joachim: Systematisierung der Steuervergünstigungen. Ein Beitrag zur Lehre vom Steuertatbestand, Berlin 1974.
Lange, Klaus: Systemgerechtigkeit, Die Verwaltung Band 4 (1971), S. 259–278.
Larenz, Karl: Methodenlehre der Rechtswissenschaft, 6. Auflage, Berlin u. a. 1991.
Leff, Arthur Allen: Unspeakable ethics, unnatural law, Duke Law Journal 1979, S. 1229–1249.
Lehmbruch, Gerhard: Parteienwettbewerb im Bundesstaat. Regelsysteme und Spannungslagen im politischen System der Bundesrepublik Deutschland, 3. Auflage, Wiesbaden 2000.
Leibholz, Gerhard: Das Wesen der Repräsentation. Unter besonderer Berücksichtigung des Repräsentativsystems. Ein Beitrag zur allgemeinen Staats- und Verfassungslehre, Berlin 1929.
Leibniz, Gottfried Wilhelm: Disputatio inauguralis de casibus perplexis in jure, Altdorf 1666.
Leisner-Egensperger, Anna: Die Folgerichtigkeit. Systemsuche als Problem für Verfassungsbegriff und Demokratiegebot, DÖV 2013, S. 533–539.
–: Geeignetheit als Rechtsbegriff. – Ein Beitrag zur Dogmatik des Rechtsstaatsprinzips, dargestellt am Beispiel nicht durchgesetzter Parkverbote, DÖV 1999, S. 807–815.
–: Kontinuität als Verfassungsprinzip. Unter besonderer Berücksichtigung des Steuerrechts,Tübingen 2002.
Leisner, Walter: Antigeschichtlichkeit des öffentlichen Rechts? Zum Problem des evolutionistischen Denkens im Recht, Der Staat Band 7 (1968), S. 137–163.
–: Effizienz als Rechtsprinzip, in *Isensee, Josef* (Hrsg.), Staat. Schriften zu Staatslehre und Staatsrecht 1957–1991, Berlin 1994, S. 53–99.
–: Von der Verfassungsmässigkeit der Gesetze zur Gesetzmässigkeit der Verfassung. Betrachtungen zur möglichen selbständigen Begrifflichkeit im Verfassungsrecht, Tübingen 1964.
Lembke, Ulrike: Einheit aus Erkenntnis? Zur Unzulässigkeit der verfassungskonformen Gesetzesauslegung als Methode der Normkompatibilisierung durch Interpretation, Berlin 2009.
Lenk, Hans (Hrsg.): Technokratie als Ideologie. Sozialphilosophische Beiträge zu einem politischen Dilemma, Stuttgart u. a. 1973.
Lenz, Christofer: Die Umgehung des Bundesrats bei der Verordnungsgebung durch Parlamentsgesetz, NVwZ 2006, S. 296–298.
–: Die Wahlrechtsgleichheit und das Bundesverfassungsgericht, AöR Band 121 (1996), S. 337–358.

Lenze, Anne: Staatsbürgerversicherung und Verfassung. Rentenreform zwischen Eigentumsschutz, Gleichheitssatz und europäischer Integration, Tübingen 2005.

Lepsius, Oliver: Anmerkung, JZ 2009, S. 260–263.

–: Die maßstabsetzende Gewalt, in *Jestaedt, Matthias/ders./Möllers, Christoph/Schönberger, Christoph* (Hrsg.), Das entgrenzte Gericht. Eine kritische Bilanz nach sechzig Jahren Bundesverfassungsgericht, Berlin 2011, S. 159–280.

Lerche, Peter: Die Verfassung als Quelle von Optimierungsgeboten? in *Burmeister, Joachim* (Hrsg.), Verfassungsstaatlichkeit. Festschrift für Klaus Stern zum 65. Geburtstag, München 1997, S. 197–209.

–: Grundrechtsschranken, in *Isensee, Josef/Kirchhof, Paul* (Hrsg.), Handbuch des Staatsrechts der Bundesrepublik Deutschland. Band V. Allgemeine Grundrechtslehren, 2. Auflage, Heidelberg 2000, § 122, S. 775–804.

–: Übermass und Verfassungsrecht. Zur Bindung des Gesetzgebers an die Grundsätze der Verhältnismäßigkeit und Erforderlichkeit, Köln u. a. 1961.

Lerner, Jennifer S./Gonzalez, Roxana M./Small, Deborah A./Fischhoff, Baruch: Effects of Fear and Anger of Perceived Risks of Terrorism: A National Field Experiment, Psychological Science Band 14 (2003), S. 144–150.

Lerner, Jennifer S./Keltner, Dacher: Fear, Anger and Risk, Journal of Personality and Social Psychology Band 81 (2001), S. 146–159.

Lerner, Jennifer S./Li, Ye/Weber, Elke U.: The Financial Cost of Sadness, Psychological Science Bd. 24 (2013), S. 72–79.

Lerner, Jennifer S./Small, Deborah A./Loewenstein, George: Heart Strings and Purse Strings. Carryover Effects of Emotions on Economic Decisions, Psychological Science Band 15 (2004), S. 337–341.

Lerner, Jennifer S./Tetlock, Philip E.: Accountability and Social Cognition, in *Ramachandran, Vilayanur S.* (Hrsg.), Encyclopedia of Human Behavior Band 1, San Diego u. a. 1994, S. 1–10.

–: Accounting for the Effects of Accountability, Psychological Bulletin Band 125 (1999), S. 255–275.

Lhotta, Roland: Konsens und Konkurrenz in der konstitutionellen Ökonomie bikameraler Verhandlungsdemokratie: Der Vermittlungsausschuss als effiziente Institution politischer Deliberation, in *Holtmann, Everhard/Voelzkow, Helmut* (Hrsg.), Zwischen Wettbewerbs- und Verhandlungsdemokratie. Anaylsen zum Regierungssystem der Bundesrepublik Deutschland, Wiesbaden 2000, S. 79–103.

Lienbacher, Georg: Rationalitätsanforderungen an die parlamentarische Rechtsetzung im demokratischen Rechtsstaat, VVDStRL Band 71 (2012), S. 7–48.

Lijphart, Arend: Patterns of Democracy. Government Forms and Performance in Thirty-Six Countries, New Haven u. a. 1999.

Lindblom, Charles E.: The Intelligence of Democracy. Decision Making through Mutual Adjustment, New York u. a. 1965.

–: The Science of „Muddling Through", Public Administration Review Band 19 (1959), S. 79–88.

Linder, Wolf: Of the Merits of Decentralization in Young Democracies, Publius Band 40 (2010), S. 1–30.

Lindner, Josef Franz: Konsequente Zweckverfolgung als Verfassungspflicht des Gesetzgebers. Eine dogmatische Analyse des „Sportwetten-Urteils" des BVerfG, ZG Band 22 (2007), S. 188–203.

Lipset, Seymour Martin: Some Social Requisites of Democracy: Economic Development and Political Legitimacy, American Political Science Review Band 53 (1959), S. 69–105.

Lösche, Peter/Walter, Franz: Die SPD: Klassenpartei – Volkspartei – Quotenpartei. Zur Entwicklung der deutschen Sozialdemokratie von Weimar bis zur deutschen Vereinigung, Darmstadt 1992.

Löwer, Wolfgang/Menzel, Jörg: Die Rechtsprechung der neuen Landesverfassungsgerichte zum Kommunalrecht, ZG Band 12 (1997), S. 90–109.

Luhmann, Niklas: Ausdifferenzierung des Rechts. Beiträge zur Rechtssoziologie und Rechtstheorie, Frankfurt am Main 1981.

–: Grundrechte als Institution. Ein Beitrag zur politischen Soziologie, 4. Auflage, Berlin 1999.

–: Vertrauen. Ein Mechanismus der Reduktion sozialer Komplexität, 5. Auflage, Konstanz u. a. 2014.

Luntz, Frank: Words that Work. It's Not What You Say, It's What People Hear, New York 2007.

Machiavelli, Niccolò: Discorsi. Staat und Politik. Herausgegeben von Horst Günther, Frankfurt am Main u. a. 2000.

Madison, James: Federalist No. 10. The Same Subject Continued (The Union as a Safeguard against Domestic Faction and Insurrection), in *Genovese, Michael A.* (Hrsg.), The Federalist Papers, New York 2009, S. 49–54.

–: Federalist No. 51. The Structure of the Government Must Furnish the Proper Checks and Balances between the Different Departments, in *Genovese, Michael A.* (Hrsg.), The Federalist Papers, New York 2009, S. 119–122.

Magen, Stefan: § 91 [Kommunalverfassungsbeschwerde], in *Umbach, Dieter C./Clemens, Thomas/Dollinger, Franz-Wilhelm* (Hrsg.), Bundesverfassungsgerichtsgesetz. Mitarbeiterkommentar und Handbuch, 2. Auflage, Heidelberg 2005.

Mainwaring, Scott/Shugart, Matthew: Juan Linz, Presidentialism, and Democracy. A Critical Appraisal, Comparative Politics Band 29 (1997), S. 449–471.

Mansbridge, Jane: A Contingency Theory of Accountability, in *Bovens, Mark/Goodin, Robert E./Schillemans, Thomas* (Hrsg.), The Oxford Handbook of Public Accountability, Oxford u. a. 2014, S. 55–69.

Marschall, Stefan: Das politische System Deutschlands, 2. Auflage, Konstanz 2011.

Martin, Cathie Jo: Conditions for Successful Negotiations: Lessons from Europe, in *Mansbridge, Jane/dies.* (Hrsg.), Negotiating Agreement in Politics. Report of the Task Force on Negotiating Agreement in Politics, Washington 2013, S. 121–143.

Maurer, Andrea: Individuelle Rationalität und Soziale Rationalitäten, in *dies./Schimank, Uwe* (Hrsg.), Die Rationalitäten des Sozialen, Wiesbaden 2011, S 17–42.

Maurer, Hartmut: Allgemeines Verwaltungsrecht, 18. Auflage, München 2011.

Mayer-Schönberger, Viktor/Cukier, Kenneth: Big Data. A Revolution That Will Transform How We Live, Work and Think, London 2013.

Mayntz, Renate: Berücksichtigung von Implementationsproblemen bei der Gesetzesentwicklung. Zum Beitrag der Implementationsforschung zur Gesetzgebungstheorie, in *Grimm, Dieter/Maihofer, Werner* (Hrsg.), Gesetzgebungstheorie und Rechtspolitik, Jahrbuch für Rechtssoziologie und Rechtstheorie Band 13 (1988), S. 130–150.

Mayntz, Renate/Streeck, Wolfgang: Die Reformierbarkeit der Demokratie: Innovationen und Blockaden. Einleitung, in *dies.* (Hrsg.), Die Reformierbarkeit der Demokratie. Innovationen und Blockaden. Festschrift für Fritz W. Scharpf, Frankfur am Main u. a. 2003, S. 9–28.

Mehde, Veith/Hanke, Stephanie: Gesetzgeberische Begründungspflichten und -obliegenheiten. Die neuen Ansätze in der verfassungsgerichtlichen Rechtsprechung, ZG Band 25 (2010), S. 381–398.
Meins, Jürgen W.: Systemgerechtigkeit in der Raumplanung, Dissertation Universität Bayreuth 1980.
Mertens, Bernd: Gesetzgebungskunst im Zeitalter der Kodifikationen. Theorie und Praxis der Gesetzgebungstechnik aus historisch-vergleichender Sicht, Tübingen 2004.
Meßerschmidt, Klaus: Gesetzgebungsermessen, Berlin 2000.
Meyer, Hans: Demokratische Wahl und Wahlsystem, in Isensee, Josef/Kirchhof, Paul (Hrsg.), Handbuch des Staatsrechts der Bundesrepublik Deutschland. Band III. Demokratie – Bundesorgane, 3. Auflage, Heidelberg 2005, § 45, S. 521–542.
–: Repräsentation und Demokratie, in *Dreier, Horst* (Hrsg.), Rechts- und staatstheoretische Schlüsselbegriffe: Legitimität – Repräsentation – Freiheit. Symposium für Hasso Hofmann zum 70. Geburtstag, Berlin 2005, S. 99–112.
Meyer, Stephan: Die Verfassungswidrigkeit symbolischer und ungeeigneter Gesetze. Die Normenwahrheit – ein neuer Verfassungsrechtsbegriff und dessen Folgen für ein altes Problem, Der Staat Band 48 (2009), S. 278–303.
Michael, Lothar: Folgerichtigkeit als Wettbewerbsgleichheit. Zur Verwerfung von Rauchverboten in Gaststätten durch das BVerfG, JZ 2008, S. 875–882.
Michels, Robert: Zur Soziologie des Parteiwesens in der modernen Demokratie. Untersuchungen über die oligarchischen Tendenzen des Gruppenlebens, 4. Auflage, Stuttgart 1989.
Mill, John Stuart: Considerations on Representative Government, in *Robson, John M.* (Hrsg.), The Collected Works of John Stuart Mill. Volume XIX. Essays on Politics and Society Part 2, Toronto u. a. 1977, S. 371–577.
–: On Liberty, in *Robson, John M.* (Hrsg.), The Collected Works of John Stuart Mill. Volume XVIII. Essays on Politics and Society Part 1, Toronto u. a. 1977, S. 213–310.
Miller, Fred D. Jr.: Sovereignty and Political Rights (III 10–13), in *Höffe, Otfried* (Hrsg.), Aristoteles Politik, 2. Auflage, Berlin 2011, S. 93–104.
Möllers, Christoph: Die drei Gewalten. Legitimation der Gewaltengliederung in Verfassungsstaat, Europäischer Integration und Internationalisierung, Weilerswist 2008.
–: Die Möglichkeit der Normen. Über eine Praxis jenseits von Moralität und Kausalität, Berlin 2015.
–: Dogmatik der grundgesetzlichen Gewaltengliederung, AöR Band 132 (2007), S. 493–538.
–: Gewaltengliederung. Legitimation und Dogmatik im nationalen und internationalen Rechtsvergleich, Tübingen 2005.
–: Legalität, Legitimität und Legitimation des Bundesverfassungsgerichts, in *Jestaedt, Matthias/Lepsius, Oliver/ders./Schönberger, Christoph* (Hrsg.), Das entgrenzte Gericht. Eine kritische Bilanz nach sechzig Jahren Bundesverfassungsgericht, Berlin 2011, S. 281–422.
–: Staat als Argument, München 2000.
Morgenthaler, Gerd: Gleichheit und Rechtssystem. – Widerspruchsfreiheit, Folgerichtigkeit, in *Mellinghoff, Rudolf/Palm, Ulrich* (Hrsg.), Gleichheit im Verfassungsstaat. Symposium aus Anlass des 65. Geburtstages von Paul Kirchhof, Heidelberg 2005, S. 51–66.
Mouffe, Chantal: Agonistics. Thinking the world politically, London u. a. 2013.
–: The Return of the Political, London u. a. 2005.
Müller, Georg: Elemente einer Rechtssetzungslehre, Zürich 1999.

Müller, Hans-Peter: Rationalität, Rationalisierung, Rationalismus. Von Weber zu Bourdieu, in *Maurer, Andrea/Schimank, Uwe* (Hrsg.), Die Rationalitäten des Sozialen, Wiesbaden 2011, S 43–64.
Mutz, Diana C.: Political Psychology and Choice, in *Dalton, Russell J./Klingemann, Hans-Dieter* (Hrsg.), The Oxford Handbook of Political Behavior, Oxford u. a. 2007, S. 80–99.
Nathanson, Stephen: The Ideal of Rationality. A Defense, within Reason, Peru (Illinois) 1994.
Niesen, Peter: Über die Freiheit des Denkens und der Diskussion, in *Schefczyk, Michael/Schramme, Thomas* (Hrsg.), John Stuart Mill: Über die Freiheit, Berlin u. a. 2015, S. 33–54.
Noll, Peter: Gesetzgebungslehre, Reinbek 1973.
Ossenbühl, Fritz: Das Maßstäbegesetz – dritter Weg oder Holzweg des Finanzausgleichs?, in *Kirchhof, Paul/Lehner, Moris/Raupach, Arndt/Rodi, Michael* (Hrsg.), Staaten und Steuern. Festschrift für Klaus Vogel zum 70. Geburtstag, Heidelberg 2000, S. 227–240.
–: Die Kontrolle von Tatsachenfeststellungen und Prognoseentscheidungen durch das Bundesverfassungsgericht, in *Starck, Christian* (Hrsg.), Bundesverfassungsgericht und Grundgesetz. Festgabe aus Anlaß des 25jährigen Bestehens des Bundesverfassungsgerichts. Erster Band. Verfassungsgerichtsbarkeit, Tübingen 1976, S. 458–518.
–: Welche normativen Anforderungen stellt der Verfassungsgrundsatz des demokratischen Rechtsstaates an die planende staatliche Tätigkeit? Dargestellt am Beispiel der Entwicklungsplanung. Gutachten B zum 50. Deutschen Juristentag, München 1974.
Osterloh, Lerke: Folgerichtigkeit. Verfassungsrechtliche Rationalitätsanforderungen in der Demokratie, in *Bäuerle, Michael/Dann, Philipp/Wallrabenstein, Astrid* (Hrsg.), Demokratie-Perspektiven. Festschrift für Brun-Otto Bryde zum 70. Geburtstag, Tübingen 2013, S. 429–442.
Osterloh, Lerke/Nußberger, Angelika: Art. 3 [Gleichheit vor dem Gesetz], in *Sachs, Michael* (Hrsg.), Grundgesetz Kommentar, 7. Auflage, München 2014.
Papier, Hans-Jürgen: Die Stellung der Verwaltungsgerichtsbarkeit im demokratischen Rechtsstaat, Berlin u. a. 1979.
Parsons, Talcott: Essays in Sociological Theory, 2. Auflage, Glencoe (Ill.) u. a. 1954.
Payandeh, Mehrdad: Das Gebot der Folgerichtigkeit: Rationalitätsgewinn oder Irrweg der Grundrechtsdogmatik?, AöR Band 136 (2011), S. 578–615.
Peine, Franz-Josef: Das Recht als System, Berlin 1983.
–: Systemgerechtigkeit: Die Selbstbindung des Gesetzgebers als Maßstab der Normenkontrolle, Baden-Baden 1985.
Pennock, James Roland: Responsiveness, Responsibility and Majority Rule, American Political Science Review Band 46 (1952), S. 790–807.
Petersen, Niels: Gesetzgeberische Inkonsistenz als Beweiszeichen. Eine rechtsvergleichende Analyse der Funktion von Konsistenzargumenten in der Rechtsprechung, AöR Band 137, S. 108–134.
–: Verhältnismäßigkeit als Rationalitätskontrolle. Eine rechtsempirische Studie verfassungsrechtlicher Rechtsprechung zu den Freiheitsgrundrechten, Tübingen 2015.
Philipp, Maximilian: Systemgerechtigkeit bei den Marktfreiheiten der Europäischen Union. Die gebotene Kohärenz nationaler Gesetzgebung, Berlin 2016.
Pilz, Frank/Ortwein, Heike: Das politische System Deutschlands. Systemintegrierende Einführung in das Regierungs-, Wirtschafts-, und Sozialsystem, 4. Auflage, München 2008.
Popper, Karl: Zurück zu den Vorsokratikern, in *Keuth, Herbert* (Hrsg.), Karl Popper. Vermutungen und Widerlegungen. Das Wachstum der wissenschaftlichen Erkenntnis, 2. Auflage, Tübingen 2009, S. 210–256.

Poscher, Ralf: Wahrheit und Recht. Die Wahrheitsfragen des Rechts im Lichte deflationärer Wahrheitstheorie, ARSP Band 89 (2003), S. 200–215.
Powell, G. Bingham Jr.: Elections as Instruments of Democracy. Majoritarian and Proportional Visions, New Haven u. a. 2000.
Prokisch, Rainer: Von der Sach- und Systemgerechtigkeit zum Gebot der Folgerichtigkeit, in *Kirchhof, Paul/Lehner, Moris/Raupach, Arndt/Rodi, Michael* (Hrsg.), Staaten und Steuern /Festschrift für Klaus Vogel zum 70. Geburtstag, Heidelberg 2000, S. 293–310.
Pünder, Hermann: Exekutive Normsetzung in den Vereinigten Staaten von Amerika und der Bundesrepublik Deutschland. Eine rechtsvergleichende Untersuchung des amerikanischen rulemaking und des deutschen Verordnungserlasses mit Blick auf die in beiden Ländern bestehende Notwendigkeit, sachgerechte und demokratisch legitimierte Normen in einem kostengünstigen und rechtsstaatlichen Grundsätzen entsprechenden Normsetzungsverfahren zu erlassen, Berlin 1995.
–: Haushaltsrecht im Umbruch. Eine Untersuchung der Erfordernisse einer sowohl demokratisch legitimierten als auch effektiven und effizienten Haushaltswirtschaft am Beispiel der Kommunalverwaltung, Stuttgart 2003.
–: Wahlrecht und Parlamentsrecht als Gelingensbedingungen repräsentativer Demokratie, VVDStRL Band 72 (2013), S. 191–267.
Raiser, Thomas: Grundlagen der Rechtssoziologie, 4. Auflage, Tübingen 2007.
Rawls, John: Eine Theorie der Gerechtigkeit, Frankfurt am Main 1979.
–: The Idea of Public Reason Revisited, The University of Chicago Law Review Band 64 (1997), S. 765–807.
Rebonato, Riccardo: Taking Liberties. A Critical Examination of Libertarian Paternalism, Basingstoke u. a. 2012.
Redlawsk, David P./Lau, Richard R.: Behavioral Decision-Making, in *Huddy, Leonie/Sears, David O./Levy, Jack S.* (Hrsg.), The Oxford Handbook of Political Psychology, 2. Auflage, Oxford u. a. 2013, S. 130–164.
Reyes y Ráfales, Francisco Joel: Mindestrationalität im inneren Gesetzgebungsverfahren als Verfassungspflicht, Rechtstheorie Band 45 (2014), S. 35–57.
Riley, Patrick: A possible explanation of Rousseau's general will, in American Political Science Review Band 64 (1970), S. 86–97.
Risse, Mathias: Arrow's Theorem, Indeterminacy, and Multiplicity Reconsidered, Ethics Band 111 (2001), S. 706–734.
Ritsert, Jürgen: Gerechtigkeit, Gleichheit, Freiheit und Vernunft. Über Grundbegriffe der politischen Philosophie, Wiesbaden 2012.
Rixen, Stephan: Rationalität des Rechts und „Irrationalität" demokratischer Rechtsetzung. Eine Problemskizze am Leitfaden der „Hartz IV"-Entscheidung des Bundesverfassungsgerichts, JöR NF Band 61 (2013), S. 525–539.
Robbers, Gerhard: Artikel 20 Abs. 1, in *Kahl, Wolfgang/Waldhoff, Christian/Walter, Christian* (Hrsg.), Bonner Kommentar zum Grundgesetz, Stand 185. Ergänzungslieferung, Heidelberg 2017.
Roellecke, Gerd: Die Bindung des Richters an Gesetz und Verfassung, VVDStRL Band 34 (1976), S. 7–42.
Röhrich, Wilfried: Politische Theorien zur bürgerlichen Gesellschaft. Von Hobbes bis Horkheimer, 2. Auflage, Wiesbaden 2013.
Rolfs, Christian: Das Versicherungsprinzip im Sozialversicherungsrecht, München 2000.
Rothe, Björn: Kreisgebietsreform und ihre verfassungsrechtlichen Grenzen, Baden-Baden 2004.

Rousseau, Jean-Jacques: Der Gesellschaftsvertrag oder Prinzipien des Staatsrechts, Wiesbaden 2008.
Rüfner, Wolfgang: Artikel 3 Abs. 1, in *Kahl, Wolfgang/Waldhoff, Christian/Walter, Christian* (Hrsg.), Bonner Kommentar zum Grundgesetz, Stand 185. Ergänzungslieferung, Heidelberg 2017.
–: Grundrechtskonflikte, in *Starck, Christian* (Hrsg.), Bundesverfassungsgericht und Grundgesetz. Festgabe aus Anlaß des 25jährigen Bestehens des Bundesverfassungsgerichts. Zweiter Band. Verfassungsauslegung, Tübingen 1976, S. 453–479.
Rüthers, Bernd/Fischer, Christian/Birk, Axel: Rechtstheorie mit juristischer Methodenlehre, 9. Auflage, München 2016.
Sachs, Michael: 5. Kapitel. Allgemeine und besondere Gleichheitssätze, in *Stern, Klaus*, Das Staatsrecht der Bundesrepublik Deutschland, Band IV. 2. Halbband, München 2011, S. 1435–1845.
–: Art. 20 [Verfassungsgrundsätze, Widerstandsrecht], in *ders.* (Hrsg.), Grundgesetz Kommentar, 7. Auflage, München 2014.
–: Auswirkungen des allgemeinen Gleichheitssatzes auf die Teilrechtsordnungen, in *Isensee, Josef/Kirchhof, Paul* (Hrsg.), Handbuch des Staatsrechts der Bundesrepublik Deutschland. Band VIII. Grundrechte: Wirtschaft, Verfahren, Gleichheit, 3. Auflage, Heidelberg 2010, § 183, S. 935–1012.
–: Die Entstehungsgeschichte des Grundgesetzes als Mittel der Verfassungsauslegung in der Rechtsprechung des Bundesverfassungsgerichts, DVBl 1984, S. 73–82.
Samuelson, William/Zeckhauser, Richard: Status Quo Bias in Decision Making, Journal of Risk and Uncertainty Band 1 (1988), S. 7–59.
Scharpf, Fritz: Komplexität als Schranke der politischen Planung, in Gesellschaftlicher Wandel und politische Innovation. Tagung der Deutschen Vereinigung für Politische Wissenschaft in Mannheim, Herbst 1971, Opladen 1972, S. 168–192.
Scherzberg, Arno: Rationalität – staatswissenschaftlich betrachtet. Prolegomena zu einer Theorie juristischer Rationalität, in *Krebs, Walter* (Hrsg.), Liber Amicorum Hans-Uwe Erichsen. Zum 70. Geburtstag am 15. Oktober 2004, Köln u. a. 2004, S. 177–206.
Schlaich, Klaus/Korioth, Stefan: Das Bundesverfassungsgericht. Stellung, Verfahren, Entscheidungen. Ein Studienbuch, 10. Auflage, München 2015.
Schlenker, Rolf-Ulrich: Soziales Rückschrittsverbot und Grundgesetz. Aspekte verfassungsrechtlicher Einwirkung auf die Stabilität sozialer Rechtslagen, Berlin 1986.
Schliesky, Utz: Der rechtliche und verwaltungswissenschaftliche Handlungsrahmen für Gebiets-, Funktional- und Verwaltungsstrukturreformen, NordÖR 2012, S. 57–64.
Schlink, Bernhard: Abwägung im Verfassungsrecht, Berlin 1976.
–: Der Grundsatz der Verhältnismäßigkeit, in *Badura, Peter/Dreier, Horst* (Hrsg.), Festschrift 50 Jahre Bundesverfassungsgericht. Zweiter Band. Klärung und Fortbildung des Verfassungsrechts, Tübingen 2001, S. 445–465.
Schmidt-Aßmann, Eberhard: Das allgemeine Verwaltungsrecht als Ordnungsidee. Grundlagen und Aufgaben der verwaltungsrechtlichen Systembildung, 2. Auflage Heidelberg 2004.
–: Der Rechtsstaat, in *Isensee, Josef/Kirchhof, Paul* (Hrsg.), Handbuch des Staatsrechts der Bundesrepublik Deutschland. Band II. Verfassungsstaat, 3. Auflage, Heidelberg 2004, § 26, S. 541- 612.
Schmidt, Manfred: Demokratietheorien. Eine Einführung, 5. Auflage, Wiesbaden 2010.
Schmitt Glaeser, Walter: Die grundrechtliche Freiheit des Bürgers zur Mitwirkung an der Willensbildung, in *Isensee, Josef/Kirchhof, Paul* (Hrsg.), Handbuch des Staatsrechts der

Bundesrepublik Deutschland. Band III. Demokratie – Bundesorgane, 3. Auflage, Heidelberg 2005, § 38, S. 229–261.

Schmitt, Carl: Verfassungslehre, München u. a. 1928.

Schnädelbach, Herbert (Hrsg.): Rationalität. Philosophische Beiträge, Frankfurt am Main 1984.

Schnapp, Friedrich: Art. 20, in von *Münch, Ingo/Kunig, Philip* (Hrsg.), Grundgesetz Kommentar, 6. Auflage, München 2012.

Schneider, Hans: Zur Verhältnismässigkeits-Kontrolle. Insbesondere bei Gesetzen, in *Starck, Christian* (Hrsg.), Bundesverfassungsgericht und Grundgesetz. Festgabe aus Anlaß des 25jährigen Bestehens des Bundesverfassungsgerichts. Zweiter Band. Verfassungsauslegung, Tübingen 1976, S. 390–404.

Schoch, Friedrich: Der Gleichheitssatz, DVBl 1988, S. 863–882.

–: Entformalisierung staatlichen Handelns, in *Isensee, Josef/Kirchhof, Paul* (Hrsg.), Handbuch des Staatsrechts der Bundesrepublik Deutschland. Band III. Demokratie – Bundesorgane, 3. Auflage, Heidelberg 2005, § 37, S. 131–227.

Schönberger, Christoph: Anmerkungen zu Karlsruhe, in *Jestaedt, Matthias/Lepsius, Oliver/ Möllers, Christoph/ders.* (Hrsg.), Das entgrenzte Gericht. Eine kritische Bilanz nach sechzig Jahren Bundesverfassungsgericht, Berlin 2011, S. 9–76.

Schulze-Fielitz, Helmuth: Artikel 20 (Rechtsstaat), in *Dreier, Horst* (Hrsg.), Grundgesetz. Kommentar, 2. Auflage, Tübingen 2006.

–: Der politische Kompromiss als Chance und Gefahr für die Rationalität der Gesetzgebung, in *Grimm, Dieter/Maihofer, Werner* (Hrsg.), Gesetzgebungstheorie und Rechtspolitik, Jahrbuch für Rechtssoziologie und Rechtstheorie Band 13 (1988), S. 290–326.

–: Theorie und Praxis parlamentarischer Gesetzgebung. – besonders des 9. Deutschen Bundestages (1980–1983), Berlin 1988.

Schumpeter, Joseph: Kapitalismus, Sozialismus und Demokratie, 7. Auflage, Tübingen 1993.

Schuppert, Gunnar Folke: Das Gesetz als zentrales Steuerungsinstrument des Rechtsstaates, in *ders.* (Hrsg.), Das Gesetz als zentrales Steuerungsinstrument des Rechtssstaates. Symposion anlässlich des 60. Geburtstages von Christian Starck, Baden-Baden 1998, S. 105–155.

–: Funktionell-rechtliche Grenzen der Verfassungsinterpretation, Königstein 1980.

–: Governance und Rechtsetzung. Grundfragen einer modernen Regelungswissenschaft, Baden-Baden 2011.

–: Gute Gesetzgebung. Bausteine einer kritischen Gesetzgebungslehre, ZG Band 18 (2003), Sonderheft, S. 1–103.

–: Self-restraints in der Rechtsprechung. Überlegungen zur Kontrolldichte in der Verfassungs- und Verwaltungsgerichtsbarkeit, DVBl 1988, S. 1191–1200.

–: Verwaltungsrechtswissenschaft als Steuerungswissenschaft. Zur Steuerung des Verwaltungshandelns durch Verwaltungsrecht, in *Hoffmann-Riem, Wolfgang/Schmidt-Aßmann, Eberhard/ders.* (Hrsg.), Reform des Allgemeinen Verwaltungsrechts. Grundfragen, Baden-Baden 1993, S. 65–114.

Schuppert, Gunnar Folke/Bumke, Christian: Die Konstitutionalisierung der Rechtsordnung. Überlegungen zum Verhältnis von verfassungsrechtlicher Ausstrahlungswirkung und Eigenständigkeit des „einfachen" Rechts, Baden-Baden 2000.

Schüttemeyer, Suzanne: Bundestag und Bürger im Spiegel der Demoskopie. Eine Sekundäranalyse zur Parlamentarismusperzeption in der Bundesrepublik, Obladen 1986.

Schwaabe, Christian: Politische Theorie 2. Von Rousseau bis Rawls, 3. Auflage, Paderborn 2013.

Schwarz, Kyrill-Alexander: „Folgerichtigkeit" im Steuerrecht. Zugleich eine Analyse der Rechtsprechung des Bundesverfassungsgerichts zu Art. 3 Abs. 1 GG, in *Depenheuer, Otto/Heintzen, Markus/Jestaedt, Matthias/Axer, Peter* (Hrsg.), Staat im Wort. Festschrift für Josef Isensee, Heidelberg 2007, S. 949–964.

Schwarz, Kyrill-Alexander/Bravidor, Christoph: Kunst der Gesetzgebung und Begründungspflichten des Gesetzgebers, JZ 2011, S. 653–659.

Schwerdtfeger, Gunther: Optimale Methodik der Gesetzgebung als Verfassungspflicht, in *Stödter, Rolf/Thieme, Werner* (Hrsg.), Hamburg Deutschland Europa. Beiträge zum deutschen und europäischen Verfassungs-, Verwaltungs- und Wirtschaftsrecht. Festschrift für Hans Peter Ipsen zum siebzigsten Geburtstag, Tübingen 1977, S. 173–188.

Secchi, Davide: Extendable Rationality. Understanding Decision Making in Organizations, New York u. a. 2011.

Seer, Roman: Allgemeines Steuerschuldrecht, in *Tipke, Klaus/Lang, Joachim* (Begr.), Steuerrecht, 22. Auflage, Köln 2015, § 6, S. 225–246.

Selten, Reinhard: What is Bounded Rationality?, in *Gigerenzer, Gerd/ders.* (Hrsg.), Bounded Rationality. The Adaptive Toolbox, Cambridge (Mass.) u. a. 2001, S. 13–36.

Sen, Amartya: The Discipline of Cost-Benefit-Analysis, Journal of Legal Studies Band 29 (2000), S. 931–952.

–: The Idea of Justice, London u. a. 2010.

–: The Impossibility of a Paretian Liberal, The Journal of Political Economy Band 78 (1970), S. 152–157.

Siehr, Angelika: „Objektivität" in der Gesetzgebung? Symbolische Gesetzgebung zwischen Rationalitätsanspruch des Gesetzes und demokratischem Mehrheitsprinzip, ARSP Band 91 (2005), S. 535–557.

Siekmann, Helmut: Vor Art. 104a. Vorbemerkungen zu Abschnitt X, in *Sachs, Michael* (Hrsg.), Grundgesetz Kommentar, 7. Auflage, München 2014.

Siekmann, Jan Reinard: Artikel 14. Eigentum, Erbrecht und Enteignung, in *Friauf, Karl Heinrich/Höfling, Wolfram* (Hrsg.), Berliner Kommentar zum Grundgesetz, Stand 52. Ergänzungslieferung, Berlin 2016.

Simon, Herbert A.: Rational Decision-Making in Business Organizations. Nobel Memorial Lecture, 8 December, 1977, in *Lindbeck, Assar* (Hrsg.), Nobel Lectures. Economic Sciences. 1969–1980, Singapur u. a. 1992, S. 343–371.

Slovic, Paul: Perception of Risk, in Science, New Series Band 236 (1987), S. 280–285.

Sobota, Katharina: Das Prinzip Rechtsstaat. Verfassungs- und verwaltungsrechtliche Aspekte, Tübingen 1997.

Sodan, Helge: Das Prinzip der Widerspruchsfreiheit der Rechtsordnung, JZ 1999, S. 864–873.

Somló, Felix: Juristische Grundlehre, Leipzig 1917.

Sommermann, Karl-Peter: Artikel 20, in *von Mangoldt, Hermann/Klein, Friedrich/Starck, Christian* (Hrsg.), Kommentar zum Grundgesetz, 6. Auflage, München 2010.

Sontheimer, Kurt/Bleek, Wilhelm/Gawrich, Andrea: Grundzüge des politischen Systems Deutschlands, München u. a. 2007.

Spear, Joseph H.: The Actively Drifting Society, in *McWiliams, Wilson Carey* (Hrsg.), The Active Society Revisited, Lanham u. a. 2006, S. 89–115.

Springer Fachmedien Wiesbaden (Hrsg.): Kompakt-Lexikon Wirtschaftspolitik. 3200 Begriffe nachschlagen, verstehen, anwenden, Wiesbaden 2013.

Stanovich, Keith E./West, Richard F.: Individual differences in reasoning: Implications for the rationality debate?, Behavioral and Brain Sciences Band 23 (2000), S. 645–665.

Starck, Christian: Artikel 3, in *von Mangoldt, Hermann/Klein, Friedrich/ders.* (Hrsg.), Kommentar zum Grundgesetz, 6. Auflage, München 2010.
–: Grundrechtliche und Demokratische Freiheitsidee, in *Isensee, Josef/Kirchhof, Paul* (Hrsg.), Handbuch des Staatsrechts der Bundesrepublik Deutschland. Band III. Demokratie – Bundesorgane, 3. Auflage, Heidelberg 2005, § 33, S. 3–29.
Stein, Eckehart/Frank, Götz: Staatsrecht, 21. Auflage, Tübingen 2010.
Steinbach, Armin: Gesetzgebung und Empirie, Der Staat Band 54 (2015), S. 267–289.
–: Rationale Gesetzgebung, Tübingen 2017.
Stepan, Alfred: Federalism and Democracy: Beyond the U.S. Model, Journal of Democracy Band 10 (1999), S. 19–34.
Stern, Klaus: Das Staatsrecht der Bundesrepublik Deutschland. Band I. Grundbegriffe und Grundlagen des Staatsrechts, Strukturprinzipien der Verfassung, 2. Auflage, München 1984.
–: Einleitung. Die Hauptprinzipien des Grundrechtssystems des Grundgesetzes, in *ders./Becker, Florian* (Hrsg.), Grundrechte-Kommentar, Köln 2010.
Stüer, Bernhard: Abwägungsgebot, Mehrfachneugliederung und Vertrauensschutz. Das Meerbusch-Urteil des Verfassungsgerichtshofs Nordrhein-Westfalen, DVBl 1977, S. 1–13.
Suber, Peter: Legal Reasoning After Post-Modern Critiques of Reason, Legal Writing Journal of the Legal Writing Institute Band 3 (1997), S. 21–50.
Sunstein, Cass R.: Commentary. Incompletely Theorized Agreements, Harvard Law Review Band 108 (1995), S. 1733–1772.
–: The Office of Information and Regulatory Affairs: Myths and Realities, Harvard Law School Public Law & Legal Theory Working Paper Series Paper No. 13–07, Cambridge (Mass.) 2012.
–: Valuing Life. Humanizing the Regulatory State, Chicago u. a. 2014.
Sunstein, Cass R./Thaler, Richard H.: Libertarian Paternalism is not an Oxymoron, in The University of Chicago Law Review Band 70 (2003), S. 1159–1202.
Suntrup, Jan Christoph: Zur Verfassung der deliberativen Demokratie, Der Staat Band 49 (2010), S. 605–629.
Taber, Charles S./Young, Everett: Political Information Processing, in *Huddy, Leonie/Sears, David O./Levy, Jack S.* (Hrsg.), The Oxford Handbook of Political Psychology, 2. Auflage, Oxford u. a. 2013, S. 525–558.
Tappe, Henning: Festlegende Gleichheit – folgerichtige Gesetzgebung als Verfassungsgebot, JZ 2016, S. 27–33.
Tetlock, Philip E.: Social Functionalist Frameworks for Judgment and Choice: Intuitive Politicians, Theologians, and Prosecutors, Psychological Review Band 109 (2002), S. 451–471.
Thaler, Richard H./Sunstein, Cass R.: Nudge. Improving Decisions about Health, Wealth and Happiness, New Haven u. a. 2008.
Thiemann, Christian: Das Folgerichtigkeitsgebot als verfassungsrechtliche Leitlinie der Besteuerung, in *Emmenegger, Sigrid/Wiedmann, Ariane* (Hrsg.), Linien der Rechtsprechung des Bundesverfassungsgerichts. Erörtert von den wissenschaftlichen Mitarbeitern, Berlin u. a. 2011, S. 179–212.
Tiedemann, Paul: Anmerkung, NVwZ 2012, S. 1031–1033.
Tipke, Klaus: Die Steuerrechtsordnung. Band I. Wissenschaftsorganisatorische, systematische und grundrechtlich-rechtsstaatliche Grundlagen, Köln 1993.
–: Mehr oder weniger Entscheidungsspielraum für den Steuergesetzgeber? (Zugleich Anmerkung zu BVerfG, U. v. 09.12.2008 – 2 BvL 1/07, 2 BvL 2/07, 1 BvL 1/08, 1 BvL 2/08 -), JZ 2009, S. 533–540.

Tocqueville, Alexis de: Democracy in America, *Reeve, Henry* (Übers.)/*Bowen, Francis* (Hrsg./Übers.), Cambridge (Massachusetts) 1862 (urspr. De la démocratie en Amérique, 1835/1840).

Towfigh, Emanuel Vahid: Das Parteien-Paradox. Ein Beitrag zur Bestimmung des Verhältnisses von Demokratie und Parteien, Tübingen 2015.

–: Komplexität und Normenklarheit – oder: Gesetze sind für Juristen gemacht, Der Staat Band 48 (2009), S. 29–73.

Triepel, Heinrich: Diskussionsbeitrag, VVDStRL Band 3 (1927), S. 50–53.

Trumbull, Gunnar: Strength in Numbers. The political power of weak interests, Cambridge (Massachusetts) u. a. 2012.

Tschentscher, Axel: Prozedurale Theorien der Gerechtigkeit. Rationales Entscheiden, Diskursethik und prozedurales Recht, Baden-Baden 2000.

Tsebelis, George: Veto Players. How Political Institutions Work, New York 2002.

Tuori, Kaarlo: Ratio and Voluntas. The Tension Between Reason and Will in Law, Farnham 2011.

Tversky, Amos/Kahnemann, Daniel: Judgment under Uncertainty: Heuristics and Biases. Biases in judgments reveal some heuristics of thinking under uncertainty., Science, New Series Band 185 (1974), S. 1124–1131.

Unger, Sebastian: Das Verfassungsprinzip der Demokratie. Normstruktur und Norminhalt des grundgesetzlichen Demokratieprinzips, Tübingen 2008.

van Aaken, Anne: Begrenzte Rationalität und Paternalismusgefahr: Das Prinzip des schonendsten Paternalismus, in *Anderheiden, Michael/Bürkli, Peter/Heinig, Hans Michael/Kirste, Stephan/Seelmann, Kurt* (Hrsg.), Paternalismus und Recht. In memoriam Angela Augustin (1968–2004), Tübingen 2006, S. 109–144.

von Arnim, Hans Herbert: Staatslehre der Bundesrepublik Deutschland, München 1984.

von Beyme, Klaus: Parteien im Wandel. Von den Volksparteien zu den professionalisierten Wählerparteien, Wiesbaden 2000.

von Maydell, Bernd/Ruland, Franz/Becker, Ulrich (Hrsg.): Sozialrechtshandbuch (SRH), 5. Auflage, Baden-Baden 2012.

von Savigny, Friedrich Karl: System des heutigen römischen Rechts. Band 1, Nachdruck Aalen 1981.

Voßkuhle, Andreas: Das Kompensationsprinzip. Grundlagen einer prospektiven Ausgleichsordnung für die Fragen privater Freiheitsbetätigung – Zur Flexibilisierung des Verwaltungsrechts am Beispiel des Umwelt- und Planungsrechts, Tübingen 1999.

–: Expertise und Verwaltung, in *Trute, Hans-Heinrich/Gross, Thomas/Röhl, Hans-Christian/Möllers, Christoph* (Hrsg.), Allgemeines Verwaltungsrecht – zur Tragfähigkeit eines Konzepts, Tübingen 2008, S. 637–663.

–: Neue Verwaltungsrechtswissenschaft, in *Hoffmann-Riem, Wolfgang/Schmidt-Aßmann, Eberhard/ders.* (Hrsg.), Grundlagen des Verwaltungsrechts. Band I. Methoden Maßstäbe Aufgaben Organisation, 2. Auflage, München 2012, § 1, S. 1–63.

Wahl, Rainer: Der Vorrang der Verfassung, Der Staat Band 20 (1981), S. 485–516.

Waldhoff, Christian: „Der Gesetzgeber schuldet nichts als das Gesetz". Zu alten und neuen Begründungspflichten des parlamentarischen Gesetzgebers, in *Depenheuer, Otto/Heintzen, Markus/Jestaedt, Matthias/Axer, Peter* (Hrsg.), Staat im Wort. Festschrift für Josef Isensee, Heidelberg 2007, S. 325–343.

–: Gesetzesmaterialien aus verfassungsrechtlicher Perspektive, in *Fleischer, Holger* (Hrsg.), Mysterium „Gesetzesmaterialien". Bedeutung und Gestaltung der Gesetzesbegründung in Vergangenheit, Gegenwart und Zukunft, Tübingen 2013, S. 75–93.

–: Manipulation von Wahlterminen durch die Zusammenlegung von Wahlen?, JZ 2009, S. 144–148.
Wallrabenstein, Astrid: Versicherung im Sozialstaat, Tübingen 2009.
Walter, Franz: Farblose und entkoppelte Oligarchien – das Parteiensystem, in *Schwarz, Hans-Peter* (Hrsg.), Die Bundesrepublik Deutschland. Eine Bilanz nach 60 Jahren, Köln u. a. 2008, S. 299–318.
Waltermann, Raimund: Sozialrecht, 12 Auflage, Heidelberg 2016.
Wank, Rolf: Die Auslegung von Gesetzen, 6. Auflage, München 2015.
Warren, Mark E./Mansbridge, Jane: Deliberative Negotiation, in *Mansbridge, Jane/Martin, Cathie Jo* (Hrsg.), Negotiating Agreement in Politics. Report of the Task Force on Negotiating Agreement in Politics, Washington 2013, S. 86–120.
Weber, Max: Der Sinn der „Wertfreiheit" der soziologischen und ökonomischen Wissenschaften, in *Winckelmann, Johannes* (Hrsg.), Gesammelte Aufsätze zur Wissenschaftslehre. Von Max Weber, 6. Auflage, Tübingen 1985, S. 489–540.
–: Wirtschaft und Gesellschaft. Grundriss der verstehenden Soziologie, Nachdruck der 5. Auflage, Tübingen 2002.
–: Wissenschaft als Beruf, in *Winckelmann, Johannes* (Hrsg.), Gesammelte Aufsätze zur Wissenschaftslehre. Von Max Weber, 6. Auflage, Tübingen 1985, S. 582–613.
Wendt, Rudolf: Der Gleichheitssatz, NVwZ 1988, S. 778–786.
Wernsmann, Rainer: Verhaltenslenkung in einem rationalen Steuersystem, Tübingen 2005.
Westen, Drew/Blagov, Pavel S./Harenski, Keith/Kilts, Clint/Hamann, Stephan: Neural Bases of Motivated Reasoning: An fMRI Study of Emotional Constraints on Partisan Political Judgment in the 2004 U.S. Presidential Election, Journal of Cognitive Neuroscience Band 18 (2006), S. 1947–1958.
Willke, Helmut: Demokratie in Zeiten der Konfusion, Berlin 2014.
Wimmer, Norbert: Gesetzwerdung als politisch-bürokratischer Prozeß – Chancen und Grenzen der Rationalisierung der Gesetzgebung, in *Schäffer, Heinz/Triffterer, Otto* (Hrsg.), Rationalisierung der Gesetzgebung. Jürgen Rödig Gedächtinissymposium, Baden-Baden u. a. 1984, S. 225- 233.
Wischmeyer, Thomas: Zwecke im Recht des Verfassungsstaates. Geschichte und Theorie einer juristischen Denkfigur, Tübingen 2015.
Wolf, Jean-Claude/Buchmüller-Codoni, Catherine: Freiheit durch Erziehung und Erziehung zur Freiheit, in *Schefczyk, Michael/Schramme, Thomas* (Hrsg.), John Stuart Mill: Über die Freiheit, Berlin u. a. 2015, S. 93–114.
Xenophanes: Fragment 18, in *Heitsch, Ernst* (Hrsg.), Xenophanes. Die Fragmente, München u. a. 1983, S. 48–49.
Zacher, Hans F.: Soziale Gleichheit. Zur Rechtsprechung des Bundesverfassungsgerichts zu Gleichheitssatz und Sozialstaatsprinzip, AöR Band 93 (1968), S. 341–383.
Zintl, Reinhard: Freiheit, in *Becker, Michael/Schmidt, Johannes/ders.*, Politische Philosophie, 2. Auflage, Paderborn 2009, S. 127–163.
Zippelius, Reinhold: Gesellschaft und Recht. Grundbegriffe der Rechts- und Staatssoziologie, München 1980.

Stichwortverzeichnis

Abgestimmtheit von Grundregeln und Spezialbestimmungen 117 ff., 158 ff., 171 ff.
Abgrenzungszwang 96 f.
Accountability, siehe Verantwortlichkeitsmechanismen
Allgemeiner Gleichheitssatz
– Grundstruktur 46 ff., 141 ff.
– personale Schutzrichtung 142 f.
– Selbstbindungsmechanismus 48, 140
– Verhältnis zu Konsistenzanforderungen 46 ff.
Allgemeines Gebot der Geeignetheit 202 f., 210 f.
Allgemeines Rechtsstaatsprinzip, *siehe* Rechtsstaatsprinzip
Angemessenheit 50, 178 ff.
– *siehe auch* Verhältnismäßigkeitsprinzip
Apothekenurteil 177
Aristoteles 78 ff.
Arrow-Theorem 94 f.
Auslegung
– der Verfassung 18 f., 109 ff.
– Erkennen von Wertungswidersprüchen im Recht 28 ff., 153 f.
– systematische 29, 33, 144 f., 148 f.
Ausnahme, *siehe* Regel-Ausnahme-Verhältnis

Begründbarkeit
– als Voraussetzung für Rationalität 2, 57, 83, 107 f.
– Beziehung zur Konsistenz 41 f., 63 f., 101, 234 f.
– keine Begründungspflicht aus dem Grundgesetz 42 ff.
Belastungsgleichheit 127 f., 130, 136 f.
Berechnungsverfahren, gesetzgeberisches 215 ff., 218 ff.

„Berliner Republik" 10 ff., 67
Bezugspunkt des Konsistenzurteils 23 ff., 28 f.
Bundesverfassungsgericht, *siehe* Rechtsprechung des Bundesverfassungsgerichts

Cognitive Bias 93 f., 96 ff.
Condorcet-Paradox 94 f.

Defizitkompensation, *siehe* Kompensation
Deliberation 82 f., 101 f., 104 ff.
Demokratie
– *siehe auch* Verfassungsstaat
– *siehe auch* Politik
– Ähnlichkeit mit dem Markt 85 ff., 108
– und Freiheit 73, 77 ff.
– und Rationalität 76 ff., 79 ff.
Demokratieprinzip
– als Grenze für Konsistenzgebote 69 ff., 93 ff., 164 ff., 206 ff., 229 f.
– demokratisches Erfordernis der Folgerichtigkeit 71 ff.
– Verhältnis zum Rechtsstaatsprinzip 18 f., 66 ff., 104 ff., 109 ff.
Desinformation, *siehe* Unehrlichkeit
Diskurs, öffentlicher 64, 82 ff., 108, 112, 166 ff., 208, 233
Diskursrationalität 3 f., 64, 82 ff.
Dogmatik 29 ff., 150 f., 155

Ehrlichkeit, *siehe* Unehrlichkeit
Einheit der Rechtsordnung
– *siehe auch* Konsistenz
– als Auslegungsgrundsatz 29, 32
Einheit der Verfassung 18 f., 109
Einschätzung der Wirklichkeit, gesetzgeberische 213 ff., 224 ff.

Entwicklung, gesellschaftliche, *siehe*
    Rationalisierung
Erforderlichkeit 50, 177 f., 197 f.
– *siehe auch* Verhältnismäßigkeitsprinzip
Erklärbarkeit, *siehe* Begründbarkeit
Existenzminimum, menschenwürdiges
    218 ff., 225

Folgerichtigkeit
– Begriff, *siehe* Konsistenz
– im Steuerrecht 125 ff.
– im Wahlrecht 123 ff.
Fortschritt, *siehe* Rationalisierung
Freiheit 73, 77 ff.
Funktionell-rechtliche Betrachtungsweisen
– demokratische Legitimation 70 f., 165
– Verfassungsauslegung 113 f., 168 f.,
    206, 233 f.

Gebietsreform 122 f., 162 f.
Geeignetheit
– *siehe auch* Verhältnismäßigkeitsprinzip
– als allgemeines Gebot 202 f., 210 f.
– als Konsistenzanforderung 50, 176 f.
Gegensatzdenken, traditionelles
– Gegensatz von Demokratie und
    Rationalität 66 ff. 77 ff.
– Gegensatz von Demokratie und
    Rechtsstaat 18 f., 66 ff., 105 ff.
Gemeinwohl 73 f., 84 ff.
Gerechtigkeit durch Konsistenz 63 f.
Gericht, *siehe* Rechtsprechung des
    Bundesverfassungsgerichts
Gesellschaft 1 ff., 75, 82 f.
– *siehe auch* Rationalisierung
Gesetzgeber
– Gesetzgebungsverfahren 5, 31, 41, 44, 71
– Spielräume 9 f., 39 ff., 231 ff.
– Wertungen 28 ff.
– Wille 30 ff., 44
Gewaltengefüge
– als Gesichtspunkt der Verfassungs-
    auslegung 111, 113 f.
– und demokratische Legitimation 70 f.,
    165
Gleichheit der Wahl 123 ff.
Gleichheitssatz, *siehe* Allgemeiner
    Gleichheitssatz

Grundentscheidung 117 ff., 148 ff.
Grundregel 158 ff.
Grundsatz der Systemgerechtigkeit, *siehe*
    Systemgerechtigkeit
Grundsatz der Verhältnismäßigkeit, *siehe*
    Verhältnismäßigkeitsprinzip

Habermas, Jürgen 1 ff., 81 ff., 166 ff.
Handlungsnorm 113, 154, 169, 171
„Hartz IV"-Regelsätze 43, 218 ff.
Hierarchie
– der Rechtsnormen 35, 38, 45
– von Wertungen 35 ff., 151 ff.

Incompletely Theorized Agreements 33 f.,
    156
Inkonsequenz, *siehe* Zielverfolgung
Inkonsistenz, *siehe* Konsistenz
Institution, Begriff 4
Integratives Verfassungsverständnis 18 f.,
    65 ff., 104 ff., 109 ff., 164 ff., 206 ff., 229 ff.
Irrationalität der Demokratie 77 ff.

Kelsen, Hans 62, 84 f.
Kompensation 111 ff., 170, 235
Kompromiss 76, 88 ff., 97 f., 101 ff., 107 f.
Konflikt zwischen Rechtsstaat und
    Demokratie, *siehe* Gegensatzdenken
Konkordanz, praktische 109 f.
Konkurrenz, politische 88 ff., 96, 99
Konsensprinzip 88 ff., 96 f., 101
Konsequenz, *siehe* Zielverfolgung
Konsistenz
– Begriff 6, 23 ff.
– und Begründbarkeit 41 ff., 63 f.
– und Gerechtigkeit 63 f.
– und Rationalität 6 f., 21, 41 ff.
Konsistenzanforderung
– Begriff 27
– keine allgemeine Konsistenzpflicht
    33 ff.
– Wirkungsweise 28 ff.
Kontext, zeithistorischer, *siehe* „Berliner
    Republik"
Kontinuität 51 f.
Kontrollnorm 113, 154, 169, 171
Konzept, gesetzgeberisches 99 ff., 179 ff.,
    209, 211 ff.

Länderfinanzausgleich 215 ff.
Landesabfallabgaben 186, 205
Leistungsfähigkeitsprinzip, steuerrechtliches 127 f.
Leitbild, gesetzgeberisches 122 f., 162 f., 182 f., 217
Lenkungssteuer 183 ff.

Machiavelli, Niccolò 80
Marktähnlichkeit der Demokratie 85 ff., 108
Marktversagen 86 f., 108
Maßstab
– der Anwendung der Konsistenzgebote 171 ff., 210 ff., 236
– gesetzgeberischer 213 ff., 230 ff.
Methode, gesetzgeberische 213 ff., 224 ff., 236
Modernisierung, *siehe* Rationalisierung

Nachvollziehbarkeit, *siehe* Begründbarkeit
Nettoprinzip 131 ff., 144 f.
Normenklarheit 221, 227
Normenwahrheit 221 ff., 227 f., 235 f.
Normenwiderspruch 24 ff., 28 f., 33, 65

Öffentlichkeit 56, 82 f.
Optimierungsgebot 19, 109 f.
– *siehe auch* Gegensatzdenken
– *siehe auch* Prinzipientheorie
Ordnungsansprüche an das Recht 62 ff., 151 ff.
Ordnungsfunktion des Rechts 60 ff., 148, 161 f., 202, 226

Parlament 69 ff., 73, 88 ff., 167, 174
Pendlerpauschale 132 f., 144 f., 183
Pluralismus 33, 64, 75, 83
Politik
– Eigengesetzlichkeiten 87 ff.
– politische Kultur in Deutschland 10 ff., 90, 101 ff.
– Rationalitätsfähigkeit 76 ff., 93 ff., 99 ff.
Politikversagen 86 f., 108
Prinzipientheorie, begrenzter Nutzen für die Lösung des Konsistenzproblems 19, 66 ff., 109 f.

Prognosen, gesetzgeberische 213 ff., 230 ff., 236
Public Reason 64

Rational-Basis-Test 58
Rationalisierung, gesellschaftliche 1 ff., 7 f., 10 ff., 60 f.
Rationalismus
– in der politischen Theorie 79 ff.
– okzidentaler 1
Rationalität
– als Leitidee des Rechtsstaats 4 ff., 55 ff.
– als Maßstab der Politik, *siehe* „Berliner Republik"
– Begriff 1 f., 8, 57
– beschränkte Rationalität 95
– demokratischen Entscheidens 79 ff., 99 ff., 104 ff.
– des demokratischen Verfassungsstaats 8, 18 f., 104 ff.
– Gewährleistung durch Demokratie 71 ff., 79 ff., 99 ff.
– Gewährleistung durch Recht 4 f., 60 ff.
– öffentliche Rationalität 7, 19, 60 ff., 104 ff.
– Theorie kollektiver Rationalität 94 f.
– Verwirklichung im Rechtsstaat, *siehe* Ordnungsfunktion des Rechts
Rationalitätsdilemma des Staates 4 ff.
Rationalitätsversprechen des modernen Staates 4, 56, 108
Rauchverbot 179 f.
Rawls, John 7, 64, 83
Realität, *siehe* Wirklichkeit
Rechenschaft, *siehe* Verantwortlichkeitsmechanismen
Rechtsdogmatik, *siehe* Dogmatik
Rechtsklarheit 199 ff., 227 f.
Rechtsprechung des Bundesverfassungsgerichts
– Paradigmenwechsel 9 f., 131 ff., 178 ff.
– punktuelle Inhaltskontrolle als Regelfall 8 f.
– Rationalisierung des Staates durch Verfassungsrecht 7 f.
– traditionelle Zurückhaltung 8 f., 117 ff., 176 f.
Rechtssicherheit 199 ff., 227 f.

Rechtsstaatsprinzip
- als Grundlage für Konsistenzgebote 53 ff., 60 ff., 148 ff., 199 ff., 223 ff.
- Kernaussage als Strukturprinzip 60 ff.
- Verhältnis zum Demokratieprinzip 18 f., 66 ff., 104 ff., 109 ff.
- Verhältnis zur Rationalität 4 f., 60 ff.
Regel-Ausnahme-Verhältnis 117 ff., 153, 158
Regelgebundenheit als Voraussetzung für Rationalität 3 f.
Repräsentation, demokratische 71 ff.
Representation Reinforcement-Theory 87, 112
Responsivität 74
Rousseau, Jean-Jacques 73, 75, 78, 80 f.

Sachgerechtigkeit 50 f.
Selbstbestimmung 69, 71, 104 f.
- *siehe auch* Volkssouveränität
Selbstbindung
- als Wirkung von Konsistenzgeboten 35 ff.
- gleichheitsrechtliche 48, 140
Sozialrecht 40, 138 ff., 218 ff.
Spezialvorschrift 141 f., 158
Spielraum des Gesetzgebers
- normativ 9, 39, 233 f.
- tatsachenbezogen 213 ff., 231 ff.
Sportwetten 30, 178 f., 196
Sprechsituation, ideale 166 f.
Steuerrecht 125 ff., 173 f.
Steuerung
- Rechtsstaatlichkeit als Steuerung durch Recht 60 ff.
- steuerungsbezogene Perspektive in der Rechtswissenschaft 11 f.
- Steuerungsfähigkeit des Rechts 62 ff., 202, 204
Störungen der demokratischen Rationalitätserzeugung 164 ff., 172, 230
Strukturiertheit des Rechts 148 f., 158
System
- *siehe auch* Grundentscheidung
- Begriff 118, 149 ff.
Systemgerechtigkeit
- alte Diskussion 14, 116 ff., 122 f.

- Feststellung von Ungleichbehandlungen durch systematische Analyse 144 f.
- traditionelle Ablehnung 8 f., 117 ff.
- verfassungsrechtliche Unbeachtlichkeit 149 ff.

Tocqueville, Alexis de 78 f., 82
Typisierungen, gesetzgeberische 182 f., 217

Überzeugungsarbeit 7, 41 f., 64, 101 ff.
Unehrlichkeit, politische 98 f., 177 ff., 208, 222, 228

Verantwortlichkeitsmechanismen 99 ff., 105 f., 108, 167, 208
Verfahren
- gesetzgeberische Berechnungsverfahren 215 ff., 218 ff.
- Gesetzgebungsverfahren 5, 31, 41, 44, 71
- Verfahrensgerechtigkeit 63 f.
Verfassungsnähe, keine Unterschiede zwischen gleichrangigen Normen 35 f.
Verfassungsrechtsprechung, *siehe* Rechtsprechung des Bundesverfassungsgerichts
Verfassungsstaat, demokratischer 4 ff., 18 f., 53 ff., 104 ff.
- integratives Verständnis 18 f., 65 ff., 104 ff., 109 ff., 164 ff., 206 ff., 229 ff.
- Rationalitätsdilemma 4 ff.
Verhältnismäßigkeitsprinzip
- als Quelle von Konsistenzgeboten 49 f., 188 ff.
- bei der Rechtfertigung von Ungleichbehandlungen 146, 198 f.
- Struktur der Angemessenheitsprüfung 188 ff.
Verhandlungen 88 f., 101 ff.
- *siehe auch* Kompromiss
Verpackungssteuer, kommunale 186, 205
Versteinerung der Rechtsordnung 37 ff., 97
Vertrauensschutz 51 f., 201
Vetospieler-Theorie 82, 88 ff., 96, 101 ff., 167, 208
Volksbegriff des Grundgesetzes 71 f.

Volksrepräsentation, *siehe* Repräsentation
Volkssouveränität   69 ff., 79 ff., 164 ff.,
   206 f.
Volkswille   71 ff., 81 ff.
Vorverständnis   19, 53

Wahlrecht   40, 123 ff., 160, 173
Wahrheit
– *siehe* Normenwahrheit
– *siehe auch* Wirklichkeit
Wandel
– der Rechtsprechung des Bundesverfassungsgerichts   9 f., 131 ff., 178 ff.
– des politischen Denkens, *siehe* „Berliner Republik"
Weber, Max   1 ff., 56 f., 60 ff.
Wechselwirkung   35 ff.
Wednesbury-Unreasonableness   57
Wertekonsens   11, 34, 67
Wertungswiderspruch   6, 23 ff., 28 ff., 33 ff., 156, 160 f.

– *siehe auch* Konsistenz
Wettstreit der Ideen   5, 73, 81, 166
Widerspruch
– *siehe* Normenwiderspruch
– *siehe* Wertungswiderspruch
Widerspruchsfreiheit
– *siehe auch* Konsistenz
– der Rechtsordnung, bundesstaatliches Gebot   185 ff., 212
Widerstreit von Rechtsstaat und Demokratie, *siehe* Gegensatzdenken
Willkür
– Begriff   56, 58
– Willkürverbot   58 ff., 172
Wirklichkeit
– *siehe auch* Sachgerechtigkeit
– methodengerechte Verarbeitung durch den Gesetzgeber   213 ff., 223 ff.

Zielverfolgung, konsequente   10, 175 ff., 202 ff.

Studien und Beiträge
zum Öffentlichen Recht

Die Schriftenreihe *Studien und Beiträge zum Öffentlichen Recht* (StudÖR) wurde als Äquivalent zur renommierten Reihe *Jus Publicum* gegründet. Sie bietet herausragenden Dissertationen aus dem Bereich des öffentlichen Rechts eine ansprechende Plattform und deckt sämtliche Fächer des öffentlichen Rechts ab, insbesondere also das Verfassungsrecht (einschließlich Grundrechtstheorie, Methodenlehre und Allgemeine Staatslehre) und das Verwaltungsrecht. Fächerübergreifende und fachgebietsübergreifende Themenstellungen sind dabei nicht ausgeschlossen, solange der Schwerpunkt der Arbeit im öffentlichen Recht einschließlich seiner europarechtlichen beziehungsweise international- und völkerrechtlichen Bezüge zu finden ist. Um die hohe Qualität der in dieser Reihe veröffentlichten Dissertationen zu gewährleisten, werden nur Arbeiten zur Veröffentlichung in Betracht gezogen, die in beiden Gutachten uneingeschränkt mit summa cum laude bewertet wurden.

ISSN: 1867-8912
Zitiervorschlag: StudÖR

Alle lieferbaren Bände finden Sie unter *www.mohr.de/studoer*

Mohr Siebeck
www.mohr.de